江海年鉴

（2009-2010）

江门市江海区地方志编纂委员会　编

方志出版社
Publishing House of Local Records

图书在版编目（C I P）数据

江海年鉴. 2009～2010/江门市江海区地方志编纂委员会编--北京:方志出版社, 2013.11
ISBN 978-7-5144-1085-3
Ⅰ. ①江… Ⅱ. ①江… Ⅲ. ①区(城市)-江门市-2009～2010-年鉴 Ⅳ. ①Z526.53

中国版本图书馆CIP数据核字(2013)第277897号

江海年鉴(2009-2010)

编　　者: 江门市江海区地方志编纂委员会
责任编辑: 黄　彦
出 版 人: 冀祥德
出 版 者: 方志出版社
地址:北京市朝阳区潘家园东里9号(国家方志馆四层)
邮编　100021
网址　http://www.fzph.org
发　　行: 方志出版社发行中心
(010)67110500
经　　销: 各地新华书店
印　　刷: 江门市印刷厂有限公司
开　　本: 889x1194　　1/16
印　　张: 19.625
字　　数: 296千字
版　　次: 2013年11月第1版　　2013年11月第1次印刷
印　　数: 0001～1000册
IBBN 978-7-5144-1085-3/K·880　　定价:150.00元

编辑说明

一、《江海年鉴》是中共江门市江海区委、区人民政府主持编纂的地方综合年鉴，作为记述本行政区域政治、经济、文化和社会等方面情况的年度资料性文献，它以科学发展观为指导，准确、系统地反映江海区的现状，为社会各界了解江海提供依据。《江海年鉴（2009－2010）》为创刊号，是江海区首部综合性年鉴，始为两年一鉴，主要记载2009－2010年江海区的政治、经济、文化及社会各项事业的发展和基本情况。时间界限从2009年1月1日起，至2010年12月31日。

二、本年鉴由卷首、百科、卷尾组成；结构为栏目、类目、分目、条目4个层次，条目为基本目，统一用黑体字加【】号表示。卷首设专辑、大事记、概貌；百科部分设党政机关、群众团体、政法•军事、经济管理与监督、科教文卫体、社会事务、街道、荣誉•名录；卷尾设社会经济统计资料、重要文献与规章。

三、本年鉴涉及国民经济和社会发展的统计数据，入书时以江门市江海区发展改革和统计局公开发布的数据为准。条目中的数字由于统计口径和时限范围，或与统计部门数据不一致的地方，使用时应参照《江海区统计年鉴》所示数据。有关数据中比照上年同期增加（减少），统一以增长（减少）表示。

四、受表彰的单位和个人项目范围至江门市本级，以发文时间为准。

五、本年鉴的组稿、拍摄、编辑和出版，得到江门市有关单位和江海区各单位、部门的支持协助，在此一并致谢。本书编印中疏漏的地方，敬请批评指正。

编纂机构和编审人员名录

江门市江海区地方志编纂委员会

2011.9.27—2014.6.11

主　任：周惠红

副主任：吴　旭

成　员：黄勇登　方畅威　黄若该　伍国胜　黄连旺　张仲爱　何国祥　赵群笑　邓群标　王英华　黄培忠　区伟新　张运堂　陈晓云　李雅琴　邓金甜　林仲文　何淑娴　唐　春　蓝少进　梁玉梅　李艳芳　谭素红　张仲平　区耀华　朱新晖　朱洁莹　阮昌绍　区达铭　钟国珍　龙　标　骆建富　陈立飞　梁焱钧　越泽彤　朱　蓉　何英磊　陈颖玲　林彩娇　邓永信　杨　勇　杜开红

2014.6.12调整后

主　任：周惠红

副主任：吴　旭

成　员：张凡华　廖学安　李权威　陈　贤　陈文斌　马锦德　何国祥　赵群笑　杨勤浩　禹健平　区伟新　龙　标　钟国珍　李晃祥　李伟煜　李国和　赵英梅　王子豪　区　用　黄伟雄　陈金文　曹建军　杨丽萍　张运堂　陈晓云　冯少萍　唐　春　许　可　黎耀城　崔旭力　邢玉生　邓群标　高英豪　伍国胜　梁卫华

《江海年鉴（2009—2010）》编辑部

2011.9.27—2014.6.11

主　编：吴　旭

副主编：伍国胜　张仲爱　钟国珍

成　员：余球添　黎家宁

2014.6.12调整后

主　编：吴　旭

副主编：陈文斌　杨丽萍

成　员：余球添　甄美清　黎家宁

目 录

群众团体

经济管理与监督

荣誉·名录

社会经济统计资料

重要文献与规章

2010年9月14日，省长黄华华（左二）在江海区开展经济社会发展情况和贯彻落实全省工业经济工作会议精神调研活动。

2010年6月10日，省委常委、常务副省长肖志恒（左三）在江海区考察企业职工的生产和生活环境。

2009年7月10日，首家世界500强企业艾默生网络能源（江门）有限公司落户江海区。图为副省长雷于蓝（前排左九）等省、市、区领导及嘉宾出席开业庆典活动。

2009年9月2日，副省长佟星（前左）到江门谦信化工发展有限公司视察。

2009年12月1日，省人大常委会副主任钟阳胜（右四）到广珠城际轨道西江大桥现场调研。

2010年12月3日，省委常委、组织部部长李玉妹（前左三）到江门中裕摩托车集团有限公司调研经济社会发展和党建工作情况。

2010年4月13日，礼东大桥举行建设动工仪式。

2010年10月25日，投资4亿元的集演艺、创作、生产、消费于一体的全省第三个巨幕影院江门演艺中心奠基动工。

2010年12月23日，江海区举行胜利大桥开工仪式。

2010年12月28日，江海区举行中国（江门）国际绿色光源博览交易中心及连海北路项目建设启动仪式。

庆典仪式

2009年1月20日，江海区举行迎春团拜会。

2009年8月4日，广东电网公司江门江海供电局在外海举行成立典礼。

2009年11月12日，江门市江海区人民医院挂牌成立。

2010年4月2日，江海区举行江海碧桂园奠基仪式。

2010年4月26日，日本西铁城电子江门新工场举行开业典礼。

2010年12月14日，江海区婚育服务中心、慈善求助互动中心、义工服务中心和福利彩票发行中心挂牌仪式。

2009年9月8日，省政府授予江海区教育强区称号。

2009年12月2日，区委书记梁美贤（左）获“全国三八红旗手”称号。

2010年10月14日，江海区代表广东省接受国家人口计生委验收。12月，江海区被授予全国计划生育优质服务先进单位称号。

2009年8月8日，市领导带队到滘北街道入户宣传创建全国文明城市工作。

2009年8月26日，江海区创建全国文明城市文艺下乡表演。

2010年5月30日，“百万义工献爱心”进村居文艺活动。

2010年7月31日，江海工商分局组织干部职工参加江门市“义务劳动日”活动，以实际行动开展创建全国文明城市活动。

2009年4月22日，区总工会在江门荣信电路板有限公司开展“全民读书、文化进企业活动”。

2009年7月30日，“热土清风”反腐倡廉文艺汇演。

2009年9月10日，在江南文化广场举办的第13届江南街道文艺汇演的精彩瞬间。

2009年9月16日，在外海文化中心举行纪念陈少白诞辰140周年文艺演出。

2009年9月29日，在外海文化中心举行庆祝新中国成立60周年“江海区红歌颂中华歌咏大赛”。

2010年10月23-24日，中国（江门）摩托车博览会暨汽车文化展在江海利生汽车文化广场举行。

2010年10月29日，江海区举行小曲填词演唱大赛。

2009年3月1日，外海街道妇联庆祝“三八”妇女节拔河比赛。

2009年11月28日，江门市第五届农民运动会在礼乐街道英南村举行。

2010年8月29日，外海街道中东村举行五人艇邀请赛。

2010年10月3日，太虚拳协会二周年志庆活动。

2010年11月3日，江海区参加第16届亚运会火炬传递活动。

2009年8月22日，江门腾汇公司员工为台湾风灾捐款。

2009年9月18日，在外海文化广场举行江海区家电下乡政策大型宣传活动。

2009年10月23日，滘北街道举行敬老宴。

2009年11月5日，在征兵报名活动上，适龄青年踊跃报名应征。

2009年12月6日，滘北街道举行送医下乡义诊活动。

2010年2月5日，江海区机关干部职工踊跃参与无偿献血。

东海路

江海绿道网

广珠城际轨道“和谐号”在江海段试行

中环广场

东华•天鹅湾

专辑

JIANG HAI YEARBOOK

区委全会工作报告

在中共江门市江海区委七届六次全会上的讲话

（2009年1月16日）

中共江门市江海区委书记　梁美贤

同志们：

这次全会的主题是，认真学习贯彻落实党的十七届三中全会、中央经济工作会议、省委十届四次全会和市委十一届五次全会精神，总结2008年工作，部署2009年工作，统一认识，坚定信心，迎难而上，奋力应对保增长，抢抓机遇促转型，确保经济平稳较快发展，争当重点发展区实践科学发展观的排头兵。下面，我代表区委常委会向全会报告一年来的工作，同时一并报告区党政领导班子2008年工作情况，请予审议。

一、关于2008年工作

2008年，是我们在应对各种挑战中矢志探索科学发展之路的一年。一年来，在市委、市政府的正确领导下，区委、区政府始终坚持以科学发展观统领全局，认真贯彻落实党的十七大精神和中央、省、市的重大决策部署，团结带领全区人民解放思想，攻坚克难，沉着应对国际金融危机冲击等复杂局面，积极落实宏观调控各项举措，成功战胜历史罕见的严重低温冻害和"黑格比"超强台风，全面推动经济建设、政治建设、文化建设、社会建设和党的建设，全区经济社会保持又好又快发展的良好势头，在争当实践科学发展观排头兵的新征程上迈出了扎实步伐。

（一）深入开展解放思想学习讨论活动，确立实现经济社会又好又快发展的鲜明导向，形成了科学发展共识

围绕武装头脑、指导实践、推动工作，认真组织学习党的十七大、十七届三中全会、胡锦涛总书记在纪念党的十一届三中全会召开30周年大会上的重要讲话、科学发展观理论和中共中央政治局委员、省委书记汪洋同志在江门调研时的讲话精神等，各级党员干部的理论水平和政治修养不断提高，进一步增强了促进科学发展、构建和谐江海的自觉性和坚定性。2008年上半年，按照省委、市委的统一部署，我们以科学发展为主题，以领导干部为重点，在全区广泛深入开展了"继续解放思想，坚持改革开放，争当实践科学发展观的排头兵"学习讨论活动。通过"坐下来"学习讨论、"沉下去"深入调研、"敞开门"听取意见、"请进来"把脉问诊、"走出去"学习取经，不断创新发展理念、战略定位、发展目标和发展举措。发展理念上，在"五个克服、五个增强"的基础上，形成了"六破六立"的思想共识，进一步确立了实现经济社会又好又快发展的鲜明导向，促进了思想观念的大解放和工作思路的大突破。战略定位上，提出努力建设江门市的区域交通枢纽、先进制造业基地、生产性服务业基地和宜业宜居的现代化新城区。发展目标上，明确了争当实践科学发展观的排头兵，实现"六个翻一番"、"两个再造"的奋斗目标。发展举措上，及时转化解放思想学习讨论

活动成果，制定了《关于贯彻落实〈中共广东省委、广东省人民政府争当实践科学发展观排头兵的决定〉的实施意见》，对争当实践科学发展观排头兵的各项具体工作进行了全面部署。

（二）积极应对各种挑战，保持了经济平稳较快发展

去年以来，严重自然灾害多年罕见，国际金融危机多年罕见。面对国内外诸多不利因素的影响，区委加强和改进对经济工作的领导，始终坚持科学发展，坚决贯彻中央、省、市的一系列决策部署，沉着应对，及时采取果断措施，全区经济保持了平稳较快发展。全区三次产业结构比例为3.83∶69.25∶26.92，实现地区生产总值同比（下同）增长15.06%，地方财政一般预算收入增长19.44%，规模以上工业增加值增长17.11%，1—11月外贸出口总额增长29.82%，主要经济指标增幅在全市排名位居前列。一是工业经济发展优势明显。新增规模以上工业企业17家，全区有11家企业进入全市工业企业50强。电子信息、机电、化工三大优势产业实现产值增长22.67%，占全区的70.03%。“四大百亿”工程稳步推进，外海街道工业总产值首次突破百亿元。推动一批企业做好上市筹备工作，其中1家企业已完成上市辅导期。二是自主创新能力不断提高。高新技术产品增加值占工业增加值的32.11%，新增中国驰名商标1个、省著名商标1个、省名牌产品1个。三是发展后劲明显增强。招商引资成效明显，成功举办8.28经贸洽谈会和重点项目庆典活动，引入艾默生网络能源、西铁城等世界500强项目。1—11月实现直接利用外资11713万美元，全年合同利用外资18224万美元。信义玻璃、长优二期、健威二期等一批重点项目建设进展顺利，绿色光源产业基地已获批准立项。四是第三产业发展加快。中心区商业配套不断完善，中环商业广场、丰泽园酒家竣工开业，东华天鹅湾、天骄半岛正式发售，鹿茵酒店、海逸酒店、江海演艺中心等一批三产项目加快推进，利生二手汽车市场、绿色光源专业市场等项目即将动工建设。现代物流、商贸、饮食、娱乐等服务业加快发展。全年社会消费品零售总额增长39.88%。五是镇级经济发展势头良好，全区镇级地方财政一般预算收入增长20.39%，五个街道全部突破2000万元，其中外海街道达9076万元，在全市镇（街道）中排第八位。

（三）稳步推进江海中心区建设，改善了城乡人居环境

一是基础设施建设进展顺利。广珠轻轨江门支线江海段、东海路至南环路延伸线等重点基础设施项目按进度推进，江珠高速礼乐出口顺利开通，城市功能配套不断完善，江海中心区和核心区开发初见成效。二是节能减排工作成效明显。全区单位生产总值能耗下降4.7%，省循环经济试点单位长优化工公司废品回收项目稳步实施。积极推进江海污水处理厂和文昌沙水质净化厂二期工程建设。三是城乡环境明显改善。狠抓城市环境综合整治，环境绿化、美化和净化水平得到提高。统筹城乡发展，社会主义新农村建设取得良好效果，农业基础设施、农村路网、城乡环境得到改善。全力推进城市防洪工程建设，第一期工程已完成总工程量的50%，第二期工程进展顺利，滘头电排站竣工启用。区内六条河涌整治和礼东片电排站建设已启动前期工作，麻园河、礼东主灌河、青年河整治工程进入实地测量和项目设计阶段。

（四）着力改善民生，提高了人民群众的

生活水平

坚持以人为本，民生为重，在经济发展的基础上，不断改善民生，把解决群众最关心、最直接、最现实的利益问题作为关系全局的大事抓紧抓好，让发展成果惠及全社会

一是城乡居民收入稳步提高。建立健全企业职工工资正常增长机制，通过增加工资性收入、经营性收入和财产性收入等渠道，努力提高城乡居民收入。全区城镇居民人均可支配收入增长12.96%，农民人均纯收入增长12.06%。二是社会保障体系更加完善。不断完善社会保障制度，提高城乡低保水平，实现应保尽保。全区参加养老保险净增8579人，完成市下达任务的210.37%。建立城镇居民医疗保险制度，参加人数达14182人，完成市下达任务的125.24%。新型农村合作医疗制度进一步完善，全区覆盖率达99.4%，报销年封顶线提高至4万元。三是群众困难问题得到进一步解决。就业和再就业工作取得成效，全区新增就业岗位6312个，城镇登记失业率为2.3%。大力实施“千企扶千村”工程，培训农村富余劳动力2883人，培训后就业率为87.83%。以创业带动就业，全面取消个体工商户管理费和市场管理费，加大对各类群体的创业扶持力度。困难群众子女上学难和低保家庭住房难问题得到有效解决。慈善公益事业不断进步，全区为四川灾区捐款捐物合计达443万元。

（五）全面发展社会各项事业，提升了文化软实力

一是切实加强宣传思想工作。注重围绕区委中心任务，充分发挥宣传工作统一思想、凝聚人心、理顺情绪、化解矛盾的作用。在解放思想学习讨论活动中，充分发挥媒体的作用，营造深入学习实践科学发展观活动氛围，使科学发展观深入人心。积极开展纪念改革开放30周年系列活动，营造了健康向上的舆论氛围。二是深入开展精神文明建设活动。开展各种道德实践活动，加强现代公民教育。积极配合市开展创建全国文明城市工作先进市活动。三是积极配合“文化名市”建设。完善公共文化服务体系，推动公共文化建设项目向基层倾斜，文化产业和文化事业有新发展。组织开展“百镇千村行”送文化、送优秀电影下乡工作，全区新建 9个文体小广场、11个“农家书屋”。四是全面发展各项事业。坚持优先发展教育，教育投入进一步加大，全面落实城乡免费义务教育政策，礼乐街道成功创建为广东省教育强镇（街道），教育强区创建工作扎实有效。启动中小学教师工资福利待遇“两相当”工作。医疗卫生体制改革成效明显，全区公共卫生体系进一步健全，社区、农村卫生工作得到加强。人口与计划生育工作扎实有效，各项指标均完成市下达的目标，计划生育率同比提高1.43个百分点。群众体育活动蓬勃开展，滘北街道被中央文明办、国家体育总局命名为“国家级社区体育健身俱乐部”，外海中学被评为“国家青少年体育俱乐部”。

（六）切实加强民主法治建设，优化了经济社会发展环境

切实发挥区委的领导核心作用，进一步加强和改进区委对区人大、政府、政协工作的领导，充分发挥社会主义民主政治的优势。支持区人大及其常委会依法履行职权，人大依法监督水平不断提高；全面推行依法行政，法治政府建设进一步加强；政治协商、民主监督和参政议政作用充分发挥，爱国统一战线得到巩固和发展。围绕中心工作的要求，充分发挥工会、共青团、妇联、工商联等群众团体的桥梁

和纽带作用。坚持公正司法，依法治区水平进一步提高。基层民主政治建设得到加强，政务、村务和厂务公开工作进一步推进。党管武装工作不断加强，国防动员和民兵预备役建设扎实推进，圆满完成征兵工作任务。

（七）大力推进平安江海建设，保持了社会和谐稳定

牢记“发展是第一要务，稳定是第一责任”，坚持以化解矛盾纠纷为主线，以预防和打击犯罪为手段，以提高社会管理能力为重点，努力保持社会和谐稳定。认真落实维稳责任制，立足于把矛盾消除在萌芽状态、化解在基层，强化社会矛盾排查调处工作，奥运维稳特别防护期保持稳定。积极稳妥地做好倒闭企业劳动保障工作，建立健全企业倒闭引发群体事件及时报告制度和企业欠薪监控报告制度。积极稳妥地推进城信社退市工作，有效地化解历史金融风险。切实加强信访工作，健全目标管理、领导包案等长效工作机制，深入开展区委书记大接访和“大排查、大调研”活动，从源头上解决了一批信访突出问题。加强社会治安综合治理，创新社会管理服务方式，推行治安管理与城市管理、市场管理、行业管理等有机结合、相互促进的新模式。坚持严打、严管、严防相结合，全区刑事发案数下降9.5%，破案率上升16.8%。产品质量和食品安全、森林防火、“三防”、动物防疫、安全生产等工作不断加强，全区没有发生较大安全事故。

（八）以改革创新精神加强和改进党的建设，增强了各级组织的执政能力

党的建设是各级党委的“主业”。区委总揽全局，以改革创新精神加强和改进党的建设，为争当实践科学发展观排头兵提供了坚强的组织保障。坚持高起点、大规模培训干部，全年区委学习中心组集中学习7次，举办党员干部培训班7期，参加培训人员1700多人次。加强领导班子和干部队伍建设，注重班子团结，和谐班子建设取得成效，向市委推荐了一批干部，输送了一批人才。严格执行《党政领导干部选拔任用工作条例》，完善选人用人机制，健全体现科学发展观要求的街道领导班子实绩考核评价指标体系，树立正确用人导向。加大干部培养选拔和干部交流轮岗力度，顺利进行了届中干部跟踪考察和干部调整配备工作，选准配强各级领导班子。全年共提拔区管副科级以上干部18人，其中35岁以下4人，女干部5人，党外干部1人。提前完成村和社区“两委”换届选举工作，选举产生的新一届“两委”班子中书记、主任“一肩挑”比例达89.3%，“两委”交叉任职达93%，新班子精神面貌良好，综合素质较高，加快发展的信心足，为各项工作开展打下了坚实基础。固本强基工程深入推进，通过“十百千万”干部下基层驻农村、“三级联创”、党群联建等活动的深入开展，基层党组织的凝聚力、战斗力和创造力不断增强。开展党员干部现代远程教育活动，加强农村基层干部和党员培训，实现党员干部现代远程教育工作全覆盖。建立区党政领导班子“五联系”制度和党内关怀机制，通过组织开展城乡基层党组织“结对共建”、“万名党员联万户”等活动，全区各级党组织为群众办好事实事3738件。毫不松懈地抓好党风廉政建设和反腐败斗争，以纪律教育学习月活动为契机，加强廉洁自律教育，提高党员领导干部拒腐防变能力。

同志们，一年来我们战胜了各种困难，各项工作卓有成效。这些成绩的取得，是市委、

市政府正确领导的结果，是区委、区政府带领全区上下团结奋斗的结果，是各级党组织和广大党员干部群众心齐实干的结果，是市直有关部门、驻我区军警官兵、社会各界人士和广大海外乡亲、海内外朋友大力支持的结果，是历届区委、区政府打下坚实基础的结果。一年来的成绩，鼓舞人心，催人奋进，值得充分肯定。

成绩只代表过去，面向未来谋发展，我们要清醒地看到，我们的工作与科学发展的要求、与群众的期望相比，还存在差距。主要是：思想观念与科学发展的要求还不相适应；经济总量较小，产业竞争力、自主创新能力不够强，经济结构有待优化；城市功能配套还不够完善，第三产业发展相对滞后；资源与环境压力较大，节能减排任务艰巨；解决民生问题的难度不小，维护社会稳定任务繁重。对此，必须高度重视，切实采取有效措施，认真加以解决。

二、关于2009年工作

2009年恰逢建国六十周年，是实施《珠江三角洲地区改革发展规划纲要》的开局之年，是深入贯彻落实科学发展观的关键之年。新的一年，我们面临的困难和挑战将更加严峻。我们既要充分考虑到金融危机对我区经济发展带来的冲击，牢固树立“打硬仗”的思想准备，更要充分认识到危中有机，危机中蕴育着机遇，只有坚定信心，才能化危为机。面对困难，我们一定要振奋精神，坚定信心。我们的信心来源于中央、省、市各级的坚强领导，来源于各级应对金融危机的宏观调控政策，来源于我区良好的思想基础、产业基础和发展潜力，来源于我们面临的种种难得机遇，来源于我们在历次应对危机、战胜困难的过程中，培养锻炼出的一大批开拓创新能力强的领导干部和企业家人才队伍，来源于全区干部群众的万众一心、众志成城。这为我们战胜这次金融危机提供了坚强的保障。

未来一段时期，我们能不能变压力为动力，变挑战为机遇，确保经济平稳较快发展，是对我们驾驭复杂局面能力的考验，是对我们执政能力的考验。胡锦涛总书记在中央经济工作会议上提出，必须把保持经济平稳较快发展作为今年经济工作的首要任务，全力保增长、扩内需、调结构、重民生、促和谐。中共中央政治局委员、省委书记汪洋同志在省委十届四次全会上提出要“促进提高自主创新能力、促进传统产业转型升级、促进建设现代产业体系，保持经济平稳较快发展”的“三促进一保持”的要求，并特别强调要转变作风、狠抓落实。市委书记陈继兴同志在市委十一届五次全会提出要努力推进“三提高、三转变”，保持经济平稳较快发展，在六个方面赢在新起点上。这为我们做好今年的工作指明了方向。

2009年，我们要结合实际，认真贯彻落实中央经济工作会议、省委十届四次全会和市委十一届五次全会精神，以争当重点发展区实践科学发展观排头兵的目标统领各项工作，围绕确保经济平稳较快发展这一首要任务，统一认识，坚定信心，迎难而上，奋力应对保增长，抢抓机遇促转型，深化改革增活力，改善民生保稳定，加强管理促和谐，推动经济社会又好又快发展。2009年我区经济社会发展主要预期目标是：地区生产总值增长11%，地方财政一般预算收入增长11%，规模以上工业增加值增长14%，固定资产投资增长13.5%，单位生产总值能耗下降4.3%，城镇居民人均可支配收入增长9%，农民人均年纯收入增长8%；奋斗目标是：地区生产总值增长12%，地方财政一般预算收入增长13%。

实现以上目标任务，必须坚持“八个不动摇”：

（一）坚持解放思想不动摇，以思想的大解放开创科学发展的新局面

解放思想是推进工作的“法宝”。做好今年的工作，必须始终坚持解放思想不动摇，以思想的大解放推动大发展，努力开创科学发展的新局面。一是进一步在发展观念上解放思想。始终牢固树立科学发展观念，坚持科学发展观的“第一要义是发展，核心是以人为本，基本要求是全面协调可持续，根本方法是统筹兼顾”这四个方面的有机统一，努力做到“五个克服、五个增强”，“见物又见人”。二是进一步在发展基调上解放思想。我们提出要“确保经济平稳较快发展”和“推动经济社会又好又快发展”，这是根据中央经济工作会议和省委、市委全会精神作出的部署，两者是互相统一的。“确保经济平稳较快发展”，就是要立足于“较快”，确保经济不出现大的波动。保发展不仅是我区的需要，也是上级和群众的要求；不仅是经济任务，也是政治任务。没有一定的经济发展速度，安排就业和改善民生就会出现硬缺口，以人为本的理念就无从体现。“推动经济社会又好又快发展”，就是要把握“好”与“快”的关系，既强调“好”，但也不怕谈“快”，继续保持经济社会在“好”的基础上，能发展多快就多快，用放慢速度的代价解决不了“好”的问题。从客观来分析，我区发展有好的基础、条件和机遇，只要苦练内功，积极应对挑战，通过坚定不移地淘汰一批、扶持一批、引进一批，加快传统产业高新化、主导产业品牌化和新兴产业规模化，培育新的经济增长点，就完全可以化危为机，确保经济平稳较快增长，推动经济社会的又好又快发展。三是进一步在发展目标上解放思想。虽然今年经济社会发展有一定的困难，但是区第七次党代会和区委七届五次全会确定的“两个再造”、“六个翻一番”的目标不能变。

（二）坚持优化结构不动摇，确保经济平稳较快发展

以产业结构调整为主线，抓住当前国内外经济形势形成的“倒逼机遇”，加快发展方式转变，不断提升产业综合竞争力，确保经济平稳较快发展。一是做优一产，促进现代农业发展。进一步优化农业产业结构，大力发展生态旅游农业和绿色农业，培育壮大蔬菜、水产、花卉、水果等优势产业。大力推动科技兴农，着力引进新品种，推广新技术，培育新品牌，提高农产品的科技含量。大力培育农业龙头企业，做大农产品深加工业，提高农产品附加值。加强农田基础设施建设，加快土地出让金项目实施进度，积极筹建现代农业科技园，提高农业综合生产能力。二是做强二产，加快先进制造业基地建设。坚持走新型工业化道路，促进传统制造业转型提升，壮大电子信息、机电、化工三大产业，大力发展新材料、新能源、生物医药、LED等高新技术产业。加强重点领域的自主创新，鼓励和扶持企业建立产学研共同体，积极探索技术服务平台建设，增强企业自主创新能力，力争高新技术产品增加值占工业增加值的比重达34%。大力实施名牌带动战略，以品牌建设为龙头提升产品竞争力。推动企业上市，促进企业做强做大。坚持以信息化带动新型工业化，引导企业积极应用信息和科技推进技术、工艺、管理的创新，提升企业综合竞争力。加强产业载体建设，继续推进高新

区6、7、8、14、24号地开发和5、15、25号地、江海机电产业基地建设，尤其要将25号地建成我区高科技产业聚集的示范园区。抓紧盘活闲置土地和厂房，推动“腾笼换鸟”，发挥载体最大效益。坚持大项目带动战略，全力推进信义玻璃、长优二期、艾默生、上富电子等重点项目建设，增强经济发展后劲。三是做大三产，推动现代服务业良性发展。切实转变重制造轻服务的观念，加快现代服务业特别是生产性服务业发展。重视发挥房地产在扩大内需中的积极作用，加快中心区房地产业发展。积极培育壮大江海路饮食街、礼乐田园风光饮食带以及外海河海鲜特色饮食街。在巩固提升传统服务业的同时，重点发展现代物流、金融、信息、咨询、科技、外包服务、电子商务、文化创意、总部经济等新兴服务业。

（三）坚持改革开放不动摇，增强经济社会发展活力

今年是改革攻坚年。要全面统筹经济和社会事业各项改革，坚定不移地扩大开放，为实现科学发展提供强大动力和体制保障。一是全面深化改革，切实增强发展活力。按照市的统一部署，深入推进行政审批制度改革，衔接好市对区行政管理权限的下放，减少审批环节，提高行政效率。积极配合建设行政服务中心，全面推广“网上办事”和“网上审批”。继续探索市辖区工作规律，继续大力争取省、市支持，积极推进市区一体化改革。以大部门制机构改革为契机，科学界定部门职能，按照精简、效能和责权利相统一的原则推进新一轮政府机构改革。贯彻落实中央、省、市关于推进农村改革发展若干重大问题的决定和实施意见，深入推进农村体制改革，深化农村股份合作制。完善公共财政体系，逐步建立财政支出绩效评价机制，稳步推进国库集中支付。二是全力招商引资，努力扩大对外开放。始终把招商引资作为经济工作的重中之重来抓，抢抓新形势下国内外产业布局战略调整的新机遇，大力实施“请进来、走出去”战略。深入开展“留商、招商、惠商”活动，拓宽招商引资渠道，广泛挖掘社会招商资源，瞄准国内、省内产业集群发达地区开展驻点招商，推广代理招商、中介招商。着重提高招商引资的质量，重点引进技术含量高、财税贡献大、市场需求旺、资源消耗低、抗风险能力强的高新技术产业项目和世界500强企业。利用江门与港澳加深合作的机遇，促进我区与港澳在经济、文化、科技等领域的全面合作，提升对外开放水平。加快转变外贸增长方式，支持企业优化进出口商品结构和市场结构，促进加工贸易转型升级。同时，激活民间资本，大力发展民营经济，增强发展后劲。三是全力改善服务，营造良好营商环境。用足用活中央、省、市出台的扩大内需、促进发展和减轻企业负担的各项政策措施，帮助企业渡过难关。探索搭建企业融资平台，通过向银行发布优势企业名单，引导资金流向优势企业。加强行业协会、企业商会之间的交流和协作，加强企业间的集体行动，实现“抱团取暖”。引导和协助企业通过宣传推介、市场考察、产品展销等方式加快开拓新市场，发展“适销对路”的产品。加强贴身服务，深入开展“办实事、解难题、送温暖”活动，各级领导干部要多深入基层，深入企业，及时掌握企业经营动态和困难，想方设法为企业排忧解难。

（四）坚持中心带动不动摇，推动城乡协调发展

以推进江海中心区开发为重点，加快城市

化步伐，加强城乡互动，改善城乡结构，促进城乡经济社会发展一体化。一是以中心区开发为龙头，大力完善城市功能配套。按照高起点、高标准的要求，突出抓好中心区项目建设，府东小区、鹿茵酒店、海逸酒店、演艺中心、协和医院、府西小区等项目年内要有突破性进展。进一步完善中心区交通路网，年内要基本完成广珠轻轨江门支线江海段建设，东海路至南环路延伸线建成通车，完成礼东大桥首期工程建设，力促东华大桥动工建设，争取启动胜利大桥、胜利南路建设。按照“一区两翼”的城市发展格局，外海要加快推进连海北路综合开发，礼乐要重点策划开发轻轨站周边地块，启动物流园区建设，加快汽车市场成型。二是以新农村建设为重点，推进城乡协调发展。深入贯彻落实十七届三中全会精神，坚持以工促农、以城带乡，继续推进社会主义新农村建设，促进农村工业向园区集中、农村人口向城市集中、农民住宅向公寓集中。加快农村工业化步伐，盘活村级物业资源，大力发展农村集体物业出租业。加强村庄规划和整治，不断完善农村基础设施建设配套。全面推进城市防洪工程建设，加快内河涌整治项目建设，解决困扰多年的南新区内涝问题。继续加大对“三农”的扶持力度，严格落实各项惠农支农政策，推进农村信息直通车工程建设，切实加强农村教育、卫生、文化、科技事业发展。三是以生态文明建设为主线，打造宜业宜居江海。认真实施节能减排计划，深入开展“双千节能行动”，完成主要污染物排放指标，努力降低“三废”排放量。加强生态环境保护，做好国家环境模范城市复检准备工作，积极开展创建生态村、绿色社区等群众性环境保护活动。加大环境综合整治力度，加快江海污水处理厂、文昌沙水质净化厂二期等环保基础设施建设。强化环境监督管理，加强对重点行业、重点企业的监测检查。严格项目环保准入关，从源头上防治污染。

（五）坚持改善民生不动摇，提高群众生活水平

推动科学发展，归根到底是为了实现好、维护好、发展好最广大人民群众的根本利益。虽然今年各级财政资金将十分紧张，但在改善民生的问题上务必要做到力度不减，进一步增强“人均”意识，强化社会保障和公共服务。大力实施城乡居民收入倍增计划，不断提高城镇居民可支配收入、农民人均纯收入。实施积极的就业政策，进一步做好就业和再就业工作，鼓励和支持自主创业，加强农村富余劳动力转移就业培训。优先发展教育事业，加大财政对教育的投入，逐步提高教师工资福利待遇，争创省教育强区。加快建立覆盖城乡居民的社会保障体系，进一步完善城镇居民社会保险和基本医疗保险、新型农村合作医疗制度建设，逐步推行农村失地农民社会保障制度。继续推进医疗卫生体制改革，加快社区卫生体系建设。进一步加强人口与计划生育工作，不断提高人口素质。加大扶贫济困力度，健全社会救助体系，提高困难群众生活保障水平。深入推进文明城市创建活动，广泛开展群众性精神文明创建活动。倡导社会主义和谐文化，加快构建覆盖全社会的公共文化服务体系，营造积极、创新、和谐、奋进的文化氛围，让城乡群众享受更多更好的文化服务。

（六）坚持维护稳定不动摇，打造平安和谐江海

今年是建国60周年，创造和谐、稳定的环境尤为重要，各级、各部门务必要把稳定工作

放在突出位置，为改革发展创造和谐稳定的社会环境。健全党委领导、政府负责、社会协同、公众参与的社会管理格局，激发社会创造活力。健全基层社会管理体制，加强社会组织管理，创新流动人口服务管理工作，全面提高社会管理水平。抓住公安管理体制调整的契机，加强社会治安综合治理，健全社会治安防控体系，深入开展“平安社区”创建活动，加强社区警务工作，依法防范和打击违法犯罪活动，确保人民生命财产安全。加强和改进信访工作，完善社会矛盾纠纷排查调处机制，创新思路解决企业劳资纠纷、土地征用、环境污染等引发的突出问题，进一步规范、畅通信访渠道，疏导民意，及时了解和把握社会热点问题，化解社会矛盾，保障群众的合法权益。进一步落实安全生产层级责任制，加强安全生产监督管理，遏制较大以上安全事故的发生。完善突发事件应急管理机制，全面提高应急管理能力。高度重视并切实抓好产品质量和食品安全、“三防”、消防、森林防火、动物防疫等工作。

（七）坚持科学发展不动摇，加强执政能力建设

深入学习实践科学发展观，推动江海科学发展，关键在党。要坚持围绕科学发展，全面加强党的执政能力建设和先进性建设，使各级党组织真正成为推动科学发展的坚强领导核心。

一是加强思想政治建设，提升执政理念。按照党中央和省委、市委的部署，今年将在全区分两批组织开展深入学习实践科学发展观活动，其中第一批在市和县（区）开展，时间为今年3月至9月；第二批在各镇（街道）开展，时间为今年9月至明年3月。各级要把这次学习实践活动作为加强思想建设、转变发展观念、推动科学发展的一项重要政治任务抓好，高度重视，精心组织，做好规定动作，创新自选动作，确保学习实践活动取得实效。学习实践活动要突出实践性要求这个根本，紧紧围绕党员干部受教育、科学发展上水平、人民群众得实惠这个总要求，牢牢抓住争当实践科学发展观排头兵这个主题，达到提高思想认识、破解发展难题、创新体制机制、加强党的建设、促进科学发展的目标要求。

二是加强干部队伍建设，增强执政素质。着力培养各级领导干部的战略思维，树立世界眼光，提高把握经济规律、应对金融危机和各种突发事件的能力。严格执行《党政领导干部选拔任用工作条例》，坚持正确用人导向，健全选人用人机制，把落实科学发展观作为配班子、选干部、用人才的重要标准。不断加大干部交流力度，推进机关与街道、部门之间的干部交流，增强领导班子和干部队伍的活力。切实做好优秀年轻干部、党外干部和女干部的培养使用工作。加强班子团结，创建和谐领导班子，努力营造风正气顺、干事创业的良好氛围。注意保护党员干部解放思想、改革创新的积极性，营造宽容、宽松、宽厚的社会氛围。加强人才工作，按照党管人才原则，创新人才工作机制，构筑人才流动平台，营造吸引人才的环境。

三是加强基层组织建设，夯实执政基础。继续抓好“十百千万”干部下基层驻农村工作和城乡基层党组织结对帮扶活动，构建城乡基层党建新格局。加强农村基层组织建设，扎实推进“三级联创”工作，认真组织开展农村万名党员联系万户活动，选聘大学生到村任职工作，完善党员联系服务群众工作制度。继续完

善党群联建制度，统筹推进党、工、青、妇基层组织建设。加强“两新”组织建设，扩大党组织的覆盖面。同时，认真做好新形势下党员发展工作。

四是加强党风廉政建设，改进执政作风。严明党的政治纪律，确保党的路线方针政策和科学发展重大决策的贯彻落实。毫不松懈地抓好党风廉政建设，严格执行党风廉政建设责任制，大力推进重点领域和关键环节的改革，加大违纪违法案件的查处力度。纪检监察机关要把加强作风建设摆在重要位置，作为今年“纪律教育学习月”的重点来抓，并且要加强对转变作风成效的监督检查。各级、各部门要结合各自实际，下大力气及时解决一些群众、企业和基层反映突出的作风问题。各级党政机关要树立过紧日子的观念，严格控制一般性行政经费支出，对公务购车和用车经费、会议经费、公务接待费用、党政机关出国（境）费用、办公经费预算要实行“五个零增长”，争取拿出更多的资金为企业发展创造有利条件，为改善民生增加支出。

（八）坚持狠抓落实不动摇，以更好的作风推动经济社会又好又快发展

当前，我区发展的大政方针已定，转变作风抓落实就是我们工作的主线和重点。摆在我们面前的任务只有一个字，干！我们一定要切实转变作风，在抓落实中推动各项工作开展，确保经济平稳较快发展，推动经济社会又好又快发展。

一是明确抓落实的工作重点。今年的工作千头万绪，但始终要明确经济建设是中心，确保经济平稳较快发展是今年经济工作的首要任务。从我区的实际出发，狠抓重点项目和招商引资，促进提高自主创新能力、促进传统产业转型升级、促进建设现代产业体系，确保经济平稳较快发展，就是工作重点，其他的各项工作都要围绕这个重点展开。各级、各部门都要围绕这个重点，确定各自的工作重点，而且要把有限的物力、财力用在支持重点工作上。狠抓落实还要明确目标进度，对重点项目的争取、审批、动工，以及自主创新项目的实施、现代产业体系建设、招商引资、节能减排、社会保障、民生福祉和社会稳定等重点工作，都要细化分解，提出明确的进度要求，按照时间进度来考核完成的效果。

二是强化抓落实的工作责任。强化责任是抓好工作落实、完成工作任务的重要保证。明确责任，必须改变在责任问题上“吃大锅饭”的状况，努力把共同的责任具体化为各级各部门和每个人的责任，形成一级抓一级、层层抓落实、人人抓落实的工作机制。各项重点工作的牵头领导和单位要进一步强化“牵头抓总”的意识，有关部门即使没有明确为责任单位，只要牵涉到该部门的职能职责，就要全力以赴协助。要健全协调解决重大问题的联席会议制度，加强对重大问题的协调处置，检查督促事项的落实情况。对重点工作、重点项目，要成立专责小组，明确责任人，专责抓落实。今年工作的重中之重是项目的推进和投资的落实，对已上报审批但仍未审批下来的项目，要主动与上级有关部门沟通协调，争取尽早批准下来；对招商项目要加强协调，改善服务，帮助解决各类问题，加大引资力度；对进展缓慢的项目，要有针对性地及时解决好征地、拆迁和建设资金等问题，加快建设进度，争取早日投产。

三是健全抓落实的机制措施。加强对重点工作落实的监督检查，区人大、区政协要立足

区委、区政府的工作部署，组织有针对性的专项视察和专题协商，区委区政府办公室要采取多种形式进行督查督办，形成推动落实的合力。建立健全责任追究奖惩制度,对重点工作该报告的问题而未报告的、该处理的问题而未处理的、该完成的任务而未完成的，要追究主管领导的责任。进一步完善街道实绩考核方法和机关作风考核办法，对工作任务特别是重点工作任务完成较好的，给予表彰奖励。要在抓落实的过程中考察干部，让事业心强、肯干事、敢负责、干成事的干部受尊重、被重用。

四是创造抓落实的工作条件。要抓落实，就要下决心减少审批事项、减少会议、减少文件、减少检查考核活动，为各级各部门抓落实腾出精力，创造条件。要衔接好省、市的行政管理体制改革，切实减少审批事项。切实减少“文山会海”，严格控制会议、文件的数量、规格和规模，争取减少四分之一的会议和文件，少开会、开短会、开务实有用的会；少发文、发短文、发务实有用的文，使各级干部从“文山会海”中解放出来，集中更多的时间和精力抓工作落实。要对目前我区的检查考核活动和议事协调机构进行全面清理，争取将各种议事协调机构和检查考核项目减少一半以上，让基层有更多的时间抓落实。

五是凝聚抓落实的各方合力。抓落实是一项系统工程，必须牢固树立全区“一盘棋”思想，围绕经济建设这个中心，从各个方面，动员人大、政协、各民主党派和工、青、妇以及社会各界力量，把贯彻落实科学发展观贯穿履行职能的全过程，形成齐心协力、共抓落实的社会氛围。区人大要围绕区委的中心工作，加大监督力度，推动“一府两院”改进工作。区政协要充分发挥智库作用，围绕我区科学发展、民生建设等重大问题积极协商议政、民主监督、建言献策。区党政各部门和区法院、区检察院以及工、青、妇等人民团体要走出机关，深入基层群众，根据职能特点围绕抓落实开展工作，并通过各种形式激发广大群众干事创业的积极性。区宣传部门要积极宣传抓工作落实的好做法、好经验、好典型，加强舆论监督，促进有关部门抓好工作落实。

同志们，今年我区发展面临复杂多变的形势和环境，困难和挑战考验着我们，责任和使命激励着我们，党和人民期待着我们。做好今年的工作任务艰巨，意义重大。让我们在市委、市政府的正确领导下，深入贯彻落实科学发展观，统一认识，坚定信心，迎难而上，确保经济平稳较快发展，争当重点发展区实践科学发展观的排头兵，以优异的成绩迎接建国六十周年！

在中共江门市江海区委七届七次全会上的讲话

（2009年7月28日）

中共江门市江海区委书记　梁美贤

同志们：

这次区委全会的主要任务是传达贯彻省委十届五次全会、市委十一届六次全会精神，总结我区上半年工作，研究部署下半年工作，进一步动员全区上下围绕保增长工作大局，认清形势，坚定目标，调整思路，创新工作，改进作风，狠抓落实，努力完成全年各项工作目标任务，全面提升江海科学发展的实力和水平。下面，我代表区委常委会作工作报告。

一、上半年主要工作情况

今年以来，全区认真开展深入学习实践科学发展观活动，坚决落实区委、区政府各项决策部署，积极应对国际金融危机，大力实施《珠江三角洲地区改革发展规划纲要》（以下简称《规划纲要》），推进“三促进一保持”，抓住政策机遇，创造条件推进重点项目建设，全力保增长、保民生、保稳定，全区经济平稳增长，民生持续改善，社会保持和谐稳定，党的建设进一步加强，为完成全年目标任务打下坚实基础。

（一）认真开展深入学习实践科学发展观活动，思想观念有新进步

在学习实践活动中，通过组织开展集中培训、专题辅导讲课、座谈研讨等形式的学习活动，与应对国际金融危机、推动“三促进一保持”的实践相结合，深化了对科学发展观的认识，破除“等靠要”、畏难守旧情绪，增强了贯彻落实科学发展观的自觉性和坚定性，增进了解放思想、抢抓机遇、坚定目标、争先进位的共识，表现出奋发有为、昂扬向上的精神状态。通过学习实践活动，突出实践特色，开展“万名干部下基层、解难题、送温暖”、“保增长、促发展”帮扶活动，共查找需要整改问题216个，已经整改98个，为基层群众办实事好事145件，增强了为民服务的意识，提高了广大党员干部科学发展的能力和解决实际问题的能力。

（二）加大“三促进一保持”力度，经济运行有新起色

加强和改进对经济工作的领导，按照中央、省、市有关政策和会议精神，迅速调整工作思路，加大重点项目融资力度，落实各项扶持企业发展政策，经济呈现回升的积极态势。突出体现在“四个升”。一是经济发展势头回升。部分经济指标增幅较一季度出现回升，其中生产总值、地方财政一般预算收入、规模以上工业增加值、固定资产投资增幅分别比一季度提高1.03、3.15、0.04、8.09个百分点。二是三产比重有所上升。第三产业增加值增长16.48%，比生产总值增幅高9.38个百分点，第三产业占生产总值比重上升了3.12个百分点，服务业成为拉动经济发展的亮点。三是经济增长后劲明显提升。32个重点项目按计划推进，一批含金量高的项目顺利投产。艾默生网络能源（江门）公司于7月10日举行了盛大开业庆典，副省长雷于蓝、市委书记陈继兴、美国艾默生电气集团总部首席运营官Ed Monser（爱得华•孟瑟）亲临参加了庆典。福宁电子、长优二

期等项目进展顺利，正在进行设备安装调试，海逸酒店、鹿茵酒店正式动工建设。四是科技创新能力稳步攀升。产学研合作取得重大进展，专利申请量和授权量持续增长，组织辖区16家企业申报省建设现代产业体系技术改造技术创新滚动计划，成功争取5名省科技厅科技特派员进驻企业，辖区3家企业的5个品牌获得2009－2011年度广东省出口名牌称号。

（三）积极推进市区一体化，城市建设有新突破

围绕《规划纲要》，以交通建设为突破口，推进市区一体化建设。经积极争取，胜利南路已列入市今年重点建设项目计划，市政府已安排9500万元专项资金用于项目建设。东海路至南环路延伸线即将建成通车，广珠轻轨江门支线江海段建设进展顺利，城市防洪工程一期工程已完成总工程量的69%、二期工程完成47%。城乡环境不断优化，东华天鹅湾、天骄半岛、翠湖湾等一批高档住宅区销售良好，府东、府西小区控制性详细规划已完成，文昌沙水质净化厂二期扩建、江海污水处理厂工程建设进展顺利。

（四）大力发展社会各项事业，和谐江海建设有新成绩

一是加大财政对民生投入。全年安排民生投入1.7亿元，上半年已投入6539万元。狠抓就业和再就业工作，继续实施“千企扶千村”工程，上半年新增就业2509人，城镇失业人员再就业1293人，非农就业比重达82%，城镇登记失业率为2.3%。二是全面发展社会各项事业。积极配合市开展创建全国文明城市工作，各项精神文明创建活动卓有成效。健全公共医疗卫生体系，开展县级医院创建工作。抓好甲型H1N1流感防控，区内没有出现感染病例。进一步提高新型农村合作医疗制度的保障水平，标准档和提高档的报销年封顶线分别提高到5万元和6万元，在全市率先实现人口覆盖率100%。成功创建省教育强区和省人口与计划生育工作先进单位。三是推进民主法制建设。支持人大、政协围绕中心服务大局，充分发挥工、青、妇等人民团体维护群众合法权益的作用，推进各领域统战工作，凝聚各方应对危机、推进科学发展的力量。启动法治江海创建活动，省“六好平安和谐”社区创建率达90%。四是社会大局保持和谐稳定。抓好产品质量和食品安全、森林防火、“三防”、动物防疫、安全生产等工作，成功实现礼乐打假警示区域除名。加强信访和综治维稳工作，健全信访工作制度，大力开展领导干部下基层“大接访”活动，着力解决信访难题，上半年信访量同比下降1.19%，人次下降41.52%。

（五）着力加强党的建设，作风有新转变

创新工作方式，坚持区党政领导班子联席会议汇报工作、区领导牵头分工负责重点项目、区领导联系基层和企业制度，领导带头抓落实，领导带头下基层进企业调研解难题，形成了上下齐心抓落实促发展的工作合力。加强机关作风和效能建设，建立机关作风情况通报制度，按照“五个零增长”的要求落实各项厉行节约措施。上半年，以区委、区政府名义召开的全区性会议同比减少20%，区委普发性文件发文数减少18%，精简区直议事协调机构超一半。建立健全干部考核机制，完善街道领导班子实绩考核评价指标体系，出台《江海区区直部门领导班子和领导干部落实科学发展观评价指标体系及考核评价试行办法》。加强党风廉政建设，落实党风廉政建设责任制，加强基层纪检监察组织建设，深入开展专项治理，上半

年全区党员干部未出现重大违纪违法案件。

这些成绩的取得，是在市委、市政府正确领导下，全区各级干部群众解放思想、抢抓机遇、攻坚克难、化危为机、团结拼搏、狠抓落实取得的。成绩来之不易，值得充分肯定。

但与此同时，我们也要清醒地看到我区经济社会发展仍存在一些问题和困难，如加快项目建设的力度仍不够，经济回升水平不够快，主要经济指标未达到时间任务“双过半”；影响社会不稳定因素仍较多，劳资纠纷、征地拆迁、参战退役人员、环境污染等引发的信访问题突出；有的部门、干部作风不够扎实，对决策部署执行不到位，对抓落实中遇到的问题拿不出有效办法；党风廉政建设有待加强。对此，我们必须高度重视，采取切实有效措施，认真加以解决。

二、下半年工作意见

今年工作任务、工作目标、工作要求年初都已明确，关键是抓好落实。做好下半年工作，要深入学习贯彻科学发展观，落实省委十届五次全会、市委十一届六次全会精神，深刻理解和把握省委提出的“五个关系”、市委提出的“三种意识、三个关系”的精神实质，进一步转变作风，抓好区委、区政府各项决策部署的落实。下半年工作要围绕全面提升江海科学发展实力的总体要求，突出“三保”、“三促进一保持”主线，坚定“一个目标”，强化“两种意识”，正确处理好“三大关系”，以大干促大变，促进江海科学发展、跨越发展。

——坚定“一个目标”。即坚定年初区委、区政府确定的目标任务不动摇，统一思想，振奋精神，采取非常措施，以超常规的工作，不折不扣完成既定各项目标任务。

——强化“两种意识”。一是认清形势，强化机遇意识。充分认识危机过后经济回暖带来的新一轮发展黄金时期，充分把握《规划纲要》实施的战略机遇，充分抢抓国家扩内需保增长的宏观经济政策机遇，促进科学发展、跨越发展。二是敢于担当，强化责任意识。牢记党和人民的重托，不回避困难、不回避责任，坚决落实各级决策部署，以争当实践科学发展观排头兵的精神、勇气和魄力应对挑战，敢闯敢试，敢为人先，创新发展，奋勇争先，卓有成效地履行自己的神圣职责。

——正确处理“三大关系”。一是正确处理好投资和消费关系。扩大投资是应对危机保增长的最有效手段。上半年，全区商品房销售面积增长207.2%，销售额增长249.7%，但房地产开发投资负增长32.3%，全区重点项目投资仅完成年度计划的18.67%，投资潜力远远没有释放出来。要抓住机遇，落实重点项目融资计划，千方百计加快项目建设。同时，消费是拉动经济增长的内生动力，要完善社会保障体系，大力发展现代服务业，积极培育消费市场，促进消费升级。二是正确处理好外销与内销关系。外向型经济历来是我区的发展优势，我区外贸依存度达70%以上，稳定外贸市场对保持我区经济增长具有重大意义。同时，国内市场蕴涵着重大发展空间。要充分利用国内外两种资源、两个市场，落实各项扩大内需的扶持政策和企业出口扶持政策，扩大市场促出口、促内销。三是正确处理好稳定与发展的关系。坚持发展是第一要务，牢记稳定是第一责任，做到经济工作和稳定工作“两手抓”，两手都不放松，在发展中维护好人民群众切身利益，在稳定中发展好人民群众切身利益。

具体要突出抓好六个方面的工作：

（一）统一思想认识，确保全面完成今年

既定目标任务

完成今年既定目标任务是我们当前最大的政治，各级各部门要切实把思想认识和行动统一到区委、区政府的决策部署上来，坚定完成目标任务的信心和决心。要深刻认识年初既定目标任务的政治意义，这一目标任务是市委、市政府交给我们的政治任务，关系到我们的政治职责所在；是区委全会确定、区人代会审议通过的全区人民法定意志，这是我们对党员、群众的公开承诺，关系到区委、区政府的诚信和形象；是全区保增长、保民生、保稳定、保运作的基本要求，必须坚定不移，毫不动摇。既定的目标任务能否完成，是对我们的政治考验。全区上下特别是各级领导干部务必统一思想，坚定信心，狠下决心，全力以赴，以超常的思路、超常的措施、超常的速度，把目标变为现实，确保完成目标任务，不辜负市委、市政府和全区人民的期望，以实绩取信于民。

（二）扩投资调结构，推动科学发展上新水平

把扩大投资作为保增长的重中之重，尽快落实10亿元重点项目融资计划，全力推进重点项目建设，加快产业结构调整，不断增强竞争优势。

一是突出项目带动，增强经济发展后劲。全区32个重点项目是江海今年、明年和以后可持续发展的后劲所在，要时刻保持可持续发展的理念，时刻保持一种责任意识、毅力和韧劲推进项目建设。要瞄准重大项目和重点产业方向招商。近年来，兄弟市区以大项目拉动为重点，驱动了新一轮赶超。蓬江坐拥中心城区三产发达优势，又有大长江集团等大企业支撑；鹤山近年来依靠工业园开发异军突起；台山、新会借滨海优势，引进一批能源、重化、汽车配套项目；恩平、开平最近成功获得了省产业转移示范园区5亿元资金，大力开展产业转移项目招商。在面对各兄弟市区争先恐后的发展态势中，我们立足区情，狠抓高新技术项目、大项目招商，引进了艾默生、康宁、亚什兰、西铁城四家世界500强工业项目，也取得了较好成效，充分说明我区瞄准世界500强开展招商的策略是完全正确的。下阶段，还要进一步坚定围绕世界500强、大型跨国企业集团等重点企业，围绕优势产业、现代物流等开展招商，抓好高新区25号地示范园区和礼乐机电产业基地建设，着力引进财税贡献率高、技术含量高、带动力强的大项目。要落实好市关于高新区范围内减免城市建设配套费等优惠政策，促进项目在年内动工建设。同时，策划项目建设要有大动作。推动项目建设要讲求效率，不能按部就班，走常规程序，只有大动作、大力度推进，才能实现大突破，才能见效快。如我区将胜利南路列为全区一号工程，举全区之力推进，就是要集中区、街道、村三级力量强势推进，重点突破。为了加快推进胜利南路建设，区已落实了专责机构和人员，正在制订详细开发方案，下一步在招商上要尽快做好项目包装策划，在资金上要尽快落实项目融资，在时间上要争分夺秒推进，确保项目尽快实施、尽早完成。礼乐机电产业基地、连海北路、演艺中心等重点项目也要大手笔做好项目策划，以时不我待、只争朝夕的精神去推进，确保尽快见效。

二是突出结构调整，构建现代产业体系。要强势发展先进制造业，把提高企业自主创新能力作为应对国际金融危机的重点工作来抓，加快电子信息、机电、化工等优势产业的复苏回升，积极培育新材料、生物医药、光机电一

体化等新兴高新技术产业，着力提高高新技术产品产值比重。要乘势发展现代服务业，切实抓好中环广场商贸圈和总部经济的培育，加快利生二手机动车交易市场、中岸公共保税仓等物流项目建设，促进海逸酒店和鹿茵酒店加快建设。近期要重点抓好四川九峰集团和顺德现代物流体系项目招商跟进。要顺势淘汰落后产能，严格实行节能减排问责制，引导企业积极主动地采用新技术、新工艺，推进江海污水处理厂建设，配合文昌沙水质净化厂二期扩建工程建设，加快推进淘汰落后产能工作，为上新项目腾出空间、腾出环保指标，促进经济社会可持续发展。

三是突出优化服务，帮促企业调整生产经营。保企业是实现保增长目标的重要基础。要从支持企业发展的实际出发，增强服务意识，主动深入加强对企业的支持服务，重点做好送政策和用政策工作，切实落实减轻企业负担政策，协助辖区企业争取列入市企业发展专项资金的重点扶持对象，用足用好外贸出口扶持政策，帮助企业列入“家电下乡”名录，推动企业加快生产经营调整步伐，促进企业转型升级。

（三）提升城市品质，加快宜业宜居江海新城区建设

按照市区一体化的要求，大力完善城市功能，提升城市品质，掀起江海城市建设的新高潮。一是塑造形象，推进江海核心城区开发。抓好城市发展规划的实施，结合交通枢纽、商业中心的定位，高标准推进以府西、府东小区为主的核心区开发，探索具有江海特色的城市内涵，做好城市建设的宣传包装，创出江海城市建设的特色，塑造江海城市形象。二是改善容貌，抓好城市改造。充分利用“城中村”、“旧城镇、旧厂房、旧村居”改造的政策，按照市区“城中村”改造方案的要求开展试点工作，抓好横坑村拆迁工程，稳步推进“城中厂”搬迁，引导村（社区）参与城市改造，再造江海新城区。三是创新理念，加强社区和农村管理。以人为本，探索社区保障、就业、治安、生态等一体化服务内容，增强社区公共服务管理功能。统筹城乡发展，全力推进社会主义新农村建设，深化农村综合改革，整合卫生村、文明村、民主法治示范村创建活动，努力建设宜居城乡。

（四）注重民生保障，推进和谐江海建设

把保民生作为保增长的出发点和落脚点，加强政治建设和文化建设，努力维护社会稳定，为推动科学发展提供民主环境、法治保障和智力支持。一是努力保障和改善民生。着力抓好就业和再就业工作，完成市今年下达的安排城镇居民新增就业、城镇失业人员再就业、免费培训农村富余劳动力等任务。配合做好城乡一体化社会保障体系建设和社会保障全市统筹工作，开展被征地农民基本养老制度试点工作。按市要求从9月份开始兑现教师工资福利待遇“两相当”。二是加强精神文明建设。围绕建设社会主义核心价值体系，深入开展群众性精神文明创建活动。组织好建国60周年系列纪念活动，抓好全国文明城市创建活动。三是推进法治江海创建。支持人大、政协依法履行职能，充分发挥工、青、妇等人民团体的桥梁纽带作用。推进决策民主化、科学化，增强决策透明度，扩大公民有序政治参与。推进依法治区工作，促进司法公正有效。四是全力维护社会稳定。完善突发事件应急管理机制，全面提高应急管理能力。加强社会治安综合治理，抓好重点地区和突出治安问题的整治，依法防范

和打击违法犯罪活动。加强和改进信访工作，完善社会矛盾纠纷排查调处机制，落实领导包案制，切实提高群众来信来访的结案率和化解历史积案率。加强街道综治信访维稳中心建设，7月底前完成外海街道办事处试点工作，年底全面完成全区街道综治信访维稳中心建设工作。坚持不懈抓好安全生产、产品质量和食品安全、“三防”、消防、森林防火、动物防疫等工作。注重网络管理，做好网络舆论的疏导。

（五）突出党建工作，为科学发展提供坚强组织保证

要增强抓党建工作的“主业”意识，扎实加强党的建设。一是注重特色，抓好学习实践活动。要高标准抓好第一批学习实践活动整改落实各项工作，着力解决影响和制约我区科学发展、群众反映强烈的突出问题，争取在第一批学习实践活动结束时，90%以上的问题得到基本解决，特别是年底前务必解决全区25户住房困难户的住房问题。做好第一批和第二批学习实践活动衔接工作，认真总结好试点工作经验，制订好第二批学习实践活动的方案，确保第二批学习实践活动起点更高、要求更严、效果更好。二是固本强基，加强干部队伍建设。抓好党政领导班子和领导干部落实科学发展观考核评价机制的实施，重点体现“三民”原则，考核内容更强调民生，考核过程更注重民主，考核结果更体现民意。加大干部队伍培养选拔力度，做好干部轮训工作，提高领导干部学习能力、创新能力和执行能力。三是创新载体，加强基层组织建设。继续开展干部下基层驻农村、城乡基层党组织“一帮一”结对共建和农村“万名党员联万户”活动，做好选聘到村任职高校毕业生上岗培训、日常管理等工作。以创建示范点为抓手，统筹推进社区、机关和“两新”组织等领域基层党建工作。四是永葆本质，加强党风廉政建设。始终把党风廉政建设放在突出位置抓紧抓实，落实党风廉政建设责任制，抓好外海街道、礼乐街道威西村惩防体系示范点建设，严肃查处侵害群众利益的违纪违法案件。厉行节约，切实做到“五个零增长”，实现“四个减少”。

（六）加强作风建设，提升领导干部抓落实的能力

做好当前各项工作，关键还是一个“干”字，作风必须深入、深入、再深入，务必干得更实、更好、更快。一是创新举措抓落实。要继续坚持区领导牵头分工负责重点项目、重大项目联席会议、重点工作现场督查、重点项目每月一督查一通报等抓落实机制。同时，下半年对重点工作抓落实不理想的，要向单位主要领导下达工作责任书，限期整改。二是转变作风抓落实。领导干部要带头转变作风抓落实，勇于率先干，带头解决抓落实存在的突出问题。要真抓实干，深入一线，扑下身子抓落实；要善于凝聚合力，相互支持配合，相互沟通联动，齐心协力抓落实。三是强化问责抓落实。建立自上而下的问责制度，加强督促检查，对因责任不落实、措施不得力、监管不到位的部门、单位负责人进行问责。要赏罚分明、导向鲜明，较好完成任务的给予奖励，完不成任务的要作检查。四是创造氛围抓落实。旗帜鲜明地支持和保护改革创新、干事创业者，引导广大干部群众大胆地试、大胆地干，坚决为想干事、能干事的干部撑腰壮胆。为一心干事业、真心为群众的干部搭建成长平台，重用一些抓落实、推动工作取得实效的干部，为改革创新、干事创业者创造良好的社会环

境。

同志们，上半年经济发展才刚刚出现回升势头，下半年的任务将更加艰巨，责任更加重大。我相信，只要全区上下深入贯彻落实科学发展观，按照今天会议的精神和部署，团结一心、积极进取、攻坚克难、狠抓落实，一定能确保完成全年目标任务，全面提升江海科学发展的实力和水平，以优异的成绩迎接新中国成立60周年！

在中共江门市江海区委七届八次全会上的讲话

（2010年1月12日）

中共江门市江海区委书记　梁美贤

同志们：

今天召开区委七届八次全会，主要任务是认真学习贯彻落实胡锦涛总书记视察广东重要讲话精神和党的十七届四中全会、中央经济工作会议、省委十届六次全会、市委十一届七次全会精神，总结去年工作，部署今年工作，进一步动员全区上下共同努力，促进经济社会又好又快发展，争当实践科学发展观的排头兵。下面，我代表区委常委会向全会报告工作，请予审议。

一、认真总结，发扬成绩，坚定科学发展信心

过去的一年，是很不平凡的一年，是积极应对金融危机的挑战，实现“保增长、保民生、保稳定”目标任务的一年。一年来，在市委、市政府的正确领导下，区委始终坚持以科学发展观统领全局，团结带领全区人民解放思想，迎难而上，共克时艰，积极落实“三促进一保持”各项举措，全力以赴应对国际金融危机冲击，全面推动经济建设、政治建设、文化建设、社会建设、生态文明建设和党的建设，实现了经济社会平稳持续发展，在争当实践科学发展观排头兵的道路上迈出了坚实步伐。

（一）扎实开展深入学习实践科学发展观活动，取得了科学发展新成果

全区紧紧围绕“党员干部受教育、科学发展上水平、人民群众得实惠”的总体要求，广泛开展深入学习实践科学发展观活动，圆满完成了第一批学习实践活动，第二批学习实践活动已转入整改落实阶段。活动取得了丰硕成果，各级党员干部的理论水平、政治修养和为民执政能力不断提高，得到了上级的充分肯定和群众的高度评价，群众满意度测评总体满意率达98%。一是贯彻落实科学发展观有新提高。通过学习实践活动，深化了对科学发展观的认识，坚定了化金融危机之危为科学发展之机的信心。根据《珠江三角洲地区改革发展规划纲要（2008－2020年）》（以下简称《规划纲要》）的定位，积极主动完善工作思路，进一步明确了争当实践科学发展观排头兵的目标。二是开展主题实践活动有新成果。突出实践特色，创新提出“234”自选动作，积极开展“万名干部下基层、解难题、送温暖”和“保增长、促发展”帮扶活动，共收集基层和群众迫切需要解决的问题303个，已解决了278个，解决率超90%；为群众办好事实事206件，特别是全面解决了25户困难家庭住房难的问题。三是争当实践科学发展观排头兵有新成绩。在学习实践活动中，紧紧围绕争当实践科学发展观排头兵的目标，推动各项工作争先创优。在广东省市县级政府整体绩效评价中，我区节约政府成本指标得分荣居全省第一名；在江门市县处级领导班子和领导干部落实科学发展观考评中，我区总分名列各市区第一，被市委评为全市先进单位。同时，获得了“广东省人口与计划生育工作先进单位”称号。

（二）积极应对国际金融危机，实现了保增长目标任务

国际金融危机持续扩散蔓延以来，我区经济社会发展遇到新世纪最困难的时期。面对严峻复杂的形势，区委加强领导，果断决策，迅速行动，采取有效措施应对，出台了《2009年江门市江海区保增长促发展激励办法》，坚持每月一次的保增长促发展工作会议制度，加大项目融资力度，加快重点项目建设，力保企业正常生产，推动经济平稳增长，实现了保增长目标任务。预计地区生产总值同比（下同）增长13.5%，地方财政一般预算收入增长12.06%，规模以上工业增加值增长13.73%。一是产业结构优化调整取得重要进展。三次产业结构比重演进为3.64：64.95：31.41。第三产业发展势头良好，第三产业增加值增长18%，占生产总值比重上升了4.49个百分点。消费对经济增长的贡献率明显提高，社会消费品零售总额增长25.2%。工业经济发展逐步回升，电子信息、机电、化工三大优势产业总产值增长8.95%。节能减排成效明显，预计全区单位GDP能耗下降4.6%，完成年度二氧化硫和化学需氧量排放总量控制指标。二是企业经营环境持续改善。设立专项资金扶持企业发展，切实为企业减轻负担，帮扶企业共渡危机。着力解决中小企业融资难问题，努力搭建政银企合作平台，成立汇通小额贷款公司和顺盈担保有限责任公司。落实扶持外贸出口政策，积极组织企业参加经贸合作与交流，帮促企业开拓国内外市场，预计全区外贸出口降幅收窄到10%。三是自主创新能力不断提升。通过国家高新技术企业认定7家，新增国家火炬高新技术企业1家、省级研发中心1家、博士后科研基地1家。预计专利授权量增长30%。高新技术产品增加值占工业增加值的比重达35%。四是发展后劲明显增强。积极扩大投资，加快重点项目建设，艾默生网络能源（江门）公司举行了盛大开业庆典，长优二期顺利投产，信义玻璃动工建设，中岸保税仓二期、演艺中心等项目建设进展顺利，固定资产投资增长22.06%。优化土地利用结构和布局，完成江海区土地利用总体规划大纲。五是招商引资成绩显著。利用外资和民资保持较快增长，外商直接投资和利用民资分别增长10.99%和30.62%。引进超千万美元项目5个，超千万元民资项目5个。高新区25号地园中园引进了世界500强项目福宁电子。市区共建的江门现代物流产业园区项目筹建进展顺利。

（三）加快市区一体化建设，优化了城乡人居环境

认真贯彻落实《规划纲要》，围绕基础设施一体化、生态型宜居城市建设等做好对接，积极推进市区一体化建设。一是交通一体化建设进展加快。加强交通基础设施建设，东海路至南环路延伸线即将建成通车，广珠轻轨江门支线江海段建设进展顺利，江珠高速公路北延线纳入省重点项目。二是城市环境不断改善。核心区开发步伐加快，完成府东、府西小区和轻轨江门站地块控制性详细规划编制，府东小区地块成功引进了碧桂园项目。鹿茵酒店、海逸酒店两个五星级酒店动工建设，东华天鹅湾、天骄半岛、翠湖湾等一批高档住宅区销售良好。加强环境保护和整治，完成第一次全国污染源普查，江海污水处理厂首期工程动工建设，文昌沙水质净化厂二期扩建进展顺利。城市防洪工程完成总工程量的75%，内河涌整治项目进展顺利。三是城乡服务水平稳步提升。完善社区服务功能，省“六好平安和谐”社区创建率达91%，新成立了外海街道银泉社区。扎实推进社会主义新农村建设，继续做好村庄规划编制和整治，加强农村信息直通车工程建设，

开展农村社区建设试点工作。

（四）坚持民生为重，提高了人民群众生活水平

注重改善和保障民生，努力解决群众最关心、最直接、最现实的利益问题，千方百计增加城乡居民收入，全年财政对民生支出增长28.18%；城镇居民人均可支配收入16709元，增长12.2%；农村居民人均纯收入8912元，增长11.24%。一是就业和再就业工作力度加大。落实就业再就业优惠政策，继续实施“千企扶千村”工程，加强农村富余劳动力转移就业培训工作，启动首批高校毕业生就业见习基地建设，多渠道为用人单位和求职者搭建双向选择平台，全年新增就业岗位6162个，全区城镇登记失业率为2.3%。二是社会保障水平不断提高。超额完成社保扩面征缴工作，积极推进被征地农民基本养老保险试点工作，进一步提高企业离退休人员月人均养老保险金，全区参加养老保险净增2332人。提高新型农村合作医疗制度的保障水平，标准档和提高档的报销年封顶线分别提高到5万元和6万元，在全市率先实现人口覆盖率100%。实施低保分类施保，提高优抚待遇。积极推动慈善公益和残疾人事业发展。三是社会各项事业全面发展。优先发展教育，成功创建广东省教育强区，实施中小学教师工资待遇“两相当”。健全公共医疗卫生体系，江海区人民医院正式挂牌成立，全力以赴抓好甲型H1N1流感防控工作。推进人口与计划生育“争先创优”，各项指标均完成市下达的目标。民兵预备役建设扎实推进，高质量完成年度征兵任务。江海区地方志总纂通过初审评议。

（五）加强民主法治建设，促进了社会和谐稳定

坚持把稳定工作放在突出位置，为建国60周年和全区改革发展营造了和谐稳定的社会环境。一是民主法治建设扎实开展。充分支持人大及其常委会履行职责，进一步发挥区政协的政治协商、民主监督和参政议政作用，爱国统一战线得到巩固和发展。加强依法行政，启动法治江海创建活动，政府机构改革方案报市待批。二是和谐文化建设稳步推进。积极配合市开展创建全国文明城市工作，深入开展思想道德建设和群众性精神文明创建活动。大力发展文化产业和文化事业，成立了区文联。新增8个文体小广场、9个农家书屋，文艺创作有新成绩。三是保稳定取得较大成效。完善信访工作制度，高标准完成五个街道的综治信访维稳中心建设，大力开展领导干部下基层“大接访”活动，着力解决信访难题，全年信访量下降19.76%，在全市信访工作考核中得分名列第一，滘北街道被评为广东省平安建设先进镇（街道）。加强社会治安重点部位管理，不断完善治安视频监控系统，全区刑事发案率继续下降。加强应急管理，切实抓好安全生产和消防、“三防”、森林防火、食品安全监管等工作，成功战胜“巨爵”等超强台风的袭击，实现礼乐打假警示区域除名。全面完成我区城信社退市工作，化解了历史遗留的金融风险，社会大局持续稳定。

（六）加强党的建设，增强了党的执政能力

一是领导干部作风有新转变。完善区领导联系重点项目制度，坚持区党政领导班子联席会议汇报工作制度、区领导联系基层和企业制度、区领导牵头现场督查制度，领导带头抓落实，形成了上下齐心抓落实促发展的工作合力，全区一批重点项目和重点工作扎实推进。

坚持厉行节约，实现了“五个零增长”和“四个减少”。大力改进会风文风，以区委、区政府名义召开的全区性会议同比减少38%，普发性文件减少33%，精简区直议事协调机构超过一半。二是干部考核和任用机制不断完善。健全街道领导班子实绩考核评价指标体系，出台《江海区区直部门领导班子和领导干部落实科学发展观评价指标体系及考核评价试行办法》。严格执行《党政领导干部选拔任用工作条例》，加大干部培养选拔和干部交流轮岗力度，选准配强各级领导班子，选拔优秀村党组织书记担任街道领导干部，在优秀大学生村官中招录街道公务员。全年共提拔区管干部53人，其中35岁以下7人，女干部15人，党外干部3人；交流区管干部24人。三是基层党组织建设扎实推进。积极开展选聘高校毕业生到村任职工作，大力推进干部下基层驻农村、城乡基层党组织“一帮一”结对共建和农村“万名党员联万户”活动，统筹推进社区、机关和新经济组织、新社会组织等领域党建工作，顺利完成区直机关各党（总）支部“双直选”工作，基层党组织发展力、战斗力、号召力不断增强。四是党风廉政建设得到加强。坚持开展纪律教育学习月活动。严格落实党风廉政建设责任制，稳步推进惩防体系建设。坚持依法依纪查办案件，深入开展“小金库”、商业贿赂、工程建设领域突出问题等专项治理，认真查找和解决存在的漏洞和薄弱环节。加强基层纪检监察组织建设，成立了区纪委（监察局）基层工作室。

同志们，一年来各项工作卓有成效，取得这样的成绩极其不易，值得充分肯定。这些成绩的取得，是市委、市政府正确领导的结果，是区委、区政府带领全区上下团结奋斗的结果，是各级党组织和广大党员干部群众心齐实干的结果，是市直有关部门、驻我区军警官兵、社会各界人士和广大海外乡亲、海内外朋友大力支持的结果，是历届区委、区政府打下坚实基础的结果。

但也要清醒地看到，我们的工作与科学发展的要求、与群众的期望相比，还存在差距。主要是：受国际金融危机持续影响，民间投资意愿不强，经济回升基础还不够稳健；自主创新能力有待加强，经济结构需进一步优化；第三产业发展仍需加强，城市功能配套需求迫切；节能减排任务艰巨，民生支出压力较大，维护社会稳定任务繁重，等等。对此，我们必须高度重视，切实采取有效措施，认真加以解决。

二、科学谋划，狠抓关键，提高科学发展水平

做好今年的工作，要坚持抓大事、抓方向、抓决策，认真贯彻落实中央、省、市有关会议精神，提高科学发展水平，全面高质量完成“十一五”规划各项目标任务。同时，要有“跳起来摘桃子”的发展理念，围绕争当实践科学发展观排头兵的目标，科学谋划，认真做好“十二五”规划编制，各项工作一年都要有一个重点，争先创优，使江海的工作成为全市的亮点，推动经济社会发展一年上一个新台阶。

今年工作的总体要求是：认真贯彻落实胡锦涛总书记视察广东重要讲话精神和中央经济工作会议、省委十届六次全会、市委十一届七次全会精神，抢抓我区作为珠三角西部区域交通枢纽和江门市与港澳、珠中江、深莞惠经济圈对接的桥头堡机遇，以争当实践科学发展观排头兵为目标，以转变经济发展方式为主线，以发展枢纽经济为支点，突破重大基础设施建设项目，发展新兴产业，培育轨道商圈，打造核心城区，推进市区一体化建设，改善民生，促进和谐，全面加强党的建设，努力开创科学发展新局面。

今年我区经济社会发展主要预期目标是：地区生产总值增长12%，地方财政一般预算收入增长11.5%，规模以上工业增加值增长13%，社会消费品零售总额增长16%，固定资产投资增长21%，外商直接投资增长6%，进出口总额增长7%，单位生产总值能耗下降4%，城镇居民人均可支配收入增长10%，农村居民人均纯收入增长9%，人口自然增长率控制在7‰以内；奋斗目标是：地区生产总值增长13%，地方财政一般预算收入增长13%。

做好今年的工作，要围绕区第七次党代会确定的“两个再造”、“六个翻一番”目标，牢牢抓住转变经济发展方式这条主线，依托发展枢纽经济这个支点，突出“四大重点”：

发展新兴产业：就是在做强做优电子信息、机电、化工等传统优势产业的基础上，选准自主创新战场，主攻发展LED战略产业，培育发展新材料、新能源、生物医药、光机电一体化等新兴产业，形成新的经济增长点。

突破重大基础设施：就是树立“抓项目就是抓发展、抓大项目就是抓大发展、抓好项目就是抓科学发展”的观念，开展基础设施建设年活动，举全区之力推进基础设施配套建设，全力突破胜利大桥、胜利南路、东华大桥、江珠高速公路北延线、连海北路等一批重点项目建设，加大城市发展的承载力，加快融入珠中江一体化和市区一体化。

培育轨道商圈：就是贯彻落实省扩大内需战略，充分发挥广珠轻轨的效应，做好三个站场和轻轨周边地块的规划和配套建设，搭建商贸流通平台，打造集物流、商务、金融、娱乐、酒店为一体的新型综合型轨道商圈，以大交通带动大工业，促进大流通，推动大发展。

打造核心城区：就是按照“三年成型，五年见效”的目标要求，全力推进江海核心区开发建设，努力将其打造成为江海区的中心商务区。

贯彻落实以上目标要求，必须全力做好以下工作：

（一）统一思想认识，正确把握和判断当前形势

今年是实施“十一五”规划的最后一年，也是巩固应对国际金融危机阶段性成果、实现江海跨越发展的关键一年。做好今年的工作，既关系当前，又影响长远，意义极其重大。纵观国内外形势，积极变化和不利影响同时显现，挑战不少，机遇增多。当前国际金融危机的影响仍然存在，经济回升内在动力仍不足。但我们必须看到，我区经受了经济发展最为困难一年的考验，展现在我们面前的是全新的发展环境和形势。

一是前所未有的政策机遇。中央经济工作会议提出“五个更加注重”，国家继续实施积极的财政政策和适度宽松的货币政策，力保经济的稳步增长；省委十届六次全会提出必须把握好“五个基本点”，把扩大内需作为战略取向，出台鼓励消费的激励政策；《规划纲要》已深入人心，珠三角一体化正深入推进，珠中江合作进入具体操作层面，市区一体化取得实质性进展；市委、市政府高度重视南新区发展，提出从体制机制改革层面积极推动江海区与高新区进一步融合发展，等等，这些都为我区科学发展提供了难得的政策机遇。

二是前所未有的区位优势。港珠澳大桥已动工建设并将通过江珠高速、中江高速与我区实现无缝连接；广珠轻轨江门支线今年将建成通车，珠中江三市实行路桥年票互认免费通行，我区已日益成为珠三角西部区域交通枢纽和江门市与港澳、珠中江、深莞惠经济圈对接的桥头堡。

三是前所未有的发展基础。经过近年来的发展，我区经济迈上了新台阶，财政收入突破3亿元，规模以上工业增加值突破50亿元，地区生产总值突破80亿元，今年力争突破100亿元大关，为实现跨越式发展奠定了坚实基础。同时，我区一批重点项目建设蓄势待发，目前在建重点项目总投资超120亿元，仅市重点培育的绿色光源产业规模到2015年就可超过500亿元，发展后劲大，可持续发展优势明显。

四是前所未有的思想氛围。近年来，我们在推动工作、应对危机、战胜困难过程中，造就了一支思想解放、团结拼搏、勇于创新、敢打硬仗的干部队伍，干部群众发展愿望迫切、发展信心坚定、发展激情高涨，形成了全区上下齐心干事业、干成事业、干好事业的良好氛围，凝聚了推动科学发展的坚实思想基础和强大内在动力。

因此，展现在我们面前的是一个充满生机活力、面貌焕然一新的新江海。在新的发展起点上，我们充满期待和希望，我们也有信心和决心抓住机遇，应对挑战，在更高层次实现江海的新发展。

（二）发展新兴产业，全力培育新的经济增长点

要用足用活促进经济增长的各项政策措施，积极巩固提升传统优势产业，大力发展新兴产业，建设现代产业体系，加快经济发展方式转变，提高经济增长质量和效益。

一要加快发展先进制造业。在巩固提升电子信息、化工、机电等传统优势产业的基础上，积极培育发展新材料、新能源、生物医药、光机电一体化等新兴产业。落实扶持LED产业发展政策，推动LED产业快速发展，打造新的经济增长极。近期重点配合做好高新区“二次创业”，抓好4平方公里绿色（半导体）光源产业基地核心园区开发，吸引上游外延片生产企业乃至整条LED产业链落户，促进入园企业上马建设。推动科恒实业和量子高科上市，促其尽快发展壮大。

二要提高自主创新能力。自主创新是转变经济发展方式的核心推动力。要强化企业自主创新主体地位，完善自主创新公共服务平台，加强产学研合作，不断提高全社会研发投入占GDP比重。抓好关键领域和关键技术攻关，大力实施名牌带动战略，重点扶持有品牌、有技术、有市场的企业发展。加强节能减排，大力发展绿色产业，加快利用新能源和节能环保技术改造传统产业。

三要创新招商引资方式方法。突出项目带动，坚持把招商引资作为经济工作的重中之重，作为“一把手”工程来抓。坚持以商引商和产业招商，积极吸引大企业集团及世界500强落户，重点引进高新技术产业、现代服务业、新兴产业等领域项目。鼓励区内现有优质企业增资扩产，做大做强。继续落实领导联系重点项目制度，推进信义玻璃、艾默生二期、礼乐机电产业基地等重点工业项目建设，促进项目早建设、早投产，增强经济发展后劲。大力发展总部经济，积极引进大型企业以及有影响力的中介服务机构在我区设立总部及分支机构。营造良好的发展环境，积极开展好招商推介活

动。此外，落实扶持外贸出口政策，帮助出口企业巩固传统市场，开拓新兴市场。坚持“引进来”和“走出去”相结合，积极支持有条件的企业对外投资。

（三）培育轨道商圈，大力提升现代服务业发展水平

充分利用前所未有的区位优势，抢抓轻轨即将开通的难得机遇，大力发展现代服务业，打造轨道商圈，着力提高服务业增加值占GDP的比重。

一是抓好轻轨站场周边开发建设。轻轨江门站周边重点规划建设总部经济、金融、商业广场、娱乐、星级酒店、房地产等项目，江海站周边重点规划建设商贸、旅游、涉外商务等服务业相配套的商务组团，新民站周边重点规划建设以仓储、批发、运输为主的物流基地。

二是加快发展现代物流业。依托外海外贸码头、江门进出境货运车辆检查场和中岸保税仓，发展集散枢纽型物流。加快推进江门市现代物流产业园区和高新区44号地物流园区开发。着力培育专业市场，加快礼乐汽车交易市场成型，推进绿色光源物流市场建设。

三是努力开拓市场和扩大内需。贯彻落实国务院促进消费八项规定和省实施扩大内需战略的决定，积极拓展汽车、旅游、文化、教育等消费领域，做好家电、汽车、摩托车下乡和家电、汽车以旧换新工作，增强消费对经济增长的拉动作用。大力发展连锁超市、购物中心等多种经营模式，营造良好的商贸环境。继续发展壮大江海路饮食街、礼乐田园风光饮食带以及外海河海鲜特色饮食街。积极激活民间投资，大力发展民营经济，鼓励企业开拓国内市场，提高国内销售比重。稳定房地产市场，支持居民自住和改善居住条件的购房需求。着力开拓农村消费市场，大力发展都市高效农业和观光农业，培育发展农业龙头企业和农业专业合作组织，提高农产品附加值，促进农业发展、农民增收，扩大内需增长空间。

（四）打造核心城区，努力推动城乡协调发展

以重点基础设施建设项目为抓手，全力推进基础设施建设年活动，完善城市功能配套，加快城市改造扩容，促进城乡协调发展。

一要推进核心区开发，着力打造江海中心商务区。充分发挥行政中心、交通枢纽优势，高标准、高起点推进府东、府西小区开发，加快碧桂园项目建设，推进鹿茵酒店建设，着力培育中环广场商业圈，策划东海路、江海路、五邑路、金瓯路沿线开发，确保核心区的开发取得实质性突破。加快配合推进胜利大桥、东华大桥、江珠高速公路北延线等重点基础设施配套项目建设，增强城市辐射带动作用。

二要打造优良人居环境，提升城市品位。积极配合省市建设珠三角绿道网。我区是珠三角绿道网3号和6号区域绿道的交汇节点，要全力配合绿道节点建设，将其打造成为城市亮丽风景线，建成全区标志性工程。坚持集约节约用地，创新开发模式和运营模式，加大“三旧”改造工作力度，抓好城中村改造试点工程规划和建设工作，改善人居环境质量。举全区之力推进胜利南路工程建设，全面改造滘头片区的城市面貌，打造南新区商业主干道。加快连海北路综合开发，推进海逸酒店建设，提升江门市区东大门的形象。加快城市防洪工程建设，推进内河涌整治项目建设，统筹解决南新区内涝问题。加大环境综合整治力度，实现江海污水处理厂一期、文昌沙水质净化厂二期建成并投入运营。继续抓好环境优美镇街、生态

示范村、绿色社区创建，建设宜业宜居新江海。

三要加强社区和农村管理，推进城乡一体化发展。切实加强统筹城乡的规划布局，做好主体功能区规划衔接和配套工作，促进城乡基本公共服务均等化，让城乡居民享受更加充分的公共服务。配合市开展好全国文明城市创建活动，创新社区服务理念，加强社区服务体系建设，继续推进“六好平安和谐”社区建设。促进建立城乡一体化机制，创新流动人口服务管理，实现人口管理由户籍管理向居住管理转变。扎实推进社会主义新农村建设，加强村庄规划修编工作，加快农村社区试点建设。继续加大对“三农”投入，加强农村公共服务能力建设，加快农村文化、教育、医疗卫生、社会保障等各项事业的发展，年内完成农村信息直通车工程建设。

（五）改善和保障民生，全面促进社会事业进步

坚持以人为本，加大对民生投入，发展社会事业，让改革和发展的成果惠及广大群众。

一是惠及民生。继续实施城乡居民收入倍增计划，提高城乡居民收入。坚持更加积极的就业政策，加强高校毕业生就业实习基地建设，鼓励自主创业和自谋职业，抓好农村富余劳动力转移就业培训，努力扩大就业。扩大城乡居民社会保障覆盖网，完善城镇居民基本医疗保险，提高新型农村合作医疗保障水平，开展新型农村基本养老保险试点工作，逐步把被征地农民纳入基本养老保险保障范围。按省、市要求扎实开展好对口乐昌市秀水镇的扶贫开发“规划到户、责任到人”工作。

二是发展社会各项事业。巩固教育强区创建成果，整合优化教育资源，促进城乡义务教育均衡协调发展，提升高中阶段教育、职业教育发展水平，努力办人民满意教育。深化医疗卫生体制改革，完善公共医疗卫生体系，抓好江海区人民医院建设完善工作，加强甲型H1N1流感防控。进一步加强人口与计划生育工作，全力创建国家计划生育优质服务区，努力提高人口素质。健全社会救助体系，全面推进低保分类施保，逐步提高城乡低保补助水平。发展老龄、妇女儿童和残疾人事业，做好“双拥”和优抚安置工作。加强党管武装工作，做好国防动员、民兵预备役和征兵工作。

三是构建和谐文化。积极推进以社会主义核心价值体系为根本的和谐文化建设，积极开展群众性精神文明创建活动，大力弘扬社会主义荣辱观。坚持正确的舆论导向，以成就鼓舞斗志，以发展凝聚人心，唱响“科学发展、社会和谐”的主旋律。大力发展文化事业，加强公共文化基础设施建设，加快演艺中心建设，建成区级文化信息资源共享中心。

（六）加强政治文明建设，着力构建和谐江海

按照民主法治、公平正义、诚信友爱、充满活力、安定有序、人与自然和谐相处的总要求，努力构建和谐江海。

一要深化政府机构改革。贯彻大部制改革精神，积极稳妥有序地推进新一轮政府机构改革，优化政府组织机构，并确保按市的要求全面完成，同时在年底前基本完成街道行政机构改革。加强事业单位综合管理，推进事业单位分类改革。深化行政审批制度改革，减少和规范行政审批。按照事权与财权相统一的原则，完善街道财政管理体制，充分调动街道发展经济的积极性。加强农村改革创新和制度建设，按照依法自愿有偿原则，鼓励农民以转包、出

租、互换、转让、股份合作等形式流转土地承包经营权。

二要创建法治江海。坚持党委统揽全局、协调各方的领导核心作用，支持人大及其常委会依法履行职能，充分发挥人民政协政治协商、民主监督、参政议政作用，推动决策的科学化、民主化。培育和扶持社会组织发展，发挥社会中介组织的桥梁纽带作用。加强依法治区工作，推进基层民主法治建设。加强法治政府建设，全面推进依法行政，促进公正廉洁执法。推进司法公正高效，拓展和规范法律服务。深入开展普法宣传，提高全民的法制意识和法律素养。

三要建设平安江海。要牢固树立“稳定是硬任务，是第一责任”的思想，切实做好维护社会稳定的各项工作，构建平安江海。切实加强源头治理，改进信访工作，继续实行领导包案制。充分发挥街道综治信访维稳中心作用，着力在“下基层、察民情、解积案、纾民困”上下功夫，依法按政策及时妥善处理群众反映的问题。加强社会治安综合治理，完善社会治安防控体系，严厉打击各种违法犯罪活动。落实安全生产责任制，有效防范和坚决遏制较大以上安全事故。继续完善应急管理机制，提高应急管理能力和水平。坚持不懈抓好产品质量和食品安全、“三防”、消防、森林防火、动物防疫等工作，确保人民群众生命财产安全。

三、强化党建，夯实基础，增强科学发展能力

要增强抓党建的“主业”意识，认真贯彻落中央、省、市关于加强和改进新形势下党的建设若干重大问题的决定及实施意见，提高党的建设科学化水平，保持和发展党的先进性，确保各级党组织在推进科学发展的进程中始终成为坚强的领导核心，为做好各项工作提供坚强有力保障。

（一）以思想政治建设为首位，将学习实践活动引向深入

继续把学习实践活动作为当前全党的重要政治任务来抓，进一步用科学发展观武装干部的头脑。要抓好批次互动，认真做好全区第一批整改落实后续工作，巩固第一批学习实践活动的成果；高质量完成第二批学习实践活动，注重调动人民群众参与科学发展的积极性，着力解决一批基层和群众反映的突出问题，确保学习实践活动取得实实在在的成效。同时，推进学习型党组织建设，深入开展党员干部“读书会”活动。

（二）以提高执政能力为重点，加强干部队伍建设

深化干部人事制度改革，严格按照党政干部选拔任用条例规范干部选拔任用工作，完善有利于促使优秀人才脱颖而出的选人用人机制，实施领导班子和领导干部落实科学发展观评价指标体系及考核评价试行办法。进一步拓宽选人视野，注重调动各年龄段干部的积极性，做好优秀年轻干部、党外干部和女干部的培养使用工作，重视选拔落实科学发展观态度坚决又有能力的同志。加大干部交流力度，推进机关与街道、部门之间的干部交流，增强干部队伍的活力。坚持党管人才，扩大人才队伍总量，优化人才结构。

（三）以创新活动载体为抓手，加强基层党组织建设

继续推进固本强基工程，做好党的基层组织建设示范点创建工作，充分发挥基层党组织的战斗堡垒作用。认真组织开展机关党组织与农村党组织结对帮扶活动，完善党员联系和服

务群众工作制度。做好到村任职高校毕业生的选聘、管理和培养工作。按照部门联合、组织联建、工作联动和机制联接的要求，统筹推进党、工、青、妇基层组织建设。加快新经济组织、新社会组织建设，扩大党组织的覆盖面，发挥企业党组织和党员在推动企业发展、维护企业稳定、深化企业改革的先锋作用。认真做好新形势下党员发展工作。

（四）以树立良好形象为标准，加强作风建设

坚持党要管党、从严治党，严格执行《关于进一步从严管理干部的意见》，对干部要严格要求、严格教育、严格管理、严格监督。加强作风建设，推进节约型机关建设，做到艰苦奋斗、勤俭节约，继续治理“文山会海”。加大督查督办和行政问责力度，建立严格的“以目标倒逼进度、时间倒逼程序、社会倒逼部门、下级倒逼上级、督查倒逼落实”的抓落实机制，力求在抓落实上见分晓、比高低、论英雄。坚持标本兼治、综合治理、惩防并举、注重预防的方针，严格执行落实党风廉政建设责任制，抓好惩防体系示范点建设。按照为民、务实、清廉的要求，深入开展党性党风党纪教育，有针对性地提高教育实效。坚持用制度管权、管事、管人，完善党内监督机制，加强对重点环节和重点部位权力行使的监督。坚持依法依纪办案，深入开展专项治理，努力解决一些群众、企业和基层反映突出的作风问题。加强农村基层党风廉政建设，将党内监督制度逐步延伸到村一级。

同志们，今年是完成“十一五”规划、谋划“十二五”规划的关键一年。实现今年各项目标任务，对江海发展具有深远意义，是全区人民赋予我们的重大使命和职责。让我们在市委、市政府的正确领导下，深入贯彻落实科学发展观，继续解放思想，团结拼搏，扎实工作，促进经济社会又好又快发展，为争当实践科学发展观排头兵而努力奋斗！

在中共江门市江海区委七届九次全会上的讲话

（2010年8月10日）

中共江门市江海区委书记　梁美贤

同志们：

今天召开区委七届九次全会，主要任务是学习贯彻落实省委十届七次全会、市委十一届八次全会精神，审定我区《关于贯彻落实〈广东省建设文化强省规划纲要（2011—2020年）〉的实施意见》，进一步明确加强文化建设的目标任务，全面提升我区文化软实力，总结上半年工作和部署下半年工作，推动全区科学发展上新水平。下面，我受区委常委会委托，向全会报告工作。

一、深入贯彻省委十届七次全会和市委十一届八次全会精神，扎实推进文化建设

文化是一个民族的精神和灵魂。省委十届七次全会提出加快实现从文化大省向文化强省的新跨越，实现“三强一好”；市委十一届八次全会提出以侨乡文化为特色，深化文化体制改革，发展文化事业，培强文化产业，打响文化品牌，全力推动文化大发展大繁荣，开创我市文化建设的新局面。这对我省和我市加快转变经济发展方式，推动科学发展、促进社会和谐具有重要的战略意义，也为我区文化建设指明了前进方向。我们要认真贯彻省委十届七次全会、市委十一届八次全会精神和《广东省建设文化强省规划纲要（2011—2020年》，扎实推进文化建设。

（一）高度重视，认清形势，充分认识加强文化建设的重要性、紧迫性和必要性

纵观古今中外，社会的文明进步总是与先进的文化思想休戚相关。先进的文化是社会进步的主心骨、精气神、发动机。我们要充分认识推进文化建设的重要意义，顺应时代要求，把握发展机遇，为推动科学发展提供强大的支撑力量。

一是充分认识抓文化建设是促进“侨文化”大发展的内在要求。文化软实力凝聚了一个城市的传统、风俗、人文、艺术等因素，体现了这个地方文化底蕴的积淀，体现了文化在提升综合竞争力中的作用。江海区是江门侨乡的重要组成部分，有着深厚的文化底蕴，形成了自身独特的文化。江海区历史上涌现了一批文化先驱和先进思想，如“国叔”陈少白民主革命救国精神，对江门、对广东、对全国影响深远。改革开放30年和江海区建区16年来，侨乡文化和江海人精神得到进一步弘扬和发展，形成了思想解放、开拓创新、敢为人先等一系列创新文化观念，有力促进了江海经济社会发展与建设。在新形势下，我们既要传承侨乡文化精髓和江海人精神，又要赋予其新的时代内涵，提升侨文化的影响力。

二是充分认识文化强省、文化名市建设是我区推进文化产业发展的重大机遇。胡锦涛总书记在党的十七大报告中指出：“文化越来越成为民族凝聚力和创造力的重要源泉，越来越成为综合国力竞争的重要因素”。当今时代，文化与经济日益交融，文化已成为经济领域一个不可或缺的最具活力的因素。在西方发达国家，文化产业在GDP中的比重普遍高于10%，而美国、日本更是分别达到25%和20%，美国靠著

片、电影大片、微机芯片等“三片”文化主导世界，日本的文化产业产值已超过汽车工业。文化产业具有优结构、扩消费、增就业、可持续发展的独特优势，是无烟产业、绿色产业和朝阳产业。省委、市委都把文化建设作为重要发展战略，出台了一系列扶持政策，我们要牢牢把握这重大机遇，加快我区文化产业发展。

三是充分认识加快文化建设是满足人民群众日益增长的精神文化需求的需要。科学发展观的核心是以人为本，满足人民群众日益增长的精神文化需要，是文化建设的根本任务。随着经济社会持续快速发展和人民生活水平不断提高，文化需求越来越旺盛、层次越来越高。迫切需要我们以促进人的全面发展为根本目的，加大文化建设投入，完善公共文化服务体系，大力推进基本公共文化服务均等化，让文化发展成果惠及全区人民，提高人民群众生活质量和幸福指数。

四是充分认识我区文化建设正处于起步阶段的区情。近年来，区委高度重视文化建设，加大投入，完善文化公共服务体系建设，我区文化事业取得了长足进步。公民思想道德素质明显提高，文明城市、文明村（社区）、和谐社区创建活动蓬勃发展。成立了区文联，先后建成区文化馆、江南文化广场、区文化信息资源共享中心，全部街道建有文化站，现有农家书屋30家，文化小广场30个。保护和开发了一批文化资源，其中有省级重点文物保护单位陈少白故居，被联合国教科文组织誉为人与自然最佳结合林的主灌河生态防护林，礼乐龙舟竞渡入选省级非物质文化遗产名录。广大文艺工作者辛勤耕耘，创作了大批优秀作品，特别是粤曲表演唱《换菜篮》获得第五届中国曲艺节“精品节目奖”和第五届全国“四进社区”文艺展演银奖；舞蹈作品《思乡面》代表江门市参加省第四届群众音乐舞蹈花会比赛荣获金奖，得到了社会各界的肯定。这些成绩的取得，离不开全区广大文化战线工作者多年默默无闻的辛勤劳动，离不开社会各界人士的鼎力支持。在此，我代表区委对全区广大文化工作者以及关心支持我区文化建设的社会各界人士表示崇高的敬意和衷心的感谢！但我们要清醒看到，我区文化事业还处于起步阶段，文化基础设施建设滞后，文化产业底子薄，文化建设投入力度有待加大，群体性文化活动有待进一步丰富，等等。我们必须正视差距，花更大力气加强文化建设，推动我区文化事业上新台阶。

（二）突出特色，突出重点，全力推进文化繁荣发展

当前和今后一个时期，我区加快文化建设的总体要求是：坚持以邓小平理论和“三个代表”重要思想为指导，以科学发展观统领文化建设全局，牢牢把握先进文化的前进方向，大力弘扬“解放思想、改革开放”的时代文化精神，以文化事业强、文化产业强、文化人才队伍强、文化形象好为目标，以侨乡文化为特色，塑造江海人精神，发展文化事业，培育文化产业，创建文化品牌，促进江海文化大繁荣大发展。为此，要突出特色和重点，狠抓落实，在五个方面下功夫。

一是在塑造江海人精神上下功夫，提升全民文化素养。自江海建区以来，全区干部群众通过打基础、创环境、促发展，实现江海翻天覆地的变化，在干事创业中锤炼了“解放思想、开放兼容、创新实干、和谐文明、勇于争先”的江海人精神，这既是对侨乡文化精神的传承发展，又体现了实践过程中的江海本土特

色。要以加强文化建设为契机，深入开展江海人精神大讨论，举办研讨会，凝练江海人精神的特质，塑造江海人精神，促进江海居民文化素养的提升。在新的历史时期，要进一步弘扬江海人精神，以创建全国文明城市工作为抓手，激励广大干部群众推进江海科学发展、加快发展。

二是在完善文化公共服务体系上下功夫，打造十分钟文化圈。把公共文化设施建设纳入城乡建设总体规划，健全区、街道、村（社区）三级文化设施网络，在2015年前，建成集文化馆、图书馆、博物馆、文化广场于一体的江海区文化中心，把区文化中心的建设纳入区“十二五”规划，建成区体育馆，区文化馆达到国家一级馆标准，街道文化站100%达到国家一级站标准。到2013年，实现村（社区）文体小广场100%全覆盖；到2015年，实现农家书屋、社区图书室和文化信息资源共享服务点100%全覆盖。实施文化惠民工程，大力开展丰富多彩的群众文化活动。实施文艺精品战略，鼓励和扶持文艺工作者多创作出具有较强原创性和浓厚江海特色的文艺精品，争取有一批文艺作品获国家级、省级奖项，在全市乃至更高层次的文艺创作工作中处于先进行列。

三是在培育文化产业上下功夫，提升文化软实力。制定好“十二五”文化产业发展规划，力争今后10年，全区文化产业增加值实现年均增长12%以上，到2020年，全区文化产业增加值占全区GDP的比重超过12%。利用江南文化广场、区文化馆、白水带风景区、体育公园、釜山公园、灏轩羽毛球馆、茶庵寺、陈少白故居等江海路沿线资源，包装策划江海路文化体育特色街。以江门演艺中心为龙头，大力发展影视娱乐业。做大做强传统印刷行业。加快生态旅游业发展，开发集旅游、观光、购物、饮食、娱乐于一体的综合旅游线路。发展文化创意产业，引进有关大型动漫等创意企业。着力培育会展业，支持利生汽车城发展汽车展销市场，争取在绿色光源市场建立LED产品展销中心。

四是在创建文化品牌上下功夫，增创文化资源优势。抓好“江海八景”的包装和宣传，将其打造成为江海名片。打响历史名人品牌，加大对区内优秀文化遗产的发掘、保护和利用力度，特别是抓好外海五大祠、茶庵寺、陈少白故居、陈少白墓等历史文物保护开发，传承发展礼乐龙舟文化、外海面制作、太虚拳等非物质文化遗产，全力做好礼乐龙舟申报为全国非物质文化遗产工作。配合市做好江海籍影视明星入驻江门影视明星主题公园工作，打响侨乡明星品牌。要将江海文化融入城市规划建设中，促进生态环境与文化的融合，特别是轻轨站场及沿线建筑要增加文化元素，凸显江海人文特色。

五是在培养和引进文化人才上下功夫，为文化建设提供人才支撑。人才是文化发展的第一资源，文化建设需要大批高素质、复合型的文化人才。要重视对文化人才、专才的培养和引进，为文化建设提供源源不断的动力。加强文化人才培养，发挥文化馆等文化阵地作用，抓好文化艺术教育培训。结合文化产业发展需要，建立柔性的文化人才引进机制，引进一批有远见、通文化、精技术的文化领军人才，引进一批善经营、通市场、懂经济的文化管理人才，引进一批能创作、善审美、工艺术的文化生产人才。通过市场化运作，打造若干文化创作基地和文化创意工作室。全面实施素质教育，优化教育资源配置，发展职业教育，努力实现义务教育均衡发展。

（三）加强领导，形成合力，营造文化建设的良好氛围

加强文化建设，事关全区科学发展、跨越发展和人民幸福安康，意义重大。各级各部门、各行业以及广大干部群众要广泛参与，齐抓共管，共同推进。

一要发挥党委领导作用，形成齐抓共管的工作模式。各级要充分认识到抓文化建设，就是落实科学发展观，就是抓经济社会协调发展、抓经济结构优化升级、抓民心工程。高度重视文化建设，纳入重要议事日程，纳入经济社会发展规划。把文化建设作为加快转变经济发展方式、发展战略性新兴产业的重要任务，摆在更加突出的位置，做到同规划、同部署、同推进、同督查，特别是要及时解决文化建设中的突出问题。落实责任，建立健全领导机制和工作机制，建立文化发展联席会议制度，各街道要成立相应的领导和工作机构，负责领导和推进本地文化建设。建立文化事业发展社会听证和咨询制度，加强对文化发展的宏观研究和指导，推进文化管理的科学化、制度化、规范化。区文化部门要充分发挥职能作用，扎实抓好文化发展规划、指导、协调和管理工作。区宣传部门要加大舆论引导，在全社会营造更加浓厚的文化建设氛围。区发改、经贸、建设、科技、教育、财政以及工青妇等部门要各司其职，各负其责，做好服务，提供保障。

二要发挥政府和社会两方面的作用，形成多元稳定的投资机制。落实好省、市一系列文化发展政策规定，落实好我区《关于贯彻落实〈广东省建设文化强省规划纲要（2011—2020年）〉的实施意见》，制订操作性强的实施细则，确保省、市政策措施执行到位、落实到位。继续加大对公益性文化事业的财政投入，发挥公共财政在文化建设中的导向作用。各级财政的文化事业经费要随着经济发展逐年增加，稳步增长。注重发挥社会力量，鼓励多种经济成份投资经营文化产业项目和营利性文化场馆。扶持民间社会文化组织建设，调动社会力量积极参与公益性文化建设。

三要发挥组织优势和制度优势，形成强有力的抓落实机制。把文化建设纳入领导班子和领导干部落实科学发展观的考核评价体系，每年要考核文化建设的目标任务完成情况。定期通报文化建设的情况，对完成任务的责任单位予以表扬，对不能完成任务的责任单位通报批评。区人大、政协要加强对文化建设的督促检查，共同促进文化的繁荣发展。

二、认真总结上半年工作，明确下半年工作重点

今年以来，我区认真贯彻区委七届八次全会精神，全面落实科学发展观，突出加快转变经济发展方式这个头号工程，抓好突破重大基础设施建设、发展新兴产业、培育轨道商圈、打造核心城区四大重点工作，经济实现较快发展，人民生活持续改善，社会和谐稳定。

（一）狠抓四大重点工作，经济增长速度和质量同步提升

今年上半年，我区经济不断回升向好，大部分经济指标实现两位数以上增长。全区实现生产总值41.37亿元，增长12%；规模以上工业增加值23.4亿元，增长15.55%；固定资产投资额19.45亿元，增长21.37%；地方财政一般预算收入1.86亿元，增长25.31%；社会消费品零售总额9.82亿元，增长21.36%；外商直接投资5864万美元；进出口总额7.89亿美元，增长33.55%。一是新兴产业招商成效明显。绿色光

源产业基地已征地2800亩，LED意向、签约项目18个，计划投资额超180亿元。国家半导体光电产品检测重点实验室和江门市绿色光源产业展示与交易平台项目均落户在江海区。江门市先进制造业现代物流产业园区已落实预征地130亩，加快高新区44号地物流园区建设。二是重点项目建设进展顺利。今年筛选了43项重点项目，预计总投资额超350亿元，年度投资额超60亿元。艾默生二期项目已动工，福宁电子、信义玻璃预计分别于8月、11月投产。东华大桥、礼东大桥相继动工兴建。“三旧”改造项目推进加快，改造方案已通过专题论证并上报市审批。胜利南路民房、商住楼294户拆迁户已全部签订拆迁补偿协议。绿道网已正式启用。三是江海核心区开发步伐加快。酒店业快速发展，海逸酒店和鹿茵酒店加快建设。房地产业稳步发展，江海碧桂园一期即将开售。金融环境逐步改善，分别成立了第一家融资性担保公司和拍卖公司。企业上市工作有新进展，量子高科公司完成向国家证监会申报IPO（首次公开募股）并获受理，科恒实业公司完成上市辅导并通过广东证监局的上市验收。文化产业有新突破，江门演艺中心正式动工。

（二）努力保障和改善民生，社会各项事业全面发展

上半年，全区财政民生支出7567万元，增长49.1%。城镇居民可支配收入9302元，增长14.49%；农村居民人均纯收入6400元，增长14.29%。社会保障进一步完善，继续提高企业离退休人员养老金和新型农村合作医疗保障标准。全力以赴开展创建全国文明城市工作，硬件指标已全部达标，城市公共文明指数测评分数明显提高。扶贫开发“双到”工作取得阶段性成果，率先落实了入股扶穷电站，推荐了一批富余劳动力到江海区企业就业，正积极开展产业扶贫、助学扶贫、智力扶贫等工程，已落实扶贫资金180万元。全力创建全国计划生育优质服务先进区，我区连续两年被评为省计划生育先进工作单位。继续巩固“教育强区”成果，落实中小学教师待遇“两相当”。引导企业规范用工，不断改善用工环境，依法保障职工权益。加强应急管理、安全生产、消防安全、交通、“三防”、森林防火等公共安全监管，全区社会大局保持稳定。

（三）抓好“主业”，党的建设不断加强

坚持不懈抓好党建这个“主业”，区党政领导班子被市评为2009年度优秀等次。圆满完成第二批学习实践科学发展观活动，我区被市评为表扬单位。深入开展创先争优、创建基层组织示范点和党工青妇基层组织建设“五好”示范点创建活动。抓好大规模培训干部工作，完成了2010年选聘高校毕业生到村任职工作。制定出台了《江海区规范区管干部选拔任用工作试行办法》和《江海区管干部考察对象报告个人有关事项试行办法》。严格执行《党政领导干部选拔任用工作条例》，实行“两推一评”、公开选拔等方式，选拔了一批优秀干部。实施倒逼机制，提高领导干部执行力。严格执行落实党风廉政建设责任制，惩防体系示范点建设取得实效。

在充分肯定成绩的同时，我们也要清醒地认识到发展中存在的一些突出问题。主要表现为：一是部分经济指标未达到时间进度。上半年，地区生产总值、规模以上工业增加值、外商直接投资、社会消费品零售总额、固定资产投资分别比时间进度慢8.08、9.98、9.00、4.37、1.71个百分点；其中规模以上工业增加值、固定资产投资分别低于全市平均水平2个和

10.4个百分点。二是一批签约项目未能如期动工建设。虽然意向、签约LED项目较多，但由于交地、配套设施等因素影响，项目未能按计划动工，制约了招商引资后劲。三是社会不稳定因素仍然存在。今年以来，由于征地、拆迁、失地农民养老保险等问题引发信访维稳事件不断增多，出现到省、进京上访的现象，维稳形势不容忽视。对此，我们必须高度重视，认真予以解决。

对于下半年工作，我们要坚持把转变发展方式作为经济工作的主线，加快调整优化经济结构，努力推动经济社会又好又快发展。

（一）确保全面完成今年各项目标任务

能否完成今年各项目标任务，事关全区经济社会发展大局，事关“十一五”规划目标任务的实现。要切实增强做好今年下半年工作的紧迫感和责任感，坚定发展的信心和决心，强化机遇意识和责任意识，狠抓落实，争创一流，高质量高标准完成今年各项目标任务，不辜负市委、市政府和全区人民的期望。

（二）调整优化经济结构

优化产业结构，主攻绿色光源（LED）和现代物流业，推进绿色光源产业基地建设，抓好江门市先进制造业现代物流产业园区开发，培育新的经济增长点。帮扶有条件的企业加快上市步伐，力争企业上市有新突破。推进核心区开发，加快商贸、房地产、旅游等服务业发展，加快碧桂园、鹿茵酒店、明泰房地产、天鹅湾等一批三产项目建设，加快府西小区开发建设，做好中环二期的上马建设，促进核心区商业繁荣，提高服务业占GDP的比重。优化外贸结构，继续巩固外向型经济优势，加强自主创新，鼓励企业创建自有品牌，推进外贸转型升级。发展特色农业，创建农业科技示范基地。

（三）加快市区一体化建设

充分发挥我区区位优势，主动融入珠三角一小时生活圈，为推进市区一体化、落实《珠三角规划纲要》作出积极贡献。积极争取上级加大投入，加快南新区交通基础设施工程项目建设，包括路网、桥梁、供水、排水、供电等。发挥东接珠中江、北连广佛的优势，推进广珠城际轻轨建设，加快连海大桥建设，完善东出口，打通北出口。以江珠北延线建设为契机，论证连通新会银洲湖港区的快速干道，推进礼睦路、江睦路建设，打通南出口，加强江海、新会两区联系，接受银洲湖港区辐射。加快东华大桥、胜利大桥、胜利南路建设，加强江海、蓬江两区联系。通过规划建设南山路、东宁路、金瓯路扩建等若干条纵横交错的城市主次干道，逐步构筑完善的新城市框架。

（四）狠抓重点项目建设

“没有大项目，就没有发展大跨越”。要落实领导责任制，推动全区43项重点项目建设，增强发展后劲。加强闲置土地管理，采取有效措施，力促一批项目加快动工建设。全力以赴抓好“三旧”改造，近期迅速完善项目改造方案和编制项目规划，力促年内有项目动工建设。加强招商选资，重点引进世界500强、跨国企业和行业龙头企业等一批规模大、效益高、产业带动力强的优质项目。同时，抓好“十二五”规划的编制工作，做好项目储备，特别是争取一些重大项目纳入省、市规划。

（五）推进和谐江海建设

全面抓好就业、社保、教育、卫生、计生等各项民生工作，确保完成创建国家计划生育优质服务区的任务，扎实推进扶贫开发“双到”工作。认真贯彻落实我省出台的《关于加强人文关怀改善用工环境的指导意见》，督促企业改进管理，加强对员工的人文关怀，保障员工合法权益，构建和谐的劳动关系。做好申报省依法治区工作先进单位核查迎检工作。落实领导包案制，高度重视解决存在的信访突出问题，完成全区综治信访维稳中心建设，重点抓好亚运会期间维稳工作，确保社会大局稳定。坚持先行先试，深化农村综合配套改革，探索失地农民养老保障试点工作。

（六）大力加强党的建设

继续深入开展创先争优活动，做好党工青妇基层组织建设“五好”示范点创建工作，谋划好明年村（居）“两委”换届选举工作。深化干部人事制度改革，不断提高竞争性选拔领导干部的比例。加强作风建设，建立健全抓落实的倒逼机制，激发干部群众干事创业热情，努力营造心齐实干、风清气正的发展环境。加强对贯彻执行民主集中制情况和民主生活会开展情况的指导、监督和检查，提高落实制度的执行力。做好大规模干部培训工作，使培训落到实处、取得实效。深入开展纪律教育学习月活动，增强党员干部特别是领导干部的廉洁从政意识。加强农村基层党风廉政建设，强化“两公开一监督”，完善村账镇管。

同志们，加强文化建设，责任重大，意义深远。我们要深入贯彻落实科学发展观，解放思想，开拓创新，团结拼搏，真抓实干，促进文化大繁荣，实现经济大发展，为广东建设文化强省、江门建设文化名市作出新贡献。

人大常委会工作报告

江门市江海区人民代表大会常务委员会工作报告

——2009年3月4日在江门市江海区第八届人民代表大会第四次会议上

江门市江海区人大常委会常务副主任　陈根泉

各位代表：

我受江门市江海区八届人大常委会和梁美贤主任的委托，向大会报告工作，请予审议。

过去一年的主要工作

2008年，区人大常委会在区委的领导下，以邓小平理论和“三个代表”重要思想为指导，认真学习贯彻党的十七大和十七届三中全会精神，贯彻落实科学发展观，紧紧围绕区委的中心工作，依法履行宪法和法律赋予的职责，各项工作都取得了新的进展。年内共举行了9次人大常委会会议，听取和审议了区政府6项工作报告，开展了两项法律监督，依法任免了8名国家机关工作人员，组织开展了10项检查、调研和视察活动，为推动“一府两院”工作、促进我区经济社会发展、推进民主法制建设发挥了积极作用，较好地完成了区八届人大三次会议确定的目标任务。

一、认真组织学习，提高履职能力

抓好政治理论的学习。学习党的十七届三中全会精神、区委七届五次全会精神和科学发展观理论，不断提高常委会组成人员、人大机关干部和人大街道联络处干部的理论水平和政治修养；坚持理论联系实际，深入开展“继续解放思想，坚持改革开放，争当实践科学发展观排头兵”学习讨论活动和机关纪律教育月学习活动，通过思想剖析、讨论交流、撰写心得，提高了思想认识，进一步增强了搞好新时期人大工作的责任感和紧迫感。

抓好法律法规、业务知识的学习。常委会组成人员和人大机关干部深入学习监督法，进一步领会好监督法的精神实质，为推进人大常委会监督工作打好基础。在开展执法检查和调查研究工作中，坚持事前法律法规学习制度，有针对性地学习有关法律法规，进一步提高了工作的质量。举办全区科级以上干部的法律知识学习班，邀请有关教授辅导讲课，进一步增强了我区领导干部法制意识，提高了广大干部依法行政、依法办事的水平。同时，围绕人大工作、重大事项决定权等内容进行业务知识学习，并指导各代表小组学习人大代表履职的基本知识，进一步提高了人大常委会组成人员、人大机关和人大街道联络处干部以及人大代表的素质和履行职务的能力。

二、依法履行职责，提高监督实效

常委会坚持科学发展观与实施监督法相结合，认真履行监督职责，努力提高人大监督工作水平。

树立科学发展理念，加强对经济发展工作的监督。听取和审议了2008年上半年我区国民经济和社会发展计划执行情况、财政预算执行情况报告以及2007年度本级财政预算执行情况和其它财政资金收支情况审计工作报告等，提出了优化产业结构、着力发展第三产业，推进载体建设、增强发展后劲等意见和建议，保证区八届人大三次会议提出的经济社会发展目标和任务的实现。

树立以人为本理念，加强民生与社会热点问题的监督。由常委会牵头组织部分组成人员、人大代表检查视察我区水利建设情况，听取和审议了区政府关于我区城乡水利防灾减灾工程建设情况的专题工作报告，提出了进一步强化责任，加大投入，加快完成我区水利城乡防灾减灾工程达标任务的意见和建议；听取和审议了区政府关于创建广东省教育强区工作情况的报告，并进行了深入调研，提出了加强领导，强化责任，抓住契机，制定规划，实现江海区教育全面发展的意见和建议。

树立依法治理理念，加强法律法规实施情况的监督。常委会大力推进依法治区工作，协助区委抓好依法治区工作的部署和落实。年内，听取和审议了我区贯彻实施《中华人民共和国法官法》情况的报告，在调查研究、听取意见的基础上，提出了加强法官队伍建设，提高法官队伍执法能力和工作水平，加大审判、执行工作力度的意见和建议；听取和审议了我区贯彻执行《中华人民共和国水污染防治法》情况的报告，在重点检查和听取群众意见的基础上，提出了继续加强宣传、落实水环境保护目标责任制等意见和建议。

三、加强代表工作，发挥代表作用

常委会紧紧依靠代表开展工作，支持和保证代表依法行使职权，不断创新代表活动方式，提高实效，积极发挥代表在推进人大工作和我区科学发展中的作用。

加强培训，提高代表履职能力。采取委托培训与集中培训、集中辅导与个人自学相结合的方式，组织代表学习《中华人民共和国宪法》、《中华人民共和国代表法》、《中华人民共和国地方各级人民代表大会和地方各级人民政府组织法》等有关法律法规和人大代表履职的基本知识，让代表更好地掌握了履行代表职务的知识。定期向代表发送《中国人大》、《人民代表报》、《人民之声》、《江海人大》等报刊杂志，让代表掌握更多人大知识与信息动态，有效地提高了人大代表的参政议政能力。

积极发挥代表在闭会期间的作用。注重发挥人大街道联络处的作用，不断完善闭会期间代表活动的方式，重点抓好代表集中视察、专题调研、代表专业小组等活动，先后组织代表围绕我区的工作重点和社会普遍关注的热点难点问题开展视察，邀请人大代表84人次参加了常委会开展的《法官法》执法检查、《水污染防治法》专题调研、创建教育强区工作情况调研、列席常委会会议等活动。通过组织代表参与常委会的工作，让代表深入广泛地了解人大常委会的运作，扩大代表的知情知政权。组织部分代表到法院旁听庭审，亲身体验庭审程序的各个环节，增强了代表知法、懂法、守法、维法意识；组织代表参加区长约见活动，让代表与区长进行面对面的沟通，促使政府和有关部门解决好关系群众切身利益的问题。

加强督办，提高办理代表建议的质量。常委会进一步加大人大代表建议督办工作的力度，提高办理实效。在督办工作中，实行“三级督办”制度：一是人大常委会督办。常委会认真听取和审议政府办理代表建议的情况报告，并提出审议意见进行督办；二是常委会主任会议督办。与区政府沟通后，主任会议研究确定重点建议，并选择涉及民生的重点建议进行现场督办，督促有关承办部门落实办理工作；三是常委会工委督办。常委会将代表建议分解到各工委进行对口跟踪督办。由于加大了代表建议的督办力度，代表普遍关心、群众反映强烈、处理难度较大的一些问题得到较好解决，去年代表对落实的建议答复满意率和基本满意率达100%。

四、加强自身建设，不断改进作风

常委会始终把自身建设摆在突出位置，着力提高依法履行职责和以科学发展观统揽人大工作全局、谋划人大工作发展的能力和水平，致力创建一支“政治坚定、业务精通、务实高效、作风过硬、团结协作、勤政廉政”的干部队伍。加强理论与业务学习，努力提高人大干部队伍整体素质；加强作风建设，深入开展以“三创新三推进”为主题的机关作风建设活动，坚持走群众路线，注重调查研究，定期走访人大代表和基层干部群众，真实反映群众的呼声和愿望，以求真务实作风推进人大各项工作，通过深入的调研和视察活动，撰写了10多篇调查报告和审议材料，为区委区政府正确决策提供情况和建议；切实贯彻民主集中制，坚持集体行使职权，集体决定问题，充分发扬民主，严格依法办事，形成了团结和谐、奋发有为、勤政廉政、务实为民的良好风气。

与此同时，加强人大宣传和信访工作，认真做好群众来信来访工作，一年来，共受理群众来信来访 28件，一些热点难点问题得到了妥善处理，为化解矛盾、促进社会和谐稳定发挥了应有的作用。

各位代表，过去一年的工作实践，使我们深深地体会到：人大工作只有坚持党的领导，才能始终保持正确的政治方向；只有坚持科学发展观，才能持续不断地走向前进。回顾过去一年，我们深刻地感受到，常委会工作所取得的成绩，是区委正确领导的结果，是社会各界和全区人民群众关心支持的结果，是全体区人大代表共同努力的结果，是“一府两院”及有关部门、各人大街道联络处积极配合支持的结果。在此，我谨代表区人大常委会，向一年来重视、关心、支持人大常委会工作的同志们表示衷心的感谢！

回顾过去的一年，我们也清醒地看到工作中存在的一些薄弱环节，监督工作机制仍需完善，监督实效有待进一步增强，代表活动的方式方法需要继续探索，自身建设有待进一步加强等。这些都必须在今后工作中加以改进。

2009年主要的工作任务

新的一年，我们要进一步学习贯彻区委七届六次全会的精神，以贯彻落实科学发展观贯穿人大常委会工作的全过程，紧紧围绕区委的工作部署，依法履行职责，扎实推进依法治区工作，统一认识，坚定信心，迎难而上，确保经济平稳较快发展，努力做好新时期人大的各项工作。

一、以推动科学发展为重点，推进监督工作

要深入学习贯彻监督法，把实现争当实践科学发展观排头兵的目标任务和履行监督职责结合起来，坚持民主性和科学性相结合的原则，广泛听取代表和人民群众的意见，不断提高常委会工作的质量和水平，要以服务改革发展稳定大局为目标，做到抓重点、议大事、求实效，既突出重点，又找准人大工作服务经济建设的切入点和结合点，善于抓住影响我区科学发展的突出矛盾和关系群众切身利益的主要问题，努力提高监督实效，更好地履行人大常委会职能。今年监督工作的主要安排：一是围绕促进我区经济平稳较快增长这个首要任务，听取和审议我区国民经济和社会发展第十一个五年规划纲要中期评估报告，听取和审议2009年上半年我区国民经济和社会发展计划执行情况、财政预算执行情况报告以及2008年度本级财政预算执行情况和其它财政资金收支情况审计工作报告，加强对财政专项资金使用管理的监督；二是围绕应对国际金融危机，积极采取措施，促进我区经济社会又好又快发展，听取和审议区政府贯彻实施《中华人民共和国中小企业促进法》情况报告，促进对中小型企业的帮扶工作；三是围绕保护人民群众的合法权益，推进社会主义和谐社会建设，开展对我区贯彻实施《中华人民共和国残疾人保障法》情况的执法检查，进一步推动我区残疾人保障事业的发展；四是围绕推进依法行政、提升政府行政服务水平，听取和审议区建设局、区卫生局工作情况的报告。

二、以发挥人大代表作用为重点，推进代表工作

常委会要继续积极探索代表工作的新途径、新形式，不断增强代表履职意识，提高代表履职能力，充分调动代表的积极性，促进代表作用的发挥。为进一步提高代表素质，计划通过集中培训、以会代训、分组培训、边活动边培训等方式加强代表培训学习，年内举办区人大代表学习培训班，重点学习审议政府、法院、检察院以及财政预算等报告的知识，提高代表在人代会上审议各项报告的水平。

坚持邀请代表列席常委会会议制度和常委会组成人员联系走访代表制度。有计划地组织代表参加执法检查、调研和视察等活动，充分发挥代表的参政议政作用。建立健全向人大代表通报重要情况制度，拓宽代表知情知政渠道。积极探索人大代表联系选民、接受选民监督的方法，加强对代表小组活动的指导，规范代表活动方式，丰富代表活动内容，引导和发挥好代表依法履职的积极性。

加大对代表建议的督办力度，进一步建立和完善代表建议办理工作制度，及时听取办理工作情况报告，扩大代表对建议办理的参与，组织代表视察、检查办理工作情况，根据“再认识、再落实、再分析、再督办”的办理工作新要求，做好重点建议项目的跟踪督办工作，督促承办单位及时办理代表建议，促进代表建议办理工作从“答复满意”向“办结满意”转变。

三、以提高依法履行职责为重点，推进自身建设工作

进一步巩固和发展深入学习实践科学发展观活动的成果，努力提高以科学发展观统领人大工作的能力和水平，要准确把握新时期人大工作的特点和规律，增强工作的针对性和实效性。要大兴求真务实之风，大兴调查研究之风，深入体察民情、了解民意。要加强机关建设，增强人大干部队伍的生机和活力，努力创建风清气正、和谐奋进的工作环境。加强廉政建设，自觉接受人大代表和人民群众的监督。进一步加强人大宣传工作，巩固和扩大我区街道和社区的人大宣传阵地；加强与上级和兄弟市、区人大常委会的学习交流，努力提高常委会组成人员履行职责的水平，推进我区人大工作再上一个新台阶。

各位代表，2009年是我国深入贯彻落实科学发展观，战胜国际金融危机的严重冲击，维护改革发展稳定大局，促进经济社会又好又快发展的关键一年。做好今年工作，责任重大，使命光荣。我们相信，在区委的正确领导下，继续解放思想，开拓创新，依法履行职责，扎实工作，促进全区经济社会科学发展，以更优异的成绩迎接中华人民共和国成立60周年！

江门市江海区人民代表大会常务委员会工作报告

——2010年1月20日在江门市江海区第八届人民代表大会第五次会议上

江门市江海区人大常委会常务副主任　陈根泉

各位代表：

我受江门市江海区八届人大常委会和梁美贤主任的委托，向大会报告工作，请予审议。

过去一年的主要工作

2009年，江海区人大常委会在区委的正确领导下，在市人大常委会的指导下，以邓小平理论和“三个代表”重要思想为指导，深入贯彻落实科学发展观，认真学习贯彻党的十七大和十七届三中、四中全会精神，紧紧围绕区委的中心工作，依法履行职责，为推动“一府两院”工作、促进我区经济社会发展、推进民主法制建设发挥了积极作用，较好地完成了区八届人大四次会议确定的目标任务。

一、围绕中心工作，推进科学发展有新作为

区人大常委会把推动经济平稳较快发展作为首要任务，同时注重加快推进我区民主法制建设。

立足推进科学发展，听取和审议了我区第十一个五年规划纲要中期评估情况的汇报。通过调研，对《纲要》重点任务的实施情况进行分析评估，提出进一步推动《纲要》实施的指导性意见和建议，确保完成《纲要》目标任务，为促进我区经济社会的科学发展奠定基础。

立足应对国际金融危机，听取和审议了我区贯彻实施《中华人民共和国中小企业促进法》的情况汇报。围绕“支持中小企业发展、帮扶中小企业渡难关”的要求，提出加大企业转型和优化升级的力度，努力转变经济发展方式；加快产业结构调整，构建现代产业体系，提升企业的自主创新能力和综合竞争力；提高政府服务效能，切实解决当前制约中小企业发展的突出问题；加大宣传和支持力度，为中小企业发展创造良好环境等意见和建议。

立足增强发展后劲，支持我区重点项目的融资工作。审议和批准了区政府重点项目的融资报告，推进胜利南路等重点项目建设，增创科学发展新优势。

立足构建和谐社会，推进依法治区工作。充分发挥人大的主导作用，以推进民主法制建设，促进依法行政、公正司法为重点，加大依法治区的工作力度，创造良好的法治环境。举办全区科级以上干部的法律知识学习班，组织辅导学习《中华人民共和国食品安全法》，进一步增强了我区领导干部对食品安全重要性的认识和法制意识，提高了干部依法行政、依法办事的水平。

二、突出监督重点，促使监督实效上新台阶

区人大常委会把经济社会发展的一些主要工作列为监督的重点，同时加强对政府职能部门专项工作的监督，推进依法行政。

开展对经济工作的监督。听取和审议了上半年计划执行情况、财政预算执行情况报告以及2008年度本级财政预算执行情况和其它财政资金收支情况审计工作报告等，提出了以科学发展观为指导，持续推进社会事业协调发展；

狠抓增收节支，促进财政稳健运行；加大对财政性资金、资产使用的监管等意见和建议。

开展对专项工作的监督。由区人大常委会组成人员、部分人大代表组成调查组对我区建设局、卫生局工作情况展开深入的调研，听取和审议了两局的工作报告，结合实际，提出有针对性的意见和建议，推动政府职能部门依法行政、提高行政服务水平，促进了我区建设事业和医疗卫生事业的发展。

依法行使人事任免权。认真做好人事任命前材料审核、法律考试等工作，按照区委的意图，依法进行任免。年内共任免国家机关工作人员68人次。

三、切实关注民生，促进和谐建设有新成效

区人大常委会从贯彻落实科学发展观的高度，重视和关注我区社会各项事业的发展，充分发挥自身的职能作用，促进社会各项事业协调健康发展。

关注残疾人事业的发展。开展对我区贯彻实施《中华人民共和国残疾人保障法》情况的执法检查,广泛听取残联等部门、各街道办事处和部分残疾人的意见，并深入到有代表性的残疾人家庭访问，对照残疾人保障法的有关法规，提出要进一步加大《残疾人保障法》的宣传力度，营造良好的社会氛围；为残疾人创造更好的就业、创业环境，大力扶持残疾人就业和自主创业；关心残疾人的疾苦，加大残疾人的康复工作，进一步健全和完善我区残疾人康复站建设等意见和建议。

现场督办代表重点建议。对八届人大四次会议及闭会期间代表提出的21件意见建议进行了跟踪督办，其中对《关于促请政府加快外海中心小学新校区建设的意见》和《关于解决被征地农民就业和社会保障问题的建议》等两项重点建议，专门召开主任会议和组织代表进行了现场督办，提出加快办理的要求和做法，确保按时高质量办理好代表的建议。一年来，代表建议的办复率和满意率达到100%。

认真受理人民群众的来信来访。加强信访件的交办、转办和督办工作，年内共受理来信来访案件15宗，督促有关部门妥善处理了群众提出的一些热点难点问题，为化解社会矛盾、促进社会和谐稳定发挥了应有的作用。

四、加强代表工作，推动代表履职有新体现

区人大常委会高度重视发挥人大代表的作用,紧紧依靠人大代表依法行使职权，不断创新代表工作，增强了代表工作的实效，充分发挥代表在推进我区经济发展和社会各项事业建设中的作用。

加强学习培训，提高代表履职能力。一年来，组织代表学习审议财政预算草案及财政预算执行情况报告的知识，学习《珠江三角洲地区改革发展规划纲要》，学习有关法律法规和履职的基本知识，有效地提高了人大代表的履职能力。

畅通代表参政议政渠道，发挥人大代表作用。不断完善闭会期间代表活动的方式，围绕我区的工作重点和社会普遍关注的热点难点问题组织代表开展视察，邀请人大代表参加区人大常委会的执法检查、专题视察、工作调研和列席区人大常委会会议等活动；发挥各专业代表小组和代表联系选民的桥梁作用，听取民意，注重民生，使代表了解和熟悉情况，提出有建设性的意见和建议，促请政府和有关部门解决好关系群众切身利益的问题，为群众办实事好事；同时组织代表参加区长约见活动，积极为全区经济社会发展献计献策。

加强代表建议的督办力度，提高代表建议的办理质量。坚持“三级督办”制度；认真听取和审议政府办理代表建议的情况报告；各工委按照分解的督办任务对口跟踪督办。由于加大了代表建议的督办力度，代表普遍关心、群众反映强烈的一些问题得到较好解决。

五、狠抓自身建设，机关服务水平有新提升

区人大常委会把加强自身建设摆上议事日程，按照“政治坚定、业务精通、务实高效、作风过硬、团结协作、勤政廉洁”的要求，深入开展学习实践科学发展观活动，切实加强政治建设、组织建设、制度建设、思想作风建设和素质能力的建设，形成了团结和谐、依法办事、务实为民的良好风气。

提升队伍的整体素质和履职能力。围绕“党员干部受教育、科学发展上水平、人民群众得实惠”的要求，深入开展学习实践科学发展观活动，着力抓好学习调研、分析检查和整改措施，每个党员干部撰写了多篇调查报告和学习体会，对分析检查出的问题认真进行整改。同时，进一步深化了对科学发展观的认识，推进了区人大常委会和人大机关建设的创新发展。此外，按照区委的统一部署，开展纪律教育月等学习活动，组织党员干部进行思想剖析、讨论交流，进一步增强了搞好新时期人大工作的责任感和紧迫感；在开展执法检查和专题调研工作中，坚持事前学习有关法律法规的制度，进一步提高工作的实效。

加强人大宣传工作。积极与新闻媒体和我区有关街道的电视站联系，大力宣传我区人大工作；认真办好《江海人大》期刊和人大常委会机关信息网，以及在各街道设立人大常委会宣传栏，定期公开各个时期人大工作和做法，提高人大工作的透明度，接受人民群众的监督。

推进机关作风建设。区人大常委会紧紧围绕区委的中心工作，围绕关系民生的热点难点问题，注重调查研究，定期走访人大代表和基层干部群众，听取和反映群众的呼声和愿望，以求真务实的作风推动人大各项工作。通过深入的调研和视察活动，撰写了20多篇的调查报告和审议材料，为区委区政府提供情况和建议。

各位代表，区人大常委会一年来取得的成绩，是区委正确领导的结果，是“一府两院”和各街道办事处积极配合的结果，是社会各界和全区人民大力支持的结果，也是全区人大代表共同努力的结果。在此，我谨代表区人大常委会表示衷心的感谢！

回顾过去一年的工作，我们清醒地看到工作中存在的不足和差距。主要有：监督工作的力度和实效有待进一步增强，人大代表的作用仍需进一步发挥，人大制度和自身建设有待继续完善和加强等等。这些都需要我们在今后的工作中认真加以改进。

2010年主要的工作任务

新的一年，我们要认真学习贯彻区委七届八次全会的精神，在区委的正确领导下，深入贯彻落实科学发展观，围绕区委提出的经济社会发展主要目标任务和“四大重点”工作部署，继续深化改革，推进我区经济社会平稳较快发展。依法履行职责，扎实开展工作，加快社会主义民主法制建设，推进依法治区工作，努力完成区人大常委会的各项工作任务。

一、加强监督工作，进一步推动我区经济社会科学发展

要深入学习贯彻监督法，充分发挥人大监督职能，围绕我区经济社会发展中出现的新情况、新问题，不断改进监督方式，切实增强监督工作的针对性和实效性，推动我区经济社会科学发展。今年监督工作的主要安排：一是听取和审议2010年上半年我区国民经济和社会发展计划执行情况、财政预算执行情况报告以及2009年度本级财政预算执行情况和其它财政资金收支情况审计工作报告，加强对财政专项资金使用管理的监督；二是开展对我区重点项目建设以及融资管理使用的专题调研，加快胜利南路等重点项目建设；三是开展对我区贯彻实施《中华人民共和国科学技术进步法》情况的执法检查，增强自主创新能力，推动科学技术为经济建设和社会发展服务；四是听取和审议我区安全生产工作情况汇报，推动和谐江海建设；五是听取和审议区对外经济贸易局、区人口和计划生育局的工作情况汇报，促进有关工作的开展，提升政府职能部门的行政效能。六是督促落实“五五”普法规划的各项工作，进一步加强法制宣传教育，促进民主法制建设，为“六五”普法工作打好坚实的基础。

二、加强代表工作，进一步发挥代表参政议政作用

一是加强代表培训，提高代表素质。要不断创新培训形式，丰富培训内容，确保培训质量，着力提高代表的整体素质。年内举办区人大代表学习培训班，重点学习有关法律法规，提高代表履职水平；指导各人大街道联络处组织代表学习履职业务知识，进一步提高代表履行职责的能力。

二是强化服务代表意识，畅通代表知情知政渠道。坚持邀请代表列席区人大常委会会议制度，保障代表知情权；坚持区人大常委会组成人员联系代表和代表联系选民制度，广泛听取代表的意见和建议。有计划地组织代表参加执法检查、调研和视察等活动，充分发挥代表的参政议政作用。健全和完善向人大代表通报重要情况制度，畅通代表知情知政渠道，充分发挥代表依法履职的积极性。

三是加大对代表建议的督办力度，激发代表履职热情。进一步完善代表建议办理工作制度，做好代表建议交办、跟踪、督办、答复等各个环节的工作，扩大代表对建议办理的参与，组织代表视察、检查办理工作情况；把代表建议的督办工作放在解决实际问题上，不断提高办理实效，努力促进代表建议办理工作从“答复率”和“满意率”向“解决率”的转变。

三、加强自身建设，进一步提高依法履职能力

要以科学发展观统领人大工作，努力研究新时期开展人大工作的新思路、新方法、新途径，积极开展今年人大常委会的各项工作；坚持求真务实的作风，做到工作突出重点，调查研究深入实际，为群众解决热点难点问题要有实效；加强人大机关作风建设，增强干部队伍的生机和活力，努力创建风清气正、和谐奋进的工作环境。加强廉政建设，自觉接受人大代表和人民群众的监督；加强人大宣传工作，巩固和发展我区各街道和社区的人大宣传阵地，提高宣传效果；加强与上级和兄弟市、区人大常委会的学习交流，努力提高区人大常委会组成人员履行职责的水平，推进我区人大工作再上一个新台阶。

各位代表，2010年是我区全面贯彻落实“十一五”规划纲要的重要一年；是提高宏观调控水平，保持经济平稳较快发展，加大经济结构调整力度，提高经济发展质量和效益的关键一年。做好今年工作，责任重大，使命光荣。我们相信，在区委的正确领导下,继续解放思想,开拓创新,为促进全区经济社会科学发展而努力!

《人大常委会工作报告》中有关名词解释说明

1.“三级督查”：政府、单位、股室三级督查；

2.“一府两院”：人民政府、人民法院、人民检察院。

政府工作报告

2009年政府工作报告

——2009年3月4日在江门市江海区第八届人民代表大会第四次会议上

江门市江海区区长　梁许赞

各位代表：

我代表区人民政府向大会作政府工作报告，请予审议，并请政协委员和其他列席人员提出意见。

2008年工作回顾

2008年是不平凡的一年，也是攻坚克难、催人奋进的一年。一年来，我们在市委、市政府和区委的正确领导下，在区人大及其常委会和区政协的监督支持下，高举中国特色社会主义伟大旗帜，深入贯彻落实科学发展观，积极应对国际金融危机的冲击，狠抓重点项目建设，加快中心区开发，加大生态环境保护力度，积极关注和改善民生，妥善化解社会各种矛盾，全面完成了区八届人大三次会议确定的各项目标任务，国民经济保持较快增长，人民生活水平不断提高，社会保持和谐稳定。

——经济实现持续较快增长

坚决落实各项保增长政策，努力化解制约经济发展的不利因素，国民经济继续保持总量递增、增长较快、效益提高的势头。全区实现地区生产总值78.71亿元，同比（下同）增长15.06%，增幅居全市第二。人均生产总值突破6000美元。工业对经济增长的拉动作用进一步增强，规模以上工业增加值52.69亿元，增长17.11%，高于全市平均增速。地方财政一般预算收入在减收因素增多的情况下仍然保持较快增长，达到2.82亿元，增长19.44%。消费对经济增长的贡献率提高，社会消费品零售总额14.78亿元，增长39.88%，增幅居全市第一。固定资产投资27.27亿元，增长16.02%。三大产业结构比重为3.83∶69.25∶26.92。规模以上工业企业经济效益综合指数为144.98%。

——产业发展质量不断提升

加快产业培育，推进“四大百亿工程”，现代产业体系建设初见成效。实现工业总产值243.03亿元，增长17.41%，电子信息、机电、化工三大优势产业实现产值增长22.67%，其中机电产业产值突破百亿元。骨干企业不断发展壮大，规模以上工业企业发展到247家，产值超亿元工业企业共43家，新增市级以上高新技术企业14家、民营科技企业3家，高新技术产品增加值占全区工业增加值的比重为32.11%。积极推动企业改制上市，在省证监会备案企业1家，进入上市辅导期企业1家。自主创新能力不断提高，我区被评为省科技进步先进城区，新增省级以上工程技术研发中心1个，中国驰名商标1个，省名牌产品1个，省著名商标1个，组织实施产学研项目4个、市级以上科技计划项目22个，专利申请量和授权量分别为530件和307件。

——内外源型经济协调发展

坚持招商引资责任制，突出产业招商和大项目招商，招商引资取得新突破，引入了世界500强艾默生网络能源和西铁城项目，辖区世界

500强工业企业达到3家。成功举办2008年江海区经贸洽谈会暨重点项目庆典活动，新引入外资1000万美元、民资1000万元以上项目13个，正在洽谈世界500强项目2个。外商直接投资1.17亿美元，增长11.46%。增资扩产成效明显，新批外资增资项目24宗，合同投资额6780万美元。成功盘活中裕工业园地块，引进超亿元民资项目。外贸出口保持快速增长，出口总额9.74亿美元，增长25.58%。民营经济继续加速发展，民营工业增加值增长20.17%，利用民资10.65亿元，增长53.18%。

——第三产业发展势头良好

以中心区特别是核心区开发为重点，大力发展第三产业，进一步完善城市功能配套。大力实施中心区规划，完成江海区发展战略规划与核心区概念性设计，加快轻轨站场、高速公路出入口、城市主干道等交通设施周边地块控制性详细规划的编制。中心区商业氛围不断增强，中环商业广场全面开业，利生二手汽车市场、鹿茵酒店即将动工建设，完成府东、府西小区控制性详细规划编制。房地产业保持较好的发展势头，商品房投资增长达55.69%，东华天鹅湾、天骄半岛已正式发售，翠湖湾建设进展顺利，海逸华庭和海逸酒店即将动工建设。行政小区配套不断完善，检察、财经、建设综合服务大楼已投入使用。特色餐饮业快速发展，餐饮业营业额增长24.61%，成功举办江海区生态旅游暨美食节，丰泽园酒家、山海天酒家开张营业，礼乐第一城渔村二期建设进展顺利。

——重点项目建设扎实推进

狠抓重点项目建设，成立区重点项目领导小组及协调办公室，按照“一个项目、一套人马、一抓到底”的要求，加强重点项目协调服务，重点项目建设扎实推进。破解征地难题，全面完成信义玻璃项目征地填土工作，加快高新区5、6、7、14、24、25号地开发。艾默生网络能源一期、赫克力士二期、健威家具二期工程已建成投产，长优化工二期即将完工，上富电子、江晟高压电机等项目建设扎实推进。广珠轻轨江门支线江海段工程进展顺利，江珠高速礼乐出口已开通，东海路至南环路延伸线工程礼东段已完成、礼西段正在施工。积极做好礼东大桥重建工程、东华大桥、胜利大桥和胜利南路建设前期工作。

——新农村建设迈出新步伐

加快社会主义新农村建设，全区财政对“三农”的投入9153万元，增长21.75%。镇级经济保持较快增长，街道地方财政一般预算收入增长20.39%，全部街道地方财政一般预算收入超2000万元，外海街道工业总产值首超百亿元。积极开展“千企扶千村”工程和农村富余劳动力转移就业培训，培训农村富余劳动力2883人，培训后就业率为87.13%。进一步改善农业基础设施、农村路网和农村生活环境，完成村庄规划编制11个，城市防洪工程一期已完成总工程量的50%，二期工程进展顺利，滘头电排站竣工启用。大力发展特色农业，落实种粮补贴、农机购置专项补贴、水产救灾复产贷款贴息等惠农支农政策资金132.66万元。积极参加市农业博览会，培育首家农民专业合作社。顺利完成村级换届和畜牧兽医体制改革。

——生态环境保护成效明显

坚持科学和集约发展，注重节能和环保，不断优化人居环境。单位生产总值能耗下降4.72%，二氧化硫和化学需氧量分别削减32.72%和4.07%，新型墙体材料使用率91%。坚持集约节约用地，做好土地利用总体规划修编，完成违法违规用地整改工作，加强闲置土地清理。生态环境保护力度加大，积极开展全国第一次污染源普查，推进江海污水处理厂建设和文昌沙水质净化厂二期扩建。加快淘汰落后生产力，关停水泥企业1家。加强水环境综合整治，抓好内河涌的治理。城市进一步绿化、美化和净化，新建排污管道1785米，道路绿化面积37431平方米。加强城市管理，正式启用江海数字城管平台。

——人民生活水平日益提高

继续加大财政对民生的投入，不断提高人民生活质量。全年财政对民生的支出增长23.68%，城镇居民人均可支配收入14892元，增长12.96%，农村居民人均纯收入8012元，增长12.37%。抓好就业再就业工作，全区新增就业岗位6312个，城镇登记失业率为2.3%。提高城乡最低生活保障标准，城镇低保标准提高到310元，农村低保标准提高到210元。超额完成社保扩面征缴工作，全面实施城镇居民基本医疗保险制度，人均养老金提高到892元，失业保险金提高到536元。完善新型农村合作医疗制度，标准档和提高档的报销年封顶线分别提高到3万元和4万元，人口覆盖率达99.4%，区农村合作医疗办公室被评为省新型农村合作医疗工作先进集体。全面实施城乡免费义务教育，全力以赴做好省教育强区创建工作，礼乐街道创建为省教育强街。理顺医疗卫生管理体制，健全疾病防控体系，提高城乡特困人员医疗救助水平。加强人口与计划生育工作，积极创建省计划生育先进单位，计划生育率为95.33%，比去年同期提高了1.43个百分点。体育文化事业取得新成绩，新增省城市体育先进社区1个，舞蹈作品《思乡面》获省第四届群众音乐舞蹈花会比赛金奖。

——社会大局保持和谐稳定

进一步健全应急管理体系，完善全区各级应急预案，组织各行业开展应急演练，应对突发公共事件能力明显提升。加强信访和人民调解工作，积极开展“大接访”活动，解决了一批历史遗留的信访问题，奥运维稳特别防护期保持稳定。努力化解城信社金融风险，积极推进城信社退出市场工作，妥善解决了农民征地款存款等历史遗留问题。积极应对严重雨雪冰冻灾害和“黑格比”超强台风等自然灾害，全力支援汶川地震灾区抗震救灾，全区累计捐款433万元。成立高新区公安派出所，建立治安视频监控中心，社会治安持续稳定，全区刑事发案数下降11.6%，破案率上升16.4%。积极开展平安社区创建工作，新增省“六好”平安和谐社区5个。完成安全生产隐患治理年各项工作任务，加强公安消防“三基”工程建设，成功扑灭“1.16”白水带森林火灾，全区没有发生较大以上安全事故。继续抓好产品质量和食品安全、打假、打私、打传、“查无”等专项工作，礼乐腊味行业专项整治成效明显。落实优抚安置政策，积极开展国防教育，做好国防动员、人民武装、征兵和民兵预备役工作，军政军民更加团结。审计、民族、宗教、外事、侨务、台湾事务、老龄、双拥、新闻出版、人防、档案、地方志等各项工作取得新进步。

——民主法制建设深入开展

认真执行区人大及其常委会各项决议并向其报告工作，坚持向区政协通报情况，自觉接受监督。继续坚持区长约见区人大代表、区政协委员制度，密切与工会、共青团、妇联、工商联等人民团体的联系，广泛听取各民主党派、无党派人士等社会各界的意见和建议。全年共办理各级人大代表建议、政协委员提案和各类意见129件次，满意和基本满意率达100%。推进依法行政工作，贯彻落实《政府信息公开条例》，全面完成行政执法职权核准界定公告工作，开展行政执法案卷评查。完善财政管理、产权交易、政府采购等监管制度，出台《江海区财政支出绩效评价试行方案》、《江门市江海区本级政府投资项目管理办法》，推进国库集中支付工作。加快事业单位分类改革，全面实施事业单位公开招聘。完成江海区行政审批电子监察系统建设，实现省、市、区三级联网监察。

各位代表，过去的一年，在复杂多变的国内外形势和重大挑战面前，我区经济和社会各项事业能取得这样的成绩，来之不易。这是市委、市政府和区委正确领导的结果，是区人大、区政协监督支持的结果，是市直部门、驻我区军警官兵、上级驻我区单位、社会各界人士和海内外乡亲朋友鼎力支持的结果，是全区干部群众团结一心、努力奋斗的结果。在此，我代表区人民政府向全区人民和所有关心支持江海区经济社会发展的同志们、朋友们，向港澳台同胞、海外乡亲表示崇高的敬意和衷心的感谢！

在肯定成绩的同时，我们也清醒地看到，在国际金融危机的不断扩散和冲击下，加上我区经济社会发展中尚待解决的一些深层次问题，我们面临着较大的困难和挑战。主要是：经济形势复杂多变，保增长的难度增大；中心区开发步伐还不够快，服务业比重偏低，城市功能配套不够完善；财政减收增支因素增多，保障和改善民生的任务艰巨；社会建设和管理面临许多新课题，政府自身建设仍需进一步加强等。对这些问题，我们要高度重视，切实采取措施加以解决。

2009年工作安排

2009年是新中国成立60周年，是应对国际金融危机，实现“十一五”规划目标任务的关键一年。辨证分析形势，当前既是经济调整期，也是重要的战略机遇期。我们一定要坚定发展信心，充分估量困难和问题，变压力为动力，努力危中寻机，转危为机，着力解决突出问题，赢取发展的主动权，为实现更高水平的又好又快发展打下坚实基础。

今年政府工作的总体要求是：高举中国特色社会主义伟大旗帜，以邓小平理论和“三个代表”重要思想为指导，深入贯彻落实科学发展观，认真贯彻落实党的十七大、十七届三中全会、省委十届四次全会、市委十一届五次全会和区委七届六次全会精神，抓住《珠江三角洲地区改革发展规划纲要》实施机遇，按照“保发展、保民生、保稳定”的要求，继续解放思想，转变发展方式，加快现代产业体系建设，不断优化经济结构，加快重点项目建设，推进中心区开发，深化体制机制改革，加强民主法制建设，突出改善民生，努力构建和谐江海，争当重点发展区实践科学发展观的排头兵。

今年全区经济社会发展的主要预期目标是：地区生产总值增长11%，单位生产总值能耗下降4.3%，二氧化硫和化学需氧量分别削减8%和2%，地方财政一般预算收入增长11%，规模以上工业增加值增长14%，固定资产投资增长13.5%，社会消费品零售总额增长15%，外贸出口增长10%，城镇登记失业率控制在4%以内，人口自然增长率控制在7.1‰以内，城镇居民人均可支配收入增长9%，农村居民人均纯收入增长8%。

要实现上述预期目标，必须着力抓好以下

工作：

一、坚持扩大内需与项目建设相结合，促进经济平稳较快增长

积极应对国际金融危机，落实《江海区贯彻市政府关于进一步扩大内需促进经济平稳较快发展的实施意见》，加大政府投入，带动社会投资和消费，确保全区经济平稳较快增长。

加快重点项目建设。2009年全区安排45项重点建设项目，年度投资额超20亿元。继续坚持重点项目建设责任制，落实专责领导、专责部门、专责人员，做好重点项目跟踪服务，加强对重大项目的协调和督查，推进项目动工建设。加快信义玻璃、艾默生网络能源二期、上富电子项目动工建设，推动长优化工二期、江晟高压电机等项目的上马投产。力促礼东大桥重建工程、东华大桥、江睦路二期等项目动工，加快东海路至南环路延伸线、麻园路B段、城市防洪工程等项目建设，基本完成广珠轻轨江门支线江海段建设，启动胜利南路征地拆迁，做好胜利大桥前期建设工作。

开拓消费和出口市场。积极扩大消费需求，大力实施城乡居民收入倍增计划，逐步完善促进就业、工资正常增长、支农惠农等机制，增加城乡居民收入，提高城乡居民消费能力。积极培育农村消费市场，落实“家电下乡”等消费政策，大力实施“万村千乡”市场工程。发挥中环商业广场的集聚效应，规划建设麻园路商业街，培育中心区商业批发零售市场。发展特色饮食业，壮大江海路饮食街、礼乐田园风光饮食带和外海河海鲜特色饮食街。利用白水带风景区等资源，积极发展休闲生态旅游业。稳定外贸出口市场，鼓励企业开拓拉美、非洲、东欧等新兴外贸市场，千方百计增加出口订单。加快转变外贸增长方式，支持拥有自主品牌、核心技术的产品扩大一般贸易出口，鼓励有实力的企业稳步实施“走出去”战略。

狠抓招商和载体建设。围绕优势产业，结合产业和劳动力双转移、山海合作，加大招商选资力度，拓宽招商引资渠道，深入开展“留商、招商、惠商”活动。加大现代服务业引进力度，鼓励大型国际贸易企业在辖区设立研发机构、服务中心和地区总部。加快在谈世界500强项目的引进和建设，积极跟进礼乐动漫产业基地洽谈工作，力争引进一批产业带动力强、质量效益高、节能环保的优质项目，进一步增加项目储备。鼓励企业增资扩产，提高招商引资效益。坚持集约节约用地，转变载体开发模式，完成区、街道土地利用总体规划修编和第二次土地调查，加大建设用地储备力度，提高载体建设水平。加强与高新区互动合作，全力支持高新区二次创业和高新区分区规划修编，高标准高水平开发核心园区。扎实推进江海机电产业基地建设，继续做好高新区5、6、7、14、24号地征地开发工作，抓好4平方公里绿色光源产业基地核心园区开发，为经济发展提供载体保障。盘活闲置厂房，加快闲置土地清理，推进“城中厂”搬迁改造。

二、坚持自主创新与转型升级相结合，建设现代产业体系

落实“三促进一保持”各项措施，加强自主创新，促进传统产业转型升级，建设现代产业体系，努力提升经济发展质量。

发展先进制造业。坚持走新型工业化道路，抓住国家实施十大产业振兴规划的机遇，推进“四大百亿”工程建设，发展壮大电子信息、化工、机电三大优势产业，促进电子信息产业集群发展，推动精细化工发展，改造提升

机电产业。发挥高新区的品牌优势，大力发展新材料、新能源、生物医药等高新技术产业。培育金属制品、汽车零配件、玻璃、家具等特色产业，不断壮大产业规模。加快运用高新技术和先进适用技术改造提升食品、纺织等传统产业，推动传统产业优化升级。

提高自主创新能力。努力构建区域创新体系，提高高新技术产业对经济增长的贡献率，力争高新技术产品增加值占全区工业增加值比重达35%以上。做好科技创新服务工作，积极组织实施科技计划，大力培育高新技术企业和民营科技企业，新增高新技术企业和民营科技企业8家。加快区域科技创新技术公共平台建设，推进中小型高新技术企业孵化器建设，鼓励企业参与国家和行业标准制订，完善知识产权管理服务体系，协助企业创建工程技术研发中心和产学研基地，新增市级以上工程技术研究开发中心2家。实施名牌带动战略，力争新增省级名牌产品或著名商标2个。

扶持企业提质发展。强化服务意识，落实各级扶持企业发展的政策措施，切实减轻企业负担，帮助企业提质发展。财政投入1000万元重点扶持高增长、有品牌、有市场、自主创新能力强的企业发展。加大技改资金投入，为企业争取各项扶持资金，引导企业增加对技术和产品开发的投入，促进企业加快技术和产品升级。加强和改善对中小企业和民营企业的服务，鼓励中小企业与大企业配套发展，鼓励民营企业创立品牌、创新技术、改革体制和规范管理。搭建政银企合作平台，积极创建省首批小额贷款公司试点地区，着力解决中小企业融资难问题。加快发展和利用资本市场，全力支持科恒、量子高科等企业上市。

三、坚持中心带动与完善配套相结合，推进城乡协调发展

按照“中心带动、两翼齐飞”的城市发展思路，大力发展第三产业，完善城市功能配套，建设宜业宜居江海。

突出中心区开发。实施江海区发展战略规划与核心区概念性设计，全力以赴抓好中心区特别是核心区开发，加快城市新区发展，力争3年成型、5年见效。发挥区域交通枢纽优势，加快轻轨站场配套设施规划建设，抓好府东、府西小区开发，加快鹿茵酒店、江海演艺中心、利生二手汽车市场等项目建设，推进东华天鹅湾、天骄半岛、翠湖湾的开发，加快酒店、房地产、金融、信息服务等现代服务业发展，不断完善城市功能配套。推动外海、礼乐两翼发展。做好港澳码头生产性服务配套区规划建设，加快连海北路综合开发，建设绿色光源专业市场，力促海逸华庭和海逸酒店、中岸物流二期动工建设。做好沿南环路生活配套区规划建设，加快协和医院建设。以工业南拓为契机，规划建设仓储物流园区，大力发展现代物流业。

推进农村改革发展。认真贯彻落实十七届三中全会精神，积极探索农村土地经营权转让、农村土地抵押贷款等农村体制改革，完善征地补偿机制，激活农村经济社会发展活力。推进规划、建设、管理三位一体的城乡一体化建设，大力整合农村自留用地资源，探索集中连片土地开发，促进农村工业向园区集中、农民住宅向公寓集中，加快工业化、城市化进程。统筹城乡发展，以社会主义新农村建设为抓手，加快村庄规划修编，发展农村公共事业，大力抓好农村信息直通车工程建设，推进城乡公共服务均等化。加强农村基础设施建设，完善农田基础设施，启动内河涌整治工

程。大力发展生态旅游农业和绿色农业，推广农业新技术、新品种，培育农业龙头企业和农业基地，加快农村专业合作组织建设，促进农村经济稳定发展，增加农民收入。加快镇级经济发展，力争外海街道地方财政一般预算收入突破亿元，礼乐街道地方财政一般预算收入超5000万元。

优化城乡人居环境。落实节能减排目标责任制，深入开展“双千节能行动”。设立节能专项资金，加快省循环经济试点项目建设，积极推行清洁生产，推广应用节能技术和产品，不断优化能源消费结构。加快江海污水处理厂、文昌沙水质净化厂二期扩建、南新区垃圾中转站、礼乐武东腊味污水处理工程等项目建设。严把环保准入关，加强固定资产投资项目的节能审查，凡是不符合环保要求的一律不予审批。加大环保执法力度，严厉打击违法排污、偷排漏排行为，对环保重点企业实施挂牌督办。优化人居环境，抓好水环境综合治理，推进公共环卫服务社会化，抓好生态示范村、绿色社区创建工作。提高城市管理综合执法水平，继续推进数字城管建设。

四、坚持改善民生与促进公平相结合，提高人民生活质量

继续把改善民生摆在更加突出的位置，今年财政预算拟安排1.34亿元用于民生投入，同口径增长23.3%，不断提高人民生活水平。

促进和扩大就业。把促进就业作为改善民生的重点工作，加强就业再就业工作，完善公共就业服务体系，推动创业带动就业，促进社会充分就业。继续实施“千企扶千村”工程，抓好农村富余劳动力转移就业和退役士兵免费职业技能培训，做好高校毕业生就业工作，积极开展“充分就业社区”创建活动，千方百计增加就业岗位。优化创业环境，健全创业支持服务体系，扶持广大劳动者创业。做好人才引进服务工作，落实人才引进扶持政策，支持企业引进高端人才。加强人才队伍建设，做好人才培训工作，提高人才队伍素质。

完善社会保障体系。进一步完善覆盖城乡的社会保障体系，促进社会公平正义。建立健全被征地农民养老保障制度，完善城镇居民基本医疗保险制度。进一步提高新型农村合作医疗制度的保障水平，标准档和提高档的报销年封顶线分别提高到5万元和6万元，率先实现人口覆盖率100%。关注困难群众，健全城乡社会救助体系，做好低保救济工作，完善五保供养机制，做好经济适用房、廉租房申报工作，着力解决困难群众的生活问题。发展社会福利和慈善事业，支持慈善会、义工联等社会组织开展帮扶助困活动。积极开展法律援助，依法维护外来工、残疾人、妇女和儿童权益。

发展社会各项事业。创建教育强区，提高城乡义务教育水平，促进幼儿教育、高中阶段教育、职业教育发展，按要求落实教师待遇“两相当”工作。深化医疗卫生管理体制改革，推进镇级医院升级工作，加强农村卫生站、社区卫生服务中心建设，健全城乡卫生服务体系，完善疾病防控体系，开展省、市卫生街道创建活动。加强人口与计划生育工作，稳定低生育水平，提高人口素质。开展第二次全国经济普查。支援汶川灾区重建。完善优抚政策，广泛开展双拥共建和国防教育，加强人民武装、国防动员、征兵和民兵预备役工作。进一步推动民族、宗教、外事、侨务、台湾事务、老龄、新闻出版、人防、档案、地方志等事业发展。

五、坚持社会管理与文化建设相结合，努

力构建和谐江海

加强和改进社会管理，健全应急管理体系，倡导社会主义和谐文化，促进社会和谐稳定。

健全应急管理机制。进一步加强应急组织体系建设，建立“政府统筹协调、群众广泛参与、防范严密到位、处置快捷高效”的应急管理工作机制，最大限度地预防和减少突发公共事件的发生，切实保障公众生命和财产安全。继续完善应急预案体系，加强应急队伍建设，强化应急预案演练，提高应急预防和处置能力。加大应急基础建设投入，增强应急物资保障能力。加强失业预警和劳动关系动态监控，完善欠薪支付保障金制度，建立企业欠薪应急预警和快速反应机制。

维护社会安全稳定。狠抓社会维稳工作，强化社会治安综合治理，完善信访、调解、综治三位一体的矛盾排查调处机制，切实解决因劳资纠纷、征地拆迁、环境污染等引发的信访突出问题。积极防范和化解城信社金融风险，全面完成城信社退出市场工作，妥善化解历史遗留问题。加强公安队伍建设，完善全区视频监控网络，严厉打击“两抢一盗”等违法犯罪行为。扎实做好人民调解、安置帮教和社区矫正试点工作，全面完成平安和谐社区创建任务。巩固安全生产隐患治理成果，深入开展安全生产专项整治，夯实安全生产基础，全力防范较大以上安全事故，控制一般事故的发生，确保安全生产形势持续平稳。深入开展产品质量和食品安全专项整治，抓好森林防火、消防安全、交通安全、“三防”等安全工作，维护社会稳定。坚持不懈抓好打假、打私、打传、“查无”等专项工作，整顿和规范市场经济秩序。

加强和谐文化建设。配合市创建全国文明城市，深入开展群众性精神文明创建活动，营造积极、创新、和谐、奋进的文化氛围。深入开展社会主义荣辱观和现代公民教育活动，加强未成年人思想道德建设，弘扬社会主义美德和风尚。推进文化创新，大力发展文化产业，鼓励文艺精品创作，提升文化软实力。保护历史文化资源，挖掘和申报非物质文化遗产，打造更多具有江海特色的侨乡历史文化品牌。完善基层公共文化设施，加快社区文化站、图书馆、“农家书屋”建设。深入开展“五五”法制宣传教育，增强全民法治观念。扎实开展体育进社区活动，推进文体小广场建设，支持群众体育组织发展。

六、坚持改革创新与狠抓落实相结合，增强政府科学发展能力

以深入学习实践科学发展观活动为契机，进一步解放思想，着力深化行政管理体制改革，提升政府服务能力和行政效率。

推进体制改革创新。认真学习贯彻《珠江三角洲地区改革发展规划纲要》，深刻领会“科学发展、先行先试”的重要意义，用足用活先行先试领域的配套政策措施，主动与珠三角一体化发展对接，努力在探索科学发展模式试验区上先行先试，积极寻求经济发展方式转变、城乡协调发展、和谐社会建设的新途径和新举措。主动配合市做好市辖区管理权限的调整，继续深化公安和城市管理体制改革，推进市区一体化发展。积极实施政府机构改革，进一步转变政府职能，深化事业单位分类改革，加快服务型政府建设。深化行政审批制度改革，减少和规范行政审批，配合市行政服务中心建设，推进电子政务和网上审批。

坚持依法行政。认真落实区人大及其常委

会各项决议决定，坚持向区人大及其常委会报告工作，自觉接受监督。主动加强与区政协的联系并向其通报工作，支持政协委员发挥参政议政作用。坚持区长定期约见区人大代表、区政协委员制度，提高人大代表议案、建议和政协委员提案办理质量。广泛听取各民主党派、工商联、无党派人士意见，充分发挥工会、共青团和妇联等人民团体的桥梁纽带作用。巩固和扩大基层民主，深入推进村（居）自治。加强依法行政，贯彻落实《国务院关于加强市县政府依法行政的决定》，建立健全行政决策程序，完善行政执法机制，规范行政行为，提升行政服务水平。加强政府采购和政府投资监管，强化审计监督。完善公共财政体制，全面实施国库集中支付，落实增值税转型等税收政策，提高依法治税水平。

加强政府自身建设。大力开展深入学习实践科学发展观活动，增强继续解放思想、推动科学发展的自觉性，不断提高运用科学发展观指导经济工作、社会管理和公共服务的能力。推进政府信息公开，加强政府信息公开网络平台建设，及时向社会公开政府信息。建立健全行政问责制，落实符合科学发展观要求的政府绩效评价指标体系和评估机制，努力建设责任政府。加强公务员队伍建设，加大培训力度，增强公务员队伍活力。加强和改进工作作风，建立机关作风暗查制度，深入开展与企业和困难群众“同心携手、共渡难关”活动。坚持勤俭办事，坚决压缩一般性行政经费支出，做到公务购车和用车经费、会议经费、公务接待经费、机关出国（境）经费、办公经费预算“零增长”。按照“为民、务实、清廉”的要求，落实廉政建设责任制，进一步加大反腐倡廉工作力度，树立艰苦奋斗、廉洁奉公的良好形象。

全力以赴抓落实。政府工作目标既定，关键是抓落实。要健全抓落实的机制措施，完善街道和部门实绩考评奖惩机制，落实责任追究制，形成一级抓一级、层层负责任、人人抓落实的工作机制。创新抓落实的举措，强化政府目标管理考核，突出工作重点，细化目标任务，明确目标进度，落实专责领导、专职人员抓落实。创造抓落实的氛围，精简会议，压缩文件，为抓落实腾出时间和精力。大力解决抓落实的突出问题，建立健全解决重大问题的联席会议制度，加强对重大问题的协调处置。加大抓落实的督查督办力度，强化考核目标现场督查和定期督查通报制度，督促各项工作措施落实到位，提高抓落实的执行力。

各位代表！2009年是充满挑战与机遇的一年。面对挑战，我们要沉着应对；面对机遇，我们要紧抓不放。让我们高举中国特色社会主义伟大旗帜，坚持以邓小平理论和“三个代表”重要思想为指导，深入贯彻落实科学发展观，在市委、市政府和区委的正确领导下，解放思想、同心同德、开拓进取、扎实工作，全力促进经济社会又好又快发展，争当重点发展区实践科学发展观的排头兵，以优异的成绩迎接新中国成立60周年！

2010年政府工作报告

——2010年1月20日在江门市江海区第八届人民代表大会第五次会议上

江门市江海区区长　梁许赞

各位代表：

我代表区人民政府向大会作政府工作报告，请予审议，并请政协委员和其他列席人员提出意见。

2009年工作回顾

2009年是不平凡的一年，是应对危机、攻坚克难、力保增长的一年。一年来，在市委、市政府和区委的正确领导下，在区人大及其常委会和区政协的监督支持下，我们深入贯彻落实科学发展观，按照“保增长、保民生、保稳定”的要求，积极应对国际金融危机冲击，团结奋进，迎难而上，扎实推进“三促进一保持”，以重点项目建设为突破口，进一步调整经济结构，全力推进核心区开发建设，高度关注和改善民生，基本完成区八届人大四次会议确定的各项目标任务，经济保持平稳较快发展，人民安居乐业，社会和谐稳定。

——保增长目标任务全面完成

积极贯彻落实中央、省、市扩内需保增长一系列政策措施，制定我区的实施意见及相关配套政策，整合财政专项资金，投入资金1500多万元帮扶企业共渡金融危机，切实为企业减负超5000万元。加大金融工作管理力度，举办多场政银企信息交流会，成立区金融办，成功建立小额贷款公司和担保公司，为企业拓宽融资渠道，有效缓解中小企业融资难问题。加快发展和利用资本市场，积极推动和帮扶优质企业上市，科恒实业通过证监会审批，量子高科通过省证监备案登记并进入上市辅导期。采取各项有效促发展措施，全面完成保增长目标任务。制定保增长促发展激励办法，坚持保增长促发展工作分析会议制度，保增长工作取得重大成效。2009年，全区实现地区生产总值预计83.60亿元，同比增长13.5%，高于全市平均增幅2.7个百分点，位居全市第一；人均生产总值43900元，增长12.3%。规模以上工业增加值52.23亿元，增长13.73%。规模以上工业企业经济效益综合指数为139.02%。固定资产投资增长22.06%，突破30亿元，达33.29亿元，增幅名列全市第二。地方财政一般预算收入增长12.06%，突破3亿元，达3.22亿元；外海街道财政一般预算收入突破亿元。积极落实“家电汽车摩托车下乡”和“以旧换新”等扩大内需政策，社会消费品零售总额18.50亿元，增长25.20%，增幅稳居全市前列。外商直接投资1.30亿美元，增长10.99%；利用民资13.95亿元，增长30.99%。落实扶持外贸出口政策，外贸出口8.8亿美元，下降9.66%，低于省、市平均降幅。

——《规划纲要》深入贯彻实施

认真贯彻实施《珠江三角洲地区改革发展规划纲要》，制定贯彻落实工作方案，重点推进产业结构调整优化，大力发展先进制造业，预计三大产业结构比例调整为3.66：66.34：30.00。扎实推进“四大百亿工程”，现代产业体系建设取得新成效。全区实现工业总产值253.38亿元，增长12.97%；规模以上工业企业发展到370家，新增中国驰名商标1个。优势产业和新兴产业发展快速，电子信息、化工、机电三大优势产业产值增长8.95%，金属制品业、医药制造业两大新兴产业增速分别达29.02%和8.89%，成为新的经济增长点。民营经济快速发展，民营规模以上工业增加值增长23.1%。产业载体建设扎实推进，绿色（半导体）光源产业基地核心园区建设步伐加快，投产企业达15家。积极落实支持自主创新优惠政策，高新技术产品增加值占全区工业增加值的比重提高至35%，通过国家高新技术企业认定7家，新增国家火炬高新技术企业1家。深化产学研合作，新增省级高新技术产品22个、省级研发中心1家、博士后科研基地1家。引入9名省科技特派员进驻企业。加大科技投入，全年科学技术支出达855万元，增长15.7%。加强省知识产权试点区域建设，新增4家知识产权优势（示范）企业，预计全区专利申请量和授权量分别超500件和400件。

——重点项目建设取得新成绩

坚持重点项目领导责任制，并出台相应的考核激励办法，切实做到“一个项目、一套人马、一抓到底”。坚持领导干部到一线解决重点项目建设问题机制，全区35项重点项目取得突破性进展。征地拆迁工作顺利推进，高新区5、6、7、13、14、24号地基本完成填土并交付使用；省重点项目广珠轻轨江海段征地拆迁工作全面完成，建设进度居全省前列；江睦路、连港路完成征地，道路建设按计划推进。工业项目建设卓有成效，长优化工二期、江晟高压电机完成扩能建设，艾默生一期已投产、二期已动工，信义玻璃一期动工建设，中岸保税仓二期全部完工，海琪电子、江利磁材即将投产。基建项目建设顺利推进，广东电网礼乐输变电工程动工建设，东海路至南环路延伸线全线贯通。基础设施建设项目融资难题得到有效解决，礼东大桥等重点基础设施建设工程项目融资8800万元已到位，胜利南路、连海北路综合开发和礼乐机电产业基地的10亿元项目融资工作稳步推进。

——以商引商成效显著

坚持招商引资“一把手”工程，结合全省“双转移”措施，更新招商观念，强化以商引商和大项目招商，降低招商成本，提高招商成效。全区签约或在建外资1000万美元、民资1000万元以上工业项目42个，总投资超32亿元。凌志工业园、得实工业园成为以商引商、产业招商示范园区，成功引进世界500强福宁电子项目，辖区内的世界500强工业企业达4家。“零用地”招商成效明显，量子高科二期、安诺特炊具二期等一批增资扩产项目和中日励福贵金属回收基地、健威凯利等一批新建项目加快推进。大力开展现代物流业及生产性服务业的产业招商，利生旧机动车交易市场即将动工建设，高新区44号地物流园区项目土地挂牌出让方案已上报市审批，江门市现代物流产业园区等项目基本落实。

——城市功能配套日趋完善

积极实施江海区发展战略规划和核心区概念性设计，核心区开发建设取得新突破，城市新区发展步伐加快。府东、府西小区和轻轨江门站地块控制性详细规划已通过市审批，府东小区成功挂牌出让，府西小区和轻轨江门站周边地块正制订项目开发实施方案；“江海一号工程”——胜利南路正式启动征地拆迁工作。中心区营商条件日趋成熟，中环广场已成为南新区商贸中心，其二期加快物业建设和招商；海逸酒店和海逸华庭、鹿茵酒店已动工，江海演艺中心地块成功挂牌出让，协和医院土地挂牌出让方案已上报市审批。房地产业对经济增长的拉动力增大，东华天鹅湾、天骄半岛、翠湖湾等一批高档住宅区销售良好，全年商品房销售额增长195.04%。江海供电局正式成立，中国联通江海分公司、平安产险江海营业部等进驻江海。积极推广江海区特色旅游及餐饮业，成功举办2009年田园美食旅游节。

——城乡一体化加快推进

扎实推进新农村建设，落实强农惠农政策，筹建现代农业科技园，推行农产品品牌建设，开展被征地农民基本养老保险试点工作，全面铺开土地股份合作制改革，多渠道增加农民收入。加大农村基础设施建设投入，开展村庄规划整治，完成新农村示范点建设。城市防洪工程完成总工程量的75%，5座水闸投入试运行；滘头电排站重建工程全面竣工。加紧推进内河涌整治，完成外海中路河清淤工程。启动农村社区试点工作。理顺“村改居”后续管理。实施农村安居工程，完成年度危房改造计划任务。启动政策性农业保险试点，全面完成17372户农村住房应保参保工作。搭建农村信息直通车区级服务平台，完成18条村“农村信息直通车”工程。完善动物防疫体系建设，成立区畜牧兽医局和动物防疫监督所。加大节能减排和环境保护力度，我区作为全市验收样本区通过了第一次全国污染源普查验收，预计单位生产总值能耗下降4.6%，二氧化硫和化学需氧量分别下降32%和13%。全面完成江海污水处理厂征地任务，首期工程即将投入使用；文昌沙水质净化厂二期扩建工程进展顺利。优化土地利用结构和布局，完成江海区土地利用总体规划大纲和第二次土地调查。

——民生建设不断进步

坚持以人为本，继续加大财政对民生的投入，努力改善民生。全年财政对民生支出增长28.18%，城镇居民人均可支配收入16709元，增长12.20%，农村居民人均纯收入8912元，增长11.24%。全面落实就业和再就业政策，启动首批高校毕业生就业见习基地；新增就业岗位6162个，城镇登记失业率为2.3%。大力推进“千企扶千村”工程和农村富余劳动力转移就业培训，培训农村富余劳动力3088人，转移就业2662人。超额完成社保扩面征缴工作任务，城镇居民基本医疗保险参保15480人，企业离退休人员月人均养老保险金提高到1089元。进一步提高新型农村合作医疗制度的保障水平，标准档和提高档的报销年封顶线分别提高到5万元和6万元，率先实现人口覆盖率100%。成功创建省教育强区，艺华旅游学校升格为职业学院，实施中小学教师工资福利待遇“两相当”。进一步加强医疗公共卫生服务体系建设，全力抓好甲型H1N1流感防控工作。江海区人民医院成功挂牌，外海、礼乐街道通过省卫生先进镇（街）的复查；礼乐街道五四村创建成为省卫生村。加大优抚力度，探索社会救济体系新措施，实行最低生活保障分类施保，完成外海敬老院扩建工程。推进社会福利社会化，开展居家养老试点。大力发展慈善公益和残疾人事业，进一步扩大对贫困残疾人的康复救助面。

——社会各项事业全面发展

落实人口与计划生育目标管理责任制，被评为省人口与计划生育工作先进单位。大力配合做好创建全国文明城市工作，积极开展群众体育运动，外海、礼乐街道分别被评为全国城市体育先进社区和全国群体工作先进单位。非物质文化遗产申报有新进展，“外海太虚拳”成功入选第二批市级非物质文化遗产名录。社区建设再创新绩，成立银泉社区，省“六好平安和谐”社区创建率达91%，滘北街道被省评为平安建设先进镇（街道）。加强社会治安综合治理，刑事破案率上升6.7%，双抢案件下降18%。切实抓好维稳工作，5个街道综治信访维稳中心全面投入使用。开展领导干部下基层“大接访”活动，来信来访量持续下降，信访量下降19.76%，矛盾纠纷调解成功率达95%以上。完成城信社退出市场工作，基本化解城信社金融风险。加强应急管理体系建设，做好应急、“三防”、森林防火等工作，成功抗击强台风和特大暴雨等自然灾害，妥善处置多起劳资纠纷等群体性事件。扎实开展“安全生产年”活动，加强安全生产和消防安全管理，全区安全生产形势保持稳定。着力抓好食品安全、打假、打私、打传、“查无”等专项工作，礼乐打假警示区域成功除名，社会经济秩序逐步规范。基本完成第二次全国经济普查，江海区地方志总纂通过初审评议。进一步加强国防建设和民兵预备役工作，落实优待政策，提高义务兵家属优待金标准。审计、民族、宗教、外事、侨务、台湾事务、老龄、双拥、新闻出版、人防、档案等各项工作取得新进步。

——政府管理能力不断增强

全面贯彻落实科学发展观，不断转变政府职能。认真执行区人大及其常委会各项决议并向其报告工作，坚持向区政协通报情况，自觉接受监督。坚持区长约见区人大代表、区政协委员制度，密切与工会、共青团、妇联、工商联等人民团体的联系，广泛听取各民主党派、无党派人士等社会各界的意见和建议。全年共办理各级人大代表建议、政协委员提案和各类意见99件，满意率和基本满意率达100%。启动政府机构改革工作，推进政务公开，精简区直议事协调机构超过一半。提高行政审批效率，涉企项目审批全部进入市行政服务中心办理。继续深化财政改革，全面推行国库集中支付制度；认真落实行政办公费用“五个零增长”，有效控制行政成本，在2009年广东省市县级政府整体绩效评价中，我区节约政府成本指标得分居全省第一。坚持依法行政，启动法治江海创建活动，扎实推进依法治区。做好规范性文件的审核、清理和政府法律顾问服务工作，加强行政复议力度和行政执法监督。加强机关作风建设，分批开展科学发展观学习实践活动，切实减少“文山会海”。落实江海区街道和区直部门领导班子和领导干部落实科学发展观评价指标体系和考核评价办法，健全行政问责制和首办（首问）责任制，提高政府部门执行力和公信力。建立完善暗访调查制度和电子监察系统，惩治和预防腐败体系不断完善。

各位代表，过去的一年，在国际金融危机冲击的重大挑战面前，我区经济和社会各项事业能取得这样的成绩，确实来之不易。这是市委、市政府和区委正确领导的结果，是区人大、区政协监督支持的结果，是市直部门、驻我区军警官兵、上级驻我区单位、社会各界人士和海内外乡亲朋友鼎力支持的结果，是全区干部群众团结一心、努力奋斗的结果。在此，我代表区政府向全区人民和所有关心支持江海区经济社会发展的同志们、朋友们，向港澳台同胞、海外乡亲表示崇高的敬意和衷心的感谢！

在肯定成绩的同时，我们也清醒地认识到自身的不足，主要表现为：产业聚集水平不高，结构调整步伐需进一步加快；服务业比重偏低，城市功能配套需加快完善；社会管理和服务与人民群众的要求仍有差距，政府自身建设仍需进一步加强等。对这些问题，我们要高度重视，切实采取措施加以解决。

2010年工作安排

2010年是调整结构、加快发展的“改革年”和“建设年”，也是全面实现“十一五”规划目标和规划“十二五”时期经济社会发展的“规划年”。当前全球经济正进入复苏时期，我国经济企稳回升势头良好，国家继续实施积极的财政政策和适度宽松的货币政策，“珠三角”和“珠中江”一体化的深入推进，为我区加快发展提供了难得的机遇。因此，我们一定要坚定信心，增强加快发展的紧迫感、责任感和使命感；抓住机遇，不断创新发展思路，加快转变经济发展方式，增强发展后劲，提高发展水平，全力促进经济社会又好又快发展。

今年政府工作的总体要求是：高举中国特色社会主义伟大旗帜，以邓小平理论和“三个代表”重要思想为指导，深入贯彻落实科学发展观，认真贯彻落实党的十七大、十七届四中全会、中央经济工作会议，省委十届六次全会、市委十一届七次全会和区委七届八次全会精神，全面实施《规划纲要》，围绕区委提出的“四大重点”工作部署，继续深化改革，转变经济发展方式；加快产业结构调整，构建现代产业体系；加快重点项目建设，推进核心区建设成型；加强民主法制建设，大力改善民生，努力开创江海科学发展新局面。

今年全区经济社会发展的主要预期目标是：地区生产总值增长12%，人均生产总值增长11%，全社会R&D投入占GDP比重达2.35%，二氧化硫和化学需氧量排放总量减排完成市下达的“十一五”规划目标，单位生产总值能源消耗下降4%，地方财政一般预算收入增长11.5%，规模以上工业增加值增长13%，固定资产投资增长21%，社会消费品零售总额增长16%，进出口总额增长7%，城镇居民人均可支配收入增长10%，农村居民人均纯收入增长9%，城镇登记失业率控制在4%以内，人口自然增长率控制在7‰以内。

为实现上述目标，必须着力抓好六个方面工作：

一、着力调整优化结构，加快产业集聚发展

推进产业园区建设。加大工业载体开发力度，进一步优化产业发展规划和布局。以园区建设为依托，积极配合高新区“二次创业”，继续推进高新区5、6、7、13、14、24号地开发建设。着力加快绿色光源产业基地建设，打造江门市的绿色光源示范基地。推动“园中园”建设，配套完善凌志工业园和得实工业园，发展壮大示范园区。探索市区共建模式，推进礼乐机电产业基地建设，争取加快扩展1500亩的土地载体开发。抓好礼乐腊味生产基地建设，积极创建全国广式腊味生产基地。积极盘活闲置厂房，清理闲置土地，引导和整合关联度大的企业集约经营，促进产业项目向园区集中。

加快发展先进制造业。继续推进“四大百亿”工程建设，做大做强电子信息、机电、化工三大优势产业，将其培育发展成为具有区域竞争优势的产业集群。发挥高新区品牌优势，大力发展高新技术产业，力争高新技术产品增加值占全区工业增加值比重达35%以上。主攻发展LED产业，继续培育发展新材料、新能源、生物医药、光机电一体化等新型产业。力争全区新增规模以上工业企业10家、产值超亿元企业2家、超10亿元企业集团1家。继续加大科技投入，加强科技创新服务平台建设，鼓励和支持企业技术改造升级，促进传统企业向科技企业转型，新增高新技术企业和民营科技企业10家。

加强产学研合作，推动企业研发中心和孵化器建设，组织企业实施市级以上科技计划15项以上，新增市级以上工程技术研究开发中心2家。实施名牌带动战略，培育和发展自主品牌，鼓励企业参与国家和行业标准建设，力争全区专利申请量达到400件以上。

大力发展现代物流业。充分发挥区位交通优势，大力推动江中高速和江珠高速出口周边物流配套设施建设，加快建设现代物流体系，全力打造区域性物流基地。加快物流项目建设，推进江门市现代物流产业园区、高新区44号地物流园区、利生旧机动车交易市场和绿色光源四大物流专业市场建设。依托中外运货运码头、江门进出境货运车辆检查场和中岸物流，完善进出口物流公共服务平台建设。加快德龙国际（航空）等一批物流项目建设。抓好现代物流产业园区的启动，全力与市联手开发建设占地近1万亩的江门市现代物流产业园区，力争5年园区基本建设成型，努力打造集物流、专业市场、商务为一体的新型综合型物流园区。

二、着力实施内外拉动，增强经济发展后劲

加大招商选资力度。坚持招商选资，不断增大科技含量高、产能效益好的项目比重。加强重点产业和重大项目招商，建立重大项目招商目录库，有针对性地开展小分队上门招商，重点引进世界500强、跨国企业和行业龙头企业等一批规模大、效益高的优质项目，不断提高招商引资质量和效益。突出抓好“以商引商”，落实以商引商激励机制，鼓励企业进行多方面的合资、合作，营造“引来一个，带来一批”的良好招商格局。加大对企业集团地区总部的招引力度，大力发展总部经济。继续引导和鼓励“零用地”招商，推进金羚集团、谦信化工、量子高科二期等增资扩产项目上马。加快在建或签约重点招商项目建设，力促信义玻璃、艾默生二期等一批项目建成投产。

积极开拓国内外市场。继续落实“家电汽车摩托车下乡”和“以旧换新”等国家有关扩大内需的政策和措施，进一步加快发展和繁荣商业流通市场，积极扩大城乡居民生活消费。帮扶企业开拓国内外市场，组织企业参加各类大型经贸洽谈会、商品展销会、产品博览会，帮助企业抢抓产品订单、抢占国内外市场。大力发展电子商务，拓宽产品销售渠道。落实外贸出口扶持政策，鼓励企业积极开拓东欧、南美、非洲等新兴外贸市场，力促外贸出口稳步增长。推进出口结构调整，着力扩大具有自主品牌、核心技术的高新技术产品出口。积极实施“走出去”战略，鼓励有实力的企业实行境外合作和发展海外业务，不断扩大海外市场。

激发企业发展活力。以优化企业发展环境为抓手，进一步加强企业服务和扶持，促进企业提质提速发展。落实各项惠企政策措施，加大企业扶持资金投入。完善企业服务机制，落实领导干部挂钩联系重点企业制度，切实解决企业生产发展问题。继续搭建政银企合作平台，发挥小额贷款公司、信贷担保公司的积极作用，着力解决中小企业融资难问题。扶持民营经济加快发展，鼓励企业改革创新和规范管理，不断提高发展质量和效益。进一步发挥商会和行业协会的作用，加强政企间的沟通联系和信息交流。帮扶有条件的企业加快上市步伐，力争新增上市企业2家。

三、着力推进核心带动，加快城市新区建设

加快核心区开发成型。继续按照“3年成

型，5年见效”的目标要求，全力推进核心区开发建设，努力打造成为江海的中央商务区。重点抓好“两区一路一站”建设，推进府东小区开发，加快推进碧桂园项目动工，建设集住宅和商业于一体的综合高档商住小区。抓好府西小区的规划建设，进一步完善开发方案，推动综合开发建设。全力以赴推进胜利南路建设，全面开展征地拆迁工作，确保按时完成征地拆迁任务；及早策划胜利南路两旁的商业开发，抓好五邑路小区和江门一中以南地块的开发建设。配合推进广珠轻轨江门站场建设，加快商业广场、公交站、停车场等配套设施建设。加快鹿茵酒店、协和医院、明泰房地产、天鹅湾、翠湖湾等一批三产项目建设，推动江海核心商圈逐步繁荣。

推进城市基础设施建设。以珠中江一体化发展为契机，着力加快以交通设施一体化为重点的城市基础设施建设，主动做好广珠轻轨江门支线、江珠高速北延线等工程建设配套工作，不断完善城市交通网络。立足市区一体化建设，大力推动胜利大桥、东华大桥、礼东大桥“三桥”建设，促进市区进一步融合。区域基建投入超25亿元，加快金瓯路和金星路扩建、五邑路大修及扩宽、江睦路、南山路、永康路、得发路、东宁路、礼睦路、南环路延长线等城市道路建设，进一步完善南新区“十纵六横”道路网络。加快南新区排水系统规划建设，逐步解决影响人民生产、生活的内涝问题。

完善城市功能配套。积极承接广珠轻轨今年通车的辐射带动作用，着力抓好广珠轻轨三个站场周边的商业开发，打造轨道商圈，大力发展轨道经济。加快以商贸为主的东海路、以餐饮娱乐为主的江海路和以批发物流为主的五邑路沿线商业开发，打造各具特色的商业街。促进房地产业健康发展，加快海逸华庭建设，力促泰力房地产上马动工，推动华茵堡、天骄半岛等房地产项目扩张发展。积极发展休闲生态旅游业，加大江海八景的包装宣传力度。整合提升特色饮食业，壮大江海路饮食街、礼乐田园风光饮食带和外海河海鲜特色饮食街。大力发展文化创意、金融保险、医疗服务、商务会展等现代服务业，加快江海演艺中心等项目建设。进一步完善公交站场、金融网点、通讯网络、供电、给排水等城市配套设施建设。

四、着力统筹城乡发展，促进经济协调持续发展

加快街道经济发展。按照“整合资源、错位发展”的思路，充分发挥优势，大力发展街道特色经济，逐步形成“一街一业”的发展格局。外海街道充分发挥高新区的品牌和辐射带动作用，着力发展高新技术产业，努力打造成为高科技、高标准、高水平的高新技术发展区；抓住珠中江年票互认制实施机遇，加快推进高新区2、3、4号地开发，大力发展商贸服务，打造江门市区东大门商务圈，力争在全市镇级经济排位再靠前一位。礼乐街道全力推进机电产业基地和现代物流产业园区建设，不断壮大机电、化工等优势产业，打造物流产业。江南街道结合“三旧”改造，重点盘活整合资源，加快发展城市经济。滘头街道紧紧围绕核心区开发，大力发展总部经济，打造城区中心商圈。滘北街道结合地缘优势，抓好江门河南岸的综合开发，大力发展第三产业。与此同时，加快发展村级经济，积极整合农村自留用地资源，推动建设“街道统筹、村级合作、统一开发、利益共享”的街道工业园区，促进村级工业向园区集中，提升村级工业发展水平。

推进新农村建设。着重以推进城市化发展为目标，扎实推进新农村建设。推动城乡公共服务均等化，促进城市公共服务向农村延伸，大力发展农村公共事业。加强村庄改造，抓好村庄规划修编工作，加快建设农民新村和农民公寓，促进农民住宅合理布局和向公寓集中。加大农村基础设施建设力度，进一步完善农村道路、供水、供电、网络、垃圾污水处理等基础设施，加快“农村信息直通车”、内河涌整治和城乡水利防灾减灾工程建设。探索新型农村基本养老保险试点工作，加快推进被征地农民基本养老保险。落实各项强农惠农政策，大力发展特色现代农业和生态观光农业，推进农业基地标准化建设，扶持发展农业龙头企业和行业协会，促进农业增效和农民持续增收。深化农村改革，完善农村股份合作制度，推动农村土地承包经营权合理流转。

全力推进“三旧”改造。加快“三旧”改造工作步伐，加强“三旧”改造的统筹规划，落实三年和十年改造目标计划，全面铺开改造工程。启动5条城中村改造试点工作，扎实推进连海北路综合开发、横坑村拆迁等“三旧”工程建设，把旧城镇、旧厂房、旧村庄改造成为城市建设的新亮点。加大城市整治力度，切实解决“脏、乱、差”等城市环境突出问题。

创建宜居宜业环境。积极配合珠三角绿道网建设，扎实推进3号和6号区域绿道节点建设，加快城市绿道与社区绿道的规划建设，力争将江南路、外海沿江路、礼乐主灌河等道路打造成为江海绿道。以市创建全国文明城市为契机，进一步加强城市综合管理，实施绿化、美化、亮化、净化工程，营造宜居宜业环境。抓好宜居村庄、文明村、生态示范村、文明社区、绿色社区等创建工作，外海街道创建成宜居城镇。倡导生态文明，大力抓好节能减排和环境保护。严格执行节能目标责任制，大力组织实施重点节能工程，加快淘汰落后产能，积极发展低碳经济，继续推进长优实业循环经济项目建设。全面落实主要污染物减排任务，加快江海污水处理厂、文昌沙水质净化厂二期扩建、截污管网系统、垃圾中转站等环保基础设施建设。

五、着力改善民生，加快和谐江海建设

建设民生江海。进一步完善公共就业服务体系，加快建立综合性就业培训基地，推进农村富余劳动力转移就业。贯彻落实《城镇企业职工基本养老保险关系转移接续暂行办法》，推进企业退休人员基本养老金稳步提高。继续推进社保扩面工作，完善城镇居民基本医疗保险，提高新型农村合作医疗保障水平。全面实施素质教育，继续落实中小学教师工资福利待遇“两相当”，加大中小学校舍建设力度，合理配置教育资源，努力实现义务教育均衡发展。巩固国家卫生城市管理成果，推进基本公共卫生服务均等化，加强甲型H1N1流感防控，加快江海区人民医院建设步伐，力争全区创建省、市卫生村各1条。加快发展慈善公益事业，加大对困难人群的帮扶救济，使群众生活更有保障。

建设稳定江海。加强社会治安综合治理，完善社会防控体系，依法打击违法犯罪活动，切实维护社会稳定。加强基层人民调解和信访工作，努力排查化解社会矛盾纠纷和突出的信访问题。落实安全责任制，加强安全生产、消防安全、交通、“三防”、森林防火等公共安全监管，营造安全发展环境。加强产品质量和食品安全监管，建立健全质量安全监管长效机制。不断健全基层应急管理体制机制，加强应急救援队伍建设，进一步提高预防处置突发公共事件能力。坚持不懈地抓好打假、打私、打传、“查无”等专项工作，进一步整顿和规范市场经济秩序。

建设和谐江海。加大文化事业投入，加强文化市场管理，完善公共文化服务体系，力争礼乐赛龙舟创建成为全国非物质文化遗产，新建文化小广场11个、农家书屋7个，建成区级文化信息资源共享中心。开展群众性体育运动，加快建设体育公园二期等全民健身设施。加强人口和计划生育工作，保持全省先进水平，争创全国计划生育优质服务先进区。创新人口管理制度，逐步将外来人口纳入本地社会管理，实现人口管理由户籍管理向居住管理转变。加强各级各类人才队伍建设，培育和引进高素质人才。全面落实侨务政策，依法保护归侨、侨眷合法权益。加强国防动员和民兵预备役建设，深入开展双拥共建活动，扎实做好征兵工作。进一步推动审计、民族、宗教、外事、台湾事务、统计、老龄、新闻出版、人防、档案、地方志等事业发展。

六、着力深化改革，提高政府服务水平

深化体制改革。按照国家部署深入推进收入分配制度、资源税、医药卫生、教育等方面的改革，扎实推进实施医疗卫生系统等事业单位绩效工资。继续深化行政管理体制改革，全面完成政府机构改革和事业单位分类改革，推行政府雇员制，基本完成街道行政机构改革。进一步调整完善区对街道的财政管理体制，充分调动基层发展的积极性。继续深化行政审批制度改革，进一步规范审批行为。加强行政审批电子监察系统建设，推进网上审批，提高办事效率。启动和编制“十二五”规划，谋划“十二五”时期经济社会发展。

推进民主法制建设。自觉接受人大的法律监督和工作监督，认真落实人民代表大会及其常委会的决议。主动接受人民政协的民主监督，广泛听取民主党派、工商联、无党派人士和各人民团体的意见，提高议案、建议和提案办理质量。充分发挥各民主党派、工商联以及工青妇等人民团体的桥梁纽带作用，巩固扩大基层民主，推动政府依法管理与基层群众自治良性互动。加强政府法制建设，推进法治江海创建和依法治区工作。贯彻依法行政实施纲要，落实国务院关于加强市县政府依法行政的决定，严格按照法定权限和程序规范行政行为。深入开展普法教育，做好法律服务和法律援助工作。

加强政府自身建设。坚持科学民主决策，强化绩效考评，探索政府绩效管理制度，提高工作效能。加强机关作风建设，落实行政过错追究制。加强公务员队伍建设，不断提升政府服务水平。加强电子政务建设，推进信息资源整合共享。坚持勤俭办事，严格控制公用经费支出，坚决反对铺张浪费。加强廉政建设，坚持政务公开，强化行政监督。继续完善政府采购制度，加强财政支出绩效评价和专项资金管理，构建公共财政。扎实推进惩治和预防腐败体系建设，打造廉洁高效的“阳光政府”。

狠抓工作落实。继续完善街道和部门实绩考评奖惩机制，坚持领导干部一线解决问题和责任追究制度，形成一级抓一级、层层负责任、人人抓落实的工作氛围。强化政府目标管理考核，细化目标分解，量化责任到人，确保重大项目建设和重要工作任务抓出实效。突出工作重点和难点，健全解决重大问题的联席会议制度，调配各方力量协调处理重大问题。继续精简会议、压缩文件，切实治理“文山会海”，为抓落实腾出时间和精力。加大督查督办力度，强化现场督查和定期督查通报制度，督促各项工作措施落实到位，提高抓落实的执行力。

各位代表！新的一年，我们面临着挑战，更充满着机遇。让我们高举中国特色社会主义伟大旗帜，深入贯彻落实科学发展观，在市委、市政府和区委的正确领导下，解放思想、同心同德、开拓进取、扎实工作，努力推动经济社会平稳较快发展，开创江海科学发展新局面。

《政府工作报告》中有关名词解释说明

1. “四大重点”工作部署：区委七届八次全体会议提出“四大重点”工作部署，即发展新兴产业、突破重大基础设施、培育轨道商圈和打造核心城区。

2.全社会R&D投入战友GDP比重：指全社会在科学研究与试验发展（简称R&D）方面的投入占本地区生产总值的比例，用以反映一个地区的科学发展水平和科技实力，也反映科技创新能力和地区经济发展后劲。

3. LED：指发光二极管，其作为第三代半导体照明光源，有光效率高、光线质量高、能耗小、寿命长、响应时间短、可靠耐用、应用灵活、安全、绿色环保等特点，属于典型的绿色光源。

4. 两区一路一站：指府东、府西小区，胜利南路和广珠轻轨江门站。

5. 绿道：是一种现行绿色开敞空间，通常沿着河滨、溪谷、山脊、风景道路等自然和人工廊道建立，内设可供行人和骑车者进入的景观游憩线路，连接主要的公园、自然保护区、风景名胜区、历史古迹和城乡居民居住区等。

珠三角规划建设总长约1690公里的6条区域绿道，其中：3号绿道主线长约360公里，横贯珠江三角洲，以文化休闲为特色，西起江门帝都温泉，经中山、广州、东莞、东至惠州黄沙洞自然保护区，途径60多个发展节点；6号绿道：主线长约210公里，纵贯珠江三角洲西部，沿西江布局，以滨水休闲为特色，北起肇庆贞山，向南途径佛山、江门，南至江门银湖湾湿地及古兜温泉，途径16个发展节点。我区是珠三角绿道网3号和6号区域绿道的交汇节点。

大事记

JIANG HAI YEARBOOK

2009年江海区大事记

1月7日，位于江海区滘北街道有38年历史的江门水泥厂停产。

1月16日，中共江海区委七届六次全会召开。会议学习贯彻落实党的十七届三中全会、中央经济工作会议、省委十届四次全会和市委十一届五次全会精神，总结去年工作，部署今年工作。

1月29日，江海区礼乐街道一家塑料厂发生大火，40多吨塑料原料被烧毁，没有造成人员伤亡。

2月16日，位于江海区的江门金羚电器有限公司有15个洗衣机型号中标全国“家电下乡”工程，成为五邑地区唯一中标的公司，并被选为广东省洗衣机行业唯一中标单位代表出席此次家电下乡启动仪式。

3月4日，江海区第八届人民代表大会第四次会议在江海区机关大院会堂举行。

3月26日，江海区举行福宁电子科技有限公司项目签约仪式，世界500强企业美国康能公司落户江海区。这是继艾默生、西铁城和亚什兰集团后引进江海区的第4家世界500强企业。

是月，江海区物价局价格认证中心被国家发改委价格认证中心授予“2006－2008年度价格认证机构规范化建设达标单位”称号。

是月，江海区统计局被省人事局、省统计局授予“2005－2008年度全省统计系统先进集体”称号

4月1日，江海区麻疹疫苗强化免疫活动在区内各学校、托幼机构开展，强化免疫接种适龄儿童近4万人。

5月20日，总投资达3.18亿元的220千伏礼乐输变电工程在江海区举行开工仪式。项目建设缓解市区供电压力，提高江海区、新会区部分电网供电可靠性，配套广珠城轨江门段牵引站供电等。

5月21日，“广东省社会科学知识普及先进示范基地”授牌仪式在礼乐街道新民村举行。

5月27日，江海区外海街道举行“全国城市体育先进社区”挂牌仪式。同年3月，国家体育总局、中央文明办授予“全国城市体育先进社区”牌匾，为全国第六批。

是月，江海工商分局按照《企业集团登记管理暂行规定》核准“江门市中岸企业集团”设立登记，成为该区首家按照企业集团登记具有一定规模的企业法人联合体。

6月3日，江门市首个人口计生文化公园在江海区礼乐街道新民村挂牌。

6月26日，广东省教育厅授予江门市江海区为“广东省教育强区“称号。

6月29日，非洲贝宁共和国维达市市长率团到江海区参观考察，并与辖区内江门市中港宝田摩托车实业有限公司签订在贝宁销售及建立装配厂意向书。

7月10日，世界500强艾默生网络能源（江门）有限公司在江海区举行开业庆典。副省长雷于蓝等省、市、区领导及各界嘉宾200多人参加庆典活动。

7月24日，按照江海区创建全国文明城市工

作的总体部署，将每周五定为区创文工作督查督办日，组成创文督导检查组，对江海区5个街道10多个督查点进行现场督办。

7月28日，江海区召开区委七届七次全会，传达贯彻省委十届五次全会、市委十一届六次全会精神，总结上半年工作，部署下半年工作。

是月，广东大冶摩托车有限公司的“TAYO”、“HAOJIANG”，江门健威国际家具有限公司的“健威”和江门市汉宇电器有限公司的“汉宇”、“地宇”等3家企业的5个品牌获得“2009－2011年度报告重点培育和发展的广东省出口名牌”荣誉称号。

8月4日，广东电网公司江门江海供电局挂牌成立。

8月14日，广西壮族自治区梧州市长洲区委、区政府领导班子成员一行20多人到江海区考察。

8月18日，江海区政协二届九次常委会议，在江海区机关大院会堂举行。

8月25日，广东省委常委、常务副省长肖志恒到江门市得实计算机外部设备有限公司和滘头劳动保障事务所调研。

8月26日，江海区腊味制作职业技能培训班开班，举办培训班旨在提高当地从事腊味制作工作农民的理论知识水平，经过考核合格的获劳动保障部门核发职业资格证书。

8月27日，广东省总工会基层组织建设部到江海区中港宝田摩托车实业有限公司，进行创建“省模范职工之家”冶工作验收。

9月2日，广东省副省长佟星一行到江门谦信化工发展有限公司视察。

9月8日，江海区召开庆祝2009年教师节暨创建广东省教育强区工作总结大会。广东省人民政府授予该区“广东省教育强区”牌匾。

9月10日，江海区在外海中华大道举行“百城万店无假货”示范街揭牌仪式，成为江海区第一条“百城万店无假货”示范街。

是日，江海区礼乐街道获得国家体育总局颁发的“2005－2008年度全国群众体育先进单位”牌匾。

9月15日，江海区文学艺术界联合会成立暨第一次代表大会召开，选举产生文学艺术界联合会第一届领导机构。

9月16日，江海区在外海街道举行陈少白诞辰140周年纪念活动，市、区领导以及陈少白后人潘庆超等出席纪念。

9月24日，2009年江海区田园美食旅游节在礼东田园美食街开幕。本届美食节为期8天，9月30日结束。

9月29日，江海区在外海影剧院举办庆祝中华人民共和国成立60周年“红歌颂中华”歌咏大赛，机关干部、教师、学生、企业员工共1200多人参加比赛。

10月13日，江海区召开纪念少先队建队60周年暨少先队活动展示会，并举行全区24所学校“少先队义工预备队”的授旗仪式，1000名少先队员成为少先队义工预备队队员。

10月20日，“张均华先生扶困助学金发放仪式”在礼乐中学举行。活动现场为30名贫困学生代表发放助学金，此外153名贫困学生将陆续得到资助。专项用于此次助学的款项共12.5万元。

11月12日，江海区人民医院在原外海人民医院广场举行挂牌仪式，标志着江海区第一家区级综合医院成立。仪式上，江门市中心医院与江海区人民医院签订了合作协议。

11月16日，江海区区长梁许赞会见到访的参加广东国际旅游文化节的加拿大中国商务考察团代表郭伟光一行。

11月23日，首届“江海杯”高尔夫球邀请赛在江门五邑蒲葵高尔夫球场举行，来自海内外130多名球手参加比赛。

11月28日，江门市第五届农民运动会在江海区礼乐街道英南村健身文化广场举行。四市三区共35条村、300多名运动员，合计46支队伍参加10多项运动。

12月1日，广东省人大常委会副主任钟阳胜到广珠城轨西江大桥段作现场视察。

12月2日，江海区委书记梁美贤获“全国三八红旗手”称号。

12月7日，江海区物价局价格认证中心通过省创建规范化价格认证中心验收，获“2008—2009年度价格认证机构规范化建设达标单位”背坪拧

12月10日，江海区在机关大院举行2009年度新兵入伍欢送大会。32名适龄青年，包括2名女青年光荣入伍，其中有5名赴西藏军区服役。新兵都具中专以上学历，其中有4名是在读大学生。

12月28日，外海街道银泉社区居委员举行揭牌仪式。银泉社区管辖范围包括银泉花园和翠湖湾，共计2113户、7500人。

12月30日，江海区“礼乐第一届腊味节”在礼乐街道武东腊味村举行。礼乐本地20多个品牌的腊味进行现场展销。

2010年江海区大事记

1月10日，江海区扶贫开发驻村工作小组13人进驻乐昌市秀水镇，开展“规划到户，责任到人”扶贫开发工作。

发驻村工作小组13人进驻乐昌市秀水镇，开展“规划到户，责任到人”扶贫开发工作。

1月12日，江海区委七届八次全会召开，会议学习贯彻落实胡锦涛总书记视察广东时的重要讲话和党的十七届四中全会、中央经济工作会议、省委十届六次全会、市委十一届七次全会精神，总结去年工作，并对今年工作进行部署。

1月18日，胜利南路建设启动仪式在滘头街道举行。该路起点为胜利路与江会路交叉点，终点交于金瓯路，全长2750米。

是日，江海区举行银城花园安置小区奠基仪式。

1月20日，江海区第八届人民代表大会第五次会议在江海区机关大院会堂举行。

是日，江门市东华大桥举行开工仪式。该桥起于东华路，横跨江门河，与江海区主干道江海路连接，全长940米。

2月3日，江海区检察院被江门市人民检察院授予“先进基层检察院”罕称号，江海区检察院检察长陈锡章被授予“优秀基层检察长”称号。

2月14日，从春节初一至初七，江海区外海五大祠举行春节欢乐节，有狮龙表演、武术表演、作品展览和体育比赛等节目。

3月15日，江海区片区以及西江水体生态环境状况配套的江海污水处理截污管网通水管道工程于去年7月开工建设，全长8千米。

是月，江门市长优实业有限公司和江门市科恒实业有限公司的技术中心挂牌成为省级企业技术中心。

4月12日，江海区2009年度人口与计划生育目标管理责任制考评达标，被授予“广东省2009年度人口与计划生育先进单位”称号。

4月14日，位于江海区的新礼东大桥举行建设动工仪式。该桥全长1015米，其中桥梁主体长695米、宽24.50米。

4月28日，江海区在全省率先设立村一级法律援助服务点。滘北街道富横社区、北湾社区和礼乐街道威西村等江海区首批6个村级法律援助服务点同时举行揭牌仪式。

是月，省民政厅社会事务检查组对江海区民政局婚姻登记处创建全国婚姻登记规范化建设窗口进行检查验收，并授予“全国婚姻登记规范化建设窗口示范单位”牌匾。

是月，江门市科恒实业有限公司的“KH”商标和江门量子高科生物股份有限公司的“量子高科”商标被广东省工商行政管理总局认定为广东省著名商标。至此，全区共拥有名牌产品、著名商标共24件。

是月，江海区礼乐街道威西村荣获“全国城乡妇女岗位建功先进集体”荣誉称号。

5月14日，江海区应急救援大队举行挂牌仪式。

5月28日，江海区绿道网在釜山公园举行

启用仪式，这是江门市绿道网中最先启动的一段。白水带支线从白水带新牌坊到龙光塔，全长约5.2千米。

是月，江海区恒健制药有限公司冯淡开被全国总工会评为“全国劳动模范”称号，为江海区首个全国劳模。

是月，江门市科恒实业股份有限公司的“科恒”牌灯用稀土三基色荧光粉获2009年“广东省名牌产品”称号。

6月10日，广东省委常委、常务副省长肖志恒到江海区考察企业职工生产和生活环境。

6月22日，江门演艺中心举行奠基典礼。江门市领导、江海区四套领导班子以及各界知名人士、专业人士共250人出席典礼。江门演艺中心坐落在江门市白水带风景区，占地面积41330平方米，总建筑面积6万平方米。

6月28日，2010年江门市职业技能大赛江海区选拔赛启动仪式暨中式烹调师、中式面点师选拔赛在礼乐第一城渔村酒家举行，150多名选手参加活动。

7月8日，江海区第一家拍卖公司——江门市海盈拍卖行有限公司开业。

7月28日，江海区扶贫开发对口援助的韶关乐昌秀水镇34名富余劳动力到该区实现转移就业。

是月，江海区水产协会获中国科协和财政部联合授予的2010年全国科普惠农兴村先进单位称号。

8月10日，江海区委七届九次全会召开。会议学习贯彻落实省委十届七次全会、市委十一届八次全会精神，审议江海区《关于贯彻落实〈广东省建设文化强省规划纲要（2011－2020年）〉的实施意见》，总结上半年工作和部署下半年工作。

8月11日，中国民主促进会江门市江海区总支部委员会举行成立大会。

是月，广东省经信委和省科技厅联合公布的第九批广东省清洁生产企业名单中，江海区企业广悦电化公司被认定为省清洁生产企业。

9月14日，广东省人民政府省长黄华华到江海区开展经济社会发展情况和贯彻落实全省工业经济工作会议精神调研。

9月17日，广东省总工会党组副书记、副主席、省政协外侨委副主任郭泽宇率领由省总工会、省政协外侨委和中山大学组成的调研组到江海区调研。

9月28－29日，江海区区长梁许赞带领该区党政领导班子有关成员及部门负责人等一行9人前往浙江省义乌市，考察LED和经贸物流产业。

10月8日，江海区人民医院举行“江门市中心医院合作医院挂牌”票仪式。江门市中心医院与江海区人民医院开展医疗、教学、科研等方面的合作交流。

10月14日，江海区代表广东省接受国家人口计生委验收。同年12月，江海区被授予全国计划生育优质服务先进单位称号。

10月23日，中国（江门）摩托车博览会暨江门汽车文化展活动在利生汽车文化广场举行，同时举办具有专业水准的珠中江摩托车场地赛和广东省汽车漂移表演赛。

10月25日，投资4亿元的集演艺、创作、生产、消费于一体的全省第三个巨幕影院——江门演艺中心奠基动工。

10月29日，江海区“讲文明，树新风，共创文明城市”小曲填词演唱大赛在江南文化广场举行。参赛者来自该区5个街道的曲艺社团。演唱曲目共16首，全部由该区曲艺社团创作。

是月，江门市旅游局和江门日报社联合举办2010年江门市旅游百佳评选活动，江海区产品丰正牌盐渍海蜇、海吉膳海螺罐头荣获“十佳水产品”称号；黎记外海面、鹏中皇腊味荣获“十佳农土特产品”称号；同乐酒家特色铁板烧专门店荣获“十佳特色餐厅”称号。

11月3日，第二届“江海杯”高尔夫球邀请赛在江门五邑蒲葵高尔夫球场举行。

11月7日，江海区五大祠旅游文化节开幕，文化节有文艺汇演、书画艺术作品展览、

摄影艺术作品展览、中国象棋比赛、特色美食展等系列活动。

11月15日，乐昌市秀水中心小学“江海楼”奠基仪式在该校操场上举行。“江海楼”为江海区扶贫开发“双到”工作帮扶的重点项目之一。“江海楼”共四层，占地面积260平方米，建筑面积893平方米，建成教室8间。

12月3日，广东省委常委、组织部部长李玉妹到江海区调研经济社会发展和党建工作情况。

12月9日，江海区2010年度新兵入伍欢送大会在江海区机关大院举行，共有33名青年入伍。

12月10日，广东省农科院兽医研究所动物疾病远程诊疗中心江门分中心揭牌仪式在江海区农科楼举行。仪式上广东省农科院与江海区农业局签订合作协议书。

12月14日，江海区婚育服务中心、慈善救助互动中心、义工服务中心和福利彩票发行中心举行挂牌仪式，为五邑地区首个“一站式”服务综合平台。

12月22日，位于江海区的江门市量子高科生物股份有限公司在深圳证券交易所挂牌上市。

12月23日，连接江海区和蓬江区的重要过道——胜利大桥，正式开工。

12月28日，江门市重点建设项目、江海区“一号工程”——中国（江门）国际绿色光源博览交易中心（LED博览交易中心）及连海北路工程启动建设。同日，连海北路动工，该路全长1210米，宽60米，双向4车道设计。

概貌

JIANG HAI YEARBOOK

◆ 基本情况

【地理位置和面积】 江海区位于江门市东北部，东与中山市隔江相望、西南比邻新会区、北接蓬江区，区域面积109.16平方公里，占江门市总面积1.15%。

【气候】 属亚热带海洋性季风气候，年平均气温22.4℃～23℃。

【主要河道】 西江干流江海区河段，为西江过境干流河段，江海区段长13.23千米，是通往广州、梧州、香港、澳门等地的主要航道。江门水道（蓬江、江门河），为连通西江与潭江的水道，江海区段长16.90千米。区域内还有江门水道东支流（礼乐河）、礼东主灌河、礼乐中心河、滘头河水道（滘头小海河、麻园河）、外海横洼河和大沥河（马鬃沙河）。

【人口】 2009年，常住人口51820户、158143人，其中男78827人、女79316人；流动人口36280人。2010年，常住人口51861户、159090人，其中男79202人、女79888人，流动人口40321人。

【行政区划】 区辖街道5个、社区居民委员会23个、村民委员会34个。

◆ 社会经济发展概况

【国民经济综述】 2009年，落实中央和省关于扩内需、保增长的一系列决策，全区经济呈现“企稳回升、平稳发展”的势头，保增长目标任务全面完成。实现地区生产总值85.53亿元，增长13%。预计单位生产总值能耗下降4.60%；预计二氧化硫和化学需氧量比上年分别下降32%和13%。规模以上工业增加值52.23亿元，增长13.73%。固定资产投资33.29亿元，增长22.06%。社会消费品零售总额18.50亿元，增长25.20%。地方财政一般预算收入3.22亿元，增长12.06%。出口总额8.94亿美元，下降8.25%。三大产业结构比重为3.58∶65.84∶30.58。

2010年，实施《珠三角规划纲要》，完成“十一五”规划的预期目标和任务。实现地区生产总值100.75亿元，增长14.80%。其中第一产业增加值3.31亿元，增长0.60%，对GDP增长的贡献率为0.12%；第二产业增加值65.10亿元，增长17.93%，对GDP增长的贡献率为81.29%；第三产业增加值32.34亿元，增长9.23%，对GDP增长的贡献率为18.59%。第三产业的批发和零售业增长4.12%；住宿和餐饮业增长1.69%；金融业增长5.55%；房地产业增长6.42%；其他服务业增长12.28%。三大产业结构比重为3.29∶64.61∶32.10。

【制定和实施重点产业发展规划】 2009年，落实国家《十大产业调整振兴规划的实施意见》和《珠江三角洲产业布局一体化规划（2009－2020年）》，结合产业实际，促进资源向优势地区和重点产业集聚，以现代服务业、战略性新兴产业和高技术产业为引领，努力把江海区建设成为先进制造业基地并融入珠三角产业布局一体化。

2010年，根据《中共江海区委关于制定全区国民经济和社会发展第十二个五年规划的建议》编制《江门市江海区国民经济和社会发展第十二个五年规划纲要》，提出“工业强区、三产兴区”的产业发展战略。在此基础上，编制《江海区先进制造业发展“十二五”规划》和《江海区服务业发展“十二五”规划》，坚持把加快经济结构战略性调整作为转变经济发展方式的主攻方向，培育发展战略性新兴产业，大力发展现代服务业，推进以先进制造业和现代服务业“双轮驱动”的现代产业体系建设。

【新农村建设】 2009年，推进新农村建设，全面铺开土地股份合作制改革，启动农村信息直通车工程，实施农村安居工程，开展农村道路硬底化、明渠改暗渠、环境美化绿化等建设，村容村貌得到进一步改善。实现农业总产值5.58亿元，增长2.01%；农业增加值3.06亿元，增长2.26%。

2010年，推进宜居城乡建设，完成新增5条村的规划编制、4条村的整治工作。搭建推进农村（社区）信息化服务平台，农村党风廉政信息公开平台建成应用。基本完成城市防洪工程，内河涌整治取得成效。7个“三旧”项目改造方案报市审批。实现农业总产值5.94亿元，增长6.45%；农业增加值3.27亿元，增长6.86%。

【固定资产投资】 2009年，社会固定资产投资33.29亿元，增长22.06%。其中基本建设投资23.08亿元，增长23.58%；更新改造投资2.59亿元，增长12.35%。非国有经济投资24.82亿元，增长14.74%；其中民营经济投资 13.95亿元，增长30.99%。第一产业投资0.02亿元，下降93.19%；第二产业投资19.81亿元，增长48.95%，其中工业投资19.49亿元，增长46.88%；第三产业投资8.58亿元，下降0.95%。房地产开发投资4.89亿元，下降2.62%；其中住宅投资3.74亿元，下降0.20%。房屋施工面积54.50万平方米，增长28.09%；其中住宅42.24万平方米，增长15.98%。房屋竣工面积11.06万平方米，增长1191.25%；其中住宅 8.72万平方米，增长1083.87%。商品房销售面积 22.38万平方米，增长175.43%；其中住宅20.68万平方米，增长180.46%。年末商品房空置面积8.34万平方米，下降27.69%；其中住宅5.64万平方米，下降31.03%。

2010年，社会固定资产投资43.72亿元，增长31.33%。国有经济投资8.78亿元，增长39.14 %；港澳台、外商经济投资13.85亿元，增长17.57%；民营经济投资17.07亿元，增长22.31%。第二产业投资23.57亿元，增长18.98%；第三产业投资20.15亿元，增长134.85%。房地产开发投资12.69亿元，增长159.64%；商品房施工面积75.10万平方米，增长37.80%；商品房竣工面积14.31万平方米，增长29.39%；商品房待售面积8.66万平方米，增长3.84%；商品房销售面积20.47万平方米，下降8.84%；商品房销售额10.37亿元，增长35.54%。

【基础设施建设】 2009年，围绕市区一体化建设，以交通一体化建设为重点，推进区内基础设施项目。胜利南路作为区内“一号工程”开展征地拆迁前期工作，启动连海北路的融资工作，东海路至南环路延伸线全线贯通，礼东大桥工程完成年度投资计划，广珠轻轨江门支线江海段建设进展顺利，城市防洪工程完成总工程量的75%。

2010年，胜利南路工程建设完成民房、商铺拆迁工作，创全市高效拆迁、和谐拆迁典范。广珠轻轨支线江门段试运营，胜利大桥举行动工仪式，五邑路大修及扩宽工程、金瓯路扩建工程完成前期工作，外睦路大修工程、江翠路交叉口及路面改造工程动工，永康路建成。

【工业生产】 2009年，工业完成增加值55.03亿元，增长13.02%，其中规模以上工业完成工业增加值52.23亿元，增长13.73%。国有及国有控股企业增长7.70%，民营企业增长23.10%，外商及港澳台投资企业增长11.50%，股份制企业增长19.10%，集体企业增长10.40%。轻工业增长20.10%，重工业增长7.40%。电气机械及器材制造业、金属制品业、化学原料及化学产品制造业、交通运输设备制造业和通信设备计算机及其他电子设备制造业等排列前五位的工业增加值分别增长26.25%、24.86%、6.69%、2.69%、-1.61%。

2010年，工业完成增加值64.59亿元，增长17.98%。规模以上工业增加值63.82亿元，增长23.92%；其中国有及国有控股企业下降3.20%，民营企业增长31.90%，外商及港澳台投资企业增长21.40%，股份制企业增长29.50%，集体企业增长36.3%。轻工业增长21.40%，重工业增长26.80%。化学原料及化学产品制造业、电气机械及器材制造业、通信设备计算机及其他电子设备制造业、交通运输设备制造业、金属制品业等增加值排列前五位的行业分别增长14.92%、21.92%、36.85%、17.61%、18.73%。高技术制造业增加值增长32.33%，其中医药制造业增长 7.99%，通信设备、计算机及其他电子制造业增长36.85%。

【农业生产】 2009年，粮食作物播种面积225.73公顷，增长4.99%。果蔗种植面积663.67公顷，增长10.11%。蔬菜种植面积3013.60 公顷，下降1.42%。粮食产量1220吨，下降0.16%。果蔗产量58068吨，增长4.29 %。蔬菜产量48352吨，增长9.79%。水果产量1742吨，增长40.26%。肉类总产量7367吨，增长19.77%。其中猪肉产量7207吨，增长5.13%；禽肉产量160吨，下降33.61%。淡水养殖水产品产量11749吨，下降6.73%。

2010年，农业总产值5.84亿元，增长1.21%。其中种植业产值1.77亿元，下降5.71%；林业产值0.01亿元，下降9.26%；牧业产值1.30亿元，增长2.21%；渔业产值1.21亿元，增长5.96%。粮食作物播种面积234.93公顷，增长4.07%。果蔗种植面积580.73公顷，下降12.49%。蔬菜种植面积2773.6公顷，下降7.96%。粮食产量1106吨，下降9.34%。果蔗产量49908吨，下降14.05%。蔬菜产量44767吨，下降7.41%。水果产量4632吨，增长265.9%。肉类总产量6891吨，下降6.46%。其中猪肉产量6361吨，下降11.73%；禽肉产量530吨，增长331.25%。淡水养殖水产品产量12110吨，增长3.07%。

【国内贸易】 2009年，实现社会消费品零售总额18.50亿元，增长25.20%。批发零售业实现零售额15.23亿元，增长23.88%；住宿餐饮业实现零售额3.27亿元，增长31.73%。限额以上批发零售业零售额中，石油及制品类零售额4.64亿元，增长5.24%；汽车类零售额1.62亿元，增长311.47%。

2010年，实现社会消费品零售总额22.05亿元，增长19.14%。批发零售业实现零售额19.12亿元，增长20.19%；住宿餐饮业实现零售额2.93亿元，增长12.70%。限额以上批发零售业零售额中，粮油、食品、饮料、烟酒类增长121.83%，文化办公用品类增长131.96%，建筑及装潢材料类增长318.87%，石油及制品类增长21.46%。

【对外经济贸易】 2009年，进出口总额13.28亿美元，下降9.79%。其中进口总额4.35亿美元，下降12.28%；出口总额8.94亿美元，下降8.53%。实现顺差4.59亿美元，减少0.52亿美元。一般贸易出口4.48亿美元，下降1.39%；加工贸易出口4.44亿美元，下降18.79%。国有企业出口0.04亿美元，下降96.24%；三资企业出口6.07亿美元，下降5.53%；民营企业出口2.83亿美元，增长9.81%。外商直接投资1.30亿美元，增长10.99%。利用外资合同21宗，下降67.19%；合同利用外资额0.35亿美元，下降80.84%。

2010年，进出口总额17.54亿美元，增长29.52%。其中进口总额5.97亿美元，增长23.43%；出口总额11.57亿美元，增长32.90%。进出口差额5.59亿美元，增加1.73亿美元。一般贸易出口6.44亿美元，增长51.89%；加工贸易出口5.12亿美元，增长17.18%。国有企业出口0.08亿美元，增长107.20%；三资企业出口7.54亿美元，增长39.44%；民营企业出口3.95亿美元，增长52.51%。外商直接投资1.39亿美元，增长6.66%。利用外资合同22宗，增长4.76%；合同利用外资额1.25亿美元，增长255.50%。

【财政收入】 2009年，受国际经济环境影响，部分外向型企业的生产经营到下半年才逐渐恢复正常，导致全年税收增幅下降，财政一般预算收入增幅下降7.38个百分点。其中工商税收和工业上缴税收增幅分别下降7.55%和6.79%。

2010年，随着宏观经济回暖，企业效益逐步提高，财政收入持续较快增长。全年地方财政一般预算收入增长27.84%，提高15.78个百分点。其中企业所得税、营业税分别增长43.76%和27.40%。实施新一轮区街财政管理体制改革，通过合理划分财政收入、建立激励机制，调动街道发展经济、培育财税源的积极性，街道财政一般预算收入2.96亿元，增长31.21%。

【社会各项事业】 2009年，成功创建广东省教育强区，拥有普通中学11所，小学16所，幼儿园46所。普通高中招生2511人，增长9.41%；在校生6636人，增长5.75%；毕业生1999人，增长2.09%。初中招生2653人，增长3.43%；在校生7520人，增长0.79%；毕业生2388人，增长4.01%。小学招生2370人，下降10.53%；在校生15937人，下降3.41%；毕业生2847人，增长10.69%。幼儿园在园幼儿7726人，增长5.06%。小学学龄儿童入学率100%，小学升学率100%，初中适龄少年入学率100%，初中升学率99.08%，高中升学率85.99%。地方财政科学技术支出855万元，增长15.70%。申请专利量736件，增长38.87%；其中发明专利88件，增长18.92%。专利授权量463件，增长50.81%；其中发明专利授权量30件，增长87.50%。经各级科技行政部门登记技术合同45项，技术合同成交额467.41万元。拥有国家级高新技术企业13家，高新技术产品增加值占全区工业增加值比重的35%；省级工程技术研究开发中心3家，市级工程技术研究开发中心16

家。各类专业艺术表演团体1个，文化馆1个，综合档案馆1个，建有礼乐街道图书馆和江门市五邑图书馆外海街道分馆、滘头街道分馆。广播综合人口覆盖率和电视综合人口覆盖率均达100%。共有文体小广场30个，文体活动面积31.15万平方米，人均活动面积1.97平方米。各类卫生机构46个，其中医院、卫生院5个，专科疾病防治机构1个。各类卫生技术人员410人，其中医师153人，护士144人，床位128张。法定报告甲、乙类传染病发病总数621次。孕产妇死亡率为0，婴儿死亡率3.20‰。参加农村合作医疗农民83652人，人口覆盖率100%。

2010年，全区拥有普通中学11所，小学16所，幼儿园44所。普通高中招生2248人，下降10.47%；在校生6602人，下降0.51%；毕业生1873人，下降6.30%。初中招生2621人，下降1.21%；在校生7635人，增长1.53%；毕业生2283人，下降4.40%。小学招生2684人，增长13.25%；在校生15660人，下降1.74%；毕业生2635人，下降7.45%。在园幼儿7053人，下降8.71%。小学学龄儿童入学率100%，小学升学率100%，初中适龄少年入学率100%，初中升学率99.09%，高中升学率92.04%。地方财政科学技术支出2052万元，增长140%。申请专利量811件，增长10.19%；其中发明专利117件，增长32.95%。专利授权量722件，增长55.94%；其中发明专利授权量52件，增长73.33%。经各级科技行政部门登记技术合同43项，技术合同成交额701万元。拥有国家级高新技术企业16家，省级工程技术研究开发中心5家，市级工程技术研究开发中心20家。各类专业艺术表演团体1个，文化馆1个，综合档案馆1个。共有文体小广场36个，文体活动面积达32.35万平方米，人均活动面积2.03平方米。各类卫生机构44个，其中医院、卫生院5个，专科疾病防治机构1个。各类卫生技术人员465人，其中医师219人，护士175人，床位227张。法定报告甲、乙类传染病发病总数3186例。孕产妇死亡率为0，婴儿死亡率2.00‰。参加农村合作医疗农民82194人，人口覆盖率100%。

【城乡居民人均可支配收入】 2009年，农村居民人均纯收入8912元，增长11.24 %。城镇居民人均可支配收入16709.27元，增长12.20%。城镇居民家庭恩格尔系数39.91%，城镇居民消费支出中教育文化娱乐服务所占比重为13.25%，城镇居民人均住房总建筑面积30.79平方米。

2010年，农村居民人均纯收入10322元，增长15.82%。城镇居民人均可支配收入19146.67元，增长14.59%。城镇居民家庭恩格尔系数36.90%，城镇居民消费支出中教育文化娱乐服务所占比重为13.18%，城镇居民人均住房总建筑面积30.89平方米。

【存在问题】 2009年，受国际经济环境影响，经济发展速度总体放缓，规模以上工业增加值和出口总额增幅尚未达到年初预期目标；合同利用外资大幅下降，预计仅为上年的19.16%，经济发展后劲不足；财政增支因素较多，保障和改善民生的任务艰巨；资源与环境压力日益增大，推动可持续发展的能力有待加强。

2010年，产业集聚水平不够高，结构调整步伐还需进一步加快；城市功能配套设施不够完善，制约第三产业的发展；控制物价过快增长面临较大压力；资源与环境压力日益增大，节能减排任务艰巨。

党政机关

JIANG HAI YEARBOOK

◆ 区委

□ 区委工作

【区委七届六次会议】 2009年1月16日召开，出席有区委委员42人、区委候补委员7人。会议学习和贯彻落实党的十七届三中全会、中央经济工作会议、省委十届四次全会和市委十一届五次全会精神，审议通过《中共江门市江海区第七届委员会第六次全体会议决议》。会议要求各级党组织和广大党员干部认真贯彻落实中央经济工作会议、省委十届四次全会和市委十一届五次全会精神，以争当重点发展区实践科学发展观排头兵的目标统领各项工作，围绕确保经济平稳较快发展这一首要任务，奋力应对保增长，抢抓机遇促转型，深化改革增活力，改善民生保稳定，加强管理促和谐，推动经济社会又好又快发展。做好2009年的工作要坚持八个不动摇，努力提高科学发展的水平：坚持解放思想不动摇，以思想的大解放开创科学发展的新局面；坚持优化结构不动摇，确保经济平稳较快发展；坚持改革开放不动摇，增强经济社会发展活力；坚持中心带动不动摇，推动城乡协调健康发展；坚持改善民生不动摇，不断提高群众生活水平；坚持维护稳定不动摇，打造平安和谐江海；坚持科学发展不动摇，加强执政能力建设；坚持狠抓落实不动摇，以更好的作风推动经济社会又好又快发展。

【区委七届七次会议】 2009年7月28日召开，出席有区委委员39人、区委候补委员7人。市有关党员领导，区纪委常委，各街道党工委书记、办事处主任，区委区政府办公室领导班子成员，区人大常委会办公室党员正副主任，区政协党员正副秘书长，区直各单位党员主要负责人等43人列席会议。会议传达贯彻省委十届五次全会、市委十一届六次全会精神，总结上半年工作，研究、部署下半年工作。

【区委七届八次会议】 2010年1月12日召开，出席有区委委员41人、区委候补委员7人。区纪委常委，各街道党工委书记、办事处主任，区委区政府办公室领导班子成员，区人大常委会办公室党员正副主任，区政协党员正副秘书长，区直各单位党员主要负责同志等54人列席会议。会议学习贯彻党的十七届四中全会、中央经济工作会议和省委十届六次全会精神，总结2009年工作，深入分析当前形势，对2010年全区经济社会发展的各项工作进行全面部署。会议要求各级党组织和广大党员干部要认真贯彻落实胡锦涛总书记视察广东重要讲话精神和中央经济工作会议、省委十届六次全会、市委十一届七次全会精神，抢抓江海区作为珠三角西部区域交通枢纽和江门市与港澳、珠中江、深莞惠经济圈对接的桥头堡机遇，以争当实践科学发展观排头兵为目标，以转变经济发展方式为主线，以发展枢纽经济为支点，突破重大基础设施建设项目，发展新兴产业，培育轨道商圈，打造核心城区，推进市区一体化建设，改善民生，促进和谐，全面加强党的建设，努力开创科学发展新局面。2010年的工作要围绕区第七次党代会确定的“两个再造”（地区生产总值年均增长13%以上，到2010年努力实现在经济总量上再造一个新江海、在城市发展上建设一个新江海）、“六个翻一番”（到2011年实现全区生产总值、工业增加值、地方财政一般预算收入和人均生产总值、城镇居民可支配收入、农民人均纯收入比2006年翻一番）目标，牢牢抓住转变经济发展方式这条主线，依托发展枢纽经济这个支点，突出发展新兴产业、突破重大基础设施、培育轨道商圈、打造核心城区“四大重点”，全力做好（一）统一思想认识，正确把握和判断当前形势；（二）发展新兴产业，全力培育新的经济增长点；（三）培育轨道商圈，大力提升现代服务业发展水平；（四）打造核心城区，努力推动城乡协调发展；（五）改善和保障民生，全面促进社会事业进步；（六）加强政治文明建设，着力构建和谐江海等六项工作。

【区委七届九次会议】 2010年8月10日召开，出席有区委委员42人、区委候补委员7人。区纪委常委，各街道党工委书记、办事处主任，区委区政府办公室领导班子成员，区政协秘书长，区直各单位主要负责人，部分文艺界知名人士代表、文化企事业单位代表、社会科学界知名人士代表等61人列席会议。会议传达贯彻落实省委十届七次全会精神和市委十一届八次全会精神，审议《关于贯彻落实〈广东省建设文化强省规划纲要（2011～2020年）〉的实施意见》，总结上半年工作和部署下半年工作。会议提出抓文化建设是促进“侨文化”大发展的内在要求，是推进文化产业发展的重大机遇，是满足人民群众日益增长的精神文化需求的需要。当前和今后一个时期加快文化建设的总体要求是：坚持以邓小平理论和“三个代表”重要思想为指导，以科学发展观统领文化建设全局，牢牢把握先进文化的前进方向，大力弘扬“解放思想、改革开放”的时代文化精神，以文化事业强、文化产业强、文化人才队伍强、文化形象好为目标，以侨乡文化为特色，塑造“解放思想、开放兼容、创新实干、和谐文明、勇于争先”的江海人精神，发展文化事业，培育文化产业，创建文化品牌，促进江海文化大繁荣大发展。突出特色，突出重点，在塑造江海人精神上下功夫，提升全民文化素养；在完善文化公共服务体系上下功夫，打造十分钟文化圈；在培育文化产业上下功夫，提升文化软实力；在创建文化品牌上下功夫，增创文化资源优势；在培养和引进文化人才上下功夫，为文化建设提供人才支撑。要发挥党委领导作用，发挥政府和社会两方面的作用，发挥组织优势和制度优势，形成齐抓共管的工作模式，营造文化建设的良好氛围。

【区委常委会议】 2009年，共召开11次区委常委会议，主要议题是讨论和研究对市委、市政府领导班子的意见和建议，区第一届文联主席、副主席候选人建议名单，传达学习省委有关选拔任用干部的文件精神，通报贯彻《干部任用条例》的检查情况，研究整改措施等问题。以及学习贯彻中央十七届四中全会、省委常委会和市委常委扩大会议精神。

2010年，共召开6次区委常委会议，主要议题是研究关于区政协委员和区政协常委人选等问题。12月16日，召开区委常委扩大会议，研究编制“十二五”规划工作、大部制改革的有关问题，学习上级有关乡镇和村、社区换届工作的文件精神，部署村级换届工作。

【区党政领导班子联席会议】 2009年，共召开8次区党政领导班子联席会议，主要议题是研究维稳和综治工作、街道领导班子和领导干部落实科学发展观评价指标体系及考核评价办法、信访工作考核试行办法、区直部门科级领导班子和领导干部落实科学发展观指标体系及考核评价试行办法、政府机构改革方案，传达市委常委扩大会议、市机构改革动员会、市委文明城市创建工作会议精神，研究部署文明城市创建工作，通报筹建江门市现代物流产业区的有关情况等问题。

2010年，共召开8次区党政领导班子联席会议，主要议题是研究江海区街道办事处新的财政管理体制实施方案、成立江门市先进制造业现代物流产业园区建设投资有限公司有关问题、修订区人口与计划生育目标管理责任制考评办法、中国（江门）国际绿色光源博览交易中心开发建设、迎接创建全国计划生育优质服务先进单位检查和通报江珠高速公路北延线建设有关情况等问题。

【重要决策和重大活动】 2009年2月19日，区政府印发《江海区贯彻市政府关于进一步扩大内需促进经济平稳较快发展的实施意见》，提出进一步扩大内需促进经济平稳较快发展的措施，包括加快交通项目、水利工程和农村基础设施建设；加快产业优化升级。包括加快发展先进制造业、加大工业园区建设和产业招商力度、加快现代服务业项目建设和加快推进现代农业发展；加强宜居环境建设，包括促进房地产市场稳定健康发展、加快推进节能减排工程和生态环境建设和加快市政项目建设；支持促进企业发展，包括加大对企业的资金扶持力度、减轻企业负担、加大金融保障支持力度、提高对外开放水平、支持企业开拓国内市场和优化投资软环境；加大对民生和社会事业建设投入，提高城乡居民收入，健全社会保障体系，加快医疗卫生发展，加快文化教育事业发展。

4月20日，区政府印发《江门市江海区节能工作实施方案》。提出到2010年，全区单位GDP能耗实现由2005年的每万元1.62吨标准煤（GDP为2005年可比价）下降到每万元1.29吨标准煤，比“十五”期末下降20%；区重点耗能企业单位工业增加值能耗比“十五”末总体降低20%，主要产品单位能耗和主要耗能设备能效达到省指标要求；开发和应用一大批先进适用的节能技术，重点耗能企业总体技术水平达到省指标要求；形成统计及时完整、数据真实可靠的能源监测网，并落实单位GDP能耗指标考核责任制。要求落实目标责任制，将单位GDP能耗降低指标分解落实到各街道办事处和重点企业；大力推进节能技术进步；确定并强化对重点耗能企业的监控；做好节能规划和用能统计、计量和审计等基础工作；制订和完善节能扶持政策；加强节能降耗监管；加强节能宣传工作。

6月1日，区委、区政府印发《江门市江海区创建全国计划生育优质服务先进区实施方案》，提出按照全国计划生育优质服务先进单位重点评估指标，各街道、各职能部门要认真履行计划生育工作职责，推动全区人口和计划生育事业朝着规范化、人性化方向发展，达到国家优质服务标准，使人民群众的生殖健康水平明显提高。要求落实部门和人员责任；确保经费投入到位；提供规范优质的服务；深入开展宣传教育；建立完善利益导向机制；做好流动人口计划生育管理服务工作；提高依法管理水平；加强创建检查督导。

7月10日，世界500强艾默生网络能源（江门）有限公司在江海区举行开业庆典，一期投资总额1.6亿元。省人民政府副省长雷于蓝、省发改委副巡视员张力军、省外办纪检专员李春燕和市领导等参加开业典礼仪式。

8月4日，广东电网公司江门江海供电局挂牌成立。市人民政府、市直有关部门负责人和区领导以及街道、区直有关部门主要负责人参加挂牌仪式。

11月5日，珠三角城际轻轨江海段西江特大桥成功合龙。大桥起于中山市古镇镇，止于江门市江海区外海街道，全长3810米，呈东西走向，为单塔斜拉单砼结构。

11月6日，区政府向市政府提交《关于审议胜利南路项目建设工作方案和胜利南路征地拆迁补偿安置方案的请示》，《请示》包括《胜利南路项目建设工作方案》和《胜利南路征地拆迁补偿安置方案》。《胜利南路项目建设工作方案》提出由区政府授权成立项目公司作为该项目建设主体，负责该项目的立项、融资、征地拆迁、安置房建设等工作；由区政府设立胜利南路资金专户，作为胜利南路征地拆迁补偿资金运作专户；拆迁补偿采用货币补偿和房屋产权调换方式解决。《胜利南路征地拆迁补偿安置方案》提出依照有关法规及房地产评估结果并根据实际情况进行补偿。拆迁补偿实行房屋产权调换、货币补偿和产权调换与货币补偿相结合的方式，由被拆迁人自行选择。

11月12日，江海区人民医院在原外海人民医院广场举行挂牌仪式，标志着江海区第一家区级综合医院正式成立。市人大常委会、市人民政府、市政协和市直有关单位，区四套班子领导以及社会各界有关人士、港澳台同胞和海外侨胞共48人参加挂牌仪式。挂牌仪式同时举行捐款仪式，共筹得包括外海商会、江门谦信化工有限公司、江门市恒健药业有限公司和各街道办事处的善款40.50万元。

12月1日，省人大常委会钟阳胜副主任、市人民政府市长王南健和区领导梁美贤、梁许赞一行到珠三角城际轻轨西江特大桥现场考察。

12月30日，区委、区政府印发《江门市江海区扶贫开发“规划到户责任到人”工作实施意见》，提出从2009年起至2011年12月31日，对江海区帮扶的韶关乐昌市秀水镇大罗岭、芳塘、何家冲、西河、田心、秀水等6个贫困村以及1198户农户、5940个贫困人口，通过实施“规划到户、责任到人”的扶贫开发工作责任制，实行“一村一策、一户一法”等综合扶贫措施，确保被帮扶的贫困户基本实现稳定脱贫，被帮扶的贫困人口80%以上达到年人均纯收入2500元以上，被帮扶的贫困村基本改变落后面貌。

2010年1月18日，胜利南路建设启动仪式在滘头街道举行，市人民政府副市长钟军宣布胜利南路建设正式启动。市胜利南路建设工作联席会议成员和区、街道、村（居）共300人参加启动仪式。16名拆迁户代表参加签约仪式，现场拆迁房屋3间。同时，举行银城花园安置小区奠基仪式。

4月13日，礼东大桥举行建设动工仪式，市委常委、常务副市长吴紫骊，市直有关部门负责人，区有关领导和区直有关部门、街道主要负责人参加仪式。大桥横跨睦洲水道，连接礼东、礼西，桥长696米，桥面宽12.50米，一级公路设计。

5月28日，江海区绿道网在釜山公园举行启用仪式，区四套领导班子参加仪式并现场试骑自行车。绿道网总长9.50公里，包括主线（江门大桥至江门铁桥）和白水带支线。

6月3日，区政府印发《江门市江海区“三旧“改造工作方案》，提出到2012年基本完成区域内群众投诉多、环境卫生差、交通等基础设施不完备和影响城市景观的“三旧”改造项目。成立江海区推进“三旧”改造工作领导小组，对全区“三旧”改造工作进行统一协调、指导、服务和监督，领导小组下设办公室。各街道办事处为推进“三旧”改造的第一责任主体。区直有关职能部门组织对辖区内的“三旧”改造用地进行全面调查摸底，并列表造册。

6月22日，江门演艺中心举行奠基典礼。江门市委常委、宣传部部长王晓，江门市人民政府副市长钟军，区四套领导班子以及各界人士共250人出席了典礼。

7月22日，区政府印发《江门市江海区街道办事处财政管理体制实施方案》，提出与国家、省、市现行财政管理体制和税收征管政策相衔接，适应市场经济发展和政府职能转变的需要；按企业属地关系划分收入，实施税收属地征管，区域管理；合理调节区街之间的财力分配，适当增强区级宏观调控能力，通过激励增收和转移支付，协调各街道办事处经济发展，积极推进基本服务均等化，缩小区域之间的差距。划分区与街道办事处财政收入，包括区域收入的划分和一般预算收入的计算方法；划分区与街道办事处财政一般预算支出；区与街道办事处财力结算的规定，包括核定基数、激励增收、转移支付、歉收扣减和出口退税负担。

9月21日，区政府向市政府报送《中国（江门）国际绿色光源博览交易中心开发建设工作方案》，提出LED博览交易中心拟打造一个集电子商务、网络平台、产品展示、市场交易、检测认证、仓储物流、金融服务、信息交流、媒体宣传等功能于一体的、高端的国际绿色光源博览交易中心。打造成为国内一流、同类市场规模最大的交易中心，中国第一个专业性政府采购基地、第一个国际化的绿色光源采购基地，形成中国绿色光源产业的数据交换中心、价格发现中心、绿色光源产业价格指数和行业景气指数的发布平台。实体展示交易场所，将建成以知名品牌厂商和经销商为主的传统大型展示交易厅；电子商务交易平台，为新型电子商务模式，含机房、信息处理中心、营业厅、视频商务中心等实体场所以及电子商务交易平台系统；绿色光源国际博览中心，将定期举办国际绿色光源博览会、绿色照明公共采购交易会等商务活动；配套工程，包括仓储物流中心、金融服务中心等配套设施。

11月3日，区政府印发《江海区推进绿色（半导体）光源产业发展工作方案》，提出做大产业规模，推动产业梯次发展，做好相关龙头企业的扶持、帮促和相关行业招商引资工作；加快产业载体（园区）建设，打造国家级产业基地，做好绿色光源展示交易服务市场的推进工作；建设公共服务平台，协助建设和完善广东（江门）绿色（半导体）光源产业公共信息服务平台（网站），发布江门绿色（半导体）光源产业基地、产品、企业、政策法规、服务平台、研发机构等信息，搭建政企互动交流平台；加快示范工程建设力推LED产品应用，大力实施江门市“大功率LED路灯示范工程”和“室内LED节能灯示范工程”；完善投融资机制，鼓励企业利用资本市场进行融资，每年把2～3家LED企业纳入上市重点培育企业；依托优惠政策加强产业招商。

12月14日，江海区婚育服务中心、慈善救助互动中心、义工服务中心和福利彩票发行中心举行挂牌仪式。江海区婚育服务中心是江门市第一个“一站式”婚育服务中心，对推进江海区免费婚前医学检查、提高出生人口素质具有重要的意义。市人民政府副市长李崴，市直有关部门负责人，区有关领导和区直有关部门、街道主要负责人参加挂牌仪式。

12月28日，江门市重点建设项目的中国（江门）国际绿色光源博览交易中心（LED博览交易中心）及连海北路工程正式启动建设。市委常委、组织部部长邹家军和区主要领导等出席启动仪式。LED博览交易中心项目规划面积478亩，建设用地面积297亩，总投资30亿元，建成后预计年交易额将超过1000亿元，并打造为国内一流、同类市场规模最大的交易中心，是中国第一个专业性政府采购基地、第一个国际化的绿色光源采购基地。连海北路工程为江海五路至中华大道，全长约1.21公里，路宽60米，双向六车道，改性沥青砼路面。

12月30日，区政府印发《江海区医药卫生体制改革近期重点实施方案（2010～2011年）》，提出加快推进和完善基本医疗保障制度建设；初步建立基本药物制度；健全基层医疗卫生服务体系；促进基本公共卫生服务均等化；稳妥开展公立医院改革试点，加快发展民营医疗机构。要求推进基本医疗保障覆盖全体城乡居民，提高基本医疗保障水平，规范基本医疗保障基金管理，完善城乡医疗救助制度，完善医疗保障管理服务，加快城乡一体化的医疗保障体系建设，建立基本药物供应保障体系，加强基层医疗卫生机构建设，加强基层医药卫生队伍建设，改革基层医疗卫生机构补偿机制，改革基层医疗卫生机构运行机制，基本公共卫生服务覆盖城乡居民，加强公共卫生服务能力建设，保障公共卫生服务经费，改革公立医院管理体制、运行机制、监管机制和医药价格形成机制，改革公立医院补偿机制，加快民营医疗机构发展，加强财力保障，明确职责分工和加强考核评价。

【总结表彰会议】 2009年1月16日，召开江海区2008年总结大会。参加大会的有区、街道、村（居）和企、事业单位代表共410多人。会议对获得江门市江海区科学技术奖等8大类20个奖项共120个先进集体和81名先进个人进行表彰奖励，包括：江门市江海区科学技术奖（10个单位）、企业推动经济发展突出贡献奖（6个单位）、精神文明创建工作先进奖（37个单位，28个个人）、党风廉政建设先进奖（10个单位，5个个人）、人口计生工作先进奖（30个单位，26个个人）、综治维稳先进奖（16个单位，22个个人）、区直机关作风建设先进单位（10个单位）和江海区创建广东省教育强街工作奖（1个单位）。

2010年2月2日，召开江海区2009年总结大会。参加大会的有区、街道、村（居）和企、事业单位代表共350多人。会议对获得江门市江海区科学技术奖等8大类19个奖项共102个先进集体和68名先进个人进行表彰奖励，包括：江门市江海区科学技术奖（8个单位）、企业推动经济发展突出贡献奖（10个单位）、精神文明创建工作先进奖（16个单位，10个个人）、党风廉政建设先进奖（10个单位，10个个人）、人口计生工作先进奖（30个单位，26个个人）、综治维稳先进奖（16个单位，22个个人）、落实科学发展观考核评价先进街道（2个单位）和区直机关作风建设先进奖（10个单位）。

【调研工作】 2009年，以“改进办文办会、提高行政效率”为主题开展专题调研，形成

“改进办文办会提高行政效率的调研报告”。对土地股份合作制、农村出嫁女、物流业发展等情况进行专题调研，并刊发《江海调研》3期，形成“关于江海区土地股份合作制的调研报告”，“关于江海区农村出嫁女权益保障问题的调研报告”，“江海区物流业发展情况调研报告”等调研成果。

2010年，开展打造江海中心商业区、围绕轻轨通车配套基础设施打造轨道商圈、自主创新、“三旧”改造、被征地农民养老保障、街道财政管理体制、LED产业发展等10个专题调研，形成“关于我区农村集体经济组织财务管理的调研报告”、“关于开展打造胜利南路商业区的调研报告”、“关于我区被征地农民养老保障问题的调研报告”和“关于我区‘十二五’规划发展纲要编制有关问题的调研报告”等调研成果。编发《江海调研》4期，形成“加快推进三旧改造打造区域物流中心”、“加快培育绿色光源产业对策研究”、“江海区农村集体经济发展与管理情况调研”和“关于我区企业提升自主创新能力的专题调研报告”等调研成果。

【保密工作】 2009年，结合纪律教育月活动，开展保密纪律宣传教育活动，先后播放《信息化条件下窃密手段及防护》、《泄密隐患演示》、《网络窃密》等涉密教育专题片3次，共640多人观看。组织1300多人开展保密技术防范基本知识测验考试。结合机要加密通信网络的建设对44个建网单位的操作人员进行技术培训；对党政内网管理人员和涉密计算机及移动存储介质检查技术人员等集中培训共50多人。会同区信息产业局和区公安分局抽查区检察院、区委政法委、区委组织部等11个单位，抽查率26.70%，检查计算机140多台，U盘21个，没有发生重大的泄密事件。对抽查中存在问题较多的单位发出整改通知书，限期督促整改。加强党政内网端口建设的调研，特别对周边单位建网情况调查并将信息及时反馈给领导决策提供依据。

2010年，印发各级“保密委领导讲话”和“保密要情”、“失泄密案件通报”和“保密法学习宣传提纲”等材料1870多份，播放保密教育录像12场次，参加观看人数640多人。组织新任保密员22人参加市“保密法规基础知识和保密管理工作”培训，对涉密U盘管理和操作人员47人进行安装使用培训。对涉密计算机全部配备保密专用U盘并进行优化升级管理。

【信息工作】 2009年，上报信息82期，其中《江海区以大交通策划大物流》、《江海区管理与扶持并举落实企业税收优惠政策》等信息在省、市刊登。甲型H1N1流感疫情防控工作、礼西围应急抢险等相关信息获市领导批示或被采用。编发《江海信息》7期，领导参阅信息1期。处理突发信息22宗。

2010年，上报信息82期，《江海区实施新财政体制“三保一激励一转移”促进街道经济加快发展》、《江海区努力打造轨道商圈》等信息在省、市刊登，其中《江海区积极建设慈善超市，丰富困难群体生活》上报国务院办公厅并被采用。编发《江海信息》6期。做好突发事件的信息报送工作，包括上报滘头街道五星村、外海街道麻一村村民越级上访的有关信息和跟进情况。

附：区委领导名录

2009年

书　记：梁美贤（女）

副书记：梁许赞

伍培进（至2009年11月止）

梁君明（2009年11月起）

常　委：梁美贤（女）

梁许赞

伍培进（至2009年11月止）

梁君明（2009年11月起）

李青亮

谭健立（至2009年11月止）

利为民（至2009年1月止）

伍炜波

陈洽棠

陈国俊

靖相艳

李欣立

吴　旭（2009年12月起）

陈林基（挂职，2009年4月起）

2010年

书　记：梁美贤（女）

副书记：梁许赞

梁君明

常　委：李青亮

伍炜波

陈洽棠

陈国俊

靖相艳（至2010年6月止）

李欣立

吴　旭

甄荣毅（2010年1月起）

张生国（2010年6月起）

陈林基（挂职，至2010年4月止）

谢思敏（挂职，2010年4月起）

□ 纪检监察

【纪委全体成员会议】 2009年2月27日，召开第七届纪律检查委员会第四次全体会议，区四套领导班子党员领导、区纪委全体委员，区直各单位主要负责人、纪工委书记、纪检组长，各街道党工委书记、办事处主任、纪工委书记和区纪委机关全体干部共100多人参加会议。会议总结2008年反腐倡廉工作，部署2009年纪检监察工作任务。区委常委、区纪委书记甄荣毅作《围绕中心　服务大局　为争当重点发展区排头兵提供坚强保证》的工作报告。

2010年3月17日，召开第七届纪律检查委员会第五次全体会议，区四套领导班子党员领导、区纪委全体委员，区直各单位主要负责人、纪工委书记、纪检组长，各街道党工委书记、办事处主任、纪工委书记和区纪委机关全体干部共100多人参加会议。会议总结2009年反腐倡廉工作，部署2010年纪检监察工作任务。区委常委、区纪委书记甄荣毅作《惩防并举　改革创新　努力开创反腐倡廉工作新局面》的工作报告。

【专项会议】 2009年，省、市工程建设领域突出问题专项治理工作电视电话会议召开以后，成立区工程建设领域突出问题专项治理工作领导小组，制订《江海区工程建设领域突出问题专项治理工作实施方案》及其《任务分解表》。9月8日，召集领导小组成员、联络员和各街道纪工委书记召开全区工程建设领域突出问题专项治理工作会议，把8大类38项工作任务分解到各个责任部门，开展自查自纠，把专项治理工作中的做法、经验延伸到日常监管中，实施工程建设领域规范管理。

2010年，全省深化执行力建设工作电视电话会议召开以后，为贯彻落实省委《关于深化作风建设提高执行力的意见》和市委《关于深化作风建设提高执行力的实施办法》，召开深化执行力建设工作会议，研究深化执行力建设措施。制订《关于深化作风建设提高执行力的实施方案》，落实各部门的责任，把深化作风建设、提高执行力摆上重要议事日程。

【惩治和预防腐败体系构建】 2009年，建立健全贯彻落实惩防体系的责任、督查、考核、测评、预警、保障等机制。区构建惩治和预防腐败体系工作领导小组及其办公室定期召开会议，分析研究工作，听取情况汇报，加强督促检查。各有关牵头单位把贯彻落实分工的情况每季度向区贯彻落实惩防体系领导小组办公室报告一次，重要情况随时报送。结合党风廉政建设责任制考核和领导干部述职述廉工作，从干部廉洁奉公、政风行风建设、干部权力行使、党风廉政机制建设、反腐倡廉法制化程度和遏制腐败工作成效等方面入手，突出人民群众的满意度，组织群众测评，对惩防体系建设情况进行客观评估和组织检查考评。

2010年，按照市纪委提出的“各市、区农村先进典型覆盖率要达到50%”的要求，加大对惩防体系示范点建设的推广力度，充分发挥示范带动作用，营造“学示范、赶先进、创佳绩”的浓厚氛围，注重做好示范点的规划和培育，在各街道和区直单位中培育树立一批党风廉政和惩防体系建设示范点，如区司法局、外海街道金溪社区、礼乐街道新民村、江南街道江翠社区、滘头派出所、滘北街道等，以点带面，全面推进惩防体系建设。按照“培植典型、典型引路”的思路，把每个典型建成示范样板，开展各街道、各单位互相交流。

【领导干部廉洁自律】 2009年，召开江海区2009年党风廉政建设和反腐败工作分工会议，把49项党风廉政建设和反腐败工作任务分解到23个区直部门，各责任单位制定具体工作措施。开展领导班子和领导干部的述职述廉以及党风廉政建设责任制考核，5个街道33个区直单位领导班子全部被评为“好”的等次，被考核的163名科级领导干部中，评为“好”等次的162名，“较好”等次的1名。领导班子和领导干部考核中没有出现“差”的等次。

2010年，贯彻落实全国、全省《廉洁从政若干准则》电视电话会议精神，通过多种形式的廉政教育会、座谈会等方式组织学习，并对照“八大禁止”、“52个不准”开展专题民主生活会，组织2748名党员干部参加《廉洁从政准则》网上答题活动，举办《廉洁从政准则》学习讲座，200多名党员干部参加。

【纠正不正之风】 2009年，区物价、教育、监察、审计、财政等部门开展教育收费专项监督检查，对21家公办学校、3家民办学校进行检查。4家医疗单位全部实行网上集中采购药品，所占医院比例100%，医院用药总金额1516.6万元，其中集中采购药品总金额1427.23万元，占医院用药总金额94.1%；医院采购医疗器械总金额176.58万元，其中集中采购医疗器械总金额134.76万元，占医院采购医疗器械总金额76.35%。

2010年，区物价、教育、监察、审计、财政等部门开展教育收费专项监督检查，对21家公办学校、3家民办学校进行检查。开展强农惠农资金专项清理检查共6次，涉及金额105万元。3家医疗单位全部实行网上集中采购药品，所占医院比例100%，医院用药总金额1994.8万元，其中集中采购药品总金额1945.99万元，占医院用药总金额97%；集中采购药品降价总金额235万元，降幅10.89%。

【源头治腐】 2009年，各级部门在财政管理、产权交易、政府采购以及行政审批等方面采取一系列改革措施，从源头上预防和治理腐败。公开招标成为政府采购的主要方式；100万元以上应公开招标的建设工程共14宗，公开招标率100%，标底价共8924.9万元，招标成交总价8440.9万元，通过公开招标节省资金484万元，节约率5.40%。2008年《关于加强江海区工程建设项目招投标工作管理的意见》实施以来，20万元以上、100万元以下工程项目招投标交易活动全部纳入“江门市建设工程交易中心江海窗口”统一操作并完善招标、投标、评标、定标等相关制度。街、村级建设工程项目9宗，全部进入“江海窗口”公开招投标，招标预算价（最高限价）5444.92万元，中标价5169.71万元，节约资金275.21万元，节约率5.05%。江海区行政审批电子监察系统从2008年全面运行以来，17个有行政审批权的单位共67项行政许可事项纳入该系统，与市行政审批电子监察系统对接，实现省、市、区三级联网监察。电子监察系统运行以来，共对334项行政审批事项实施监督。

2010年，配合上级检查组对扩大内需促进经济增长政策落实情况进行检查；结合工程建设领域突出问题专项治理工作，重点对城市防洪工程等基础设施工程，以及重点领域、重点部门进行监督检查。加强对政府采购、工程建设项目招投标的监督检查。严格执行《关于加强江海区工程建设项目招投标工作管理的意见》和《〈关于加强江海区工程建设项目招投标工作管理的意见〉的补充通知》，完善招标、投标、评标、定标等相关制度，公开招标26宗，下浮资金939.6万元，下浮率6.18%。

【治理商业贿赂】 2009年，制订《江海区2009年治理商业贿赂工作重点》，把8类32项治贿工作落实到牵头单位和协办单位。利用社团组织行业协会自律和治贿联席会议的平台，开展社团组织行业自身治贿并指导、督促社团组织行业协会组织会员单位深入开展治贿工作。继续扩大非公有制企业治贿工作力度，以点带面将非公有制企业治贿工作推向深入。定期召开查办商业贿赂案件工作联席会议和案情分析会，交流经验，及时商讨查案线索，形成案情信息共享机制。全年没有发现有商业贿赂案件。

2010年，制订《江海区2010年治理商业贿赂工作重点》和《江海区2010年治理商业贿赂专项工作任务分解表》，把推进市场诚信体系建设、推进改革创新和制度建设、严肃依法查办商业贿赂案件、加大对突出问题的整改力度、加强组织领导等5个方面24项重点工作任务分解落实到17个相关责任单位和部门，各责任单位和部门按照分工要求，制定工作措施，落实责任人和完成时限，推进各项任务的落实。把诚信体系建设工作列入年度工作计划，与治理商业贿赂、创建文明城市等工作相结合。有关诚信体系建设工作任务，分解到区工商分局、区建设局、区政府采购办、区环保分局、区国土分局和区国税局等相关单位和部门。

【查处违法违纪案件】 2009年，区纪委监察局实行委局全员办案，实现各街道均有案办。接收群众来信来访54件，其中上级机关转来的24件，直接受理的30件，属纪检监察受理范围的信访43件，办结42件，办结率97.7%；为党委、政府及有关部门提拔使用干部、评选先进、推选代表、出国（境）等方面提供廉政信息505人次。各级纪检监察机关共受理初核违纪案件16件，立案10件10人，其中区纪委机关立案查处1件1人；街道纪工委立案查处9件9人，街道自办案件率100%。审结案件8宗，受到开除党籍处分的8人，通过办案为国家和集体挽回经济损失57980元。做好解除行政处分和回访教育及以案说纪抓教育，应回访教育的党员、干部共3人，全部进行了回访教育。

2010年，接收群众来信来访52件，其中上级机关转来的32件，直接受理的20件，属纪检监察受理范围的信访42件，办结41件，办结率为97.6 %；为党委、政府及有关部门提拔使用干部、评选先进、推选代表、出国（境）等方面提供廉政信息927人次，扩大信访监督的效能。共受理初核违纪案件18件，依纪依法采取“双规”措施1人；立案11件11人，其中区纪委机关立案查处5件5人；街道纪工委立案查处6件6人，全面落实一镇一案，提前完成镇级办案覆盖率达100%的工作任务。所查处的案件涉案金额468.07万元，通过办案挽回经济损失233.50万元；审结案件7宗，受到党纪处分的7人，应回访教育的党员、干部共7人全部进行回访教育。

【纪律教育学习月活动】 2009年7月8日，召开以“加强作风建设，保障科学发展”为主题的2009年纪律教育学习月动员大会。各单位通过专题学习辅导报告、观看正反面典型教育片等活动，深入开展理想信念教育、优良作风教育和党纪政纪教育，不断增强党员干部廉政勤政意识。纪律教育学习月期间，举办“热土清风”反腐倡廉专场文艺巡回汇演，以群众喜闻乐见的形式推动廉政文化进社区、进农村、进家庭，全区1.30万多名党员干部观看演出。组织全区党员干部观看警示教育片，配合市纪委、市委组织部等部门举办“五邑廉洁清风”先进事迹巡回报告会活动，400多名党员干部深受教育。

2010年，按照市的实施意见，精心部署以“加强制度建设，构筑拒腐防线”为主题的纪律教育学习月活动，7月2日召开全区动员会，组织党员干部观看党风廉政建设系列专题片，配合市纪委举办“五邑廉洁清风”巡回宣讲会等，进一步增强广大党员干部党纪法纪观念和廉政勤政意识。纪律教育学习月活动期间，在外海五大祠广场举办“扬正气 促和谐”党风廉政文艺晚会，对干部群众进行寓教于乐的廉洁自律的教育。区四套领导班子成员、区直各单位全体党员干部、各街道党政领导班子成员及外海街道村（居）干部和群众共500多人参加。区纪委、区建设局、江南街道等单位组织党员干部到江门监狱进行预防职务犯罪警示教育活动。

【执法监察】 2009年，配合区国土分局落实工业用地招标拍卖挂牌出让制度，实行最严格的耕地保护制度和节约集约用地制度，严格土地审批和供应建设用地。通过公开挂牌出让土地使用权1宗，面积5.238亩，地价款117.33万元。配合区经贸局、区环保分局对政府节能减排年度任务完成情况进行检查，对各街道落实节能减排政策措施情况进行专项督查。配合有关职能部门开展对礼乐腊味专项整治行动，肉制品抽检合格率93.3%，在省打假办的复检中，礼乐街道腊味“打假警示区域”帽子被顺利摘掉。联合区安监局组织开展安全生产大检查和专项治理，依法依规严肃查处安全生产问题单位。

2010年，配合区国土分局落实工业用地招标拍卖挂牌出让制度，严格土地审批和供应建设用地。通过公开挂牌出让土地使用权2宗，面积325.30亩，地价款4.5815亿元。参加各类环保监督检查4次，检查发现问题2件，提出整改意见建议2条。联合区安监局组织开展安全生产8次，责任事故调查1起，办结1起。

【行政效能监察】 2009年，区行政效能投诉中心收到行政投诉案件1件，办结1件。贯彻落实《江门市江海区行政机关工作人员行政过错责任追究暂行办法》、《江门市江海区区直加强行政推诿搁置过错责任追究实施意见》，每半年对各单位贯彻落实《办法》和《意见》的情况开展检查，把各单位贯彻落实情况列入年度机关作风建设考评，使行政过错责任追究工作真正落到实处。

2010年，区行政效能投诉中心收到行政投诉案件4件，办结4件。全区行政审批电子监察系统全面运行，17个有行政审批权的单位共67项行政许可事项全部纳入区行政审批电子监察系统。电子监察系统运行以来，共对649项行政审批事项实施监督。组织各街道、区直各单位认真收看全省贯彻落实《关于实行党政领导干部问责的暂行规定》电视电话会议，对贯彻落实问责工作提出工作要求。

□ 组织工作

【深入学习实践科学发展观活动】2009年3月起，全区分2批开展学习实践科学发展观活动。第一批单位48个、基层党组织118个、党员1200人，其中试点街道1个、基层党组织15个。学习活动创新提出“二三四”自选动作，即学习2个报告、开展3项主题实践活动、推进4项工程。共建立联系点121个，指导学习实践活动551人次；召开中心组学习会、领导干部专题辅导会、征求意见座谈会、宣讲团基层辅导和举办各类培训班921场次，参加2055人次；在江海政务信息网和《江门日报》开设专栏，开展“解放思想与推动江海科学发展”理论研讨、编印简报和制作电教片、自编辅导资料56套、发放调查问卷和征求意见函、表2522份、收集意见3780条。在分析检查和落实整改中，解决实际问题594条，为群众办好事、实事206件。如提出年内解决全区25户困难家庭住房，完成10户、在建11户。9月17日起，第二批参加单位167个4819人；党组织203个。共建立联系点40个，派出指导检查组19个、83人。编印《科学发展与加快发展先进制造业》读本、制作《学习与实践》、《绘新图》和《奔向富裕文明和谐》3个专题片；召开座谈会299场次；编印简报59期，在市以上媒体报道27篇；走访企业和村居108个、1916人；查找和征集意见192条、解决29条；形成调研报告170篇。如礼乐腊味协会开展“四学四提高”活动，推动腊味企业规范经营，营造名牌，得到省、市学习实践活动机构的来访和推广。各街道领导班子带头做到“三个一”（作一次辅导报告、开展一次取经活动、召开一次学习交流会），村、社区党组织以“讲、读、看”为主要学习方法，邀请专家和学者授课、党组织书记讲党课、召开党员心得交流会、组织观看学习实践活动远程教育课件。学习实践活动转变了党员干部作风，巩固了稳定局面，推进了经济发展。

2010年，完成第一、二批学习实践科学发展观活动整改工作，重点落实区委、区政府提出的33项整改措施，进行整改落实“回头看”，形成由法律、法规和规章制度支撑的推动科学发展长效机制。各基层党组织制定创先争优活动方案，落实“公开承诺”和“三评一树”等措施，推广广东大冶摩托技术有限公司党委、外海街道中东村党支部和礼乐腊味协会党支部等单位开展创先争优的做法，开展“先进和优秀标准”讨论活动；外海街道东南村党支部开展“建设社会主义新农村当先锋”主题实践活动、外海街道中东村党支部开展“依法治村我带头”主题实践活动、春燕纺织有限公司党委开展“筑坚强堡垒、树党员形象、促科学发展”主题实践活动、江南街道中沙社区党支部开展“我是共产党员、我要为人民服务”主题实践活动。通过《江门日报》和江海政务网等媒体，编发活动简报和工作信息，大力宣传开展活动情况。

【加强基层组织建设】 2009年，在总结近年开展示范点建设经验的基础上，选派39名干部（其中市派出2名）驻（联）村任联络员，落实领导挂点联系工作责任制，加强对“联”村干部管理和指导。各单位领导班子成员到联系点2150人次，投入资金150万元。解决实际问题53个，办好事、实事360件。组织44个城市党组织与农村党组织开展“结对共建”活动，并与基层调查研究、实践锻炼和学习交流等结合起来。完成区直机关各党（总）全面推行“双直选”等工作。

2010年，对新创建的23个基层党组织建设示范点实行动态管理，全面开展基层党组织生活的创新工作，创建一批市、区级基层组织“五好”示范点；采取有效措施，扩大党组织的覆盖面，推动党的工作向规模以下非公有制经济组织和各类社会组织延伸。召开区“两新”组织党群活动阵地建设观摩座谈会，推广“两新”组织党群活动阵地建设经验；探索建立网上支部、QQ支部，提高党员教育管理的实效性；总结、推广礼乐街道威西村开展党务公开工作的做法；开展党内事务听证咨询、党员定期评议党组织领导班子的试点；加强农村（社区）党组织开展“双直选”工作的调研，扩大“双直选”范围；建立党代表联络机构。

【推进干部现代远程教育工作】 2009年，坚持以建为基础、以管为保障、以学为载体、以用为目的，投入建设资金150万元，构建“平台+站点+基地”的远程教育建设模式，5个街道、63个农村（社区）建有终端接收网站；全区远程教育培训基地建成2个、在建1个；共组织收看远程教育直播、点播节目600次，参加学习培训12万人次，为群众提供各类信息和发布农产品销售信息220条。在举办的农村党组织书记培训班上，采取专题报告、观看电教片和互动问答等形式，利用远程教育设备开展教育活动。

2010年，首次运用现代远程教育网络，进行培训视频直播，覆盖到街、村（社区），参加学习、培训2万人次，为全区历年来培训干部范围最广、人数最多的一年。举办现代产业基础知识竞赛，引导党员、干部重视和学习现代产业基础知识。选派处级班干部62人次、科级干部24名参加国内境外知名高校、党校举办的专题研讨班学习，60人参加科级后备干部培训。开通“干部在线学习网”，打造干部自主选学平台。

【调整优化领导干部队伍】 2009年，在进一步完善街道领导班子落实科学发展观评价指标体系及其考核评价办法的同时，制定区直部门领导班子落实科学发展观评价指标体系及其考核评价试行办法，在全区形成一套较完整的干部考评体系。制定区直区管科级领导干部转任非领导职务试行办法，完善领导干部退出机制，盘活科级干部领导职数，为配强配好各级领导班子打下基础。组织好安排后备领导干部挂职锻炼并优先提拔使用。先后开展村官考镇官、村官考公务员和江门市联合公选工作，招录高校毕业生12名到农村任职。

2010年，建立干部订单式双向挂职模式，安排6名干部挂职锻炼。交流4名正、副科领导职务和岗位，安排9人参加胜利南路拆迁工程和区LED交易中心建设等重点工作，选配5人参加区帮韶关市扶乐市昌县秀水镇工作队的挂职锻炼。

【推进党群基层组织建设】 2009年，区委出台《关于建立联建机制进一步推进非公有制企业党群组织建设的意见》和《关于推进“固本强基工程”的实施意见》以来，建立党群组织培训学习机制，组织党、工、青、妇培训班6期，培训党群干部400人次；召开非公企业党建现场会议，总结、推广江门市多快好省机械有限公司企业主支持党群工作的经验和江门市中港宝田摩托车实业有限公司、广东省春燕纺织有限公司等4家企业党组织的做法，带动非公企业党群共建活动的开展。全区非公经济企业建有党组织109个，其中党委2个、总支7个、支部100个；建有工会组织236个、团组织36个，妇女组织231个。开展江门市安诺特炊具制造有限公司、荟之星实业有限公司、滘头街道永明社区、礼乐个体私营分会、广东江门船厂、江门市骏达光电科技有限公司和江门市南方食品制造有限公司7个示范点建设。江门市多快好省机械有限公司党群组织围绕“企业发展我发展、我为企业作贡献”的主题，开展创建“共产党员先锋岗”、“青年文明号”等活动；江门市安诺特炊具制造有限公司党群组织组织企业员工开展文艺汇演和各类才艺表演，弘扬企业文化。

2010年，开展“读书日”、“扶贫济困日”活动，区直机关工委购买一批《四书五经》发至各党支部；建立“一对一”帮扶体制，捐款16万元，在“创文”活动中开展“文明伴我行”活动。成立社区党员义工队和义务治安员，安排热心工作的党员为社区义务信息员。农村社区党总支学习、培训以村支部为核心，分设学习小组，利用晚上和空闲时间，召集党员观看电教片和谈心交流。在学校建立党支部QQ群和论坛，通过党员教师互动，加入QQ空间建立论坛，党员在QQ群上发表学习心得。非公企业党组织扎实开展“培养知识型、技能型、管理型党员”活动。创新组织生活充分利用媒体手段，让组织尘埃走向基层，打破活动内容单一的做法，突出时代性，扩大开放性，增强服务性，有助于改进作风、联系群众和密切党群关系。

【全区党组织建设状况】 2010年，共有各级党组织348个、党员6564人。其中街道党工委5个、区直机关工委1个、公安分局党委1个、企业党委2个、总支23个，支部316人。在行业分布上，区直机关和街道机关党组织76个、党员1208人；农村党组织37个、党员1772人；社区党组织56个、党员1559人；非公企业党支部109个、党员1055人；事业单位党支部54个、党员603人；离退休、中介和社团的党组织25个，党员367人。共有“两新”组织的党组织109个，其中党委2个、总支3个、支部104个，党员1055人；规模以上企业100%有党组织覆盖管理，建立党组62家。

□ 宣传工作

【党校工作】 教学工作。2009年，把开展学习实践活动与党员培训教育紧密结合，以学习贯彻党的十七大与十七届三中、四中全会精神为主线，创新培训教育方法，制定符合区情的党员干部培训内容。主体班教学内容紧紧围绕区委中心工作，把科学发展观、党的十七届四中全会精神、《珠江三角洲地区改革发展规划纲要》、在发展对外经济中应对国际金融危机、提高行政效能管理、加强机关作风建设等内容列入重点内容。

2010年，采取专题研究式、课堂互动、情景模拟、案例分析等多种教学方式，加大开放式培训的力度，如组织各村（社区）两委干部赴浙江省江阴市委党校进行异地培训。在教学中不断充实教学内容，满足学员培训需要。主体班教学内容设置“加快三旧改造，建设江海新城区”、“发挥交通枢纽优势，打造现代物流产业”、“江海区打造LED战略产业的构想”和“转变经济发展方式”等课程，并邀请省、市专家教授、区领导为培训班授课，并结合授课内容安排参观和研讨。

理论工作。2009年，协助区委组织中心组集中学习8次，印发4000多份学习辅导材料到各单位以及基层，举办学习论坛，邀请市人民政府副市长陈佳林等领导和专家学者到区为各级领导干部做专题报告会。联合区委组织部、区实践办举办“解放思想与推动江海科学发展”征文活动，动员全区党员干部群众积极为江海科学发展献计献策。组织开展社会科学知识进社区进农村活动，举办专题讲座、送书下乡、组织党员干部开展读书活动。

2010年，承办区委中心组学习会4场，读书交流会1场。收到读书体会30多篇，选送一批优秀的理论文章参加市委宣传部组织的读书竞赛活动及推荐到《侨乡论坛》上发表。组织编写《学习与宣传》4期，为各党（工）委（党组）中心组理论学习提供各种学习辅导资料5000多份。开展以“创文”为主要内容的社科知识进农村进社区活动，其中放映科教电影3场、在第十一中学举办全区中小学校读书交流活动、在江南文化广场举办社科知识图片展览、举办实施《珠三角规划纲要》群众论坛活动和送书下乡活动。

短期培训。2009年，举办各级党员干部培训、支部书记培训、提高行政效能、妇女干部培训、农村、社区干部等各类培训学习班10期，参加培训2100人次。

2010年，共举办加快转变经济发展方式专题培训、区直机关股级以下党员培训、科级领导职务后备干部、机关干部纪律教育学习培训、农村（社区）两委成员“三旧改造”专题等各类党员干部培训班8期，参加培训1358人次。

【新闻宣传和舆论引导】 2009年，为学习实践科学发展观活动营造良好的舆论氛围，浓墨重彩庆祝新中国60华诞，为经济建设提供舆论支持，省、市主要媒体宣传报道江海区新闻1200多条，编办《江门日报》江海版49期。通过《江门日报》等媒体以及外海、礼乐广播电视站，区政务网等宣传平台，对“两会”、创建省教育强区、创建国家计划生育先进单位、产品质量和食品安全，招商引资，节能减排、打假等工作的宣传报道进行规划统筹。

2010年，坚持团结稳定鼓劲和正面宣传为主的宣传方针，营造“科学发展，共创和谐文明新江海”舆论氛围，组织采访报道700多场次，刊登新闻1000多条次，其中《江门日报》800多篇、市电视台180多条次、电台100多条次，省级及省外媒体58篇次，外海、礼乐广播电视站播出新闻超过770条次。《江门日报》江海版刊出49期，稿件共361篇。做好创文在行动、胜利南路征地拆迁、和谐企业江海行、计生创国优、江海节能明星、基层党建创先争优、“十二五”规划、重点项目巡礼等系列报道，组织省、市媒体宣传江海区。做好负面舆论的“消防”工作。新闻事件中最严重的是被南方TV播出、被批为“最牛桑拿”的负面新闻，其他的如麻一村征地、刘卓培网上报料、卫生院“医死人”、五星村村民上访等，协助和指导相关部门和街道应对媒体的采访回应，正确引导媒体，确保负面新闻不被炒作。

【大型宣传活动】 2009年，在《江门日报》江海版和外海、礼乐电视站开设“学习实践活动”栏目，在《江门日报》江海新闻版开辟“江海人精神”系列社评，全面深入报道学习实践科学发展观活动的情况。在《江门日报》等媒体刊登有关学习实践活动文章60多篇，在电视站播放相关新闻信息500多条。在《江门日报》开展江海区庆祝新中国成立60周年系列报道，并在《江门日报》的《辉煌》特刊上刊登“腾飞江海，用科学发展理念书写伟大时代”文章，以“辉煌60年—从百废待兴到又好又快”、“城区起步—综合实力明显增强”、“江海腾飞—‘河南’变身现代新城”、“再造江海—争当重点发展区实践科学发展观的排头兵”四大篇章全面展现江海区的奋斗历程和辉煌成就；在外海、礼乐街道电视站开辟新中国成立60周年专题新闻节目；在《每月综述》推出“庆祝新中国成立60周年”特别节目；推出“江海记忆”大型图片展，展示历史变迁和经济社会的跨越式发展，举办“红歌颂中华”歌咏大赛，1200多名机关干部和企业员工参与。通过省、市主要媒体，刊登区委书记梁美贤“江海区要‘左右逢源’”专访，“江海：大步迈向新发展产业集群成为江海区经济发展新优势”等专题。结合“保增长”主题，及时把区委区政府应对国际金融危机所采取的政策措施以及区内企业面对金融危机的积极举措进行正面的宣传报道，引导各级组织和各个企业在科学发展观指导下主动应对国际金融危机，化“危”为“机”，增强攻坚克难、解决突出矛盾和问题的信心。

2010年，以加大创新力度和执行力建设，全力服务江海发展为主题，大力宣传重大基础设施建设、发展新兴产业、培育轨道商圈、打造核心城区“四大工作重点”的进展及成效；以创文为抓手，推动精神文明建设上新水平。注重大力宣传重大基础设施建设、发展新兴产业、培育轨道商圈、打造核心城区“四大工作重点”的进展及成效，及时跟踪报道胜利南路建设、现代物流园区、“三旧”改造、LED产业基地及LED博览交易中心建设等重点项目进展情况，围绕转变经济发展方式、社会和谐稳定、法治城市、法治县（市、区）创建活动，提升江海形象、市民素质和城市文明水平等方面开展宣传思想工作，为打造宜业宜居新江海营造良好的社会舆论氛围。开展“行动创文明”系列报道，组织“讲文明 树新风，共创文明江海”文艺汇演、小曲填词大赛、书画摄影比赛等。开展“江海区节能明星”系列报道，联系记者走访企业，报道企业在节能降耗方面取得的最新成果。在《江门日报》江海版推出“和谐企业看江海”栏目，宣传“以人为本”的发展理念，营造“和谐用工”的良好舆论氛围，并参与组织筹备和谐企业经验交流会。开设“计生创国优”专栏，从政策扶持、宣传教育、优质服务等方面总结人口和计划生育工作的经验与成绩。开展江海区“创先争优”活动系列报道，总结活动经验。开设“盘点‘十一五’，展望‘十二五’”系列报道，总结五年来经济社会重大发展。开设“江海区重点项目建设系列报道”，集中报道LED博览交易中心、广珠城轨、胜利大桥、东华大桥等多个重点项目，从新兴产业、重大基础建设及核心城区的发展反映江海区日新月异的发展。

□ 统战工作

【开展帮扶济困服务人群爱心行动】 2009年，区委统战部春节前慰问困难党员和群众26人，捐款捐物23650元；发动民营企业为慈善公益万人行和公益事业捐款200多万元；协同区农业局举办种养殖科技培训班2期，参加145人次；倡议政协委员企业和工商联会员企业带头不裁员、不减薪；联合区政协帮助外海街道麻二村解决厂房出租问题。

【区域民主党派组织季度调研活动】 2009年，区委统战部会同区政协与区域各民主党派负责人围绕“如何应对国际金融危机，促进企业健康发展”主题，召开研讨会，向企业建言献策。区委统战部与区政协、区域各民主党派和企业代表30多人以“同心同德做强企业，带头为实现江海区经济保增长作贡献”为主题，在外海金溪实业有限公司召开研讨会，并对江门市汇聪电器厂有限公司、江门市冠盈电器有限公司和江门市金溪实业有限公司进行调研，了解企业应对国际金融危机的情况。区委统战部组织区域各民主党派负责人到湖南省衡阳市、韶山市统战部门交流民主党派联谊工作；举办民主党派 “颂祖国和谐谋发展”研讨会；组织民主党派负责人到广西壮族自治区梧州市长洲区开展以“转变经济发展方式，优化经济结构，加快先进制造业建设”为主题的调研活动。工商联深入36家会员企业调研，形成综合调研报告上报区委、区政府。举办政银企合作洽谈会，较好解决部分企业融资难问题。

2010年，区委统战部以“改善民生，加快和谐江海建设”为重点，围绕“整合医疗资源，提升医疗卫生服务水平，建设民生江海”、“关心侨眷侨属，凝聚侨心侨智，促进经济发展”、“加快文化建设步伐，促进经济发展”等主题进行调研，召开研讨会，并向区委报送《关于侨眷侨属生活状况的调研报告》、《关于我区统战工作的思考》、《浅谈新形势下宗教工作在社会和谐中的作用》等调研文章。

【加强海内外联谊】 2009年，区委统战部4次专程赴港拜访外海同乡会、礼乐同乡会及知名人士，3次把他们请进来；举办“颂祖国看家乡”联谊活动，区海外联谊会邀请境外人士、企业代表等260多人参加。

【做好港澳统战工作】 2010年，区委统战部派员应邀参加香港江港青年交流促进会第三届会董就职礼、香港新界四邑同乡会第二十届委员就职礼、香港葵青工商联2010年就职典礼暨新春联欢会等庆典活动。参加香港江门同乡会名誉会长陈海鹰追思会。全年接待香港外海同乡会、香港礼乐同乡会和区海外联谊会等组织回乡旅游观光、探亲访友、祭祖等活动的海内外乡亲共8批74人次。推荐区政府副区长吴刚、江海区长优实业集团总经理田吉平为江门市知识界人士联谊会成员。赴香港拜访区政协委员、开源置业有限公司总经理严家伟，香港江门同乡会理事长陈朗云，香港外海同乡会理事长陈亨和香港礼乐同乡会会长区修远。

◆ 区人大

【区八届人大五次会议】 2010年1月20～21日召开会议。听取和审议《江门市江海区人民政府工作报告》、《江门市江海区人民代表大会常务委员会工作报告》、《江门市江海区人民法院工作报告》、《江门市江海区人民检察院工作报告》；审议《江门市江海区2009年国民经济和社会发展计划执行情况与2010年计划草案的报告》、《江门市江海区2009年财政预算执行情况和2010年财政预算草案的报告》，批准江门市江海区2010年国民经济和社会发展计划和江门市江海区2010年财政预算。选举谭健立为区人大常委会副主任；选举周大建、梁国昌、宋强等三人为市第十三届人大代表。

【区人大常委会会议】 2009年，共举行9次会议。主要听取和审议区政府工作报告，开展2项法律监督，组织开展10项检查、调研和视察活动。选举区人大代表1名。

2010年，共举行7次会议。主要听取和审议区政府工作报告，开展1项法律监督，组织开展10项检查、调研和视察活动。选举区人大代表1名。

【审议决定重大事项】 2009年，区八届人大常委会对重大事项作出决定、决议10项，包括《关于另行选举江海区第八届人民代表大会代表的决定》、《关于召开江海区第八届人民代表大会第四次会议日期和建议议程的决定》、《关于接受赵向阳辞去江门市江海区第八届人民代表大会代表职务请求的决定》、《关于江海区政府融资计划报告的决定》、《关于批准区人民政府重点建设项目融资报告的决定》、《关于批准胜利南路项目融资贷款的决定》、《关于批准2009年江海区财政预算调整方案的决议》、《关于补选江海区第八届人民代表大会代表的决定》、《关于召开江海区第八届人民代表大会第五次会议日期和建议议程的决定》和《关于调整代表资格审查委员会组成人员名单的决定》。

2010年，区八届人大常委会对重大事项作出决定、决议9项，包括《关于批准连海北路项目融资贷款的决定》、《关于接受张月婵同志请辞报告的决定》、《关于批准礼乐机电产业基地项目融资贷款的决定》、《关于接受谭泽芳同志请辞报告的决定》、《关于接受张顺发请求辞去江门市江海区八届人大常委会委员职务的决定》、《关于批准2010年江海区财政预算调整方案的决议》、《关于召开江海区第八届人民代表大会第六次会议日期的决定》、《关于接受曾丽婵辞去江门市江海区第八届人大常委会委员职务的决定》和《关于补选江海区第八届人民代表大会代表的决定》。

【工作监督和法律监督】 2009年，区人大常委会采取听取汇报、开展专题调研和组织视察等方式，把监督与支持结合起来，加强和改进监督工作，促进“一府两院”依法行政、公正司法。组织常委会组成人员、人大代表检查《中华人民共和国残疾人保障法》在全区的实施情况；对《中华人民共和国中小企业促进法》的贯彻执行情况进行调查和视察；开展对区上半年国民经济和社会发展计划执行情况、区上半年财政预算执行情况以及2008年度本级财政预算执行情况和其他财政资金收支情况审计工作情况的调查；对区政府实施“十一五”规划纲要情况进行调查，并听取和审议区政府的工作报告，推动“十一五”规划纲要进一步实施；对区建设局、卫生局工作情况进行调研并听取和审议其工作报告。

2010年，组织常委会组成人员、人大代表检查《中华人民共和国残疾人保障法》在全区的实施情况；对《中华人民共和国科学技术进步法》的贯彻执行情况进行调查和视察；开展对区上半年国民经济和社会发展计划执行情况、区上半年财政预算执行情况以及2009年度本级财政预算执行情况和其他财政资金收支情况审计工作情况的调查；开展对胜利南路（含滘头东路）、连海北路旧城改造和礼乐机电产业基地等融资重点项目建设及融资资金管理使用情况专题调研，建议政府及其有关部门、相关街道办事处加快推进融资重点项目建设，强化对融资资金的监管和加强防范债务风险；对区外经贸局、人口与计划生育局和安全生产管理局工作情况进行专题调研并听取和审议其专题报告。

【代表联络和视察】 2009年，1月7～8日，召开2008年度江海区人大代表工作会议。6月1～2日，组织区人大常委会机关和各街道人大联络处工作人员到清远市学习、交流人大代表工作经验。举办区人大代表培训班，组织代表学习《珠江三角洲地区改革发展规划纲要》。围绕工作重点和社会普遍关注的热点难点问题组织代表开展视察，邀请人大代表参加区人大常委会的执法检查、专题视察、工作调研和列席区人大常委会会议等活动；发挥各专业代表小组和代表联系选民的桥梁作用；促请政府和有关部门解决好关系群众切身利益的问题，为群众办实事好事；组织代表参加区长约见活动，积极为全区经济社会发展献计献策。对八届人大四次会议及闭会期间代表提出的21件意见建议进行了跟踪督办，其中对《关于促请政府加快外海中心小学新校区建设的意见》和《关于解决被征地农民就业和社会保障问题的建议》等两项重点建议，召开主任会议和组织代表现场督办，提出加快办理的要求和做法，督促政府及其职能部门加以解决。2009年，代表建议的办复率和满意率100%。

2010年2月5～6日，召开2009年度江海区人大代表工作会议，总结交流2009年代表工作情况，布置2010年代表工作，研究探讨新形势下如何进一步做好人大代表工作、发挥代表作用。5月26～28日，组织全体机关干部、各街道人大联络处工作人员到梅州市梅县学习、交流人大工作经验。组织代表学习《中华人民共和国科学技术进步法》并开展视察工作；邀请人大代表参加区人大常委会的执法检查、工作调研和列席常委会会议等；组织部分区人大代表参加区长约见活动，引导代表为加快推进LED绿色光源产业发展和“三旧”改造工作献计献策；组织代表参加两院的“旁听庭审”、“百案调解”和“检察开放日”等活动；组织人大代表对礼乐防洪堤围建设和外海横沥水闸加建电排站视察和现场督办。对八届人大五次会议及闭会期间代表提出的16件建议进行跟踪督办，代表对答复的满意率达100%。

【任免工作】 2009年，区人大常委会任命国家机关工作人员41人，免职27人，接受辞职1人。

2010年，区人大常委会任命国家机关工作人员16人，免职5人，接受辞职4人。

【信访工作】 加强信访件的交办、转办和督办工作，督促有关部门妥善处理群众提出的热点难点问题。2009年共受理来信来访案件15宗，2010年10宗。

【依法治区工作】 2009年5月，区委主持召开贯彻落实省、市法治县（市、区）创建动员大会暨江海区依法治区工作领导小组第十三次会议。继续深入落实“五五”普法规划，加强法制宣传教育；狠抓政府规范化和效能建设，不断提高依法行政能力；公安机关开展严打整治斗争，检察机关积极推进阳光检务进校园等活动，在全省率先制订《对被不起诉未成年人回访教育工作细则》，审判机关推进“阳光审判”，司法机关积极探索社区矫正工作规律，推进社区、家庭、学校共同监管；加强法治联络队伍建设，进一步推动全区法治工作的开展。

2010年，江海区被评为全国和全省首批法治县（市、区）创建活动先进单位。继续推动法治县（市、区）创建工作，推动“五五”普法规划的全面落实，深入开展法律“六进两延伸”活动（法律进机关、进乡村、进社区、进学校、进企业、进单位，延伸到厂企、延伸到家庭），通过市“五五”普法验收。推进政府机构和事业单位改革，出台新的区街财政管理体制，推行“部门预算”改革，建立预算执行的动态监控机制，全面实行预算“实时在线监督”；对现行有效规范性文件进行清理，保留政府规范性文件20件，废止25件，拟修改4件；加强审判工作，落实便民利民措施，加强立案、信访文明窗口建设；深入推进“阳光检务”工作，落实检察开放日制度和人民监督员制度，创新建设“阳光检务”联络员制度，在全省率先建立派驻镇（街）检察室；深入开展严打整治斗争和社会治安综合治理，开展“粤安10”、“创平安，迎亚运”暨“平安世博”和“平安亚运十大行动”等一系列专项行动，公众安全感排名全省第三；健全各级法律援助机构，推行村村聘任法律顾问制度，拓展法律服务的新领域；推进民主法治村（社区）创建活动和基层民主法治城乡共建活动。全区56个村（社区）中有51个顺利通过民主法治村（社区）建设达标验收，其中礼乐街道武东村、新民村、威西村、江南街道江翠社区、外海街道金溪社区先后被评为省“民主法治村（社区）”。

附：区人大常委会领导名录

2009年

主　任：梁美贤（女）

副主任：陈根泉

高和庆

张月婵（女）

周　明

麦耀华（至2009年7月）

李太春

2010年

主　任：梁美贤（女）

副主任：陈根泉

高和庆

谭健立（2010年1月起）

张月婵（女，至2010年1月）

周　明

李太春

◆ 区政府

□ 政府工作

【区政府全体会议】　2009年3月26日召开，会议研究、部署区政府中心工作和政府考核目标，要以争当排头兵的精神状态，提高政府执行力，提高工作效能。

2010年3月11日召开，会议部署区政府中心工作和政府考核目标，动员各级各部门振奋精神，要求增强工作的责任感和紧迫感，落实各项工作。

【区政府常务会议】　2009年，先后召开八届二十四次至三十五次常务会议。

二十四次常务会议审议并同意2009年区政府规范性文件制订计划。

二十五次常务会议审议并原则同意《区政府工作报告（送审稿）》、《江门市江海区2008年国民经济和社会发展计划执行情况与2009年计划草案的报告（送审稿）》、《江门市江海区2008年财政预算执行情况和2009年财政预算草案的报告（送审稿）》和《江海区贯彻市政府关于进一步扩大内需促进经济平稳较快发展的实施意见》。

二十六次常务会议研究同意向区人大常委会提名郑耀强为区人民政府副区长。

二十七次常务会议研究同意《江海区2009年经济和社会发展预期目标方案》、《2009年江门市江海区人民政府主要工作考核目标（送审稿）》、《2009年区重点项目责任分解方案（送审稿）》和《江门市江海区突发公共事件应急体系建设“十一五”规划（草案）》。

二十八次常务会议原则同意《江海区基层农业技术推广体系改革与建设实施方案》。

二十九次常务会议同意《2009年区信息化建设专项经费预算》，审议并同意《江海区小型农田和水利工程建设项目资金补助暂行办法》、《江门市江海区区直单位财政国库集中支付制度改革试点工作实施办法》和《江海区土地利用总体规划大纲（2006－2020）》。

三十次常务会议审议并同意《江门市江海

区优待困难复转退军人等优抚对象实施办法》。

三十一次常务会议研究同意向区人大常委会提请任命邓群标为区文化体育新闻出版局局长、谢党恩为区卫生局局长、黄伟雄为区人口和计划生育局局长，免去邓群标的区卫生局局长职务、黄连旺的区人口和计划生育局局长职务。

三十二次常务会议原则同意《江门市江海区义务教育学校绩效工资实施办法》。

三十三次常务会议审议并同意《江海区贯彻落实〈珠江三角洲地区改革发展规划纲要（2008－2020年）〉工作方案》，研究并同意《关于成立外海街道银泉社区的请示》。

三十四次常务会议研究并同意2010～2015年江海区中小学校舍规划调整。

三十五次常务会议同意江海区2009年度科技专项资金安排计划，审议通过《关于提请审议〈江海区民办学校管理办法〉的意见》。

2010年，先后召开八届三十六次至四十三次常务会议。

三十六次常务会议审议并原则通过《江海区2010年经济和社会发展预期目标》、《区政府工作报告（送审稿）》、《江门市江海区2009年国民经济和社会发展计划执行情况与2010年计划草案的报告（送审稿）》和《江门市江海区2009年财政预算执行情况和2010年财政预算草案的报告（送审稿）》。

三十七次常务会议研究同意向区人大常委会提名黎昱为区人民政府副区长。

三十八次常务会议审议并通过《2010年度区政府规范性文件制定（修改）计划》和《2009年和2010年城市教育费附加使用计划》。

三十九次常务会议原则上同意区政府八届五次全体会议有关事项，原则通过《2010年江门市江海区人民政府主要工作考核目标（讨论稿）》，研究外海中心小学新校区教学楼工程建筑材料补偿等问题。

四十次常务会议同意《江门市江海区“十二五”规划编制工作方案》和《关于调整我区中小学校教职工住房公积金缴存标准的请示》。

四十一次常务会议通报《江海区进一步扩大失业保险基金支出范围试点实施方案》，研究并同意《江海区中小学校舍安全工程规划》。

四十二次常务会议研究同意《关于实施江翠路交叉口及路面改造工程的请示》，并通报关于签署《江门市财政局与江海区人民政府关于2010年3年期中央代发地方政府债券转贷协议》和拨付府东小区被征地农民集体安置留用地费用的情况。

四十三次常务会议研究并同意《关于加强使用江海区财政性资金工程建设项目管理的意见》，讨论通过《江门市江海区行政机关规范性文件管理规定（修订）》。

【区长办公会议】 2009年1月13日，区长办公会议公布我区第一批非物质文化遗产名录，同意选送民间艺术《外海太虚拳》作为申报江门市第二批非物质文化遗产名录的项目。

3月19日，区长办公会议同意《2009年江海区人口计划指标方案》和《2009年残疾人事业专项资金支出预算》，同意建立江海区慈善救助互动中心。

6月1日，区长办公会议原则同意《2009年度江海区审计项目计划》和《江门市江海区创建全国计划生育优质服务先进区实施方案》。

8月14日，区长办公会议原则同意《江海区重点项目考核奖励办法》。

10月29日，区长办公会议原则同意申报市级2010年城市建设重点项目计划和江门市2010年重点建设项目计划，研究部署区人口和计划生育工作。

2010年1月29日，区长办公会议研究同意《江海区2010年重点建设项目计划》、《关于2009年江海区慈善会资金开支计划的请示》、《江海区2010年度新型农村合作医疗宣传发动工作方案》和《江海区2010年度新型农村合作医疗章程》。

3月8日，区长办公会议同意《区人口计生服务站建设方案》。

5月13日，区长办公会议原则同意《2010年度江海区审计项目计划》和《江海区2010年度征收社会抚养费标准》。

8月20日，区长办公会议研究同意《江海区应急物资储备体系建设实施方案》。

10月12日，区长办公会议讨论同意《江海区城镇独生子女父母计划生育奖励金发放实施细则》。

12月21日，区长办公会议原则同意《江海区农村卫生创建工作资金扶持方案》。

【经济工作会议】 2009年6月24日，重点工业企业经济指标数据统计业务培训会议学习工业企业统计的有关制度和指标体系，增强经济、统计部门对重点工业企业经济指标数据的统计分析、监测和预测能力。

6月30日，融资工作会议研究有关项目融资问题。

7月7日，停业整顿城市信用社退出市场工作领导小组组长会议研究城信社物业评估结果确认问题和近期城信社退市工作急需解决的问题。

7月21日，财政工作会议总结分析上半年财政工作情况，研究部署下阶段财政工作。

7月31日，出口退税联席会议总结分析上半年出口退税工作情况，研究部署下阶段出口退税工作。

2010年1月12日，发改、财政、审计工作会议总结2009年工作，研究部署2010年工作。

2月1日，财政工作总结会议总结2009年工作，提出了2010年财政工作的思路。

2月8日，城信社退出市场工作会议总结城信社退出市场工作情况，研究部署城信社退市后续工作。

5月12日，地方政府性债务专项审计调查工作会议传达省、市有关地方政府性债务专项审计调查工作要求，研究部署有关工作。

7月12日，听取新街道财政管理体制意见会议研究街道对江海区街道财政管理体制的意见和建议，研究部署下阶段工作。

【专项工作会议】 2009年2月26日，胜利大桥和胜利南路建设工作会议讨论《关于胜利南路的经济分析及实施建议》和征地拆迁成本估算、有关规费税费返还、资金安排等问题。

3月12日，宣传思想工作会议贯彻落实中央、省、市宣传思想工作会议精神，总结2008年工作，部署2009年工作任务。

4月28日，人口和计划生育工作会议总结2008年度江海区人口和计生工作情况，部署下一阶段人口和计生工作。

5月14日，劳动和社会保障工作会议总结2008年工作，布置2009年工作。

7月6日，礼东大桥筹建工作专责小组成员

单位会议就礼东大桥重建工程规模、资金审批程序、征地拆迁费用和工程招投标等问题达成一致意见。

8月21日，整治和防治地质灾害工作会议传达市有关文件精神，研究区内出现的地质灾害的成因、灾情及整治情况，要求全面排查地质灾害实际情况，启动突发地质灾害应急预案。

10月22日，国防动员委员会暨征兵工作会议总结2008年征兵工作情况，表彰征兵工作全优单位，部署2009年征兵工作。

2010年3月16日，区劳动和社会保障工作会议总结2009年工作，布置2010年工作。

5月6日，绿道网规划建设工作领导小组成员会议传达省、市领导指示精神，研究绿道建设计划、立项、资金安排、施工单位确定方式及其存在问题。

6月11日，福利彩票发行工作会议总结上半年工作，部署下半年工作。

6月18日，召开江海区民兵应急分队迎接江门市军事训练评比性考核任务工作会议，听取区人武部关于参加江门市2010年民兵应急分队军事训练评比性考核情况的汇报，并对有关工作进行部署。

7月29日，召开外海中心小学投资规模及第三标段经费问题工作会议。

9月2日，婚姻登记处（新址）建设工作会议研究江海区婚姻登记处建设的设施设备采购、工程建设进度等问题，部署下阶段工作。

9月17日，召开医改领导小组工作会议，要求高度重视医药卫生体制五项重点改革工作，按照省、市工作部署，落实医改任务，切实加快推进医疗保障制度建设，初步建立起国家基本药物制度，健全基层医疗卫生服务体系，促进基本公共卫生服务逐步均等化和推进公立医院改革试点工作。

10月21日，国防动员委员会暨征兵工作会议报告国防动员委员会工作，总结2009年征兵工作情况，表彰征兵工作单位，部署2010年征兵工作。

11月15日，民政、残联工作会议总结和研究区民政局、区残联和各街道工作完成情况，重点是市、区年度考核目标完成情况、存在的问题，部署下一阶段工作。

12月25日，江海区、高新区“区区互动”工作会议，研究台湾一诠集团LED上游配套产品项目用地、高新区征地工作经费、被征地村集体经济发展自留地和扶持社会主义新农村基础设施建设费用等问题。

【政府主要工作考核目标完成情况】　《2009年江门市江海区人民政府主要工作考核目标》共计102项，按计划完成89项，占考核项目总数的87.20%；基本完成5项，占考核项目总数的5%；部分完成8项，占考核项目总数的7.80%。其中完成较好的工作主要是保增长目标任务全面完成，现代产业体系建设步伐加快，重点项目建设取得新突破，“三农”工作力度加大，社会各项事业全面发展，社会大局保持和谐稳定，政府行政效能进一步提升。滘头街道、区发改局、区劳动保障局、区卫生局、区人口计生局、区公安分局和区地税局完成较好。

《2010年江门市江海区人民政府主要工作考核目标》共计93项，按计划完成87项，占考核项目总数的93.60%；部分完成4项，占考核项目总数的4.30%；未完成2项，占考核项目总数的2.10%。其中完成较好的工作主要是经济指标实现“五个突破、五个翻番”目标，重点项目建设取得重大突破，现代产业体系建设步伐加快，社会各项事业全面发展，社会大局保持和谐稳定。外海街道、区发改局、区外经贸局、区财政局、区人口计生局、区国税局和区地税局完成较好。

【推进重点项目建设】 2008年，为做好组织协调工作，强力推进项目建设，区委、区政府成立区重点项目协调办公室（简称区重点办），设在区项目办理中心。办公室主任由1名区领导担任，副主任由区委、区政府办公室，区外经贸局各1名副职兼任。

2009年，区重点建设项目共有35项，完成11项。

1. 珠三角城际轨道交通工程江门段征地拆迁工作全面完成，工作进度居全省首位；

2. 江海区城市防洪工程建设进展较快，5座重建水闸投入试运行；

3. 江海污水处理厂建设工程已完成全部征地填土工作，项目进入主体工程施工阶段；

4. 广东电网礼乐输变电工程动工建设；

5. 东海路至南环路延伸线全线贯通；

6. 核心区开发建设取得突破，府东小区、府西小区和广珠轻轨江门站地块控制性详细规划通过市审批，其中府东小区成功挂牌出让并引进江海碧桂园项目；

7. 全力推进“江海一号工程”胜利南路开发建设，启动拆迁征地工作；

8. 机电产业基地征地任务完成，入园32家企业投产；

9. 海逸酒店、鹿茵酒店2个星级酒店项目动工建设；

10. 江海演艺中心地块成功挂牌出让；

11. 长优化工二期投产。

2010年8月，区项目办理中心由区外经贸局划归区委、区政府办公室管理，加挂“江门市江海区重点项目督查办公室”牌子，由区委、区政府办公室1名副主任兼任主任。是年，落实“一个项目、一个领导带一套人马、一抓到底”的重点项目责任制，全力推进重点项目建设44项，已完成11项。

1. 胜利南路项目完成拆迁工作；

2. 广珠轻轨支线江门段建成并试运营；

3. 东海路接南环路延伸线建成通车；

4. 永康路建成通车；

5. 礼乐大桥、东华大桥建设稳步推进；

6. 胜利大桥和江珠高速公路北延线项目动工；

7. 中国（江门）国际绿色光源博览交易中心及连海北路项目，成立LED博览交易中心建设指挥部，开展征地拆迁工作；

8. 碧桂园房地产项目91幢联体住宅全部封顶，项目首期开售；

9. 江门市洗衣机厂家用电器项目主体厂房竣工，完成室内装修和安装设备并试产；

10. 利生旧机动车交易市场项目完成土建工程，建成汽车文化广场并进行招商，二手车经营企业进场经营；

11. 德龙国际（航空）物流建设10000平方米仓储项目的投入使用。

【办理“两会”议案和建议提案】 2009年，完成办理各类建议提案和意见99项，其中市人大代表建议、政协提案56件，区人大代表建议、政协提案33件，港澳政协委员反映问题1件，区长约见代表及反映意见4件，并完成市、区建议提案B类答复件的第二次答复工作。对市政协十一届三次会议第2009007号提案（关于加快建造礼东为中心农业生态旅游示范区，全面提升我市休闲旅游品牌的建议），做好与协办单位江门市旅游局、江门市农业局的沟通协调工作，在取得提案委员共识的基础上，做出书面答复。

2010年，办理市、区两会期间及闭会期间建议提案、人大代表约见座谈会、政协委员约见座谈会、人大走访活动等建议及意见约110项。严格按照《江门市江海区人民政府办理人大代表建议和政协提案办法》和《江门市江海区办理建议提案绩效量化测评工作细则》要求，注重服务性和实效性，加强对建议提案办理工作的督办力度，确保承办工作按质、按量、按时限要求完成。

【信访工作】 2009年，围绕“保增长、保民生、保稳定”的工作目标，倾听群众心声、解决群众诉求、维护群众利益。来信151件次；来访125批379人次；群众越级到省政府集体上访1批16人；群众越级到市政府集体上访1批15人。群众到区政府集体上访13批206人次。市信访部门交办的重要信访事项52宗，办结51宗。

2010年，以《信访条例》为准则，畅通信访渠道，规范信访秩序。来信181件次；来访114批516人次。群众进京上访1批3人次，群众越级到省集体上访3批34人；群众越级到市政府集体上访2批60人次；群众到区政府集体上访23批381人次。市信访部门交办的信访事项63宗，办结59宗；市领导交办重要案件45宗，办结42宗。“12345”政府服务热线交办群众投诉案件39宗；群众在网上信访系统投诉案件11宗。3月，区连接省网上信访系统，直接处理省网上信访事项；5月，与全国信访信息系统联网；9月，江海区综治信访维稳中心成立，区信访局并入办公。

【应急管理工作】 2009年，构建区、街道、村（居）及各基层企事业单位的应急管理体制。在全区聘请37名基层信息员，开展2次信息工作培训。各单位向区委、区政府报送各类突发事件信息83条，区向市政府应急办报送突发事件和应急管理信息52期。完成编制和修订的区级专项应急预案21件，初步完成区总体应急预案确定的专项应急预案编制工作。街道、区直部门、村（居）委会、各重点企事业单位编制各类应急预案1150多件。修订和编制《防空袭应急预案》和《应对甲型H1N1流感应急预案》。开展突发地质灾害、安全生产、城市消防、森林防火、地震、公共卫生事件、大规模群体性事件、重大动植物疫情防治和建筑施工安全等应急演练；各街道、企事业单位定期组织开展应急演练。印发《关于加强应急救援队伍建设工作的意见》，组建12支包括森林防火、动植物防疫、医疗救援、物价监测和市政设施抢险等专业应急救援队伍。举办应急志愿者应急救护专题培训班，60多名应急志愿者参加培训并通过考核获得初级救护员资格。应对抗击“天鹅”、“巨爵”等台风和“5•24”特大暴雨等自然灾害，妥善处置了多起企业劳资纠纷以及引起的工人罢工、聚集上访等事件，采取有力措施做好部分中小学校出现的手足口病疫情、风疹疫情和防控甲型H1N1流感疫情。

2010年，街道实现应急管理机构挂牌。完善值守应急、信息报送、预案演练、队伍建设、应急物资储备和管理、应急宣教培训等制度，并统一完成突发事件信息报送制度、应急管理工作领导架构图、突发事件处置流程图、应急预案体系图等公示公开。转发《国务院应急办关于印发突发事件应急演练指南的通知》，分别在谦信化工、西江油库开展全区性应急救援综合演练，以及开展森林防火、三防、动物防疫、应急医疗救治、安全生产事故、建筑施工事故、地震、自然灾害救助、大规模群体性事件和大规模恐怖袭击事件等10个专项预案演练。依托消防大队成立江海区综合应急救援大队，把医疗、交通、民政、地震、建设、市政、通信、供水和供电等专业应急救援队伍纳入综合应急救援大队的调度、作战、训练体系。共建有10支专业性应急救援队伍。出台《江海区应急物资储备体系建设实施方案》。开展应急知识宣传月活动。举办各类型应急管理培训班、派员参加省、市等应急法制学习，参训人员480人次。应对“灿都”、“狮子山”等台风袭击，及时处理礼乐中心小学地面下陷事件，处置因劳资纠纷、医患纠纷等引起的群体性事件16宗。

【法制工作】 2009年，审核政府规范性文件：《关于〈江海区困难优抚对象优待实施办法〉的审核意见》、《关于提请审议江海区民办学校管理办法的意见》经区政府常务会议审核后，向市法制局作了备案报告。审核部门规范性文件：审核《关于〈江海区民政局 劳动和社会保障局 卫生局 财政局抚恤定补优抚对象医疗保障办法〉的审查意见》、《关于〈江门市江海区安全生产监督管理局委托街道安全生产行政执法实施办法〉及〈江门市江海区安全生产监督管理局委托街道安全生产行政执法工作规则〉的审查意见》。依法行政、执法监督：为贯彻实施《珠江三角洲地区改革发展规划纲要（2008～2020年）》，制订《江门市江海区政府规范性文件清理工作实施方案》，对2008年12月31日前区政府及其办公室制定发布的现行有效的规范性文件进行全面清理。共清理规范性文件49件，涉及财政、劳动、工商、计生、民政、经贸、国土、税务、建设、农业、信息、法制、档案和人事等领域。汇总形成《江门市江海区拟保留政府规范性文件目录》、《江门市江海区拟修改政府规范性文件目录》和《江门市江海区拟废止政府规范性文件目录》，保留政府规范性文件20件，修改政府规范性文件4件，废止政府规范性文件25件。

2010年，审核政府规范性文件：《关于提请审议〈江门市江海区行政机关规范性文件管理规定（修订）〉的请示》经区政府常务会议审核后，印发《江门市江海区行政机关规范性文件管理规定（修订）》，向市政府做了备案报告。审核部门规范性文件：审核《关于〈关于进一步加强重点工程建设项目安全生产监督管理工作的实施意见〉的审查意见》。依法行政、执法监督：印发《江门市江海区政府依法行政工作情况报告制度》，保证行政机关正确履行职责，推动行政机关改革行政管理体制和管理方式。

【政府采购工作】 2009年，完成采购人委托的政府采购项目58项，其中公开招标17次，竞争性谈判8次，单一来源9次，询价24次。政府采购预算金额4140.08万元，实际采购金额3871.61万元，节约采购资金268.46万元，节约率6.48%。其中货物类预算416.63万元，节约资金17.95万元，节约率4.31%；工程类预算570.26万元，节约资金53.10万元，节约率10.09%；服务类预算2773.35万元，节约资金50.35万元，节约率1.82%。重点完成麻一与五邑路交叉路口至麻二安和里排水工程、华兴小学挡土墙及操场工程、江南公共环卫清扫保洁上门收集垃圾及垃圾清运服务承包项目、外海人民医院彩色多普勒超声波诊断仪招标、礼东大桥拆除工程、五邑路礼乐出口匝道维修工程等采购工作。

2010年，政府采购预算金额4585.72万元，实际采购金额4440.38万元，节约采购资金145.54万元，节约率为3.17%。其中货物类预算757.98万元，节约资金30.5万元，节约率4.02%；工程类预算798.15万元，节约资金110.06万元，节约率13.79 %；服务类预算3029.59 万元，节约资金4.77万元，节约率0.15%。采购次数92次。重点完成人口和计划生育服务站室内外装修工程、礼乐人民医院数字化X线摄影与成像系统、外海街道中心地区公共环卫清扫保洁垃圾收集和垃圾(含村居)清运服务承包、沿江二路至沙津横一岭河边道路改造工程、前进路改造工程等采购工作。

【督办工作】 2009-2010年，出台重点项目考核奖励办法和保增长促发展激励办法，制订重点项目实施计划表和政府主要工作考核目标（102项）。报送市政府考核目标完成情况报告10份，督办各级领导批示件和专项督办件78件，印发《江海区督查专报》49期、《江海区督查通报》42期。组织现场督查工作会7次、重点项目现场会4次。

【金融工作】 2009年，区委区政府办公室加挂“江门市江海区金融服务办公室”（下称区金融办）牌子。区金融办设主任1名（高配为正科级），人员编制在区委、区政府办公室内部调剂。其职能包括：研究制定本区地方金融及金融产业发展的中长期规划和工作计划；协调、支持和配合有关金融监管机构对地方金融机构及行业自律组织的管理，协调解决金融业发展中应由地方解决的矛盾和问题；组织协调防范化解和处置地方金融机构的金融风险，配合有关部门查处和打击非法金融机构和非法金融业务活动；负责对地方国有金融资产的监督管理，组织协调地方金融资源的优化配置；研究拟定地方发展和利用资本市场的政策、规划和措施，推动企业改制上市；协助国家证券监管机构做好上市的规范发展工作，指导、协调上市公司配股、增发新股、发行债券等再融资工作和并购、重组、股权交易等行为。

2010年，区退市办工作由区金融办接管，协调落实退市有关后续工作。累计办理债务清偿8.65亿元，占一般债权额84.58%，其他由江门信金资产管理公司代位受偿。按照《江海区收购城信社敏感性存款的审批权限规定》，做好敏感性存款收购审核，办理收购敏感存款债权额1466万元，实际支付资金1327万元，削债额139万元。成功化解原西区城信社的辽宁省营口市商行债权等诉讼案，协调区档案局接收及整理城信社退市以来的原始档案资料。指导金信、银信公司做好受偿实物资产的盘活营运，以增加收益逐步消化城信社历史遗留债务。加强对优势企业及拟上市企业的调研和部署，落实上市企业扶持政策措施，共兑现上市扶持奖励400万元。是年12月22日，量子高科在深圳证券交易所成功挂牌上市；科恒实业完成向国家证监会申报IPO；汉宇电器引入战略投资者，购置新地块；长优实业进入选定中介机构、加快股份制改造阶段。江海区唯一的一家汇通小额贷款公司办理小额贷款业务76笔、投放金额4174.50万元，账面利润367.10万元。推进村镇银行、融资性担保公司的筹建等工作，成立首家顺盈信用担保公司，共为企业办理9笔2930万元的担保业务。协助民生银行、兴业银行等新兴银行开拓区域业务。平安产险江海营业部进驻江海区。

【春茗活动】 2009年2月17日，区政府和高新区在香港九龙香格里拉酒店举办新春招商会。出席招商会包括市、区和高新区的有关领导，在江海区投资的企业家代表、香港社团代表及有关港、澳、台同胞和知名人士共430人。招商会前后，区领导分别到香港叶氏化工集团、香港凌志陶艺有限公司、香港建滔化工集团、香港德龙国际货运公司和香港智利钢铁有限公司拜会。

2010年3月22日至25日，市、区有关领导分别到香港谦信化工公司叶氏恒昌（控股）有限公司、香港励福国际集团董事、香港励福国际集团董事、建滔化工集团公司、百码士环保控股有限公司、信义玻璃控股有限公司、香港建设（控股）有限公司和澳霸控股有限公司拜会。

附：区政府领导名录

2009年

区　长：梁许赞

副区长：利为民（至2009年2月）

伍炜波

胡念芳（女，至2009年4月）

梁镜波

周婉玲（女）

吴　刚

何宁坤

王长青（2009年2月起）

郑耀强（2009年3月起）

易　洁（女，挂职，2009年4月起至2009年9月）

2010年

区　长：梁许赞

副区长：伍炜波

梁镜波

周婉玲（女）

吴　刚

何宁坤

王长青

郑耀强

黎　昱（挂职，2010年1月起）

□ 人事工作

【人才市场建设】 2009年，组织企业分别参加春、夏毕业生见面供需招聘会，41家企业入场招聘，提供163个职位，招聘788人。区人才网站拥有会员单位79家，会员个人612人。组织3家企业参加首届2009年高校毕业生网络招聘会，提供17个职位，招聘人数28人。到兰州招聘中、高层次人才，并与部分兰州大学2010年毕业生签订了《毕业生就业协议书》。招录“大学生村官”下基层12人。

2010年，举办人才招聘会5场次，分别为春、夏毕业生见面会，105家企业入场，提供467个岗位，招聘2068人。华南师范大学专场招聘会，6间知名企业参加，提供34岗位，招聘90人。

【专业技术人才管理】 2009年，举办《专业技术人员职业道德与创新能力》公修课2期，参加培训362人。职称初次考核认定97人，高级职称申报36人，其中教师29人；中级职称申报118人，其中教师109人；初级职称申报人，其中教师申报36人，通过34人。

【高校毕业生就业】 2009年，10家单位参加毕业生就业见习签约仪式，提供就业见习岗位51个、职位195个。

2010年，建立毕业生就业见习基地10家，见习岗位包括计算机、设计、财务等。全区有见习基地19间，提供就业见习岗位81个，招聘人数318人，进入基地见习37人。

【专业技术人员继续教育】 2009年，举办《知识产权法基础与实务》公修课2期，362人参加培训。职称初次考核认定97人，高级职称申报36人，其中教师29人。中级职称申报118人，其中教师109人。初级职称申报人，其中教师申报36人，通过34人。

2010年，6人取得生态农业实用人才证书，其中高级1人，中级1人，初级4人。举办《知识产权法基础与实务》公修课2期，544人参加培训。职称初次考核认定94人，高级职称申报20人。中级职称申报 120人，其中教师108人。初级职称申报36人，其中教师申报22人。

【人事档案管理】 2009年，接收毕业生665人，其中博士研究生1人，硕士研究生6人，本科225人，大专431人，中专2人。共接收毕业生档案489份。区人才中心存档案2208份。其中新增代理数678人，转出档案37份，为代理人数办理转正定级44份。

2010年，接收毕业生705人。其中硕士研究生5人，本科220人，大专475人，中专5人，就业率96%。未就业人数28人，办理改派2人。区人才中心存档案2520份。其中新增代理数662人，转出档案39份，为代理人数办理转正定级60份。办理企业干部调入7人，其中博士1人；调出42人，其中中级职称5人。

【公务员管理和培训】 2009年，组织全区7个单位参加公务员招考，招考职位10个，报名参加考试139人，其中参加面试30人。完成参照公务员法管理事业单位公务员登记工作，符合登记考试资格条件的13人，经考试合格13人。举办初任培训1期、正科级干部培训4期、乡镇长培训4期、省内对口培训7期，培训81人次。

2010年，组织全区7个单位参加公务员招考，招考职位19个，报名参加考试264人，其中参加面试57人。完成公务员登记工作，符合办理公务员登记手续18人。举办乡镇长培训2期、信息技术应用学习全员培训8期、省内对口培训10期、专业技术人才知识更新工程（“653工程”）培训2人，培训1511人次。

【军队转业干部安置工作】 2009年，接收军队转业干部4名，其中计划安置4名（团职1名，营职3名），随调家属2名。

2010年，接收军队转业干部4名，其中计划安置4名（团职1名，营职2名，连排职1名）。

【事业单位管理】 2009年，共完成事业单位法人登记年检92个，合格率92.33%，办理事业单位变更25个，新登记事业单位10个，办理事业单位法人注销3个。公开招聘中小学教师29名。协助江南街道招聘环境卫生管理站职员3名。

2010年，全区共106个事业单位参加年审工作，合格率100%，办理事业单位变更12个，办理法人登记事业单位2个。公开招聘中小学教师8名。

【工资福利】 2009年，按照规范公务员津贴补贴工作的要求，区纪委、区委组织部、区监察局、区财政局、区人事局和区审计局联合下发《关于印发〈江门市江海区街道办事处机关规范国家公务员津贴补贴实施办法〉的通知》，清理、规范街道办事处津补贴的发放，在全市率先全面完成规范公务员津贴补贴工作。把解决中小学校教师待遇“两相当”工作与义务教育学校绩效工资实施工作结合，统筹推进。区人事局、区财政局和区教育局联合下发《关于印发江门市江海区义务教育学校绩效工资实施办法的通知》，义务教育学校绩效工资分三步实施，2009年中小学校教师收入达到区公务员收入水平的80%以上，2010年达到90%以上，2011年相当于区公务员的收入水平。

2010年，按照《江门市江海区义务教育学校绩效工资实施办法》，调整教职工的绩效工资标准，中小学校教师收入达到区公务员收入水平的90%以上。

【公务员（干部）年度考核】 2009年，机关、事业单位2009年应参加考核人数1476人，实际参加考核人数1476人。其中优秀等次193人，占参加考核人数的13.08%；称职（合格）等次1262人；没有基本合格人员和不称职等次人员；不定等次21人，均为试用期人员。

2010年，区委组织部、区人事局联合下发《关于做好2010年机关事业单位工作人员年度考核工作的通知》（江海人发〔2010〕25号），结合年度考核与述职述廉等工作，按照规定进行个人述职、民主测评、领导评鉴、确定等次和呈报结果等工作。机关事业单位（不含中小学校）应参加考核人数1552人，实际参加考核人数1552人。评优秀等次215人，占参加考核人数的13.85 %；称职（合格）等次1312人；基本合格等次3人；不称职等次4人；不定等次18人，均为试用期人员。

◆ 区政协

【二届四次会议】 2009年3月3～4日，区政协召开二届四次会议。林惠国主席作常委会工作报告，闭应响副主席作提案工作报告。会议增补黄友柏、陈勤发为常委。会后，区政协书画院举行“祖国颂”即席挥毫，向区委、区政府赠送国画《大地争荣沐春风》、《江海春晓》。

【二届五次会议】 2010年1月19～20日，区政协召开二届五次会议。林惠国主席作常委会工作报告，闭应响副主席作提案工作报告。听取各民主党派、联络组代表对实施《珠江三角洲地区改革发展规划纲要》加快江海区发展的意见。增补何国祥为区政协秘书长，谭德华、李兆中、谭建国、李维科、黄奔勇、肖景辉、胡志宏、黄健华为常委。会后，政协委员“情暖江海”爱心活动和书画家现场挥毫在丰泽园酒家大堂举行，澳门妈祖文化慈善会、澳门文联、江海区政协书画院书画家联合向区慈善会捐款10万元，李兆中为董事长的宝利皮革有限公司向江海区的对口扶贫点乐昌市捐赠价值19万元的皮衣、寒衣一批，田吉平为董事长的江门市长优实业有限公司、谭建国为董事长的江门市丰泽园酒家、李维科为董事长的江门市同乐酒家有限公司向江海公安分局联合捐赠“平安江海”警车1辆；江门市长优实业有限公司向礼乐街道捐赠2010年度“优创教育助学基金” 10万元。

【工作会议】 2010年7月22日，召开区政协全体委员、市政协江海区联络组成员参加的工作会议。区政府常务副区长伍炜波通报江海区上半年经济社会发展情况；杜远繁副主席总结区政协上半年工作，部署下半年工作，传达、学习中共中央政治局委员、省委书记汪洋《在全省加快转变经济发展方式电视电话会议上的讲话》精神，并作“扶贫济困”工作动员。龙振军作了题为《劳动合同法与合同法热点问题解读》的法律知识辅导。会议安排委员作“我为江海多作贡献”经验交流，刘夏林作了《关注社会热点，积极建言献策》的发言，李兆中作了题为《履行委员职责，热心社会公益》的讲话，饶小坡作了题为《让科技为企业持续发展注入核能》的工作经验介绍。

【常委会议】 2009年1月20日，区政协召开二届八次会议，传达区委七届六次全会、区委七届七次全会精神，审议通过召开区政协二届四次会议有关内容安排，同意增补委员14名和请辞委员4名，其中甄惠嫦因退休辞去区政协秘书长、委员职务。8月18日召开二届九次会议，听取区政府江海区上半年经济社会发展情况通报，总结区政协上半年工作和部署下半年工作，学习、贯彻《珠江三角洲地区改革发展规划纲要》和《推进珠中江区域紧密合作框架协议》，并听取“为企业提供银行优质服务，共度时艰”专题讲座。

2010年1月11日，区政协召开二届十次会议，学习贯彻中共十七届五中全会、区经济工作会议精神，听取区纪委、区法院、区检察院2009年度工作情况报告，审议通过区政协二届五次会议有关内容安排；研究区长约见政协委员安排。11月19日召开二届11次会议，回顾2010年政协工作及2011年工作构想；研究区政协常委、委员增补和委员的请辞，调整委员分组安排，同意陈勤发因离岗辞去区政协提案与联谊委主任的请求，任命肖汉华为区政协提案与联谊委主任。

【委员提案】 2009年，区政协二届四次会议以来，全体政协委员、政协各参加单位共提出提案15件，经审查立案13件，各承办单位对办理情况均作了答复，其中办结2件，办理8件，尚未办理1件，需要向上级反映争取办理2件。

2010年，区政协二届五次会议期间共收到提案9件，立案9件。其中解决3件、计划解决3件、提案提出的问题因受条件限制需向上反映争取办理3件。

【专题调研视察】 2009年，开展以“江海区企业应对金融危机求发展”为主题的调研活动，实地调研企业52家，撰写《关于江海区企业应对金融危机求发展的调研报告》报区政府。

2010年，以“稳定外需扩大内需”为主题，进行专题调研，分别到区有关职能部门以及长优实业有限公司、东申大电机有限公司、晶华轻工科技有限公司、江门亿源集团有限公司和联兴高频设备有限公司等10多家企业调研，听取稳定外需扩大内需的主要做法及成效，了解企业生产经营情况，收集意见和建议，形成《关于稳定外需扩大内需专题调研情况的报告》报市政协和区委、区政府。组成“三旧”改造工作调研组进行专题调研，视察江南街道华庆里和滘北街道茶山里，听取江南、滘北街道关于“三旧”改造工作情况汇报，形成《抢抓机遇，切实推进我区“三旧”改造》的调研报告报区委、区政府。

【季度民主党派活动】 2009年，开展分别以“同心同德做强企业，带头为实现江海区经济保增长作贡献”、“扩内需保增长促进经济平稳较快发展”、“纪念新中国和人民政协成立60周年，履职为民”、“转变发展方式，优化经济结构，加快先进制造业建设”为主题的第16～19次区域民主党派季度调研活动。

2010年，开展“提升医疗水平，建设民生江海”、“关心侨眷侨属，凝聚侨心侨智”、“加快文化建设，促进又好又快发展”、“巩固防洪减灾成果，建设宜居宜业江海”4个专题的第20～23次民主党派季度调研视察活动。

【书画院活动】 2009年，组织书画院成员开展“颂江海”即席挥毫活动，向区委、区政府分别赠送大型国画《大地争荣沐春风》和《江海春晓》。与蓬江区、新会区政协联合举办纪念新中国和人民政协成立60周年，澳门、江门、新会“三区三地书画联展”活动，江海区承办澳门站联展。支持书画院副院长区启森举办“和谐家园”个人画展。

2010年，组织书画家到江南街道、区检察院、华兴小学和蓬江区堤东街道、潮连镇等地挥毫雅集9次。支持书画院成员陈高琼举办书画展。

【江海区高尔夫球赛】 2009年，在江门五邑蒲葵高尔夫球场举办“以球会友，广泛联谊，推介江海，服务经济，促进发展”为题的首届“江海杯”高尔夫球邀请赛，市、区有关领导及港澳台、各地的社团参加。

2010年，第二届“江海杯”高尔夫球邀请赛在江门五邑蒲葵高尔夫球场举行。

【送医送药下乡】 2009年，市民建、区政协在外海街道麻二村联合组织送医送药下乡义诊活动，为村民提供义务医疗咨询、诊疗并赠送凉茶、药品。来自市中心医院、市人民医院、市妇幼保健医院、新会区会城医院的消化内科、呼吸内科、骨科、肿瘤内科、妇科、神经内科、检验科、体检科的主任医师、医学博士、检验师、护师为村民免费服务，并现场赠送药品500多份。

2010年，区红十字会诊疗所、区民进总支部举行的义诊活动。

附：区政协领导名录

2009年

主　任： 林惠国

副主任： 杜远繁

闭应响

林锦集

李光明

唐　高

董广芬（女）

2010年

主　任： 林惠国

副主任： 杜远繁

闭应响

林锦集

李光明

唐　高

董广芬（女）

江海区民主党派概况表

名称	成立年月	2009年		2010年	
		人数	负责人	人数	负责人
民革	2004.8	20	刘夏林	22	刘夏林
民盟	2004.12	14	区启森	14	区启森
民建	2005	28	李光明	30	李光明
农工	2004.6	27	唐　高	27	唐　高
致公	2003.12	6	李晓勇	5	李晓勇
九三学社	2006.8	16	黄家河	17	黄家河
合计	—	127	—	132	—

群众团体

JIANG HAI YEARBOOK

◆ 总工会

【工会建设】 2009年，新组建基层工会组织17家，增长6.20%；新增会员1894人。3家企业评为江门市三星级劳动关系和谐企业，4家企业被评为江门市二星级劳动关系诚信企业，5家企业被评为江门市一星级劳动关系守法企业。区总工会分别被市总工会评为“重点工作综合评比”、“工会固本强基工作”和“工会经审工作”二等奖。中港宝田摩托车有限公司工会被评为“广东省模范职工之家”，安诺特饮具制造有限公司氧化车间工会小组被评为“广东省模范职工小家”，辉隆塑料机械有限公司工会主席朱林杨被评为“广东省优秀工会工作者”。

2010年，新增基层工会组织26个，增长8.90%；基层工会涵盖法人单位新增140个，发展会员1929人。按照江门市委《关于进一步统筹推进党建、工建、团建、妇建工作的意见》要求，培育外海街道中东村、广东银帆化学有限公司、江南街道中沙社区是江门市“五好”示范点创建单位，外海街道、礼乐街道新民村等10个单位是江海区“五好”示范点创建单位。区总工会被市总工会评为工会工作创新奖，工会经审工作一等奖，重点工作综合评比、固本强基工作二等奖和职工互助保障工作被评为先进集体二等奖。多快好省有限公司被评为全国“模范职工之家”。2个企业班组分别被评为“江门市女职工文明岗”，3名基层工会委员分别被评为“江门市建功立业女能手”。

【维护职工合法权益】 2009年，共接待来信来访4宗，办结率100%。

2010年，基层工会设立完善劳动争议调解委员会，参与劳动争议调解处理工作。共接待来信、来访、来电共5宗，办结率100%。

【开展职工技能培训】 2009年，筹集资金3.20万元，委托江门职业技术学院举办摩托车维修班，各级工会组织培训职工、农民工80人。

2010年，筹集资金5.25万元，委托江门职业技术学院举办维修电工和仓管员班，各级工会组织培训职工、农民工105人。

【开展职工文体活动】 2009年，联合区委宣传部、团区委在江南文化广场举办“信心、暖心、携手共建和谐新江海”庆“五一”迎“五四”文艺晚会。组织安诺特饮具制造有限公司、荣信电路板有限公司两支企业代表队各100人参加江海区“红歌颂中华”歌咏大赛。在江门荣信电路板有限公司举办“相约荣信，你我同行”为主题的青年会员联谊会，来自荣信电路板有限公司、精工谦和制衣厂、辉隆塑料机械有限公司各行各业的200多名未婚男女青年参加活动。

2010年，举办“读书强素质，建功在江门”外来工演讲选拔赛，并选派一名女职工参加市总工会举办“读书强素质，建功在江门”外来工演讲比赛。与区教育局在江海区银泉小学联合举办“江海区2010年幼儿园教师德育专业能力选拔赛”，14名幼儿园教师参加了选拔赛，到会的街道幼儿园主管和幼儿园观摩代表有200人。经过选拔，有3名女教师参加江门市幼儿园教师德育专业能力大赛。联合区委组织部、团区委、区妇联在外海街道直冲工业园内举办以“关爱、同乐、和谐，同赏中秋、共迎国庆”为主题的党统筹工青妇组织情系外来工赏月联欢晚会。

【推进工资集体协商工作】 2009年，贯彻落实《中华人民共和国劳动合同法》等法律法规，以推进平等协商集体合同制度为重点，推行工资集体协商，督促企业建立完善工资共决机制、职工工资正常增长机制和支付保障机制。建立集体合同和工资协商的企业126家，签订女职工权益保护专项集体合同115家。

2010年，推行集体合同制度，建立完善工资集体协商机制，建立集体合同和工资协商的企业200家，覆盖企业1610家，覆盖职工26762人。指导各企业工会续签《女职工特殊权益专项保护合同》，参与企业1463家、女职工14439人。

【开展劳动竞赛活动】 2009年，组织200多家企业、487个班组参加全国“安康杯”竞赛活动，10690多人参加。组织1000名基层工会会员参加“全国职工安全健康知识竞赛”活动。

2010年，深入开展第九个“全国安全生产月”系列活动，营造全社会以“安全生产，预防为主”为主题的舆论氛围，广泛深入开展“安康杯”竞赛活动。全区224家企业、494个班组参加全国“安康杯”竞赛活动，11660人参加。

【帮扶困难职工】 2009年，各级工会建立县镇级帮扶中心（站）5个，救助特困职工及因患重大疾病或其他原因致贫的困难职工，为特困职工参加重大疾病互助保障计划，扶助孤寡老人（含两老无儿女家庭）等一站式帮扶，筹集帮扶资金3.30万元，帮扶慰问困难职工111人。在金秋助学活动中，各级工会助学帮扶29人（农民工子弟8人），助学金1.90万元。筹集帮扶资金12.91万元，救助困难职工（含外来工、农民工）260人。

2010年，筹集帮扶资金3.80万元，帮扶慰问困难职工76人。在金秋助学活动中，助学帮扶12人（其中农民工子弟3人），助学金0.85万元。筹集帮扶资金9.60万元，救助困难职工（含外来工、农民工）165人。

【推广职工医疗互助保障计划】 2009年，全区1799名职工参加互助保障计划，5名患大病职工获得共10万元的互助保障金。广东省职工医疗互助保障计划自2002年开办以来，共有10847名职工参加，为22名患重症职工给29万元互助保障金。

2010年，3090名职工参加互助保障计划，有8名患大病职工获得9万元的互助保障金。广东省职工医疗互助保障计划自2002年开办以来，共有13937名职工参加，为30名患重症职工给予38万元互助保障金。

【“职工书屋”建设】 2009年，各级工会开展“创建学习型组织，争做知识型职工”活动，推进“职工书屋”建设。1个单位的“职工书屋”被评为全国“职工书屋”示范点；9个单位的“职工书屋”达到省级标准，3个单位的“职工书屋”达到市级标准。

2010年，多快好省机械有限公司和江门荣信电路板有限公司的“职工书屋”被评为全国“职工书屋”示范点，11个单位的“职工书屋”达到省级标准，11个单位的“职工书屋”达到市级标准。

附： 2009年江海区总工会组织基本情况表

分组	基层工会	其中		基层工会涵盖单位	职工	女性	农民工	女性农民工	工会会员	女性	农民工	女性农民工
		独立基层工会	联合基层工会									
	个	个	个	个	人	人	人	人	人	人	人	人
总计	292	210	82	2536	35772	15754	16102	6863	32838	14577	15438	6528
国有企业												
集体企业	2	2		2	258	12	151	8	258	12	151	8
股份合作企业												
联营企业												
国有独资公司												
其他有限责任公司	11	11		11	1255	645	562	219	1239	645	562	219
股份有限公司中的国有控股公司												
其他股份有限公司												
私营企业	180	116	64	2312	20587	9131	10090	4468	18463	8298	9675	4213
其他内资企业												
台港澳商投资企业	48	37	11	119	9601	4085	4850	1956	9021	3859	4675	1932
外商投资企业	13	11	2	17	1167	482	433	206	955	364	359	150
财政拨款的事业单位	10	9	1	14	972	606			970	606		
其他事业单位	10	10		10	497	204	16	6	497	204	16	6
机关	18	14	4	51	1435	589			1435	589		
个体经济组织												

2010年江海区总工会组织基本情况表

分组	基层工会	其中：独立基层工会	其中：联合基层工会	基层工会涵盖单位	职工	女性	农民工	女性农民工	工会会员	女性	农民工	女性农民工
	个	个	个	个	人	人	人	人	人	人	人	人
总计	318	238	80	2676	37434	16557	16875	7242	34767	15500	16267	6939
农、林、牧、渔业	2	1	1	7	52	18	36	11	52	18	36	11
采矿业												
制造业	193	183	10	256	16277	7007	7346	2955	15500	6695	7067	2892
电力、燃气及水的生产和供应业	2	2		2	30	9	22	6	30	9	22	6
建筑业	1	1		1	13	2			13	2		
交通运输、仓储及邮政业												
信息传输、计算机服务和软件业	1	1		1	40	21			40	21		
批发和零售业	5	5		5	231	68			231	68		
住宿和餐饮业	6	5	1	7	382	196	192	124	332	158	172	104
金融业												
房地产业	1	1		1	50	10			50	10		
租赁和商业服务业												
科学研究、技术服务和地质勘查业	1	1		1	16	6	16	6	16	6	16	6
水利、环境和公共设施管理业												
居民服务和其他服务业	66	4	62	2303	17038	7697	9159	4081	15217	7001	8850	3861
教育	12	10	2	23	1343	862			1332	852		
卫生、社会保障和社会福利业	5	5		5	364	173			356	172		
文化、体育和娱乐业												
公共管理和社会组织	23	19	4	64	1598	488	104	59	1598	488	104	59
国际组织												

◆ 团委

【青联工作、对港联谊交流】 2009年，区青年联合会建立沟通联系机制，每年确定4次固定活动，先后到长利光电、长优实业等10多家企业进行调研，围绕推动青年联合会活动、青年就业创业、应对金融海啸等问题，与青年企业家沟通和交流。区青联、澳门江门青年会、江门侨界青年会联合组织200名两地青年齐聚外海南山南大岗山头举行“五四”植树树立榜样活动。江港青年交流促进会发动的香港热心人士组团参与扶困助学会亲活动，筹集助学5.25万元，资助特困学生105名。

2010年，组织10名青年企业家参加“江门青企五邑行”——新会、鹤山投资环境考察活动。江港青年交流促进会发动香港青商会团到江海区参观投资环境。香港狮子山扶轮社联合开展粤北山区助学交流活动。推荐21名区内优秀青年企业家加入市青企联，推荐6名优秀农村青年加入市青农会。江港青年交流促进会发动的香港热心人士组团参与扶困助学会亲活动，筹集助学5.50万元，资助特困学生110名。

【六届三次全委（扩大）会议】 2009年，团区委召开六届三次全委（扩大）会议，总结2008年的工作，提出2009年的工作总体要求。

【第七次团代会】 2010年4月15日，召开共青团江海区第七次代表大会。会议回顾和总结过去三年工作情况，确定了未来三年工作、青年事业大战的指导思想和主要任务，选举产生共青团江门市江海区第七届委员会。

【义工工作】 2009年，区委宣传部、区文明办联合发出倡议，各机关、事业单位成立义工组织。学校成立少先队义工预备队，10所学校成立少先队亲子义工队，义工工作将学生在校园、家庭、社会的三位一体的教育有机结合。社区义工服务站分别成立社区义工服务队。健全义工注册制度，以信息化、网络化手段加强对义工的管理，加大义工招募和培训力度。全区义工联有8个分会，6个直属服务组，团体义工20个，注册义工4000人。

2010年，召开区义工联总结表彰暨社区义工服务站建设推进会，对新建立的5个社区义工服务站和18支义工服务队进行授旗、表彰。推进社区义工服务站建设，开展社区义工工作调研，各街道公开招募社区义工服务站兼职志工，5名优秀义工担任社区义工服务站志工。制订《江海区社区义工服务站建设方案》和《江海区社区义工服务站志工管理办法》，为社区义工服务站规范化建设提供制度保障。全区网上注册义工共12500人。

【青年文化节活动】 2009年“五四”期间，开展以“弘扬五四精神、绽放青春风采、创建文明城市”为主题的2009年江海区青年文化节活动；“信心、暖心，携手共建和谐新江海”开幕式晚会；“万名义工献爱心”活动；江澳青年植树造林、携手共建绿色平台活动；校园歌手大赛暨新团员入团仪式活动等。礼乐街道举办青年运动会，激励青年挑战自我，挑战极限；外海街道举办“颂中华，感团情” 青少年诗歌朗诵比赛。

2010年，以创建全国文明城市、迎亚运为契机，开展国情教育、形势政策教育；开展主题团日、队日设计竞赛活动；各团队、学校组织“文明礼仪伴我行”、“迎接亚运会 创造新生活”等活动，进行歌咏、演讲和手抄报比赛等。开展以“弘扬五四精神、绽放青春风采、建文明城市”为主题的2010年江海区青年文化节活动，与江门海关团委举办青年定向越野慈善交友活动，与区消防大队举办“争当亚运先锋、服务和谐侨乡”联谊晚会，开展农村青年欢乐节活动，“微笑外海 青春同行”创文文艺汇演，青少年篮球赛，校园歌手大赛暨新团员入团仪式等活动。江海区公安消防大队、江海区人民医院等被评为市级“青年文明号”。

【青年志愿者活动】 2009年，江南街道江翠社区义工服务站成立，并启动“心手相连”困难家庭免费青少年课程、兴趣特长辅导，100名辅导义工逢周六对社区内120多户困难家庭子女进行“一对多”的免费课程辅导，周日由有特长的义工有针对性地开设绘画、音乐、舞蹈、游戏等兴趣特长培训。区义工联分别在外海四大、礼乐威西两个义工服务站分别增设该项义工服务，受惠困难家庭230多户。400多名义工分30个小组结对140户困难家庭，坚持开展春节、中秋节日期间探访，巩固和扩大“义工结对帮扶服务接力行动”，对其中39户特困家庭安排义工骨干负责，每月探访并跟进解决问题，筹集慰问金2.50万元和1万多元的食用、生活物资，帮助困难家庭。组织义工200名参与慈善筹款和公益服务活动，筹得善款1.76万元。组织学校开展学雷锋志愿服务活动。响应“一元爱心日”活动，在麻园商贸城和中环广场举行大型社区咨询服务和募捐活动。举办主题为“浓情五月天，感恩母亲节”的“万里长卷颂母恩”亲子活动、“齐牵手，促成长”探访智障儿童家庭、环保日清理垃圾活动。“师爱闪光在岗位”启智学校交流、“义工同心，拥军爱军”联欢、“万名义工献爱心，共创文明城市”社区宣传服务和中秋送温暖活动。组织义工60多名在外海街道清洁“牛皮癣”。组织志愿者开展交通协管员活动，开展月饼盒回收大行动，开展义工交流培训活动。

2010年，组织基层团组织开展“青春暖流”行动，慰问20多户特困家庭的子女和外来青年员工子女，向他们送上慰问金和油、米等生活用品一批。向140多名贫困学生发放助学金7.40万元。发出爱心倡议，为患血友病青年陈永乐、白血病的杨老师、患红斑狼疮病的中学生黄长根、患肺积水与胸膜炎并发的康旭荣募捐5万多元，并联系《江门日报》爱心桥专栏报道病情向社会求助。筹集爱心助学款7.55万元，结对资助151名秀水镇高中和大学阶段的在读贫困学生。组织30多名热心人士到韶关市乐昌秀水镇开展江海－秀水扶贫开发助学活动。

【青年科技行动】 2010年，联合区科技局、区农业局等部门开展农村青年科技文化活动月活动，包括举办开展科普文化知识讲座和摄影、书法展，开展青年职业技能培训和送信息科技下乡志愿服务活动。

【团组织情况】 2009年，新组建山海天酒楼等7个非公有制企业团组织。团（总）支部换届全面实行民主双直选举，外海街道团委成为江海区首个街道团委实行换届民主双直选的单位。非公团组织共44家，设9个团委，分别是5个街道团委，公安局团委、外海中学、礼乐中学和第十一中学。所有村（居）均成立团支部、团干部120多人、青年人数2.30万人、团员3600多人。

2010年，开展百日团建行动，召开工作现场推进会，对两新团建工作进行再动员，向新建团组织授牌，全区非公企业建立团组织86个，其中2010年新建团组织45家。全区有规模以上企业75家，规模以上非公企业建立团组织54家，团建率为72%。推优入党71人，团员推优入党率100%。非公团组织共44家，团员3600多人。至此，全区非公团组织共84家，新建团组织40家，设9个团委，分别为5个街道团委，区公安分局团委、外海中学、礼乐中学和第十一中学的团委。全区所有村（居）均成立团支部、团干部160多人、青年2.60万人、团员4200多人。

【“信息直通车”行动】 2009年，按照团市委关于“城乡青年中心”建设部署，推进青年中心建设，建成9个青年中心，每个青年中心划拨建设经费2万元，为青年提供图书阅览、上网、交流活动等服务。推进“信息直通车”工程力度，在全区34条村中选拔年纪轻、责任心强、熟悉计算机操作、善于与村民沟通的团支部书记、大学生村官等组建成信息通讯员队伍。制订《信息员队伍建设方案》，加强对信息员的考核管理，组织10多名大学生到各村现场培训、指导信息员开展工作。联合区信息产业局对信息通讯员开展技能培训。

2010年，加大推进“信息直通车”工程力度。选拔年纪轻、责任心强、熟悉计算机操作、善于与村民沟通的团支部书记、大学生村官等组建成信息通讯员队伍，公示“农村信息直通车”工程管理服务制度、信息员管理制度、信息员名单等宣传资料，并建立健全信息员信息报送考核制度和信息员奖励制度，加强管理。“信息直通车”行动成为推动共青团固本强基工程和培养后备干部的有效平台。

【青年职工技能培训】 2009年，会同区劳动保障局、区人事局走访辖区20多家企业，联系新时代粘合剂公司，君盛五金塑料有限公司等14家企业，确定为“青年就业创业见习基地”，提供117个就业见习岗位，做好青年就业创业工作。

2010年，通过举办就业创业培训、实施青年创业小额贷款、建立青年就业创业见习基地等途径，扶持青年就业创业。实施农村青年职业技能培训，联合区劳动保障局等部门举办各类型的职业技能培训，共培训农村青年350多人次。联合区农信社，向29名创业青年发放175多万元的青年创业小额贷款。新建6个“青年就业创业见习基地”，提供120多个积累工作技能和经验的见习机会。

◆ 妇联

【概述】 2009年，围绕“保增长、保民生、保稳定”发展主题，参与社会管理，拓展服务领域。区妇联连续两年荣获“江海区社会治安综合治理目标管理先进单位”称号，区妇联档案工作被评为省一级“档案综合管理单位”。2010年，围绕区委、区政府中心工作，寻找“党政所急、妇女所需、妇联所能”的结合点，参与社会管理与创新，把妇联组织建设成党的“坚强阵地”和妇女群众信赖的“温暖之家”。创建“全国妇联基层组织示范村”、“全国城乡妇女岗位建功先进集体”、“全国巾帼文明岗”和 “全国妇女健身示范点”4个国家级先进。区妇联被评为市妇联系统信息工作优秀集体、区党风廉政建设先进单位和区计划生育工作综合治理先进单位，区妇女儿童发展规划76项指标提前达标。

【巾帼建功】 2009年，全区获国家、省、市妇联系统先进集体称号的单位14个，先进个人9人；获区妇联系统先进集体称号的单位12个，先进个人45人。区委书记梁美贤获“全国三八红旗手”称号，区妇联主席冯少萍获“广东省三八红旗手”称号；副区长胡念芳等4人获“江门市三八红旗手”称号；礼乐街道妇联主席张亮厚等3人获“江门市先进基层妇女工作者”称号。礼乐明峰葡萄园成功创建市级“巾帼农业示范基地”。进一步健全“巾帼文明岗”的动态管理，规范文明岗创建机制。创建省级岗4个、市级岗3个、区级岗6个。

2010年，创建国家级“巾帼文明岗”1个，省、市、区 “巾帼文明岗”7个。至此，全区创建各级“巾帼文明岗”55个，创建领域从最初的窗口行业拓展到党政机关、科教文卫以及非公组织和社区。礼乐街道威西村获“全国城乡妇女岗位建功先进集体”称号，江南江翠社区荣获“全国巾帼文明岗”称号。

【联谊交流】 2009年，区妇女联谊会属下女干部分会、女企业经营管理者分会、幼儿园园长分会等联谊组织在推动社会、经济和文化建设中发挥作用，包括举办女企业家代表春节团拜会；组织属地女企业家参加省女企业家“自主创新”江门交流会暨市女企业家协会2008年年会；母亲节期间赴广州开展联谊活动；“六一”期间组织慰问困境儿童；为庆祝新中国成立60周年组织军事日实弹射击活动等。加强与港澳等地妇女组织的交流合作，参与市妇联赴港举办的“江港姐妹共庆母亲节”活动；定期或不定期拜访女企业家等。

2010年，组团参加市庆“三八”表彰大会暨巾帼群英汇；与港澳等地妇女组织加强交流合作，拜访香港女企业家、知名人士等；“六一”期间组织慰问困难儿童等。鼓励离退休妇女干部在维护妇女儿童合法权益、关心下一代成长、构建和谐家庭、和谐社会方面发挥余热。发动社会热心人士救助重症儿童，帮扶单亲特困母亲，开展“扶困助学行动”、“暖冬”慰问、“一元爱心日”募捐等助学助困活动。

【实施妇女儿童发展规划】 2009年，推进妇女儿童发展规划情况。对江海区妇女儿童发展规划中的9项指标进行调整，其中5项跟随市修改为定性指标，4项跟随市调整指标数据。其中城市婚前医学检查率和农村婚前医学检查率相应调整为“逐步提高”。妇女儿童发展规划76项定量指标中，妇女发展规划38项提前达到2010年终期目标，儿童发展规划38项提前达标35项，达标率92.10%。

2010年，妇女儿童发展规划的实施进入关键阶段，76项指标全部提前达到2010年终期目标，达标率100%。

【帮扶困难妇女儿童】 2009年，落实帮扶资金共5.10万元，援助 9户单亲特困母亲家庭，解决部分建房经费。举办“关爱女孩，关心母亲”咨询服务活动，帮扶困境儿童（含女童）254名，其中助学250名，助养4名，帮扶款超过80多万元。筹集善款13万元，援助50名贫困大学生读书，扶助200多户贫困家庭，救助4名重症儿童，慰问了200名妇女儿童。

2010年，加大“单亲特困母亲安居房”援助力度，争取省、市、区资金6.20万元补助款，帮扶4户单亲特困母亲建好安居房。重视单亲特困母亲、困境儿童、贫困老人等弱势群体的帮扶工作，慰问400多人，筹集慰问资金8.50万元。举办“爱在金秋”爱心助学会亲会，资助31名贫困大学生踏入大学校园。中秋、国庆节日联合社会热心人士代表对江海区30户困难家庭和单亲特困母亲家庭进行了走访慰问；香港黄梁曼丽女士在老人节捐资45000元，由区妇联等部门协助市关工委、市妇联等部门在礼乐新民村举办敬老慰问活动，为300名贫困老人送上节日慰问金和慰问品。

【落实扶贫韶关结对村“双到”工作】 2010年，按照区扶贫开发“规划到户、责任到人”统一部署，区妇联负责韶关市乐昌秀水镇何家冲村5户贫困家庭的帮扶。启动“爱心100扶贫项目”，发动女企业家和社会热心人士参与，为乐昌秀水镇的100户单亲特困母亲家庭和困境儿童捐款捐物11.78万元，捐助种子化肥补贴1200元及何家冲小学修葺项目3万元。

【维护妇女儿童合法权益】 2009年，完善区、街、村（社区）三级维权服务、法律援助、妇联干部陪审员等维权机构网络体系，妇联系统3人担任人民陪审员。依托妇女维权服务站等载体，做好诉求引导、法律援助等工作。接待群众来信来访来电100宗，调处率90%。

2010年，全区共设立了妇女维权服务站59个，有妇联系统信访联络员155人，共接待来电、来信、来访件50件次。推动《中华人民共和国婚姻法》、《中华人民共和国妇女权益保障法》有关法律的宣传普及，举办法律宣传咨询活动30多场，派发各类宣传资料1000多份。

【家庭教育工作】 2009年，建立家庭教育联席会议制度，出台并实施《江海区家庭教育工作“十一五”计划》。成立区家庭教育讲师团，35名讲师团成员针对家庭教育中存在的突出问题开展科学研究，为指导家庭教育工作提供理论支持和决策依据。区家庭教育大讲堂首讲邀请江门职业技术学院副教授何进军授课。

2010年，举办家教活动13场次，内容贴近现代科学育儿教儿的需求。外海街道被评为市“家庭教育工作示范镇（街道）”，礼乐街道新民村被评为市“家庭教育工作示范村（社区）”，麻一幼儿园被评为“优秀家长学校”。

【启动农村儿童流动图书室项目】 2009年6月，区妇联在省的项目试点礼乐街道威东村举办江海区“农村儿童流动图书室”启动仪式暨送书下乡活动。市第二批“农村儿童流动图书室（车）”启动仪式上，礼乐街道威西村和武东村作为第二批项目试点，各获“流动图书车”1辆及儿童图书300册；外海银泉小学、外海中心小学、礼乐武东小学、礼乐威东村和敬和村等得到社会各界捐赠的图书共1500册。

【“三八”节等主题活动】 2009年，举办庆“三八”女子拔河赛；母亲节举办2009年江海区“感恩母亲、遥报春晖”文艺汇演暨法律宣传咨询活动，配合红十字会开展 “一元爱心日”募捐活动；重阳节组织妇联干部开展登山联谊活动。

2010年，举办江海区纪念“三八”国际劳动妇女节100周年暨“爱心100”扶贫项目启动仪式；举办江海区各界妇女代表座谈会；组织参加江门市纪念“三八”国际劳动妇女节100周年表彰大会暨文艺汇演；各街道重点开展以

“两性和谐，让家庭远离暴力”为主题的“三八维权周”宣传咨询活动；参与“妇女健康直通车”活动。

【“双学双比”活动】 2009年，联合区劳动保障局在外海、礼乐、滘头街道共举办农村妇女富余劳动力培训班4期，培训农村妇女350多人。村妇代会主任36人全部参加了“千企扶千村”就业工程就业联络员培训。农村妇女学校共授课136场次，培训妇女5000多人次。

【基层妇女组织建设】 2009年，坚持“党建带妇建”原则，加强基层妇女组织建设，全区建立各类基层妇女组织264个，其中区、街、村（社区）100%建立妇联组织。建立区直机关和科教文卫等事业单位妇委会（妇女小组）161个，成立新经济组织妇委会36个，新建、巩固和发展妇联团体会员5个，形成纵向巩固、横向拓展、覆盖广泛的妇联组织网络。成立外海铁金刚机械有限公司、礼乐联发制衣厂等2个企业妇委会；山海天餐饮服务有限公司、江海区绿然环卫运输有限公司等2所外来女工流动学校。

2010年，扎实推进党群共建创先争优活动。采取“资源整合、培育典型、树立品牌”的措施，全面建设“妇女之家”，共培育市、区两级统筹党、工、青、妇基层组织建设工作“五好”示范点13个，成立非公企业妇委会6个，外来女工流动学校2个，成立妇女之家59个。礼乐街道威西村荣获 “全国妇联基层组织建设示范村”称号。

【增收致富支持行动】 2010年，出台《江海区农村妇女增收致富支持行动实施方案》，联合区劳动保障局举办农村妇女富余劳动力培训班13期，培训农村妇女997多人，转移就业836人，占84%。引导下岗失业妇女及有创业意愿的城镇、农村妇女申请贷款，解决妇女创业发展资金“瓶颈”问题。外海街道东宁村梁女士在区妇联的帮助下申贷5万元，成为江门市首例妇女小额担保贷款成功案例。开展“巾帼示范村”、“巾帼科技兴农带头人”、“示范妇女学校”等创建评选活动。礼乐街道威西村巾帼水产养殖基地成功创建市级“巾帼创业示范基地”。联合区卫生局和各基层妇女组织开展“江海妇女奔健康”活动，争取市“两癌”检查救治项目1000个免费名额开展乳腺癌和子宫颈癌项目检查。参加检查的本地育龄妇女4500多人，外来女工1000多人。举办婚前健康教育、妇科病防治、甲型H1N1流感防治、艾滋病、狂犬病、预防食物中毒等知识培训班共6期，参加3000多人次。

【关怀外来女工】 2010年，在外海直冲工业区和江门市科恒实业有限公司成立2所外来女工流动学校。在外海直冲工业区举行“关爱　同乐　和谐”党统筹工青妇组织情系外来工赏月联欢晚会，丰富外来务工人员的业余文化生活。

◆ 工商联

【加强网络信息推介】 2009年，更新、美化区工商联网站，通过整合会员服务资源，增加人才推荐、供求信息和企业风采等栏目，在网站上刊载一些商会重要工作通知，提供给会员企业下载，提升网站信息的数量和质量。

【交流学习活动】 2009年，与区委统战部组织区内各行业工商业主代表20多人在东华房地产开发有限公司（天鹅湾）召开工商业主座谈会；会同区地税局举办税收优惠政策辅导讲座，200多家企业纳税人代表参加。由区政府和区政协有关负责人带队组织会员企业20多人到开平市、恩平市工商联开展联谊交流活动，参观开平市华艺水暖卫浴有限公司、广东省产业转移基地的翠山湖工业园，恩平市海天电子科技有限公司、锦荣国际纺织有限公司等知名企业和工业园区。共组织会员企业参加交流培训和博览会20多场次，参加1000人次，为会员企业提供人才招聘、项目推介等服务和办实事30多件。

2010年，组织各基层商会、区餐饮协会和有关会员企业的负责人40多人，到佛山市禅城区工商联开展联谊交流活动，参观广东蒙娜丽莎陶瓷有限公司、新明珠陶瓷集团，拜会禅城区工商联、总商会直属商会；组织各基层商会、协会的会长到中山市小榄镇学习办会经验；先后接待佛山市禅城区工商联和韶关市乐昌工商联共100多人次在区内考察民营企业和商会建设。

【队伍建设】 2009年，增补副主席8名、执委14名。现有执委会成员53人，其中副主席25人，执委28人；平均年龄44岁；有29人分别任省、市、区人大代表或者政协委员，基本覆盖各街道、重点行业及商界团体。各街道成立基层商会，覆盖率100%；做到有机构、有制度、有活动、有会址、有经费和有秘书“六个有”。

2010年，在区工商联二届六次执委会上通过《兼职副主席轮值制度》，实行每个月由2名兼职副主席担任执行主席，在区工商联党组和主席的领导下负责区工商联各项工作。5个基层商会相继成立党支部，支部书记由区工商联执委成员担任。举办基层商会秘书培训班，各基层商会及区餐饮协会、印刷协会以及江门市箱包皮具商会的秘书参加培训。

【参与社会公益事业活动】 2009年，发动各基层商会和慈善家为慈善公益万人行活动捐款30多万元。为资助贫困家庭读书、节日慰问福利院老人和资助江海区人民医院建设，区工商联系统共捐款30多万元。

2010年，春节前发动捐款、捐物3万多元，慰问困难党员、群众35人。筹措教育基金80多万元帮助困难家庭子女完成学业。组织基层商会和执委会成员参与区委、区政府到韶关市乐昌市秀水镇的调研活动，向400家会员企业发出倡议，号召会员企业捐款捐物、帮助解决该镇农民工就业问题。组织广东大冶摩托车技术有限公司、江门升仕超级摩托车俱乐部共20多人到韶关市乐昌秀水镇开展“手拉手心连心”对口帮扶活动。广东大冶摩托车技术有限公司向区派驻秀水镇工作队捐赠摩托车6辆，向该镇6条村8所小学赠送电脑25台、小学多媒体教学软件和价值10万元的学习、文体用品一批。发动各会员企业在广东省“扶贫济困日”参与慈善会以及医疗卫生事业捐款250多万元。

【服务和促进非公有制经济企业发展】 2010年，通过开展企业用工需求调查，帮助企业搭建人才供求信息平台，利用区工商联网站为会员企业招聘人才，举办江门职业技术学院、江门市技师学院毕业生就业招聘会，协同劳动部门举办企业用工和农村富余劳动力转移招聘会

5场次，341人参加；倡议会员企业帮助解决农村富余劳动力就业152人。与江门职业技术学院、江门市技师学院举行“校企合作人才培训基地”挂牌仪式，签订《校企合作协议书》，会员企业为院校实习生提供实习岗位和技术指导，院校优先为会员企业培训人才、招聘应届毕业生和转让科研成果。联合劳动部门和餐饮协会举办“2010年江门市职业技能大赛中式烹调师、中式面点师江海区选拔赛”活动，为餐饮企业选拔人才。联系汇通小额贷款股份有限公司、顺盈信用担保公司和有关金融银行，为会员企业提供融资政策和业务知识咨询、办理融资业务参考和解决融资问题。与江门市顺盈信用担保有限公司签订《金融担保服务合作协议》，解决会员企业和其他非公经济企业发展融资的难题。

【开展活动化解企业用工难题】 2010年，结合劳动部门利用校企合作平台，开展企业用工调查，组织会员企业参加江门职业技术学院举办的现场招聘会，会同劳动部门组织企业赴韶关乐昌市秀水镇举办“2010年‘江海区•乐昌市’秀水镇企业用工现场招聘会”，帮助解决该镇富余劳动力就业问题。7月底，秀水镇第一批农村富余劳动力34人到江海区的企业就业。

◆ 残联

【康复救助】 2009年，共资助精神病人入院治疗46例、精神病服药治疗138例、装配矫形器1人、肢体康复训练28人、假肢装配2人，助听器配置4例、残疾人辅助用具发放10人。组织3次白内障复明手术筛查和复查回访工作，资助114名患者施行复明手术。

2010年，依托江门市残联康复医院、江门市第三人民医院、江门市五邑中医院、江门市残疾人用品用具供应站、江门市新声听力中心、江门市特殊儿童早期训练教育中心、德林仪肢矫型康复器材（深圳）有限公司中山分公司和新会区新希望眼科医院为区残疾人康复服务机构定点单位，继续做好白内障复明手术、精神病防治、辅助器具供应与服务、康复进社区、聋儿语言康复训练等主要项目的救助救治。共完成691人（例、附件），其中白内障复明手术40例，精神病康复住院48例，精神病每月免费康复送药治疗172人，肢体康复训练35例，残疾儿童早期特殊康复2例，普及型假肢安装（小腿）3例，免费配助听器4例，发放辅助用具8件。为贫困精神病人购买城镇职工医保41人、贫困重度残疾人购买城镇职工医保25人、重度残疾人购买城镇居民医保85人；重残托管5人；开展“康复进家庭、居家无障碍”工程改造21户；开展“阳光家园计划”活动，为贫困残疾人办理家庭托养157人、日间照料45人。在原有社区康复基础上扩展外海街道银泉社区康复站和礼乐街道五四村社区康复站，增加外海街道社区康园中心和礼乐街道社区康园中心，并按照全国社区康复站（室）标准进行设施建设和完善服务。

【残疾人社会保障工作】 2009年，为30名丧失劳动能力的重度贫困残疾人每人每月增发重残补助金100元。市、区两级投入资金10万元，帮助3户贫困农村残疾人家庭改建房屋。全额资助城镇贫困残疾人购买基本医疗保险21人，资助贫困精神病人购买基本医疗保险41人。帮助5名不能自理的城镇贫困重度弱智、脑瘫残疾人送至江门市福利院托管。联系企业为6名贫困重度无劳动能力残疾人签订劳动合同。

2010年，“十一五”期间，通过创建广东省残疾人社会康复示范区、全国白内障无障碍区等活动，残疾人康复服务逐步达到全覆盖，通过全国“‘十一五’人人享有康复服务”的检查验收。视力残疾康复：筛出有手术指征白内障致盲622人，实施白内障的手术604例，手术率97.10%，成为全国白内障无障碍区；筛出有需求配备助视器的低视力413人，验配助视器152人，验配率36.80%。听力、言语残疾人康复：筛出有需求0～6岁聋儿14人，全部在机构康复训练，康复训练率与机构康复训率均为100%。智力残疾康复：筛出有需求0～17岁智障儿童130人，康复训练112人，训练率86.20%；机构训练80人，训练率61.50%。肢体残疾康复：筛出有需求装配假肢下肢14人，装配14人，装配率100%。精神残疾康复：建档立卡953人，接受监护953人，监护率100%。残疾人基本辅助器具适配服务：筛出有基本辅助器具需求3171人，获得辅助器具3171人，配备率100%。残疾人全面康复转介服务：2006年以来，康复转介1329人次，康复转介有效1226人，转介有效率92.20%。

【残疾人就业和教育】 2009年，通过分散就业方式，安排残疾人就业23人次，全区有劳动能力和就业需求的残疾人就业率87%。资助1名残疾儿童进江门市残联早期儿童特殊教育中心进行早期教育，资助4名残疾人参加中央电大远程教育社会工作大专班。

2010年，执行《广东省按比例安排残疾人就业力法》，启用“广东省残疾人就业保障金年审和地税征收系统”，开展上年度残疾人保障金的就业年审和征收工作。举办“2010年残疾人就业专场招聘会”，共有20个用人单位提供902个岗位，面试102人次，达成录用意向68人次。资助1名残疾人入读中央电大远程教育社会工作大专班；继续资助2009届社会工作大专班4名残疾人助学金。组织6名残疾人参加市残联和市人社局举办的“第二届江门市残疾人残业技能竞赛”，礼乐街道肢体残疾人区镇杰获得美发组第1名。

【残疾人文体活动】 2009年，区残联会同江南街道组织200多名残疾人及其家属，在江南街道江翠文化小广场举办江海区“全国特奥活动示范社区”趣味运动会同乐活动。组织12名残疾运动员参加2009年江门市残疾人羽毛球、乒乓球比赛。组织编导3个文艺节目参加江门市第三届残疾人文艺汇演，听力残疾人舞蹈《春华秋实》获得舞蹈类第2名、独唱《双桥烟雨》获得曲艺类第2名。

2010年，在江南街道江翠社区分别举办“社区特奥趣味运动会暨‘助残日’宣传活动”和“全国特奥日”活动。组织24人次集训并参加江门市残疾人田径、游泳、举重、聋人篮球比赛，其中男子聋人5000米跑、男子上肢残1500米跑和800米跑、男子下肢残标枪获得金牌。

【残疾人基本情况】 2009年，在册残疾人3056人，占全区总人口的2%。其中肢体残疾1107人，视力残疾396人，听力、语言残疾287人，智力残疾318人，精神残疾879人，综合残疾69人。先后成立区的盲人协会、聋人协会、肢残人协会、智力（精神）残疾人及亲友会。共为1857名有康复需求的残疾人建档立卡，建档率100%；为922名精神病人建档立卡，检出率6.20‰。现有免费送医送药病人138人，平均每年救助住院病人50人次。视力、听力语言、智力残疾等“三残”适龄儿童在读35人，就学率90%以上。有劳动能力和就业需求的残疾人1622人，就业1451人，其中按比例分散安排就业724人、集体就业232人、个体和种养就业495人，就业率87%。626名贫困残疾人家庭纳入最低生活保障，每月人均补贴城镇310元、农村210元。为104名丧失劳动能力的重度贫困残疾人每人每月另外发放重残补助金100元。

2010年，在册残疾人3723人，占全区总人口的2.36%。有康复需求的3550名残疾人100%接受康复服务、100%建立个人康复服务档案。康复经费人口比例由2005年的每人0.70元增至1.10元，增幅64%。每年从福利彩票公益金、残疾人就业保障金安排160万元，为康复救助和康复机构的工作业务经费。全区残疾人事业工作经费预算200多万元。5个街道分别配备残联专干和社区专职委员各1名，56个村（居）委各配备社区康复协调员1名。区内1家区级医院、1家镇级医院、3家卫生院、2家门诊部和1家社区卫生服务站分别设置残疾人康复室。56个村（居）委分成13个片，先后建立13个不少于30平方米的残疾人社区康复站，实现辖区残疾人康复服务全覆盖，残疾人康复做到进社区、到家庭。加大对丧失劳动能力的重度残疾人救助，重度残疾人生活补助标准从原来每月每人50元提高至100元；对贫困重度弱智、脑瘫残疾人托管救助对象适当放宽至农村户口；除了对贫困精神病人康复救助以外，对有经济困难患者实施医药或者康复住院治疗。至2010年，全区康复救助残疾人1573名。

◆ 文联

【会议】 2009年9月15日，召开江门市江海区文学艺术界联合会成立暨第一次代表大会，73名代表参加，大会选举产生江海区文学艺术界联合会第一届委员会委员15名和正、副主席，邓群标任主席，曾小洁、许和发（非驻会）任副主席。

【重要活动】 2009年，由礼乐中学主办、区老年书画研究会协办的新中国成立60周年书画展在礼乐中学举行。共展出国画、书法、剪纸等80多幅作品。在江南文化广场举办“热土清风”反腐倡廉文艺汇演。组织文艺工作车到开平市大沙镇采风活动。先后在外海电影院举行陈少白诞辰140周年纪念活动、“红歌颂中华”歌咏大赛。

2010年，在江南文化广场举行江海区“讲文明，树新风，共创文明城市”小曲填词演唱大赛，其中区文联曾小洁的粤曲演唱《换菜篮》获全国精品节目奖和“四进社区”银奖；小品《礼物》获省文艺创作三等奖，江门市“五个一工程”文艺精品奖；银泉小学童声合唱团合作继2008年获得首届“中国民歌合唱汇演”银奖，在2009年省第九届“百歌颂中华”合唱少年组总决赛上一举夺得金奖；何峰创作的歌曲《五邑，我热恋的故乡》、《双眸》在《音乐周报》上发表，其中《五邑，我热恋的故乡》获第七届江门市“五个一工程”文艺精品奖；歌曲《春天圆舞曲》、《西江水》分获江门市群众歌曲评选年度奖项；邱菁萍创作的舞蹈《思乡面》先后获得广东省第四届群众音乐舞蹈花会金奖和市“五个一工程”文艺精品奖；舞蹈《开饭了》获广东省少儿音乐舞蹈花会银奖。2010年，区委宣传部、区委统战部、区文体旅游局和区文联联合举办“和谐江海”书法美术摄影作品展览，共展出书法作品30幅、美术作品26幅、摄影作品50幅，市委常委、组织部部长邹家军为展览题词“江海之光”。组织区内的文艺工作者编辑出版《江海区历代名人诗词集》一、二、三卷和《陈少白传》等一批精品书籍。

◆ 科协

【会议】 2009年3月31日，召开2009年科技管理工作会议暨科协二届六次常委扩大会议。

2010年1月15日，召开区科协二届六次全会暨科技企业代表座谈会，主题为坚持创新能力建设，增强企业竞争力，发挥政策环境优势，促进产业转型升级。会议通过江海区出席市科协第九次代表大会代表名单和通过市科协九届委员会委员候选人名单；通报区2009年科技工作情况；科技企业和与会科技人员进行经验交流。

【重要活动】 2009年5月12日是第一个全国“防灾减灾日”。联合区应急办、区民政局、区委宣传部在江南文化广场举办防灾减灾知识咨询活动，派发《地震应急自救与互救》等挂图书籍800多册。联合市科协、市农业局在外海街道麻园三街开展送科技、卫生、文化“三下乡”科普集市活动，现场为群众提供疾病防治、妇幼保健等咨询600人次，疾病义诊、胸透检查等300人次，派发资料等5000份，赠送药品价值5500元。在全国科普日活动期间，联合江南街道科协、区消防大队、区教育局和区卫生局等单位，在江南街道新南小区广场开展综合减灾消防安全培训演练，来自社区居民、辖区所有小学、幼儿园的教师和学生代表400人参加。

2010年，协助区农业局和区水产协会举办水产养殖技术交流与培训班。

政法·军事

JIANG HAI YEARBOOK

◆ 社会治安综合治理

【维护社会稳定】 2009年，全面排查社会不稳定因素，实行领导包案，化解重点矛盾纠纷38起，解决广通自行车有限公司劳资纠纷、轻轨前进村路段施工纠纷等群体性事件8起。收集参战退役人员的聚集上访信息9次，协同有关部门，做好涉军维稳的核查、化解、稳控工作。成立江海区维稳律师团，发挥律师在调解、信访、维稳工作中的作用。查处非法安装使用卫星接收设施3户。开展反邪教警示教育和“无邪教社区”创建活动，实现“三零”、“三无”目标。

2010年，完成上海世博、广州亚运会期间的安保维稳工作任务。制订《江海区应对群体性事件和大规模暴力犯罪应急预案》等全区或部门维稳风险评估机制和应急预案。对邪教“法轮功”重点人员实行异地管控，实现邪教“法轮功”现行案件零发案和“三无”和“三零”目标。排查化解不稳定因素8宗，配合胜利南路拆迁工作，处置广珠城际轻轨施工纠纷、五星村股民集体上访等群体性事件，妥善化解多宗非正常死亡赔偿纠纷。开展治安整治，实现“平安亚运”按照“最强组织领导，最大工作力度，最高工作标准，最硬工作措施”的要求，落实亚运会安保工作，组织开展“粤安10”、“创平安，迎亚运”暨“平安世博”、“平安亚运十大行动”等一系列专项行动，取得显著效果。

【严打斗争】 2009年，开展“粤安09”、“创平安、迎国庆”等专项行动，严厉打击涉黑涉恶、“两抢一盗”、拐卖妇女儿童等犯罪活动；刑事案件1510宗，下降1.90%；破案1086宗，破案率71.90%，抓获各类罪犯607人，其中伤害案下降23.90%、强奸案下降69.20%、抢夺案下降46.70%、盗窃案下降2.50%。检察院批准逮捕195件284人，提起公诉196件287人，法院审理刑事案件189件283人。

2010年，破获“两抢”、盗窃、毒品等一批刑事案件，打掉犯罪团伙34个，抓获团伙成员124人。抓获刑事犯罪嫌疑人490人，查破犯罪团伙38个145人，抢劫、盗窃等突出侵财案件得到有效控制，分别下降19%、13.10%，全破命案4宗。检察院批捕191件277人，提起公诉152件250人。法院审理刑事案件155件，判处各类犯罪分子244人。

【社会管理】 2009年，推进治安视频监控系统建设，投入资金26万元，新建治安视频监控系统3套，视频监控摄像头31个，各派出所与公安分局治安视频监控中心实现联网对接；组织各街道开展创建平安社区示范区工作，共投入32万元，创建平安社区（村）3个（滘北街道的油湾村、外海街道的麻三村和礼乐街道的向前村）；加强对闲散青少年的教育管理，加强刑释解教人员安置帮教和社区矫正工作，在册刑释解教人员268名，安置帮教率100%，重新犯罪率0.75%，低于3%的要求；新收社区矫正人员20人，解除矫正人员17人，在册社区矫正人员37人。深入开展“五五”普法教育，组织对46个法律法规的普法学习，举办法制课50场、法律咨询15场次，派发法制宣传资料11万份。

2010年，加强创新社会管理，推行“以证管人、以房管人、以业管人”的流动人口和出租屋服务管理新模式；加强对存放易燃易爆化学等危险物品场所、废旧收购点、娱乐场所、网吧、小旅馆、桑拿、沐足中心、反恐重点部位的管理，开展各类清查行动62次，场所刑事案件发案大幅下降。推进社区矫正、刑释解教和吸毒人员社区戒毒和社区康复工作，安置帮教组织接收回归社会的刑释解教人员182人，帮教182人，帮教率100%，安置182人，安置率100%。为学校配备保安35人，加强校园安保力量。创新网络管理，建立网络评论员制度，对不良信息及时封堵，有效防止炒作和蔓延导致群体性事件的发生。

【禁毒工作】 2009年，全面开展“破毒案、抓毒枭、挖毒窝、摧毒网、堵毒源”的行动，破获毒案40宗，收戒吸毒人员193人，实现社会面无失控吸毒人员。按照国务院《易制毒化学品管理条例》加大对生产、经营、使用、仓储易制毒化学品企业的管理，不定期对使用易制毒化学品的化工单位进行检查，做好登记造册工作。区教育局组织全区中小学校开展“六个一”毒品预防宣传教育系列活动，增强青少年抵制毒品侵害的能力。把吸毒人员纳入重点人口管理，落实“一人一档”和尿检工作，在滘北街道开展社区戒毒、社区康复试点工作。

2010年，贯彻“提高认识，教育为先，严厉打击，全员收戒，综合治理”和“四禁并举，堵源截流，严格执法，标本兼治”的禁毒方针，强化易制毒化学品和娱乐场所的管理，实现对毒品问题的综合治理。推进吸毒人员社区戒毒和社区康复工作，开展“无毒社区”创建工作。至此，全区337条自然村（里），其中“一类社区”150个、“二类社区”50个、“三类社区”137个、“减毒社区”有42个。

【整体建设】 2009年，贯彻落实《广东省政法领导干部六个严禁》，政治建警、素质强警、从严治警和责任励警方针，加强政法部门领导班子建设，开展“廉政警示教育年”、“作风建设年”和“能力建设年”活动。江南派出所被评为2008年度全省公安优秀基层单位，周达文被评为2008年度全省优秀人民警察，陈悦辉被评为2008年度全省公安“五好”所队长；法院张卫哲获全省法院调解能手称号；司法局在全省司法所建设中被省司法厅授予集体二等功。

2010年，三级综治平台建设共投入201万元，中心建设9月底全面完成，有效整合了综治、信访、司法、公安、劳动、法庭等部门的资源和力量，达到省考核标准，共受理信访、矛盾纠纷385宗，处理率100%。抓好治安视频监控系统建设，区、街共筹集资金180万元，安装摄像头56个，治安防控能力进一步提升。建立外海、礼乐两个检察派驻检察室，配备专职工作人员。麻园派出所被命名为全国一级派出所。按照“政治建警、从严治警、素质强警、从优待警“的要求加强政法队伍建设。区检察院获2010年度全国先进基层检察院；江海区获首批全国法治县（市、区）创建活动先进单位；麻园派出所获评全国一级所；检察院获2010年度全省先进基层检察院；江海区获首批广东省法治县（市、区）创建活动先进单位；司法局获省司法厅批司法所建设集体二等功；陈锡章被省检察院评为优秀基层检察长；方畅威、潘大卫、陈悦辉荣立个人二等功；蓝亦文获广东省优秀人民警察；周达文获全省“五好”所队长；高连登获全省公安机关思想政治工作先进个人。

◆ 公安 交通 消防

【社会治安简述】 2009年，围绕“保增长、保民生、保稳定”的总要求和新中国成立60周年大庆安保工作，开展矛盾纠纷大排查，共上报各类情报信息49条，开展专项调查24次，排查化解不安定因素9起，成功处置群体性事件3起和劳资纠纷事件3起。共立刑事案件1510宗，破1086宗，破案率71.90%；查处治安案件3646宗、3300人。

2010年，围绕“平安世博”、“平安亚运”、“平安江海”的目标开展严打整治斗争，开展“粤案10”、“平安世博”、“创平安、迎亚运”等专项行动，共立刑事案件1388宗，破999宗，破案率72%；抓获刑事犯罪嫌疑人490名，查破犯罪团伙38个、145人，查处治安案件8579宗、2904人。把外海街道和礼乐街道列为治安重点地区进行整治并初见成效。

【打击刑事犯罪】 2009年，组织开展打击“两抢一盗”、“粤安09”、“雷霆09”等专项打击行动，打掉犯罪团伙68个248人，涉案106宗，抓获犯罪嫌疑人607人，挽回经济损失300多万元。故意杀人案下降50%，故意伤害案件下降24%，强奸案件下降69.30%，抢夺案件下降46.70%，盗窃机动车案下降11.30%，

2010年，开展“粤安10”、“创平安、迎亚运”、侦破命案、打黑除恶、“两抢一盗”、“雷霆10”等专项行动，立命案4宗，破4宗，命案侦破率100%。先后侦破“5•30”麻园故意杀人案、“7•27”江海新悦棉纺公司放火案和“7•9”外海绑架案。

【出入境管理】 2009年，受理各类出入境申请17965多人次（其中往来港澳通行证16787人次、大陆居民往来台湾通行证70人次、护照910人次、前往港澳定居198 人次）；获批单程申请300人次。查处违法违规办证人员15人（其中网上追逃人员1人，在控人员4人，冒名顶替办证2人，各类违法人员、服刑人员8人）。

2010年，在办证大厅、各派出所安装身份证阅读器和证件通，为涉外工作提供便利。共受理各类证件16604个（其中香港澳门个人游14001个，探亲1256个，商务338个，护照1009个），受理单程428人，获批403人。推进外国人管理工作，查处违法违规办证人员4人。

【公安指挥中心工作】 2009年，报送信息47条；围绕高新区社会治安防控、农民工犯罪问题、信息化等工作进行调研并撰写调研报告6篇。牵头筹建江海区视频监控中心，精心组织“信息化民警”和“信息化应用”双达标迎考工作，升级分局网络服务器和办公平台，办公网由2兆提高到50兆。

2010年，上报重大案件及事件苗头信息121份。开展信访工作，彻底解决长达13年之久的陈杰新信访案件。为“大情报”、“大网监”、“一网考”等工作开展提供技术支持。开通新浪微博、网络警务室，畅通警民沟通渠道。建立江海区视频调度系统。

【警务监督】 2009年，对元旦、春节、“五一”期间值班备勤、枪支弹药、车辆管理等进行专项检查。共出动警力82人次，暗访酒楼11家、娱乐场所3间，检查路面警用车辆27辆次。共受理群众信访举报件9件并办结。

2010年，签订党风廉政建设责任书60份、

廉洁从警承诺书85份。培育滘头派出所为全区公安机关警营廉政文化示范点。受理群众信访举报9件（其中反映治安问题2件，反映民警执法问题7件）并办结。对岗位交流、新提拔干部、新招民警、调入民警进行廉政谈话，严格执行民警喜丧事宜报告制度，召开2次警务廉政监督员会议。

【经济犯罪侦查】 2009年，严厉打击侵犯知识产权、假币犯罪和涉案金额巨大、社会影响恶劣的涉众型多发性经济犯罪。侦破经济案件8宗，抓获嫌疑人8人，涉案金额945 多万元，挽回经济损失626多万元，收缴假币6万多元。

2010年，深入开展打击银行卡违法犯罪、打击发票犯罪专项整治行动。共侦破经济案件14 起，抓获各类犯罪嫌疑人20人，案件涉案总值约1300 万元，挽回经济损失500 多万元。上网追逃10名，其中抓获7名。

【巡逻防控】 2009年，深化“打防控”一体化建设，强化巡逻防控效能，出动警力4560人次，盘查可疑人16500人，查办各类案件78宗，捣毁犯罪团伙6个，缴获被盗摩托车36辆，抓获各类违法犯罪嫌疑人292人，处置突发事件4起。

2010年，开展“粤安10”、“平安亚运”专项行动，加大社会面巡逻防控力度，出动警力4860人次，盘查可疑人9860多人，查办各类案件68宗，捣毁犯罪团伙6个，缴获被盗摩托车36辆，抓获各类违法犯罪嫌疑人182人。处置突发事件20起，参加大型安全保卫活动19次。

【治安管理】 2009年，加强对辖区网吧、游戏机室、旅馆、废品收购、二手市场的监督管理力度，开展打击涉枪违法犯罪、治爆缉枪、打击涉赌违法犯罪等专项行动，收缴各类枪支3支、军用子弹77发、霰弹32发、管制刀具6把；查处涉黄涉赌案件43宗，打击处理违法犯罪嫌疑人415人，处理单位5家；收缴赌博游戏机43台及其他赌具一批。

2010年，组织开展集中清查收缴弹药、爆炸物品、剧毒化学品、管制刀具统一行动，收缴各类枪支5支、军用子弹1319发、步枪刺刀9支，管制刀具215把。开展“严厉打击涉赌违法犯罪专项行动”、“深入推进打击淫秽色情违法犯罪活动”，对83间娱乐场所进行检查，查处治安案件36起，打击处理违法犯罪嫌疑人109人，收缴赌博游戏机电路板23块。

【公安法制】 2009年，以执法规范化为龙头，以执法工作精细化、信息化、模式化为目标，审核各类案件1500起1800人，其中审核行政案件1000起1100人；行政强制措施案件500案653人；审核刑事强制措施705人，其中刑事拘留527人，取保候审118人；审核经济犯罪案件立案20案；呈报劳教案件7案7人，批准230案276人，批准率98%，其中盗窃109案130人，抢劫40案35人。

2010年，举办法律专业培训班、“战训合一”培训班、“全程考”系统培训班、《公安机关执法细则》辅导员培训班等各类培训20次数共1000人次。开展执法规范化示范单位创建活动和案件评查活动，审核刑事案件1500案801人，取保候审案件130案164人。审核刑事拘留延长案件398人；审核行政案件1000余宗。

【缉毒工作】 2009年，以建立“大查控”体系，实施“大灭罪”计划，推进“大收戒”行动，建设“大情报”系统，推进“大队伍”建设为整体工作思路，破获贩卖毒品犯罪案件40宗，抓获毒品犯罪嫌疑人48人，缴获毒品海洛因30.89克，K粉43.10克，冰毒9.52克。抓获吸毒人员220人，送强制戒毒和隔离强制戒毒193人。

2010年，破获贩卖毒品犯罪案件80宗，抓获毒品犯罪嫌疑人72人，缴获毒品海洛因66.41克、K粉373.33克、冰毒0.3克、摇头丸102粒。抓获吸毒人员204人，送强制隔离戒毒共122人，参与美沙酮维持治疗42人。

【警务保障】 2009年，区公安分局“人、财、物”划归区人民政府管理，人均公用经费4.62万元。为严格经费管理，区公安分局实行部门经费包干管理制度。

2010年，开展警车和涉案车辆违规问题专项治理，规范警务车辆和涉案车辆的管理。公安机关人均公用经费增至6.13万元，增长率32.68%。

【人口管理】 2009年，常住人口51820户158143人，其中男78827人，女79316人；流动人口36280人，其中男性22018人，女性14262人，共办理暂住证22041个。受理群众户口迁移审批申请3115份；受理群众户口项目变更登记申请556份。受理群众申领二代居民身份证7073个，办临时居民身份证1545个。

2010年，常住人口51861户159090人，其中男79202人，女79888人；迁入2612人，迁出2214人；年内出生1511人，死亡933人。共受理户口迁移申请3310份、户口项目变更登记申请815份；受理群众申领二代居民身份证6776个，办临时居民身份证1756个。2010年，全省推行居住证制度，江海区共登记居住人口38800人，其中男性24000人，女性14800人，实办理居住登记证29507个。

【道路交通安全管理】 2009年，围绕降事故、保安全、保畅通的工作目标，强化交通安全源头管理，推进交通安全社会化管理进程，大力开展道路交通秩序整治，抓实路面管控，加大执勤执法力度，提高交通秩序管理水平。出动警力18223人次，出动警车11920辆次，查处交通违法行为7980宗（不含电子警察），扣留机动车1248辆，采用流动电子拍摄共成功拍摄24673张。查处酒后驾驶22起；加大路面动静态管理，设置6个固定文明岗，加强行人、非机动车的管理，加强路面巡逻，查处自卸车交通违法行为213宗，强制拆除20台自卸车栏板；查处各类摩托车违法行为4502宗，查扣无牌无证机动车16辆，强制报废车辆176辆。排查事故隐患点51处，完善标志标线26处。以社区、学校、企业为重点，开展预防道路交通事故和搞好交通秩序交通安全宣传工作，共开展大型宣传活动12次，悬挂横幅1000条；上交通宣传课86次；通过礼乐、外海广播电视站插播交通安全宣传短片共计180次；通过外海大桥收费站、各街道办事处以及民警主办宣传活动共派发宣传单张10万份；向厂企派发宣传挂图共计7000份；为江南、礼乐街道等更新交通安全宣传栏30个。

2010年，以压事故、创平安、保畅通为工作目标，围绕“创建全国文明城市”和“创平安、迎亚运”两大主题做好交通管理、安全宣传和设施建设等工作。出动警力19250人次，警车11310辆次，查处交通违法行为10823宗（其中摩托车交通违法行为8643宗，酒后驾驶36

宗，醉酒驾驶5起），暂扣车辆2755辆，教育6万余人次。以驾乘摩托车不按规定佩戴头盔，非机动车、行人随意违反交通法规等执法内容为整治重点对象，继续实施蓬江桥南、江门桥南等6个固定文明岗的执勤制度，与城管等多个职能部门联合执法，加强对行人、非机动车等不文明的交通违法行为的管理；开展“校园周边安全”、“酒后驾驶”、“校车安全隐患”等八大交通安全隐患排查整治工作；加强危化品运输车的检查与管理，检查车辆150多辆次，查处各类交通违法行为11宗；完成2010年广州亚运会火炬传递（江门站）、2010年江门侨乡旅游节、2010年汽车文化展等多个大型活动的道路保障工作和有关警卫任务。开展“文明交通主题宣传日”活动，出动警力120余人次，派发宣传资料1.40万余份；以春运执勤点为依托，张贴春运交通安全常识挂图，悬挂“文明交通行动计划”和祝福春运的横幅，派发宣传资料3500多份，受教育旅客及驾驶员20000多人次；在外海、礼乐广播电视站开设“交通违法曝光台”栏目，播放路面交通违法行为。完成五邑路麻三路口交通信号灯安装工程和滘北油湾岗的固定电子警察建设。

【交通事故】 2009年，发生交通事故4622宗，死亡26人，受伤406人，直接经济损失4125620元。

2010年，发生交通事故5426宗，死亡25人，受伤532人，直接经济损失5315733元。

【消防工作】 2009年，消防审核42宗，消防验收54宗，消防安全检查26宗，责令限期改正97宗，复查81宗，行政处罚7宗，进行消防备案审核77宗，备案验收58宗，处理14宗群众投诉。接警出动41起，出动车辆110辆次，出动警力 547人次，抢救被困人员17人，疏散被困人员 107 人，抢救财产价值32.8万元，全区火灾事故连续7年保持“零死亡”。与公安、工商、安监、消防、建设等部门组成联合检查组，深入开展公众聚集场所、高层、地下建筑和“三合一”场所“三项整治行动”，开展人员密集场所、中小学校舍、消防控制室专项检查。对辖区10家高层建筑及106家公众聚集场所（20家网吧、50家游戏游乐场所、12家歌舞卡拉OK厅、20家桑拿沐足和4家影剧录像放映场所）进行检查，发现火灾隐患249处，发出《责令改正通知书》36份，依法实施行政处罚7宗，停业整改单位4家。举办机关、事业单位和消防重点单位“安全生产法律法规和新《中华人民共和国消防法》学习辅导讲座”。“119”消防宣传月期间，共播放火灾案例、火灾预防与逃生等录像2次，派发消防宣传资料500份，新《中华人民共和国消防法》读本100册，消防知识有奖答题明信片5000份，接受咨询500余人，开展消防培训班5期，接受培训1000余人。加强消防志愿者招募工作，招募消防志愿者815人。组织有关部门和150余名消防志愿者在江南文化广场参加由市消防局、团市委主办的“关注消防、参与消防、珍爱生命、共创和谐”冬季防火百日宣传活动启动仪式。在赫克力士化工（江门）有限公司举行大型化工企业灭火演练，江海消防大队、特勤中队、巡警、交警、供水、供电和医疗等13个单位16台消防救援车辆、100余人参加演练。

2010年，接警出动112次，出动消防车236辆次，出动消防官兵1227人次，抢救被困人员20人，疏散人员75人，抢救财产价值27.20万元。成功处置“5•5”通用塑料有限公司火灾、青海玉树抗震救灾、广州亚运安保等多项重大任务。在“全国安全生产月”、“119”消防宣传月、“亚运会”期间等消防宣传活动，悬挂横幅、涂刷标语、设立橱窗宣传消防知识，向企业、学校和市民宣传消防安全知识。共设立宣传站5个，悬挂标语500余条，接受咨询8000余人次，发放宣传资料5万余份。办理消防备案审核205宗，备案验收107宗，消防安全检查14宗，责令限期改正45宗，复查45宗，行政处罚6宗，处理群众投诉19宗。在外海、礼乐广播电视台播出消防安全知识12次，在《江门日报》、南粤消防网刊登消防报道12篇。开展消防站对外开放12余次，悬挂标语500余条，发放宣传资料5万余册，悬挂“四个能力”宣传挂图5000张，受教育群众8000余人。组织公安、消防、安监、交警、环保、医院、供电、卫生和城管等部门在江门谦信化工有限公司开展应急救援联合演练。在外海文化中心举行“119”消防宣传教育活动，派发《防火小册子》120本，消防宣传挂图100张，消防宣传单张1500份，《中华人民共和国消防法》挂图78份，接受咨询120人。

◆ 检察

【刑事检察】 2009年，受理提请批捕案件207宗303人，经审查批准逮捕195宗284人，不批准逮捕12宗19人。受理移送审查起诉案件211宗304人，经审查提起公诉196宗287人，不起诉5宗9人。依法打击各类刑事犯罪活动，严厉打击故意杀人、故意伤害、抢劫、强奸、绑架等严重暴力犯罪、毒品犯罪以及盗窃、抢夺、破坏电力设备等严重影响群众安全的多发性犯罪，共批捕上述案件122宗199人，占批捕总数的70.1%，提起公诉104宗169人，占起诉总人数的58.90%。

2010年，受理提请批捕案件204宗301人，经审查批准逮捕191宗277人，不批准逮捕13宗24人。批捕案件审结率100%。受理移送审查起诉案件168宗271人，经审查提起公诉152宗250人，不起诉1宗4人。依法打击各类刑事犯罪活动，严厉打击故意杀人、故意伤害、抢劫、强奸、绑架等严重暴力犯罪、毒品犯罪以及盗窃、抢夺、破坏电力设备等严重影响群众安全的多发性犯罪，坚持贯彻“特案特办、快捕快诉”的办案原则，共批捕上述案件121宗186人，占批捕总数的80.20%，提起公诉79宗137人，占起诉总人数的76.50%。

【打击刑事犯罪】 2009年，在打击严重刑事犯罪的同时，坚持“当严则严，该宽则宽”的原则。继续推行诉前调解制度，对侵犯财产类案件、侵犯人身权利类案件，做好被害人、犯罪嫌疑人及其家属思想工作，做好调解，说服犯罪嫌疑人积极退赃争取从轻处理，为被害人挽回经济损失。诉前促成调解案件12宗，为受害单位及个人挽回各类经济损失人民币40多万元。

2010年，加大对刑事案件调解力度，对犯罪情节较轻、过失犯罪、犯罪后有自首或立功等悔罪表现的案件，采取和解、不起诉或者在起诉后依法向法院提出从轻、减轻处罚等方式，最大限度地化解社会矛盾，减少社会对立面，促进社会和谐。成功调解轻微刑事案件6件7人，不批准逮捕13件24人，不起诉1件4人。

【量刑辩论】 2010年，为规范刑事审判活动，与区法院、司法局签订《关于刑事案件实行量刑辩论的规定》，在全省率先将刑事案件的量刑辩论程序制度化，改变以前对被告人量刑长短由法院单方面根据庭审举证情况来判断的做法，加强对法官自由裁量权的监督和制约，增强量刑的透明度，让被告人通过庭审明确自己的量刑幅度。量刑辩论的做法先后被省、市报刊报道推广。

【未成年人回访】 2009年，针对检察机关作出相对不起诉未成年人存在脱管、漏管的问题，在全省检察机关中率先制订《对被不起诉未成年人回访教育工作细则》，对作出相对不起诉的未成年人进行回访教育，通过规范办理流程、成立专门办案小组、建立“一人一档案”制度及设立回访教育专员等有效措施，构建起“三位一体”的帮教体系。

【诉讼监督】 2009年，围绕“强化法律监督，维护公平正义”的主题，纠正有罪不究、裁判不公、违法办案和超期羁押等问题，各项诉讼监督稳步加强。刑事诉讼监督：通过审查批捕、审查起诉和出庭支持公诉、审查裁判文书等环节，重点对有罪判无罪、无罪判有罪、轻罪重判、重罪轻判、漏捕漏诉加强刑事诉讼监督。共受理刑事立案监督3宗3人，对重大疑难案件适时提前介入，并把引导侦查取证工作作为监督重点，通过对证据不足案件退回补充侦查、建立不捕、不诉说理制度、细化退查提纲、邀请公安侦查人员旁听法庭审判、召开座谈会等方式，引导侦查人员取证。抓好减刑、假释、保外就医等监督工作，开展核纠监外罪犯脱漏管专项行动，加强对监外执行人员的监督。刑事审判监督：依法快速办理轻微刑事案件，全面推行简易程序和普通程序简化审。民事行政诉讼监督：重点抓好不服民事、行政判决的申诉，共办理案件8宗。控告申诉举报：落实检察长接待日制度和接访首办责任制，共受理举报控申案件38宗。为学校上法制专题讲座3次，开展禁毒宣传活动2次，授课5000多人次。

2010年，围绕“强化法律监督，维护公平正义”的工作主题，坚决纠正有罪不究、裁判不公、违法办案和超期羁押等问题，各项诉讼监督稳步加强。刑事诉讼监督：通过审查批捕、审查起诉和出庭支持公诉、审查裁判文书等环节，重点对有罪判无罪、无罪判有罪、轻罪重判、重罪轻判、漏捕漏诉加强刑事诉讼监督。受理刑事立案监督5宗5人，对重大疑难案件适时提前介入，并把引导侦查取证工作作为监督重点。刑事审判监督：依法快速办理轻微刑事案件，全面推行简易程序和普通程序简化审。民事行政诉讼监督：重点抓好不服民事、行政判决的申诉，把化解社会矛盾贯穿执法办案始终，共办理案件11宗。控告申诉举报：落实检察长接待日制度和接访首办责任制，建立被害人救助制度和涉检信访风险评估机制，共受理举报控申案件47宗。

【举报宣传周】 2009年，在礼乐人民会堂广场举办以“反腐倡廉保民生、公平公正促和谐”为主题的举报宣传活动，共展出法制宣传挂图30张，派发宣传资料500多份，接受群众咨询10人次。

2010年，会同蓬江区检察院在东湖广场开展江门市检察机关举报宣传周暨法制宣传活动，通过接受群众法律咨询、派发宣传资料、展出挂图等形式，宣传检察机关职能、职务犯罪法律知识以及向检察机关举报犯罪的途径。

【反贪污贿赂】 2009年，从群众反映强烈的热点和影响社会稳定的难点入手。立案侦查贪污贿赂案件4宗4人，挽回经济损失370多万元。

2010年，立案侦查贪污贿赂案件11宗14人，挽回经济损失370多万元。配合江门市检察院“九〇一”专案组工作，顺利侦破法院系统腐败案件。

【反渎职侵权】 2009年，重点查办危害司法公正、执法不严等渎职侵权犯罪，立案侦查渎职侵权案件1宗1人。

2010年，重点查办危害司法公正、执法不严等渎职侵权犯罪，立案侦查侵权渎职案件3宗4人，挽回经济损失107万元。

【职务犯罪预防】 2009年，对发案单位的管理漏洞提出检察建议，做好职务犯罪预防警示教育，从案件事后监督兼顾到预防教育的事前监督。深入到江海区相关单位，加强对政府扶持农村经济发展的支农、惠农资金的下拨、管理情况的监督，对不够完善的方面及时提出预防建议，有效防止损害农民利益的情况。开展“阳光检务”进社区活动，为江南街道、区地税局、江门海关外海办事处及人保财险江海支公司等4个单位的600多名干部职工上预防职务犯罪专题法制课。

2010年，把江海辖区内胜利桥南等重点建设工程和“三旧改造”工作作为预防重点，针对拆迁补偿过程和工程建设中容易出现职务犯罪的环节，及时提出预防建议。开展职务犯罪预防警示教育，针对发案单位管理问题提出整改意见，理顺农村“三资”管理情况，从办案事后监督兼顾到预防教育事前监督。为各街道领导干部上职务犯罪预防法制教育课10次，授课800人次。开展法律咨询、图片展览等警示教育活动3次，参加人数1200多人，发放预防宣传图册、单张5200多份。

【整体建设】 2009年，以建设“精品检察院”为目标，以保障公正执法为核心，以提高执法能力为目标，开展机关作风建设年活动，检察长带头与各分管副检察长签订党风廉政建设责任书，各副检察长再与其分管部门负责人签订责任书。抓好案前教育防范，办案过程和办案以后跟踪监督，加强对干警“八小时以外”的管理和监督。开展“争创学习型检察院、争当学者型检察官”的活动，通过举办公诉人岗位练兵比赛，举办专题研讨会和邀请法学专家讲课。

2010年，以建设“精品检察院”为目标，以保障公正执法为核心，以提高执法能力为目标，开展“恪守检察职业道德、促进公正廉洁执法”主题实践活动、“纪律学习教育月活动”、“反特权思想、反霸道作风”专项教育活动，开展检察官集体宣誓、国学与政法干警职业道德报告会等活动。检察长带头与各分管副检察长签订党风廉政建设责任书，各副检察长再与其分管部门负责人签订责任书，明确层级廉政责任。抓好案前教育防范，办案过程和办案以后跟踪监督，加强对干警“八小时以外”的管理和监督，做到监督关口前移。开展“争创学习型检察院、争当学者型检察官”的活动，通过组织干警到高等法学院校培训，邀请专家学者授课，开展岗位练兵、技能培训。

【列席审判委员会制度】 2010年，与区法院建立联席会议协商机制，联签两院《关于检察长列席审判委员会会议的若干意见》，强化对法院审判工作的监督制约。

【人民监督员】 2009年，选聘李锦照、李晓勇、韩晓俊、区炎勋、谢景强、黄洁萍、聂春丽为第二届人民监督员，任期3年，履行评议案件、参加执法检查、了解检察工作情况等监督职责。对拟作不起诉案件3宗3人提交人民监督员讨论评议并获全部同意。

2010年，坚持人民监督员制度，将1宗1人符合条件的案件提交人民监督员讨论评议并获全部同意。

【阳光检务】 开展“阳光检务”进基层工作，畅通检察机关与人民群众沟通的渠道。先后到高新区开发区、南方食品有限公司和江门市广悦电化有限公司等企业，调研举办以“阳光检务进企业”为主题的法制宣传图片展；到礼乐中学、外海中学举办专题法制讲座，以典型案例深入剖析未成年人犯罪问题。张贴禁毒宣传图片，检察官亲自为学生讲解毒品种类、预防措施及自我保护等问题，帮助青少年树立珍爱生命、远离毒品的意识。为预防农村职务犯罪，该院变上访为下访，变单一部门接访为多个部门联访，在人口集中、社会问题突出的村、居委会开展多场送法下乡法律咨询宣传活动，现场开设检察长接访、刑事检察接访、反贪污贿赂接访、渎职侵权犯罪接访、举报控申接访、民事行政检察接访等多个法律咨询台，检察官与群众进行面对面交谈接访。在各街道举办预防职务犯罪法律知识图片展览。完善江海区检察网平台，通过视频、声音、图片、文字等宣传职务犯罪预防信息，在《检务公开》专栏，构建网上申诉、网上举报绿色通道，落实便民措施，保障公民知情权、检举权和监督权的行使。

2010年，推进“阳光检务”工作。建立“阳光检务”联络员制度，从辖区企事业单位聘请15名联络员，开展送法进企业、进社区预防刑事犯罪活动，在外来人口集中的麻园商业街、高新区、中环广场和江门市广悦电化有限公司等企业开展法律咨询和法律宣传活动6次，为社区群众和企业务工人员提供法律咨询120次，发放各类维权手册360多份。

【派驻镇（街）检察室】 2010年，在全市率先成立派驻外海和礼乐镇（街）检察室，受理群众来访4件、行政执法监督1件，开展预防职务犯罪活动6次，深入农户家中调查走访21次，协助初查职务犯罪案件3件，走访司法行政职能部门28次。

◆ 审判

【综述】 2009年，突出服务大局、为民司法的工作重点，贯彻“服判息诉、案结事了”的工作要求，发挥审判职能作用，依法惩处刑事犯罪，大力化解各类矛盾纠纷，共受理各类案件2314宗，审结、执结2223宗，分别增长10%和15%，结案率96%。

2010年，坚持“三个至上”工作指导思想，以执法办案为第一要务，发挥审判执行职能，突出服务大局、保障民生的工作重点，共受理各类案件2197宗，减少3.22%，审结、执结2133件，减少3.96%，结案率97.09%。

【刑事审判】 2009年，审理各类刑事案件189宗，判处各类犯罪分子283人，分别减少6%和4.70%，均在法定审限内审结，其中判决生效执行有期徒刑5年以上30人，5年以下有期徒刑、拘役、管制253人，判处有期徒刑缓刑19人。审结暴力、抢劫、强奸、绑架等严重暴力犯罪案件及盗窃、抢夺等多发性犯罪案件129宗204人，占刑事案件结案数的68.30%。审结销售假冒注册商标商品、走私、合同诈骗等犯罪案件8宗14人。审结贪污、贿赂、挪用公款、渎职等犯罪案件9宗9人。刑事案件适用简易程序审结有15宗，占结案数的11%。依法保障被告人的辩护权、质证权、辩论权、最后陈述权及其他当事人的诉讼权利，为20名符合法律援助条件的被告人指定了辩护人。依法对21名未成年罪犯从轻减轻判处刑罚。刑事上诉案件7宗，二审终审全部维持原判。

2010年，受理各类刑事案件155宗，审结155宗，判处各类犯罪分子244人，分别减少17.99%和13.78%，结案率100%。其中判处5年以上有期徒刑的10人，3年以上不满5年12人，3年以下96人，拘役35人，有期徒刑缓刑62人，单处罚金22人。坚持对未成年犯罪人实行“教育、感化、挽救”方针，为19名符合法律援助条件的被告人指定了辩护人，依法对19名未成年罪犯从轻减轻判处刑罚。

【民商事审判】 2009年，受理各类民商事纠纷案件1034宗，审结1018宗，结案率98.50%，增长两个百分点，诉讼标的总金额5.10亿元。审结金融借贷、借款合同、房地产和买卖合同等纠纷案件431宗，解决标的金额3.76亿元。审结婚姻家庭、遗产继承、邻里纠纷等案件121宗，其中调解和通过调解撤诉案件94宗，占结案数的77.60%。审结道路交通肇事、工伤事故、人身损害赔偿纠纷等案件155宗。审结劳动争议案件25宗，有力维护劳动者合法权益。审结各类农村土地承包经营合同案件17宗。受理的案件中调解及通过调解撤诉结案612宗，调撤率61%。

2010年，受理各类民商事案件1311宗，增长30.28%，审结1278宗，增长25.79%，结案率97.48% ，诉讼标的总金额4.21亿元。其中调解结案659宗，撤诉219宗，调撤率69.41%，提高8个百分点。审结涉及婚姻、工人工资、交通肇事、人身损害类案件679宗，占结案数的52%，其中调解和通过调解撤诉案件451宗。适用简易程序速裁民事案件共1104宗，占结案数的86.38%，全部均在审限内审结。受理劳动案件314宗，增长289宗，审结313宗，结案率99.70%，其中调解和撤诉279宗，调撤率89.13%。审结各类借贷、房地产和买卖合同等纠纷案件290宗，减少32.71%，诉讼标的额2.30亿元。

【行政审判】 2009年，受理行政案件4宗，减少56%，其中驳回诉讼请求的1宗，维持行政决定2宗，不予受理1宗，均在法定期限内审结。执结行政机关申请执行的非诉行政执行案件47宗，其中执结非诉计生执行案件32宗，执结标的额86万元。

2010年，受理行政案件8宗，审结8宗，结案率100%。审查与执结行政非诉案件76宗，执结标的额149.85万元。

【审判管理】 2009年，规范和衔接好立、审、执、监、访等环节的管理。严格执行庭长亲自办案制度。完善院、庭领导、审判长审核签发裁判文书权限管理制度，推动裁判文书公开。加强审限管理，明确各类民商事案件审理期限和审批制度，严格落实警示、催办和通报制度。建立健全对二审发回重审、改判和被投诉等可能有质量问题案件的审查、认定和处理流程管理机制，完善落实错案责任追究制度。加强司法人事管理，强化法官绩效考核工作，树立用制度管人、管事、管权的理念。落实人员分类管理、分类考核，建立以反映案件数量和质量、服判息诉情况等指标为支撑的法官量化管理考评体系，把结案率、上诉率、调解率、发回重审改判率、申诉信访率和平均结案期限等纳入考核指标，作为法官评先评优和晋升的依据。

2010年，以案件质量管理为核心，全面推进审判管理工作。定期召开案件质量分析报告会和组织案件质量评查活动，通报评查结果。经审判委员会对上诉改判和发回重审案件的责任追究情况进行讨论，对8宗案件24人次追究责任。继续完善审判流程管理制度，对案件审判执行运行过程实施全程跟踪、有效监督。立案庭定期对濒临超审限的案件发出催办通知和督办通知书，促使干警提高审限意识，在审限内结案，减少超审限案件的发生，提高结案率。规范案件档案管理制度。

【执行工作】 2009年，开展“执行治理年”活动，把破解“执行难”、“执行乱”作为保障民生的着力点，推进执行工作的开展。新收执行案件(含旧存)1087宗，执结1012宗，增长36%和49%，执结标的金额9889万元，执结率93%。抓好集中清理执行积案，使列入清案范围有财产未结执行案件得到全部清理，执结率100%，被执行人有履行能力的案件基本执行到位，到位金额8000多万元。受理拖欠工人工资案件386宗，执结347宗，为386名工人追回工人工资111.68万元。推进执行联动机制建设，强化执行联动机制和威慑机制，对赖债者实行限制和制裁，有效促进“执行难”问题的解决。

2010年，以破解“执行难”为保障民生的着力点，健全完善执行工作机制，推进执行工作发展。新收执行案件(含旧存)723宗，执结692宗，减少31.62%，执行标的金额1.51亿元，结案率95.71%，实际执行率81.21%。

【整体建设】 2009年，引导干警树立“三个至上”的指导思想，培养法官弘扬正义、谦虚谨慎、克己奉公、甘于奉献的职业道德和省法院提出的“五项司法能力”目标。开展“人民法官为人民”主题实践活动和干部“下基层、送温暖、解难题”活动，派送法官到监狱为服刑人员提供法律咨询服务。开展“建设学习型法院，争做学习型法官”活动，制定法官培训计划。成立江海区法官协会和江海区法官体育协会。组织庭审观摩比赛、优秀法律文书评选、书记员速录比赛、业务骨干工作经验交流会等活动。在审判执行部门设立廉政监督员，全体干警均签订《廉政责任书》。

2010年，推进学习型法院建设，转变司法理念和司法作风。制订《关于建立诉讼调解与人民调解衔接机制的方案》，在礼乐、外海法庭成立人民调解工作室，由镇街综治信访维稳中心与人民法庭共同参与案件调解，初步实现了人民调解进法庭的调解新格局。通过层层签订党风廉政建设责任书、建立廉政监察员制度，建立廉洁司法边控体系建设工程。

【来信来访】 2009年，健全矛盾纠纷排查机制，引导人民群众依照法定程序表达诉求，依法保障当事人正确行使申诉权利，共接待群众来访291人次，办理涉诉信访案件4宗，没有出现越级上访，矛盾激化事件。

2010年，贯彻落实全国、全省法院“立案信访窗口”建设会议精神，加强立案信访窗口的硬件和软件建设，落实各项便民措施，共接待群众来信来访67人次并及时妥善处理。

【司法救助】 2009年，完善各项司法便民利民制度和措施，为群众免费提供诉讼指南，告知诉讼风险，切实解决群众诉讼难问题。对经济上确有困难的34名当事人及时提供司法救助，缓、减、免交诉讼费14.9万元。争取区党委、政府的支持，设立执行救助资金。

◆ 司法行政

【普法教育】 2009年，主要宣传法律法规46个；派发法制书籍6000多本、法制宣传挂图720份和法制宣传小册子10000多份；编制专业法宣传资料12期，印发宣传资料93000多份。出版黑板报、宣传栏672期；播放电视广播86次和录像30场次；举办法制课50场次，法律咨询活动15场次。组织党政领导、干部、医务人员、教职员工、村居两委干部等3322名干部职工参加年度干部学法考试。推进民主法治村、民主法治社区建设，下发《法治江海建设方案》和《深入开展民主法治村 民主法治社区建设的通知》等文件。礼乐街道威西村被评为省级民主法治村、外海街道金溪社区被评为省级民主法治社区。

2010年，主要宣传《中华人民共和国妇女权益保障法》、《广东省实施〈妇女权益保障法〉办法》、《中华人民共和国婚姻法》、《中华人民共和国刑法》、《中华人民共和国治安管理处罚法》、《广东省计划生育条例》和《广东省道路交通安全条例》等法律法规43个；制作法制宣传挂图360多份和法制宣传VCD共100多张；派发法制宣传小册子48000多份；印发专业法律宣传资料12期，宣传资料10万多份；出版黑板报、宣传栏共702期；播放电视广播60多次和录像23场次；举办法制课53场次、法律咨询15场次、图片展览10场次、文艺表演4场次和法律知识竞赛7场次；印制《务工人员法制教育读本》4000多本和《创建文明城市法制宣传资料》40000多份。继续推进“法律六进”活动，编写《法制教育读本》作为各类学法对象法制教育的基础教材，其中《农村法制教育读本》每户一本。组织党政领导、干部、医务人员、教职员工、村居两委干部等3350名干部职工参加年度干部学法考试。深入开展民主法治村、民主法治社区创建活动和法治江海创建活动。江海区先后被评为全省、全国法治市区创建工作先进单位，三个村、两个社区先后被省授予民主法治村、民主法治社区称号。建立村居人民调解庭、村居法律援助服务点，推行村村（社区）聘任法律顾问工作；建立“两会两小组”制度，开展法制书屋、法制课室建设。

【人民调解】 2009年，全区人民调解委员会65个，其中村、居委员会共56个，街道委员会5个，其他委员会4个。发生民间纠纷139宗，调解成功139宗，调解成功率100%。举办人民调解员培训班，村（居）调解主任、企业事业单位调解主任、街道综治信访维稳中心工作人员、司法所工作人员参加。组织开展排查工作4次，基层司法所每月一次的纠纷情况报告制度。7起重大突发性事件和群体性事件全部成功化解，包括有多个企业员工突发性死亡事件引发的纠纷和劳资纠纷引发的群体性事件等。在江门市科恒实业股份有限公司和广东春燕纺织有限公司成立人民调解委员会；在礼乐人民医院、外海人民医院建立人民调解委员会。

2010年，全区人民调解委员会65个，其中村、居委员会共56个，街道委员会5个，其他委员会4个。发生民间纠纷有109件，下降21.58%，成功调解109件，调解成功率100%。做到多年无激化案件、无民事转刑事案件、无调解不当而出现的自杀凶杀案件。基层司法所配合镇街综治信访维稳中心建设，坚持一月一排查，一月一例会的工作制度，对排查出的隐患及时分析研究，有效化解大量矛盾纠纷。发生的易激化劳资纠纷15宗和易激化医患纠纷4宗。在亚运会安保期间，人民调解组织共排查出重大社会矛盾隐患33宗并得到化解或稳控。

【安置帮教】 2009年，刑释解教人员268人，其中刑释197人，解教71人，新增31人。通过各种途径安置268人，安置率100%，帮教率100%。重新犯罪2人，重新犯罪率0.75%。重新违法1人，重新违法率0.37%。各街道安置帮教工作站与7家民营企业签订“建立安置帮教点协议”，建立过渡性安置帮教实体，多名刑释解教人员在过渡性安置帮教点就业。

2010年，刑释解教人员178人。其中刑释162人，解教16人。通过各种途径安置172人，安置率96.60%，帮教率100%，无一人重新犯罪。各街道有安置帮教站，各村(居)有安置帮教小组，坚持每月对刑释解教人员进行一次的帮教。使用刑释解教人员信息管理系统（网络版），加强刑释解教人员的动态管理，防止脱管失控和重新违法犯罪。

【社区矫正】 2009年，新接收社区服刑人员20名，期满解除矫正20人。监管社区服刑人员37名，其中缓刑15人，假释2人，剥夺政治权利20人。收到并经审批合格的社区矫正工作志愿者材料60多人，为江海区首批社区矫正工作志愿者。

2010年，社区服刑人员36人。经教育矫正，无一人脱管漏管，无一人重新犯罪。加强社区服刑人员的教育转化工作.把集中教育与个别谈话教育相结合，采取多种形式，充分体现人性化的教育管理。对社区服刑人员进行集中教育229人次，个别谈话教育399人次。全面使用社区服刑人员信息管理系统，加强社区服刑人员的动态管理，防止脱管失控和重新违法犯罪。

【法律服务】 2009年，3个律师事务所共担任常年法律顾问121家。办理刑事辩护及代理79件，民事诉讼代理459件，经济诉讼代理232件，行政诉讼代理21件，办理非诉讼法律事务87件。公职律师事务所作出的法律意见书4份，办案8件，审查合同12份，法律咨询 53人次。公证处办理的各类国内公证4369件，增长29%，其中国内经济公证226件，国内民事公证4143件。全区五个法律服务所担任常年法律顾问63家，民事诉讼代理91宗，协办公证701件，办理法律见证173件，接受法律咨询2300多人次。为有关企业和当事人避免和挽回直接经济损失83.60万元。成立维稳律师团，坚持每月三次到区信访局值班并为重大工程项目建设、敏感案件和易引发不维稳因素案件提出法律意见。

2010年，3家律师事务所共担任常年法律顾问115家，办理各类诉讼案件689件。公证处办理公证5062件，比去年同期上升15%，其中国内经济公证200件，国内民事公证4863件。5个法律服务所共有法律工作者20人，担任常年法律顾问40家，办理民事诉讼代理79件、协办公证614宗、法律见证658宗，法律咨询370人次，为公民、企业避免或挽回经济损失54多万元。维稳律师团实行律师信访值班。各法律服务所、律师事务所、公证处配合重点项目建设，出具法律意见书，审定法律文本，草拟拆迁合同，为拆迁户办理公证业务。如胜利南建设、外海麻一村征地、LED工程建设等工作中，发挥律师、公证的作用。

【法律援助】 2009年，办理法律援助案件64件，增长52.38%。其中法院指定案件29件，公民申请35件。法律援助接受群众咨询1200多人次，为当事人挽回直接经济损失30多万元。扩大法律援助的覆盖面，切实维护农民工的合法权益，努力做到“应援尽援、应援优援”，办理农民工法援案15件，增长75 %。抓好法律援助工作站的挂牌工作及相关制度的建立。

2010年，拟写法律援助简报8篇，办理法律援助案件72件，其中刑事法援案26件，民事法援案46件，法律咨询644多人次，帮助当事人挽回经济损失 141万元。印发《法律援助指南》、《申请法律援助须知》17000份。各村、社区通过黑板报、宣传栏大力宣传法律援助有关知识，其中街道5期，村（社区）57期。试行在部分村、社区建立法律援助服务点，共接待群众25人次，协助办理法律援助案件4件，其中调解结案1件，民事诉讼3件。落实案件回访制度，做到每件法援案件（刑事案除外）都进行跟踪回访，多听取受援人的意见和建议，尽量缩短案件的办理时间。

◆武装

【征兵工作】 2009年，针对新兵征集主体为各级各类院校应届毕业生、优先征集高学历青年的调整，对各类应届毕业生和高学历青年的有关情况进行调查摸底，举办应征青年报名仪式。完成206名应征青年上站身体初检工作，按照“三优先”要求，对89名进行复检，确定预征对象，完成新兵征集任务。区征兵办连续24年被省征兵办评为“征兵工作全优单位”。

2010年，出动宣传车132台次，印发宣传标语等2000余份。首次承办市征兵报名仪式。完成新兵征集任务。区征兵办连续25年被省征兵办评为“征兵工作全优单位”。

【“双拥”工作】 2009年，组织干部职工和民兵预备役人员参加慈善万人行活动，开展“一帮一、献爱心”、定点挂钩帮扶、种植“爱民林”和参加城市卫生清理等活动。向灾区、“希望小学”、困难群众和贫困学生“献爱心、送温暖”捐款5万余元。

2010年，参加社会公益活动，开展“一帮一、献爱心”、定点挂钩帮扶、种植“八一林”和参加城市卫生清理等活动。根据“双到”扶贫要求，挂钩联系10户贫困家庭，送去慰问金和扶贫款，向灾区、“希望小学”和贫困学生“献爱心、送温暖”捐款4万余元。

【民兵预备役建设】 2009年，按照省军区、市军分区的要求，制发《江海区民兵营（连）“四个基本”建设实施细则》。在礼乐街道开展3个民兵营的“四个基本”建设试点，召开全区的民兵营（连）“四个基层”建设观摩会。完成全区51.80%的民兵营达标建设。对辖区应急救援、勤务保障、防卫作战三类民兵重点作战与保障力量的规模、布局、编组方法等进行调整。

2010年，对辖区作战、应急与保障力量进行整组，分别在非公有制企业广东大冶摩托车技术有限公司和高新区荣信电路板有限公司组建民兵连。经省军区和军分区考核验收，全区所有民兵营(连)和作战与应急分队“四个基本”建设全部达标。

【军事训练】 2009年，完成民兵轻舟分队训练；民兵应急分队接受省军区、军分区点验做到齐装满员，符合规定；采取半军事化封闭式管理方式，为江门海事局进行4期128人参加的军训；组织本部干部、专武干部和民兵训练尖子进行封闭式强化训练，在江门军分区组织的比武竞赛中，区代表队获得团体总分第三名，单项获奖11项的好成绩。完成民兵高炮分队训练，与蓬江、新会一起赴汕尾参加省军区组织的防空力量实弹射击，取得击落1个拖靶的好成绩。组织森林防火分队的业务集训。

2010年，组织轻舟分队在外海西江水域进行为期7天的水上课目专业训练；从难从严狠抓实弹射击、警棍盾牌操、防暴队形、擒敌拳、体能等基础科目训练，提高民兵应急分队战术水平和处突能力。组织参加全市民兵评比性考核、江门市军地联合实兵演习，组织森林防火分队的业务集训。

【国防动员】 2009年，通过办好图片宣传橱窗，参加市举办的大型展览和利用电视、报刊、广播等宣传媒体以及组织参观等形式，大力宣传《中华人民共和国人民防空法》及其配套法规、文件和新时期人防建设的方针、政策，宣传人防工作在经济建设和国防建设中的地位作用以及取得的成果。在中学进行人民防空“三防”（防核武器、防化学武器、防生物武器）知识教育，对基层武装部、民兵组织和中小学校进行以爱国主义为中心内容的国防教育。开展国防教育和军事日活动。

2010年，在中学进行人民防空“三防”（防核武器、防化学武器、防生物武器）知识教育。对基层武装部、民兵组织和中小学校进行以爱国主义为中心内容的国防教育。为江门市供电局298名员工进行准军事化培训。

【抢险救灾】 2009年9月15日至25日，受台风“黑格比”和“巨爵”影响，礼乐街道与新会区三江交汇处的深吕堤段发生溃堤，启动抢险应急方案，驻地部队官兵和民兵应急分队2个连共200多人先后连续奋战，完成抢险救灾任务。

经济管理与监督

JIANG HAI YEARBOOK

◆ 发展和改革管理

【规划发展】 2009年，为深入推动《珠江三角洲地区改革发展规划纲要（2008－2020年）》的落实，根据省《关于贯彻实施〈珠江三角洲地区改革发展规划纲要（2008－2020年）〉的决定》以及市《贯彻落实〈珠江三角洲地区改革发展规划纲要（2008－2020年）〉工作方案》的精神，制订《江门市江海区贯彻落实〈珠江三角洲地区改革发展规划纲要（2008－2020年）〉工作方案》。

2010年，“十二五”时期（2011－2015年），是全区实现全面建设更高水平的小康社会，向基本实现社会主义现代化目标迈进的关键时期，也是深入贯彻实施《珠江三角洲地区改革发展规划纲要（2008－2020年）》的重要时期。根据《中共江海区委关于制定全区国民经济和社会发展第十二个五年规划的建议》，制订《江门市江海区国民经济和社会发展第十二个五年规划纲要》。

【宏观经济分析与预测】 2009年，宏观经济面临的国内外环境将更加趋紧，尤其是内部经济内生性变化带来的周期性调整压力可能会明显大于2008年。世界经济增长周期性变化和国内周期性因素相叠加，增大2009年经济进一步向下调整的压力。全国经济长期增长的内在条件没有改变，支持经济较快增长的长期因素依然在起作用，工业化和城镇化仍处于长期性加速期，将会继续推动投资较快增长，资金和劳动力供给十分充裕，技术进步明显加快，如果宏观政策把握得当，本轮经济完全可以避免深幅调整。国民经济和社会发展的主要预期目标：地区生产总值增长11%；单位生产总值能源消耗下降4.3%；二氧化硫和化学需氧量分别削减8%和2%；规模以上工业增加值增长14%；固定资产投资增长13.5%；社会消费品零售总额增长15%；地方财政一般预算收入增长11%；出口总额增长10%；城镇登记失业率控制在4%以内；城镇居民人均可支配收入增长9%；农村居民人均纯收入增长8%；人口自然增长率控制在7.1‰以内。

2010年，国内经济面临较好的发展机遇，经济增长速度依然较快，经济发展仍面临着结构性、发展性和体制性等诸多矛盾。特别是投资与消费比例不协调，产能过剩问题比较突出，内外需不平衡依然存在，就业形势不容乐观，保持价格总水平稳定有一定难度。2010年是五年规划承上启下的一年，既要解决经济稳定增长这个根本问题，又要实现经济持续、健康协调发展，实现经济结构的优化。既要积极扩大就业，注重提高劳动者素质，又要坚持“以人为本”，努力解决民生问题。国民经济和社会发展的主要预期目标：地区生产总值增长12%；人均生产总值增长11%；全社会R&D投入占GDP比重达1.8%；二氧化硫和化学需氧量排放总量减排完成市下达的“十一五”规划目标；单位生产总值能源消耗下降4%；地方财政一般预算收入增长11.50%；规模以上工业增加值增长13%；固定资产投资增长21%；社会消费品零售总额增长16%；进出口总额增长7%；城镇居民人均可支配收入增长10%；农村居民人均纯收入增长9%；城镇登记失业率控制在4%以内；人口自然增长率控制在7‰以内。

【重点建设项目安排】 2009年，重点项目45项，总投资124亿元，年度投资计划25亿元。其中续建项目19项，新开工项目21项，预备项目

5项，包括基础设施项目、工业项目、社会文化事业项目和旅游、流通、服务等项目。其中江珠高速江海段、广珠轻轨江海段、江海污水处理厂和江海区城市防洪工程是纳入广东省重点建设项目，S270－S272省道连接线礼东大桥工程、东海路至南环路连接线、礼乐机电工业基地、江门市长优实业有限公司二期工程、文昌沙水质净化厂二期工程、江门市协和医院、信义玻璃、华众玻璃、建滔工业生产基地等项目纳入市重点建设项目。

2010年，安排重点项目37项，总投资124亿元，年度投资计划28亿元。其中农业和水利工程2项、制造业工程7项、交通运输体系工程15项、环境工程3项、服务业工程5项、社会发展工程1项和预备项目4项。其中江海污水处理厂和江海区城市防洪工程是纳入广东省重点建设项目，S270－S272省道连接线礼东大桥工程、东华大桥、胜利大桥、礼乐机电工业基地、江门市长优实业有限公司二期工程、文昌沙水质净化厂二期工程、信义玻璃、江海演艺中心、江门市鹿茵酒店、海逸酒店目和江门市中岸物流中心有限公司保税仓二期等项目纳入市重点建设项目。

【经济体制改革】 2009年，涉企项目审批全部进入市行政服务中心办理。继续深化财政改革，全面推行国库集中支付制度，建立完善暗访调查制度和电子监察系统。

【国民经济和社会发展计划执行情况】 2009年，克服国际金融危机带来的重重困难，落实中央和省关于扩内需、保增长的一系列决策，主要经济指标呈现“平稳增长、逐步回升”的积极态势，全面完成保增长目标。实现地区生产总值85.53亿元，增长13%；规模以上工业增加值52.23亿元，增长13.73%；固定资产投资33.29亿元，增长22.06%；社会消费品零售总额18.5亿元，增长25.2%；地方财政一般预算收入3.22亿元，增长12.06%；出口总额8.94亿美元，下降8.25%；城镇居民人均可支配收入16709元，增长12.2%，农村居民人均纯收入8912元，增长11.24%；城镇登记失业率为2.3%；人口自然增长率4.84‰。

2010年，全区生产总值100.75亿元，比上年增长14.8%；规模以上工业增加值63.82亿元，增长23.92%；地方财政一般预算收入4.11亿元，增长27.84%；固定资产投资总额43.72亿元，增长31.33%；社会消费品零售总额22.04亿元，增长19.14%；外商直接投资1.39亿美元，增长6.66%；进出口总额17.54亿美元，比上年增长29.52%。其中，进口总额5.97亿美元，增长23.43%；出口总额11.57亿美元，增长32.9%；农村居民人均纯收入10322元，增长15.82%；城镇居民人均可支配收入19146.67元，比上年增长14.59%；城镇登记失业率为2.34%；人口自然增长率3.27‰。

【制定和实施产业规划】 2009年，贯彻落实国家《十大产业调整振兴规划的实施意见》和《珠江三角洲产业布局一体化规划（2009－2020年》，结合产业实际，促进资源向优势地区和重点产业集聚，以现代服务业、战略性新兴产业和高技术产业为引领，努力把江海区建设成为先进制造业基地，主动融入珠三角产业布局一体化。

2010年，根据《中共江海区委关于制定全区国民经济和社会发展第十二个五年规划的建议》，编制《江门市江海区国民经济和社会发展第十二个五年规划纲要》，提出“工业强区、三产兴区”的产业发展战略。编制《江海区先进制造业发展“十二五”规划》和《江海区服务业发展“十二五”规划》，坚持把加快经济结构战略性调整作为转变经济发展方式的主攻方向，培育发展战略性新兴产业，大力发展现代服务业，推进以先进制造业和现代服务业“双轮驱动”的现代产业体系建设，有效提升整体发展水平和综合竞争力。

◆ 统计工作

【第二次全国经济普查】 2009年，按照国务院的统一部署，做好普查的各项工作。严格执行《中华人民共和国统计法》、《全国经济普查条例》和普查方案，实施质量控制、事后质量抽查和检查验收工作，并严格按照规定的程序、标准和期限，做好普查各阶段的工作，重点抓调查表的审核验收、数据的审核、录入、汇总和上报工作，保证普查数据的高质量。做好资料的开发、普查总结、普查表彰等工作。

【年报和定期报表】 2009-2010年，加强对各项统计数据的审核和监督，确保数据的真实性和准确性。综合、核算、农业、工业、能源、科技、投资、房地产、建筑业、批零住餐业、劳动工资和人口等统计专业按照统计制度和上级要求，完成各项日常统计报表及《统计月报》、《工业快报》和《2008年江海区统计年鉴》、《2009年江海区统计年鉴》编印任务。

【统计信息自动化建设】 2009-2010年，为适应经济普查需要，改善统计系统计算机设备，提高统计信息处理能力，提高网络系统的安全性。加强统计信息网的更新与维护，及时发布统计信息和数据，加强统计服务功能，并拓展统计信息广域网，为各街道配备专用计算机1台，使之接入统计信息广域网，实现与国家、省、市和区局信息资源的交换及共享，大大提高数据与信息处理效率。

【统计法规宣传和执法检查】 2009年，以《统计违法违纪处分规定》的颁布为契机，采用培训会、座谈会、统计考试培训班等灵活多样的形式，举办4次面向企业统计员的统计法制培训活动，参加法制培训的基层统计人员超过300人。通过区政务网以及外海、礼乐广播电视站等平台和媒体广泛宣传。针对部分企业统计迟报的现象，对未报统计报表的企业发出《催报通知书》，对迟报企业发出《整改通知书》。派出统计执法人员到企业开展统计执法检查工作，发出统计报表催报单31份，统计执法检查查询书2份。

2010年，采用上门面谈、培训会、座谈会、统计考试培训班，以及借普查促普法等灵活多样的形式，开展统计法律法规的普法宣传工作。举办3次面向企业统计员的统计法制培训班，参加的基层统计人员100多人。开展“中国统计开放日”、“世界统计日”宣传活动，以“统计和您在一起”和“走向公开透明的中国统计”为主题，开展统计知识普及工作。组织开展统计执法大检查。对抽查的50家企业核查企业有关统计报表，检查企业的统计制度、统计台账和统计员持证上岗等情况。制订《关于加强江海区街道统计基础建设的意见》。

【统计人员培训】 2009年，基层统计人员报名参加统计继续教育培训113人，报名参加统计从业资格考试38人，报名初级和高级专业技术资格考试分别2人和4人。举办工业企业网上直报与统计业务培训会，对100多家新增规模企业的统计员进行业务培训。

2010年，基层统计人员报名参加统计继续教育培训37人，报名参加统计从业资格考试35人，报名初级、中级和高级专业技术资格考试的分别为8人、6人和1人。继续开展教育培训、从业资格考试考前培训以及初、中级专业技术资格考试培训工作。

【基层统计网上直报】 2009-2010年，在维持和完善工业、建筑业、房地产、批发零售业等网上直报率的基础上，稳步推进统计数据网上直报工作，加快推进劳动工资专业网上直报，完善统计报表的收集、存档和催报，有效保障了数据收集环节的规范性和真实性。

【抽样调查】 2009-2010年，加强统计创新意识，拓展统计调查内容。加强居民收入、安全感、人口变动等民生指标方面的调查，开展组织工作满意度等民意测评调查。

【第六次全国人口普查】 2010年，开展第六次人口普查。通过宣传动员、“两员”选调、组织培训、摸底、正式入户登记、快速汇总等各项阶段性工作，举办6期有针对性的培训班。实时跟踪各普查区的工作动态，对人口普查数据进行录入、审核和汇总。

◆ 物价管理

【涉企收费治理】 2009年1月1日起，取消100项行政事业性收费项目；5月起，取消13项省定行政事业性收费项目，涉及全区的有19项收费，其中取消建设部门的工程定额测定费、建设工程质量监督费，一年可减轻企业、群众负担120万元；继续落实下岗职工再就业优惠政策，并加强监督和检查，让各项优惠政策落到实处。贯彻落实市政府《关于应对当前经济形势进一步减轻企业负担的意见》（江府〔2008〕45号）的精神，仅减半收取使用流动人员调配费一项就为企业减轻负担约130万元。联合区财政、审计、纠风办等部门开展涉企收费专项检查，确保涉企收费政策落到实处。

【价格监测】 2009年，在节假日、自然灾害、手足口病和H1N1甲型流感期间，做好粮食、食用油、猪肉、副食品、化肥、药品、成品油、液化石油气等重要商品市场价格动态的日常监测，防止哄抢物品、哄抬物价事件的发生。

2010年，针对区内天骄半岛新楼盘提出拟超出区物业收费政府指导价的请求，与市物价局成本调查队人员多次到该楼盘了解情况，并对物业管理公司的成本进行测算，合理核定该楼盘的物业成本。在节假日、自然灾害、红眼病期间，加强对市场价格的巡查，做好粮食、食用油、猪肉、副食品、化肥、药品、成品油、液化石油气等重要商品市场价格动态的日常监测。

【价格服务】 2009年，分别到江海花园、华茵堡等小区的物业服务管理公司开展物业服务收费调研，到江门市兰花食品有限公司、南方食品（制造）有限公司等开展涉企收费调研，到大冶摩托有限公司和中港宝田摩托车实业公司开展“广东价格话语权”调研；到民办学校开展收费情况和学校住宿费情况调研，开展城市施工工地扬尘排污费征收调研，开展供电和供水维修、安装工程收费调研。开展“价格服务进农户”和“价格服务进企业”活动。更新全区各街道和社区的61个价格收费公示牌；把行政事业性收费、教育、水电、有线电视、电信、交通、环卫等价费项目印制成《给全区农民的一封信》，发到全区2.5万户农户手中；在礼乐向民村四户农业价格调查户挂“价格服务进万家服务点”牌匾，把价格服务延伸到农户家中；不定期在江南文化广场、社区等开展“价格服务进万家”宣传。

【价格应急预警】 2009年，建立《江海区发展和改革局应急值守制度》、《江海区发展和改革局应急信息报送制度》等制度，建立江海区物价异动专业应急队。开展应急物资储备管理工作实地调研，及时更新应急物资供应企业名录库。做好物资企业调查。编写《江海区粮食应急承诺书》，与企业落实应急责任，保障应急状态下的粮食调用。开展突发公共事件应急体系建设“十一五”规划中期评估。

【价格管理和收费管理】 2009年，联合财政、审计部门开展2008年度行政事业性收费年审工作，对全区33个行政事业性单位进行收费年审，对在年审中发现问题的单位及时提出整改意见。进一步规范全区行政事业性收费管理工作。对列入物价部门管理的经营服务性收费、教育收费（含强制性培训收费），进行成本监审（对3间民办学校进行成本监审）。对行政事业性收费，严格按照规定程序发放收费许可证，共核（换）发各类收费许可证74个。春季起实行义务教育阶段免收借读费政策，秋季起实行义务教育阶段免收体检费，仅免收借读费一项一年可减轻学生家长负担718万元；规范民办学校收费管理，按程序核定文昌中英文学校、阳光学校、博雅学校等三间民办学校的收费标准；帮助学校制定《内部价格管理制度》，公示“一费制”收费及“一费制”以外收费情况；联合区教育局、财政局、纠风办等部门进行教育收费检查，不定期对区内医疗机构执行的非营利性医疗机构服务价格的情况进行检查，规范和引导医疗机构对价格的执行；对上级部门出台的属政府指导价格的药品价格的下调及时跟踪检查，维护医药市场价格秩序。在各街道和56个社区（村）重新配备61名社会价格监督员，举办3期价格监督员培训班，并向其颁发价格监督员聘书和价格监督员证。

2010年，联合财政、审计部门开展2009年度行政事业性收费年审工作，对全区33个行政事业性单位进行收费年审，对在年审中发现问题的单位及时提出整改意见。对列入物价部门管理的经营服务性收费、教育收费（含强制性培训收费），按照相关程序规定做好价费审批和管理工作。对行政事业性收费，严格按照规定程序发放收费许可证。共核（换）发行政事业性、经营服务性和社会力量办学等收费许可证53个。根据市物价局出台的车辆停放保管服务的三区统一平衡收费标准，印发《江海区机动车停放保管服务收费标准》，并组织区内物业管理公司、车辆停放经营单位等学习新的收费管理细则。规范机动车停放保管服务的明码标价行为，经营者在2010年底前按统一的规范格式和颜色置换机动车停放保管服务收费明码标价牌。出动35次、检查人员78人次开展医疗服务和药品价格相关收费检查。不定期对区内医疗机构执行的非营利性医疗机构服务价格的情况进行检查，规范和引导医疗机构对价格的执行；对上级部门出台的属政府指导价格的药品价格的下调及时跟踪检查，维护医药市场价格秩序。对区内的机关门诊、江海区人民医院和礼乐人民医院开展疫苗价格检查，规范疫苗的销售管理。继续免收符合政策的农村、城市义务教育阶段的借读费、书杂费、课本费和体检费政策；重新制定中小学作业本费的收费标准；规范公办幼儿园政府定价收费管理，按照有关规定对江南幼儿园和区机关幼儿园的生均培养成本进行成本监审，并结合居民经济承受能力等调整了其保教费的收费标准；做好民办幼儿园的提价备案管理，审核区内多间民办幼儿园提交的提价成本监审资料，为区内19间幼儿园办理提价备案的手续。春、秋季开学后联合区教育局、财政局、纠风办等部门出动24人次进行教育收费检查。

【价格监督检查】 2009年，除了开展节假日市场价格检查以外，抓好涉农、涉企、教育、医疗收费等专项检查。特别在H1N1甲型流感事件影响期间，切实加强对流感药品、口罩、体温计和猪肉等重要商品价格的市场巡查。接受各类投诉（咨询）31宗，其中由政府服务热线12345转来的有26件，办结率100%。实行经济制裁2164元，其中退还群众1164元，罚款1000元。

2010年，开展经营服务性收费和社会团体收费检查，除了开展节假日市场价格检查以外，抓好涉农、涉企、教育、医疗收费等专项检查。特别在红眼病事件影响期间，切实加强对药品等重要商品价格的市场巡查，防止价格异动。接受各类投诉（咨询）39宗，其中由政府服务热线“12345”转来的有31宗，全部处理和答复，限期内办结率100%。实行经济制裁12786元，其中退还群众1975元，没收1811元，罚款9000元。

【价格评估鉴证】 2009年，配合公、检、法、司等单位和部门做好刑事和民事案件物品价格鉴定，规范涉案财产价格鉴定，扎实开展道路交通事故车物损失价格鉴定工作。接受各类价格鉴证873宗，评估金额17423.02万元。江海区物价局价格认证中心被省物价局评为“2008—2009年度价格认证机构规范化建设达标单位”。

2010年，配合公、检、法、司等单位和部门做好刑事和民事案件物品价格鉴定，规范涉案财产价格鉴定，扎实开展道路交通事故车物损失价格鉴定工作。接受各类价格鉴证762宗，评估金额11539万元。

◆ 审计工作

【基建审计】 2009年，加大对政府重点工程项目的审计监督，对区城乡水利防灾减灾工程建设资金进行跟踪审计，促进和保障城乡水利防灾减灾工程建设的顺利完成。

【审计成果】 2009年，完成审计项目21个，为年初计划的123.53%；审计查出管理不规范金额50808万元，提出并被接纳合理化建议11条，提交审计报告21篇，提交专题报告和审计信息12篇。

2010年，完成审计项目23个，审计查出管理不规范金额1802.79万元，帮助被审计单位纠正错账2笔，提出并被接纳合理化建议21条，提交审计报告16篇，提交专题报告和审计信息

12篇。

【财政审计】 2009年，对区本级2008年度预算执行和其他财政收支情况进行审计，查出管理不规范资金47141万元，提出审计建议7条；查出财政预算暂存款余额11250万元，其他财政性资金应收、暂付款项22941万元，清理效果不理想；查出专项资金3460.29万元滞留财政专户时间较长，未能充分发挥专项资金应有的效益和作用；查出个别农业土地开发项目工程进度缓慢。对16个区直部门预算执行审计方面：查出部分单位会计核算不规范和单位支出审批手续不齐全；查出个别单位固定资产管理欠完善，仍然存在账实不符的情况；查处个别单位应缴款财政专户款7.37万元未能及时上缴财政专户；查出国有资产应收款项余额9489.9万元，未能及时清理，影响资产营运效能的发挥。

2010年，对区本级2009年度预算执行和其他财政收支情况进行审计，查出管理不规范资金23万元，提出审计建议6条；查出财政预算暂存款余额14081万元，清理成效不理想；查出专项资金2937.3万元滞留财政专户，影响专项资金效能的发挥；查出区政府负有直接偿债责任的借款余额6100万元，存在一定偿债压力；查出个别工程项目管理欠完善，变更增加工程量达28.97%；各专项账户累计应收未收的借出款、暂付款项27304万元，存在一定的资产风险。对16个区直部门预算执行审计方面：查出部分单位会计核算不规范和单位支出审批手续不齐全；查出个别基层单位存在往来款挂账未能及时清理的现象，暂付款账面余额2000万元；查出国有资产应收款项余额16585万元，未能及时清理，影响资产营运效能的发挥。

【经济责任审计】 2009年，对10人进行经济责任审计，查出管理不规范金额3622万元。经济责任审计工作中，以服务江海发展为第一要务，按照“积极稳妥、量力而行、防范风险”的原则，着力规范审计操作，发挥经济责任审计在促进财政、财务管理，优化经济秩序，强化领导干部监督与管理。

2010年，对9人进行经济责任审计，查出管理不规范金额68.52万元。经济责任审计工作中，发挥联席会议作用，做好“逢离必审”。

【专项审计】 2009年，审计重点放在解决民生问题和社会热点难点问题上，加强农业、土地、医疗和教育等涉及群众切身利益的公共服务领域和专项资金的审计监督，开展新型农村合作医疗专项资金审计、汶川地震救灾捐赠资金物资专项审计，实施中小学教师待遇两相当审计调查和中小学校舍安全工程审计调查等。

2010年，开展专项资金审计，先后完成全区地方政府性债务审计、青海玉树地震抗震救灾资金和物资审计、广珠城际轻轨工程江门支线江海段建设经费专项审计、因公出国经费专项审计调查、新型农村合作医疗专项资金审计、“广东扶贫济困日”活动捐赠资金物资专项跟踪审计和胜利南路拆迁补偿专项资金的前期审计调查等；及时开展中小学校舍安全工程重点建设项目跟踪审计以及开展对中小学教师“代转公”和“两相当”问题专项审计。

◆ 安全监督管理

【简述】 2009年，落实“安全第一、预防为主、综合治理”的方针，深入开展“安全生产年”活动。全区共发生工伤死亡事故1起，死亡1人，控制在市下达指标范围内（市指标3人）。

2010年，坚持安全“三个突出”（突出预防为主、突出加强监管、突出落实责任）和“三个加强”（加强宣传教育和队伍建设、加强基础工作、加强协作联动），全区共发生工伤死亡事故1起，死亡1人，辖区安全生产事故死亡人数控制在市下达的指标范围内（市指标3人）。

【机构建设】 2009年，全区56个村（居）全部成立村（居）安全监管机构，并基本落实办公场所、经费、装备以及相关工作制度，实现村（居）安全监管有组织机构、有专（兼）职人员、有办公地点、有经费保障、有办公设备、有工作制度、有工作规范、有考核奖惩。

2010年，加强安全生产执法委托工作，完善委托工作机制，进一步推动安全生产执法监察工作“重心下移、关口前移”，继续推进基层安全监管队伍建设，完善区、街道、村（居）三级安全监管网络，100%完成委托街道执法。加强部门与街道之间的互动以及对委托执法的监督、指导工作，推进街道执法工作向规范化方向发展。

【危险化学品安全监管】 2009年，开展危险化学品和烟花爆竹行业专项行动，辖区内16家危险化学品生产企业，84家危险化学品经营企业（其中带仓储经营的企业27家），20家使用剧毒品的企业都认真开展了安全生产隐患自查自改，共自查出一般安全隐患86处，现已全部整改完毕。经排查，没有非法生产、经营和储存烟花爆竹的企业和私下设立的“地下窝点”与“黑市场”。

2010年，加强危险化学品生产企业和经营（带储存）单位日常安全生产督查和专家现场核查工作，全区共有危化品生产企业16家，危化品经营企业89家，其中经营带储存企业33家，成品加油站21家。全年共督查危化品生产企业28家次，督查危化品经营企业112家次，成品油加油站21家次，专家现场核查企业49家次，发出责令整改指令书12份，发现安全隐患116项，完成整改112项。

【重点监控企业（部位）监管】 2009年，对47处重大危险源和8家重点监控企业进行定期检查和不定期督查工作，向企业发放统一制定的《重点监控企业（部位）责任书》，要求企业加强对危险部位的安全管理，明确监管部位、安全对策、应急措施，定期进行应急救援预案演练。

2010年，按照《关于印发〈江门市安全生产重点监控企业（部位）监督管理办法（试行）〉的通知》要求，与4家重点监控企业签订《重点监控企业（部位）责任书》，并进行挂牌公示，悬挂“重点监控企业（部位）”标志牌。企业每月填报《重点监控企业（部位）安全生产工作情况月报表》，区安监局每季度对重点监控企业（部位）进行督查，共督查企业16家次，整改安全隐患22处，完善企业安全管理制度10项。

【安全生产监管和执法监察】 2009年，开展危险化学品、烟花爆竹行业和工矿商贸事故多发行业领域“打非治违”活动，出动执法检查人员286人次，检查危险化学品、烟花爆竹企业和工矿商贸事故多发行业企业234余家，治理安全隐患214项，打击无证经营或证照不全从事危险化学品生产、经营活动6起，罚款17.5万元；

查处生产安全事故1宗，罚款10万元。

2010年，开展安全生产“打非治违”专项行动，出动执法人员239人次，检查企业92家，发现隐患117处，要求立即整改或在限期内整改完成。发出责令改正指令书14份、整改复查意见书13份。立案查处无证经营或未经依法审查批准，擅自生产、储存危险化学品行为5起，并对这5家违法生产、经营、储存企业作出罚款人民币10万元的行政处罚，并责令其停止违法行为；开展安全生产执法监察警示活动，出动执法人员和巡查队员56人次，检查各类企业12家，发现安全隐患23处，当场整改6处，限期整改17处，发出责令改正指令书6份，督促企业按照整改要求落实隐患的整改工作。

【宣传教育和培训】 2009年，组织区安全生产管理协会及相关单位对区内企业员工进行安全知识培训，共培训企业员工2500人次；举办安全生产法律法规和新《中华人民共和国消防法》学习辅导讲座，邀请市安全生产管理协会和市消防局专家授课；举办机械压力机安全使用培训班，使用机械压力机企业安全生产主要负责人、安全管理人员、设备维修主管人员，以及各街道安全生产巡查队员共128人参加培训。举办“2009年‘6•30’警醒日暨安全生产咨询活动”，悬挂横幅、标语1126条，印发各类安全知识宣传品4000多册，安全生产明信片3100套，张贴宣传画320张，刊出安全生产宣传板报65幅，外海、礼乐广播电视站利用黄金时间报道60次，出动各类安全检查人员618人次，检查各类企业320家，及时发现和整治一批安全隐患。

2010年，与市安监局、市安全生产管理协会联合在江门新英职业学校举办危险化学品从业人员安全知识培训班，为辖区内危险化学品生产企业、经营（带仓储）企业的主要负责人、安全生产管理人员、车间主任和危险化学品装卸工、仓管、电工，危险化学品使用单位的岗位操作工、安全管理人员、电工提供培训，共有35家企业180人参加；与市安委会在高新区管委会门前广场联合开展“2010年‘6•30’十周年警醒日暨安全生产咨询日活动”。市、区共有26个安委会成员单位设咨询点现场为广大市民和企业职工提供咨询服务；委托区安全生产管理协会举办江海区企业主要负责人培训班5期，参加培训700人。

【应急救援】 2009年6月，成立江门市江海区安全生产应急救援指挥中心，隶属区安监局，为区财政核拨经费的事业单位，事业编制4名，设主任1名，副主任1名。负责全区安全生产应急救援体系建设，指导、协调各街道及有关部门安全生产应急救援工作；组织编制和综合管理安全生产应急救援预案；负责全区安全生产应急救援资源综合监督管理和信息统计工作；按照安全生产突发事件应急预案的规定，指导、协调生产安全事故灾难的应急救援工作等。

2010年，按照企业安全事故应急预案编制要求，加强各生产经营单位安全生产应急预案编制工作的指导和督查，督促、引导企业完善企业安全事故应急预案体系，全区1528多家企业中有984家企业修订应急预案（其中危化品生产16家、经营59家、经营储存29家、加油站21家，共125家化工企业全部完成修订应急预案），建立应急救援队伍库；江海区安全生产应急救援指挥中心全面开展应急救援物资普查统计工作，摸清现有各类应急救援物资、器材、装备的规格型号、数量和储存地点以及保管联系人等基本情况，并建立数据库，全区录入245个，其中政府类预案11个，录入企业安全生产应急预案234个。注册安委会成员25个、应急队伍18支、应急仓库2个、应急物资装备51部（套）、企业358家。

◆ 信息化管理

【信息产业】 2009年，推进信息化与工业化系统试点，推进高性能计算、机器视觉和计算机辅助工程（CAE）技术在区内制造业的应用。构建区工程设计网络协作平台，以君盛五金公司、盈联科技公司为主体区域性中小企业的工业设计协作平台，为工业企业提供从外形设计、工艺分析到模具配套的一条龙网络协作体系。组织开展“有限元”科学计算在工业产品工程设计中的推广应用。与中岸物流签订推广协议，实施全区现代物流信息化试点工程；中岸物流投入150万元用于物流信息化软件升级，采用国内最先进的物流软件平台在区内推广应用。开展企业电子商务和信息化培训活动8次，包括与江门市信息产业局、阿里巴巴广东分公司举办以“如何在金融危机的环境下开展电子商务，使企业走出困境”为主题的培训活动；举办企业资源计划系统（ERP）应用培训；举办可再生能源激励计划（REIP）技术应用研讨会并组织企业到鹤山雅图仕工业园参观其应用体现中心；开展“有限元”工业分析技术在工业设计中的应用讲座。围绕发展绿色光源产业，对区内的LED、节能灯企业进行调研，推介《江门市促进高新技术开发区LED产业发展暂行优惠办法》，配合组建江门市LED产业联盟。

2010年，为推进制造企业加快“工业化与信息化融合”，确定大冶摩托为区“两化融合”典型，集中和调动“两化融合”的内外技术力量，提供咨询和规划支持，包括组织参观学习、会同相关软件企业，协助大冶摩托车技术有限公司制订信息化规划和电子商务发展规划，并落实广东省信息化扶持资金150万元支持其建设信息系统。通过举办相关的示范活动，引导企业咨询和业务求助，有意向“两化融合”方向发展。组织区内规模以上企业到大冶摩托车有限公司参观学习，举办“两化融合”经验交流会。

【电子政务】 2009年，全面完成区综合治安视频信息资源共享平台建设并交付使用，区公共治安视频监控中心投入运行。制订应急预案系统、应急数据库、应急报送系统、应急视频监控和应急三防监控为一体的区应急指挥平台建设方案。建成区三防指挥系统，包括白水带森林防火监控、水利设施视频监控和水位实时监控，为区三防调度指挥工作提供快速的数据支持。深化政府办文管理系统，进一步优化和完善政府网络化和无纸化办公。开展区电子纪检监察综合平台及重点项目建设和行政综合执法2个监察系统（“一个平台2个系统”）的建设工作。增强网上办事和政府服务项目，建成全部村（居）委网站和学校教育网站，并丰富和延伸政务网内容。建设政府机关工作人员IC卡工作证项目，建成集身份识别、会议签到、饭堂消费和门控于一体的“一卡通”系统。协助区财政局完成国库集中支付系统建设。筹建区数字城管指挥中心。深化档案数字化工作，完善数字化档案文件管理，逐步构建面向公众的档案查阅系统。

2010年，建成政务网络平台延伸至区直单位、部门和街道，共有政务网站、政务OA、计生系统和国库支付系统20多个。集信息公开、咨询服务、网上办事和网上审批于一体的区政府网上服务大厅试运行。加快服务型政府、法制型政府建设。深化政府公文管理系统应用，新版OA系统应用，其适用性和易用性受到好评。建立一套与区OA系统无缝连接的移动政务OA系统，OA用户可以通过移动电话上网及登录系统查阅信息和办理公文。建成区行政综合执法电子监察系统（电子监察系统）及工程建设领域信息公开系统。完善全区村（居）委网站和学校教育网站。升级政府中心机房，构建区数据中心。举办各政务应用系统的应用培训班8期，参加培训436人。

【社会信息化】 2009年，构建“江海区农村信息直通车”专业网站，按照村村建网站的要求，为全区各村（社区）建立网站，并结合农村党员干部现代远程教育系统工程、文化资源共享工程，在各村（社区）推广、普及投影设备和在各村建立文化播映平台。全力打造“数字江海”，与中国电信江门分公司签订“数字城市”建设协议，全面推进“农村信息直通车”工程，以打造“农村综合信息服务平台”为重点，争取2011年完成区“数字城市”示范区建设。建设“无线城市”，打造江门“移动政务”业务应用示范区，与中国移动通信江门分公司签订信息化战略合作协议，推进“无线城市”和“移动政务”工程，完善区内无线宽带网络覆盖。2006年起至是年三年时间共投入40多万元用于农村基层信息化建设，为各村（居）委配备计算机76台、打印机24台、数码相机和投影仪各15台，并为每个村（居）委配备移动信息终端机，补贴部分村委会实现宽带上网。完成区治安监控指挥中心和视频监控平台的建设，并制订区视频监控系统的建设标准。

2010年，构建农村（社区）信息化服务平台，建设一批示范村（居）委，为各村（居）委全部配备信息化设备，连接互联网，初步实现基层管理信息化。完善“江海区农村信息直通车”专门网站，为农民提供科技、文化、卫生、教育、种养实用技术、农产品市场、劳动力转移、就业培训和民生保障等服务信息。建成“江门市农村党风廉政信息公开平台”江海平台，并与江门政务之窗、江门市廉政网、区政务信息网、区农村信息直通车和党员干部现代远程教育等门户网站链接。加强对基层党员干部信息化专业理论和实际操作技能的培训。

【应急管理指挥调度系统】 2010年，建立并上线应用区应急管理指挥调度系统，包括应急事件报送与传阅、应急预案处置、应急资源数据库、应急视频资源综合调度平台和应急指挥调度5个子系统，实现应急预案数据化、应急视频集中化和指挥调度智能化，并与OA系统无缝连接，实时接收应急文件。

【企业发展电子商务】 2010年，举办电子商务培训班6期，参加培训的企业146家次。通过加强电子商务培训和推广工作，采用集中培训方式，把电子商务最新、最好的企业案例向企业推介，并有针对性为部分企业制订电子商务营销方案和网络营销方案，指导企业开展电子商务活动。与中国电信江门分公司合作，建立多语言电子商务服务平台，选择区内10家企业进行试点，协助其建立西班牙语的电子商务网站、网店，开拓西班牙语言电子商务市场。

【组织LED产业技术攻关】 2010年，为企业推介与高校、研究机构合作，结合LED背光源市场畅旺的现状，推动企业向高端智能显示模组发展，培育高端LED背光显示模组生产集群；组织企业与五邑大学功能材料研究所合作，探索以新技术解决LED光源供电电路、散热等瓶颈问题；与相关的工业设计机构合作，开展LED终端产品外形设计活动，为区内企业提供50多款LED照明产品的平面工业设计方案。

【医疗信息化试点建设】 2010年，协助区卫生局建立卫生系统OA办公系统，实现行政部门与医疗卫生机构之间信息的实时传递。配合江门市医疗信息化在区人民医院开展的信息化建设试点工作，安排信息化专项资金采购电脑40台并提供一套OA系统给区人民医院使用。

【数字江海和无线城市建设】 2010年，中国移动、中国电信和中国联通在区内建立较为完善的移动通信网络。年内，全区3G基站覆盖率达到99.9%，移动用户可达20.47万户，方便居民随时随地应用3G手机和无线上网卡接入互联网。

【南冲水闸自动控制监控系统升级】 2010年，协助区农业局建立南冲水闸自动控制（监控）系统升级工程顺利完成，实现利用现代信息技术进行水文信息的采集、存储和处理，闸门的控制、调度，现场视频、数据的远程监控，提升信息采集、传输时效性和控制的自动化水平。

◆ 国土资源管理

【土地利用总体规划修编】 2009年，落实土地利用总体规划修编工作，重点抓好区、街道两级规划修编。协助市国土资源局制订《江门市土地利用总体规划分类用地控制指标分解方案（2006-2020年）》和《关于县级市（区）土地利用总体规划修编工作指导意见》，草拟《江海区土地利用总体规划大纲（2010-2020）》。按照市政府下达给区主要控制性用地指标，结合《江海区中心城区分区规划》、《礼乐、外海分区规划》、《江海区国民经济和社会发展“十一五”规划》和区未来经济发展战略和目标，对规划期间高新区、江海区及其礼乐、滘头、滘北街道的重点项目、民生项目、交通项目用地，进行统筹和安排，协调高新区、江海区未来10年内新增建设用地指标分配问题。《江海区土地利用总体规划大纲（2010-2020）》先后通过区、市、省三级审查。

【地质灾害防治】 2009年，省地质环境监测总站认定礼乐街道向前村、向东村地表出现严重沉降现象，属大型缓变地面沉降地质灾害。为遏制地面沉降，组织相关部门及邀请专家，对地面沉降、地面塌陷和地裂缝等因地质问题诱发灾害隐患点进行研究分析，提出初步防治整治措施。成立区整治违法开采地下水专项工作小组，制订《江门市江海区2009年整治违法开采地下水专项工作方案》，全面调查辖区违法抽取地下水情况，制定整改措施。把该地质灾害项目作为全省性地质灾害监测预警重点项目向省申报监测立项，获省国土资源厅、财政厅地质灾害防治补助资金30万元，用于该项目监测工作。

【建设用地管理】 2009年，做好广珠城际轻轨、广珠铁路、区污水处理厂和府东小区等工程项目的征地拆迁补偿工作，协调和解决征地、拆迁、施工过程中的困难和问题，督促被征地单位及时将土地移交给建设单位使用。完成四大重点项目征地拆迁工作，征地面积71.43公顷，厂房、民房拆迁面积29000平方米。供应土地12宗，面积15.89公顷。其中挂牌出让6宗（涉及面积7.54公顷），协议出让3宗（涉及面积0.3公顷），公开出让1宗（涉及面积3.58公顷），划拨用地2宗（涉及面积4.46公顷）。完成项目用地出让报批手续14宗，面积92.67公顷；办理征收用地手续278公顷。审批农村住宅用地153宗，用地面积13.08公顷。

2010年，加强建设用地报批和供地工作，保障各项招商引资项目用地供给。分七个批次报批征地160.67公顷，加快完成重点项目LED产业基地118.27公顷农地转用和征地报批手续。供应土地26宗，面积150.26公顷。其中挂牌出让2宗（面积25.36公顷），协议出让1宗（面积2公顷），公开出让12宗（面积79.85公顷），划拨用地（含留用地）10宗（面积41.78公顷），置换用地1宗（面积1.26公顷）。推进区内节约集约用地，加大清理闲置土地工作力度，做好存量土地盘活工作。会同市国土资源局监察大队对高新区未动工建设土地进行全面清理，根据《中华人民共和国城市房地产管理法》及《闲置土地处置办法》有关规定和程序，督促建设单位和个人履行土地出让合同义务，加快建设用地开发步伐；对检查中经初步确认为闲置6宗涉及11.65公顷土地向市国土资源局提出处理建议，依法收回原出让土地使用权。

【地籍管理】 2009年，阶段性完成第二次土地调查工作。采用现代测绘技术方法和信息化手段，查清全区68平方公里农村土地地类、分布、面积，国有、集体土地使用权权属以及基本农田分布情况；查清42平方公里城镇土地地类、面积，每宗土地权属、位置和利用状况。采用1∶500比例尺完成42平方公里城镇土地地籍测量工作任务；形成以行政村为基本统计单位的农村土地调查成果，以各街道为基本统计单位的城镇土地调查成果以及一套完整土地利用现状图和数据库。核发国有土地使用证6051本，集体土地使用证950本，他项权利证109本，办理土地抵押面积245.27公顷，涉及抵押金额人民币160126.07万元，港元1025万元。

2010年，全面完成第二次土地调查工作。按照国家和省统一技术规程，完善对江海区68平方公里农村土地以及42平方公里城镇土地的土地利用现状、权属变化情况的调查数据，全面掌握江海区土地利用情况，更新农村土地调查成果、城镇土地调查成果，以及土地利用现状图和数据库资料。江海区土地利用总面积10916.46公顷，其中农用地5622.79公顷，占总用地面积的51.51%；建设用地4457.10公顷，占总用地面积的40.83%；未利用地836.57公顷，占总用地面积的7.66%。“二调”相关成果获省国土资源厅验收通过上交国土资源部进行审核。核发国有土地使用证5211本，集体土地使用证844本，他项权利证129本，办理土地抵押面积272.33公顷，涉及抵押金额人民币198214.1万元，港元840万元。

【土地执法监察】 2009年，做好国家第九次、省第四次卫片执法检查工作。按照下达的遥感监测成果，对2007年11月至2008年11月期间江海区因开发利用土地资源被省圈定变化图斑143个涉及用地面积188.57公顷进行逐宗清查。共发现违法用地6宗，面积4.3公顷（其中耕地0.53公顷），对检查中发现的6宗违法用地案件全部立案，并移交市国土资源局土地执法监察大队依法处理。其中罚款处理4宗，涉及面积2.68公顷，罚款金额17.92万元；责令进行改正完善用地手续2宗，涉及面积1.62公顷。制订《关于建立土地执法共同责任制的意见》，明确各街道规划、建设、城管等相关执行职能部门在预防和查处违法用地、违法建设工作中职责和分工。通过土地动态巡回检查，各街道和基层国土所对发现带有苗头性、倾向性问题按照土地管理有关法律法规规定予以制止。外海、礼乐国土资源管理所在开展土地动态巡查工作中共发现辖区内违法挖山取土、违规建设乡村道路、非法占用宅基地建房等案件4宗，全部发出《责令停止国土资源违法行为通知书》责令整改。

2010年，开展区2009年土地卫片执法检查，经核查违法用地10宗，面积3.52公顷（其中耕地10.27公顷）。属于省重点项目有7宗，面积为0.83公顷（其中耕地0.07公顷）；属于市项目和个别村委会违法用地的图斑有3宗，面积为2.69公顷（其中耕地0.96公顷）。违法用地占用耕地面积占新增建设用地占用耕地面积的1.62%；扣除国家和省重点项目后为1.51%，没有超过《违反土地管理规定行为处分办法》规定的警戒线。发现的违法用地案件全部移交市土地执法监察大队立案查处，立案率、查处率、整改率和结案率均为100%；处以罚款14.3734万元，完善用地审批手续1.92公顷。

【土地规划及基本农田保护】 2010年，推进区、街道两级土地利用总体规划修编工作。《江海区土地利用总体规划大纲（2010—2020）》编制完成，成果于7月20日获省国土资源厅组织专家评审通过。《外海街道办土地利用总体规划》成果、数据库顺利通过省国土资源厅审查验收，经市政府批复同意实施；《礼乐街道办土地利用总体规划》获市组织的专家评审通过上报审批。制订《江海区基本农田调整划定工作方案》，成立区基本农田保护工作领导小组，完成区基本农田数据库建库工作。至2020年规划期内，调整划定基本农田面积674.96公顷，比规划指标636.00公顷多预留6.13%。共调整划定基本农田保护片36个，逐级签订《基本农田保护目标责任书》232份，包括区政府与礼乐街道签订2份，街道与村委会签订22份，村委会与村民小组签订208份。投资2.7万元在礼乐街道南环路、南冲公路树立基本农田保护牌两个；投资300万元在顷二围建设跨度约30米的农用桥梁1座。继续落实耕地保护目标责任制，通过耕地保护责任目标履行情况的检查，实现耕地占补平衡和耕地总量动态平衡的目标。

【“三旧”改造数据库】 2010年，建立江海区“三旧改造”用地数据库，并先后通过省、市政府及省国土厅审查验收。全区共有171宗涉及18731.30亩旧厂房、旧村庄、旧城镇用地纳入“三旧改造”范围，其中属于旧村庄改造63宗、面积10516.50亩，占改造总面积的56.10%；属于旧厂房改造101宗、面积7837.30亩，占改造总面积的41.80%；属于旧城镇改造7宗、面积377.50亩，占改造总面积的2.10%。

◆ 工商行政管理

【内资企业登记管理】 至2009年末，全区共有内资企业466家，其中国有企业50家，集体企业225家，公司159家，股份合作制企业27家，其他5家，注册资本（金）177372.19万元；内资企业数量增加192家，增长70.07%。新登记内资企业26家，注册资本4276万元，分别增长73.33%、7.63%，共注销、吊销内资企业45家。

至2010年末，全区共有内资企业399家，其中国有企业43家，集体企业160家，公司167户，股份合作制企业26家，其他3家，注册资本（金）212350.9万元。内资企业数量减少67家，减少14.38%。新登记内资企业27家，注册资本13650万元，分别增长3.85%、219.22%，共注销、吊销内资企业99家。

【外商投资企业登记管理】 至2009年末，全区外商投资企业573家，注册资本150571.97万美元。新登记各类外商投资企业31家，注册资本5983.63万美元。

至2010年末，全区外商投资企业573家，注册资本162468.92万美元。新登记各类外商投资企业32家，注册资本10947.4万美元。

【商标管理】 2009年，严厉打击商标侵权行为，重点开展对驰名商标、著名商标和涉外商标的保护，对企业提出的商标侵权投诉、举报及时进行查处，维护商标专有权，加强商标代理机构的专项整治。对辖区商标代理机构开展5次专项整治行动，检查各类中介代理机构73家次，查处各类商标违法案件6宗，其中商标一般违法案件3宗，商标侵权假冒案件3宗，收缴和消除违法商标标志568个，销毁侵权商品2646件。

2010年，实行工商所商标“网格化”管理，深入开展打击侵犯知识产权和制售假冒伪劣商品专项行动，建立工商部门与企业联手打假工作机制，加大上海世博、广州亚运会标志和商标专用权的保护力度，与企业联手开展商标打假专项整治行动5次，查处各类商标违法案件9宗，其中商标一般违法案件1宗，商标侵权假冒案件8宗，收缴侵权商品13132件。

【企业实施商标带动战略】 2009年，指导和帮助辖区摩托车、机电行业以及具有江海特色的礼乐腊味、外海面食等行业注册商标、规范使用商标，对实施名牌战略的试点企业，建立商标联系点制度。引导企业注册商标36件，增长16.10%，审核、推荐申报省著名商标2件，新增驰名商标1件。共有驰名商标2件、省著名商标6件。

2010年，落实“企业创牌挂钩帮扶机制”，落实驰名、著名商标企业回访制度，加大商标分类行政指导力度，推行“三书一卡”措施（即《商标策略提示书》、《商标注册建议书》、《商标法律告知书》和商标跟踪服务联系卡），做好跟踪指导服务。引导企业注册商标30件，审核、推荐申报省著名商标1件，新增省著名商标2件。共有驰名商标2件、省著名商标8件。

【经济合同管理】 2009年，深入开展“守合同重信用”企业公示活动，及时做好宣传发动、指导服务等工作，鼓励信誉良好的企业积极参与公示活动，经过考核和公示，共有65家企业被认定为江门市“守合同重信用企业”。

2010年，把开展“守合同、重信用”活动作为诚信建设工程的重要工作来抓，经过考核和公示，共有44家企业被认定为“广东省守合同重信用企业”。

【广告管理】 2009年，坚持广告监管联席会议，建立全区广告经营单位资料库，进一步规范户外广告，共审查办理户外广告登记91件，监测广播站和电视台广告32条次，查处户外广告违法案件8宗。

2010年，深入整顿和规范广告市场秩序，重点监管关系广大人民群众生命健康的医疗、药品、保健食品等广告。监测医疗药品等信息广告190条次，监测网络广告11条次，纠正问题广告13件，查处违法户外广告案件1宗。

【查处制售假冒伪劣食品】 2009年，开展打击食品添加剂违法行为等专项执法检查，妥善处置“瘦肉精”事件等突发食品安全事件。审核发放食品流通许可证118家，检查各类食品经营户3160家次，开展9次食品安全专项检查和3次猪肉质量安全专项整治行动，取缔无照食品经营户48家，查处食品违法案件60宗。

2010年，落实省工商局《广州亚运会亚残运会和深圳世界大运会期间流通环节食品安全保障工作方案》，深入开展食品安全专项整治行动，重点抓好食用农产品、乳品、猪肉等热点食品的检查、监测和整治，严防问题食品流入市场。通过行政指导辖区食品经营单位建立健全内部管理制度，评选首批10家“流通环节食品安全示范店”，开展食品安全专项整治行动8次，检查食品经营户1370家次，对12类食品共72批次进行抽检，查处食品违法案件61宗。

【整顿和规范市场秩序】 2009年，查处各类违法案件338宗，增长23.8%。利用对重点行业实施“网格化”监管，开展“安全生产年”活动，检查生产经营单位和重点行业企业3784家，消除安全生产隐患45个，发出整改通知书37份，责令停产停业8家，查处违法生产经营案件17宗。进一步健全完善“查无”联席会议、监管巡查、联合执法和督查考核等6项工作机制，重点整治辖区群众反映较为集中、投诉较多的废品回收、燃气供应、游戏机室、网吧和食品经营等行业的无照经营问题，检查各类经营主体4032家，依法查处取缔无证无照经营213家，引导办理执照157家，保持辖区市场主体亮照率100%。巩固礼乐腊味行业整治成果，查处制售假冒伪劣案件11宗，在外海中华大道创建江海区首条“百城万店无假货”示范街。联合海关、公安等部门查处成品油违法案件3宗，查扣非法成品油7050公斤。查处不正当竞争行为案件10宗、商业贿赂案件2宗。

2010年，围绕“平安亚运”，查处各类违法案件345宗。落实国家工商总局《网络商品交易及有关服务行为管理暂行办法》，对辖区内网络商品和服务经营主体开展全面普查，建立网络市场经营主体数据库。制订《安全生产事故应急预案》和《安全生产监管工作规范》开展“安全生产年”活动，实地检查生产经营单位和重点行业企业9435家，消除安全生产隐患55个，责令停产停业56家，立案查处违法生产经营案件14宗，取缔容易诱发安全生产事故的无照经营户24家；发挥“查无办”的牵头协调作用，加强对无照经营“钉子户”进行联合集中整治，并加强跟踪回访、案后回查，依法查处无证无照经营168家，取缔“黑网吧”14家。开展“百城万店无假货”活动，做好滘头新中大道、外海中华大道“百城万店无假货”示范街的巩固工作。查处不正当竞争案件10宗，开展打假专项行动14次、打私专项行动6次，查处制售假冒伪劣商品案件9宗。

【农资市场整治】 2009年，开展“保春耕、保夏播”专项行动，推广应用“农资监管专版”系统，建立化肥农药商品信息数据库，加强对辖区“农资诚信经营店”的后续监管工作，督促指导其完善索证索票、种子留样备查、购销台账、商品质量承诺和消费安全信息公示等企业自律制度。共检查农资经营户684家次，录入农资监管信息200多条，对辖区内29家农资经营户建立完整的农资经营者商品信息档案。

2010年，开展“红盾护农”行动，严厉打击制售假冒伪劣农资、坑农害农等违法行为。指导创建“农资放心店”3家，查封不合格农药500公斤；建立红盾服务维权工作站11个，全区共建立49个红盾服务维权工作站，覆盖率89%。

【消费维权】 2009年，开展“消费与发展”年主题活动，在完善38个红盾服务维权工作站的基础上，建立6个消费投诉现场处理工作站。江海工商分局“12315”投诉举报中心共受理投诉举报237件，办结率和群众满意度实现两个100%；消委会共受理消费者投诉38宗，调解率100%。

2010年，围绕“消费与服务”年为主题开展活动，加快推进“一会两站”建设进程，各工商所统一对外设置了消费宣传专栏，每季度定期公开发布1篇消费信息，完善大型超市、商场建立的9个消费投诉现场处理工作站，培训9名消费安全联络员。江海工商分局“12315”投诉举报中心共受理投诉举报268件，办结率和群众满意度保持两个100%；消委会共受理消费者投诉60宗，成功调解57宗，调解率95%，为消费者挽回经济损失40多万元。

【打击传销活动】 2009年，发挥打传专业队、基层工商所、地方“两委”和社区（村）治安联防队的打传联防化机制，联合开展集中整治、“百日打传”等专项行动，并加大直销行为监管力度，严格执行直销网点、直销员培训报备和现场巡查制度。检查各类场所326个次，捣毁传销窝点1处，教育遣散传销人员24人。

2010年，继续深化打传群防群治机制，落实打击传销责任制，开展打击传销专项行动，开展“无传销社区（村）”的创建活动，共创建“无传销社区（村）”56个，创建率100%，并协助礼乐街道办创建“无传销街道办”。巩固打传“四类地区”工作成果。

【集贸市场秩序整治】 2009年，深化创建全国文明城市工作专项整治，以集贸市场为重点，重点整治江南、中沙、银沙、滘头、外海5个集贸市场，督促和指导市场业主和经营户搞好市场环境卫生，联合其他职能部门规范市场内外摆卖秩序，使市场做到环境整洁卫生、摊位划行归线、车辆停放有序。开展商品交易市场信用分类监管，完成全区16个集贸市场的信息录入和级别认定。

2010年，围绕争创全国文明城市这一重点工作，重点对中沙、银沙、外海、滘头、江南、文昌6个集贸市场进行整治，实现全区9个1000平方米以上的集贸市场集中亮照经营，改变集贸市场普遍存在的乱摆乱卖、占道经营、卫生环境差以及车辆乱停乱放等问题。

【个体劳动者协会】 2009年，区个体劳动者协会有基层协会3个，会员小组57个，行业协会2个；个体劳动者协会内妇女组织3个，党支部3个，当年新发展党员4人，党员共有15人，团支部3个，团员51人。个体劳动者协会会员为扶贫、救灾、支教、助学等社会公益事业捐款35328元，吸纳下岗职工851人。

2010年，区个体劳动者协会有基层协会3个，会员小组57个，行业协会2个；个体劳动者协会内有妇女组织3个，党支部3个，当年新发展党员2人，党员共有17人，团支部3个，团员51人。是年，个体劳动者协会会员为扶贫、救灾、支教、助学等社会公益事业捐款42525元，吸纳下岗职工800人。

【私营企业协会】 2009年，区私营企业协会有基层协会3个，行业协会1个；私营企业中有工会3个，党支部3个，当年新发展党员3人，党员共有14人，团支部8个，团员365人。私营企业协会会员企业为扶贫、救灾、支教、助学等社会公益事业捐款55670元，吸纳下岗职工8910人。

2010年，区私营企业协会有基层协会3个，行业协会1个；私营企业中有工会3个，党支部3个，当年新发展党员2人，党员共有16人，团支部10个，团员427人。私营企业协会会员企业为扶贫、救灾、支教、助学等社会公益事业捐款66288元，吸纳下岗职工4000人。

附：

江海区获广东省著名商标名录

商标注册人	商　标	获得称号	核定使用商品名称
2009年			
江门健威家具装饰有限公司	Kinwai	驰名商标	家具
2010年			
江门市科恒实业股份有限公司	KH	省著名商标	荧光粉（灯用稀土荧光粉）
江门量子高科生物股份有限公司	量子高科+图形	省著名商标	天然增甜剂（低聚糖）
江门市润景实业有限公司	快事达+KUAI SHI DA+图形（延续）	省著名商标	工业用粘合剂（有机硅酮密封胶）
新时代粘合胶企业有限公司	NEWER新时代（延续）	省著名商标	非医用、非文具或家用粘合胶带
广东邦民制药厂有限公司	图形+邦民制药+BNP（延　）	省著名商标	人用药（注射用头孢地嗪钠、阿莫西林胶囊、心脉通片）

江海区个体工商户发展情况表

项　目	2009年	2010年
户数（户）	7950	9530
从业人数（人）	17342	20208
资金数额（万元）	12877.58	17327.07
按行业分（户）	——	——
农、林、牧、渔业	20	25
采矿业	0	0
制造业	1371	1646
电力、燃气及水的生产和供应业	0	0
建筑业	163	199
交通运输、仓储和邮政业	487	1086
信息传输、计算机服务和软件业	75	76
批发和零售业	4031	4514
住宿和餐饮业	642	695
金融业	0	0
房地产业	24	29
租赁和商务服务业	86	117
广告业	14	15
科学研究、技术服务和地质勘查业	8	11
水利、环境和公共设施管理业	0	1
居民服务和其他服务业	928	1015
教育	0	0
卫生、社会保障和社会福利业	0	0
文化、体育和娱乐业	113	112
其他	2	4

江海区私营企业发展情况表

项　目	2009年	2010年
户数（户）	2358	2607
从业人数（人）	23102	25782
资金数额（万元）	243027.27	292583.88
按行业分（户）	——	——
农、林、牧、渔业	9	12
采矿业	1	2
制造业	1153	1288
电力、燃气及水的生产和供应业	1	2
建筑业	81	110
交通运输、仓储和邮政业	54	54
信息传输、计算机服务和软件业	36	36
批发和零售业	761	808
住宿和餐饮业	10	11
金融业	0	1
房地产业	75	95
租赁和商务服务业	80	85
科学研究、技术服务和地质勘查业	33	39
水利、环境和公共设施管理业	8	8
居民服务和其他服务业	37	38
教育	0	0
卫生、社会保障和社会福利业	0	0
文化、体育和娱乐业	5	7
其他	14	11

◆ 国有资产管理

【国有资产监管】 2009年，完成历史债务追收199.14万元，实现租金收入180万元。

2010年，完成历史债权追收240万元，完成年度租金收入660万元。分别成立了金信、银信、同信三个公司，集中管理城信社退市后的受偿资产及债权债务。盘活城信社退市后抵债给江海区的资产，同时制订财务制度以及出租制度。

【解决历史遗留问题】 2009年，做好历史债权及相关资产的追收保全工作，完成高新区44号地（原云华公司9.93公顷土地）物流园区项目的土地开发成本匡算工作。

2010年，制订高新区44号地（原云华公司9.93公顷土地）物流园区项目土地开发方案。理顺解放电影院退休人员的工资差额增长的问题，补发2003年1月至2010年1月工资差额。

◆ 基础建设

【城市基础设施建设“十一五”规划前4年完成情况】 2009年，全面完成江海路二期整治工程。江海路二期项目由江门大桥至外海大桥段，全长6.77公里，扩建为8车道，沥青路面，投入资金1.10亿元。

东海路与南环路连接线工程。为一级路，长11.10公里、宽25.5米，投入资金2.8亿元。是年10月，全线贯通。

麻园路（东海路至金星路）工程。全长1335米，设计宽度为30～40米沥青路面。其中A段长719米，投入资金1900万元，建成通车。启动项目征地拆迁工作。

永康路（江翠路至江门一中用地范围）。长1600米、宽60米。投入资金100万元，完成五邑路至勤政路长423米、宽8米路面。

珠三角城际轻轨江海段。工程概算10亿元，投入资金9.9亿元。

江珠高速江海段。长5800米，投入建设资金2.8亿元。是年竣工通车。

江海污水处理厂及河南片排水集污系统。污水处理厂首期日处理量5万吨，截污管网、排灌站和人工河计划2006-2009年完成，工程概算4.3亿元。

河南片生活污水接文昌沙水质净化厂二期工程。日处理生活污水15万吨及配套管网计划2006-2008年完成，工程概算3.6亿。配套管网江南路华庆里提升排灌站动工建设。

东华大桥。列入2008年城建项目。长800米、主跨100米，工程概算9300万元。前期工作基本完成，年内动工兴建。

连海北路。长1200米、宽60米。投入资金170万元，完成首期150米。

江海区城市防洪工程。按照50年一遇防洪标准加固堤围34.14公里和重建穿堤涵闸14座，工程概算1.08亿元。一期工程完成79.70%，二期工程完成60%。

滘头电排站重建工程。工程排涝面积6.25平方公里，建成受益人口3万人，装配功率800千瓦，工程总投资1097万元。完成主体工程并投入使用。

【重点项目建设】 2009年，完成规划用地面积 44.38公顷的府东小区征地、青苗补偿和填土工作，通过融资方式筹集项目启动资金

3100万元。控制性详细规划设计方案经市规划委员会通过；12月4日，挂牌出让给碧桂园控股有限公司。鹿茵酒店修改设计方案，由原来的酒店加多座公寓楼模式改为高层单幢纯酒店模式，6月22日动工。10月1日，基本完成桩基础工程。

2010年，按照“三年成型、五年见效”和“打造江海中央商务区”的目标要求，重点推进绿道网、胜利南安置房、府东小区（碧桂园项目一期）、府西小区开发等重点项目建设。碧桂园首期5.60万平方米全部完成主体工程，综合楼竣工；二期联体住宅2.20万平方米和高层住宅9.50万平方米施工。国庆期间，推出首批联体住宅83幢2.44万平方米，成交额20995万元。胜利南路银城安置小区完成有关环评、土建、配套设施设计、电网迁改设计等前期工作。区属建筑业企业实现建安产值2.30亿元。办理建设工程报建112项，建筑面积126.26万平方米，合同造价10.89亿元，其中工业厂房91.64万平方米、商品房30.91万平方米、其他3.71万平方米。民房报建105宗。

【建设工程项目开工管理】 2009年，加强建筑市场和施工现场“两场联动”，完善建筑市场不良行为扣分制度，规范监理企业及其个人行为，提高依法行政、市场监管的能力和公共服务水平。建筑企业实现建安产值2.1亿元；办理建设工程项目报建67项，建筑面积56.8万平方米，工程造价5.4亿元；办理民房报建93宗。

【村庄整治】 2009年，列入年内整治计划10条村，投入资金284万元，改造道路2.21万平方米、排水渠1140米，安装路灯25盏，改造危房21间。建立村庄保洁制度，安排专门队伍进行“三清”工作。农村“五改”工程通过区、街、村三级财政补助方式实施危房改造，2004年起共完成贫困户危房改造68间、3750平方米。

2010年，委托规划设计单位对34条行政村进行统一规划，完成外海街道七西、南山和礼乐街道武东、乌纱、向前5条村的规划编制，累计完成规划编制行政村17条。完成外海街道东宁、中东和礼乐街道武东、乌纱等4条村的整治，投入整治资金792万元，其中区、街、村90万元，村民自筹262万元，社会筹资20万元，其他420万元。累计完成行政村整治14条。

【建筑节能】 2009年，在全区范围内推广使用商品混凝土、散装水泥和新型墙体材料，做好民用建筑节能设计审查和散装水泥专项资金、新型墙体材料专项基金的征收、返还工作，实行建筑节能分部验收制度。民用建筑节能审查4项，审查率和备案率均为100%；商品混凝土使用率、新型墙体材料使用率均为100%。把江门海关武警营房工程、外海中心小学新校区教学楼工程列为建筑节能示范工程，争创和申报江门市建筑节能示范工程。实芯粘土砖厂共16家，关闭11家、转产5家。

2010年，在区内推广使用商品混凝土、散装水泥和新型墙体材料、做好民用建筑节能设计审查和散装水泥专项资金、新型墙体材料专项基金的征收返还工作，严把民用建筑节能设计审查关、工程施工和竣工验收关，实行建筑节能分部验收制度。民用建筑节能审查82项，节能设计合格率100%。征收新型墙体材料专项基金1163万元、散装水泥专项资金81.18万元，做好专项基金返还工作。把海逸华庭和江海碧桂园建设项目作为建筑节能示范项目。通过现场样板间参观会，做好建筑节能推广工作。保留砖厂4间，其中办理采矿证3间。

【招投标管理】 2009年，执行《关于加强江海区工程建设项目招标投标管理的意见》和《经评审的最低投标价法》等规范性文件，配备声像监控设备和专门人员，对招投标全程实录监控；进一步健全街道100万元以下小型建设工程招投标管理配套制度。进入有形建筑市场交易工程项目28项，工程预算价14456万元，中标价13588.6万元，节省工程费867.4万元，节约率6%。

2010年，继续执行《关于加强江海区工程建设项目招标投标管理的意见》，进一步规范管理街、村集体资金投资100万以下的小型建设工程项目。为推进工程建设招投标机制的“二次创新”，会同区财政局草拟加强使用财政性资金工程建设项目管理意见报区政府审定。进入有形建筑市场交易的工程41项，其中公开招标26项、邀请招标15项，最高限价15201.3万元，中标价14261.7万元，中标下浮率6.18%，节约资金939.6万元。

【工程质量和安全监督】 2009年，审查新建、改建和扩建等建筑工程100项，建筑面积55万平方米，一次性通过16项，审查违反《工程建设强制性条文》67条并责令设计单位及时改正。检测部门新增高强螺栓扭矩系统检验、钢结构连接摩擦面抗滑移系数检验等多个项目，加强桩基静截检测设备。参加上级部门举办的多个桩基和常规检测方面的上岗培训班，取得钢结构超声波探伤操作、编审和砌体结构试验、混凝土实体检验等20多个上岗证，如通过600吨桩基静载资质认证。江海区协鸿建筑工程有限公司承建的礼乐中学教学楼工程被评为省、市优良样板工程，江海花园南区一期一组团工程通过江门市建筑业协会评选获江门市建筑工程“双优”工地称号。

2010年，通过指导辖区建筑企业提升资质，增强市场竞争力。江门市安厦建设监理有限公司取得乙级监理资质，江门市华联建筑工程有限公司取得二级施工总承包资质。在建工程项目143项，面积156万平方米；竣工验收项目51项，面积24.9万平方米，建筑工程质量和安全施工的合格率均为100%。审查新建、改建和扩建等建筑工程270项，建筑面积152万平方米，一次性通过38项，占14%，审查出违反《工程建设强制性条文》70条、违反各类安全性636条，并督促设计单位及时改正。桩基工程静载试验委托项目240项，常规材料检验总数12308组，增长2倍。在广东省水泥检验能力验证比对中，区建设工程质量安全监督站获得全优奖。宝利德厂房工程项目获得江门市优良样板工程荣誉称号。

【房地产业】 2009年，新开发商品房面积29万平方米，增长58%；商品房销售面积20.28万平方米、销售额66566万元，平均单价每平方米3300元，主要有天鹅湾、翠湖湾、文昌花园、兴南小区等楼盘。根据江门市处理问题楼盘领导小组的统一安排，与城区开发建设有限公司沟通、协调，重点处置爱民市场C座商住楼的确权问题。

2010年，房地产投资总额96245万元，同比增长141%。商品房开发面积30.91万平方米，增长54.55%；销售面积14.51万平方米，减少22.32%；销售额72894.8万元，增长19.39%；平均单价每平方米5023元，增长52.21%。主要有天鹅湾、翠湖湾、文昌花园、天骄半岛、华茵•

绿洲、海逸华庭、江海碧桂园等楼盘。江海碧桂园连体别墅销售面积2.44万平方米，销售额20995万元，平均单价每平方米8600元。继续落实为拉动内需出台的“市区房地产开发投资、实施先征后补”（即按照缴交的城市基础设施配套费50%补助房地产企业用于开发房地产项目配套基础设施建设）的优惠政策，对符合政策的11个房地产项目补助返还城市基础设施配套费399.7万元。

【城乡困难户住房】 2009年，经审核符合申购经济适用住房85户，配售经济适用住户66户；经审核符合廉租住房保障资格119户，其中实物配租46户、租赁补贴182户、发放租金补贴11.57万元。2007-2009年，315户家庭具备廉租房保障资格，安排入住55户，其余以租赁住房货币补贴方式发放补贴285260元，解决率100%。2008-2009年，87户家庭具备申购经济适用住房资格，通过摇球（抽签）方式44户取得配售。

2010年，共审核符合廉租房保证资格75户、188人，发放租金补贴11.74万元，安排入住10户。对各街道排查的7户困难户，实施农村茅草房危房改造，市、区、街、村和社会捐赠共投入资金70万元，改造21户、970平方米、人均15.90平方米。按照先易后难的原则，把历史遗留房户登记证涉及7个楼盘15户作为解决历史遗留问题首批项目，协助办理文兴苑15幢104、105、106等3户的土地证；跟进、协助爱民市场C座商住楼问题楼盘和礼乐街道上堡商住楼问题楼盘的初始登记确权。

【宜居城乡工作】 2010年，开展创建宜居街道、宜居村庄和宜居社区工作，通过省、市的阶段考查和年度检查，除了抓好外海街道，礼乐街道向荣村、新民村和江南街道江翠社区等试点以外，推荐外海街道银泉社区、礼乐街道文苑社区、江南街道江翠社区、滘头街道正南社区和永明社区和滘北街道富横社区6个社区申报2010年度广东省宜居社区。

【“三旧”改造建设】 2010年6月，根据省政府《关于推进“三旧”改造促进节约集约用地的若干意见》、市政府《关于印发江门市推进旧城镇旧厂房旧村庄改造的指导意见的通知》、《关于印发江门市区“三旧”改造实施意见（试行）的通知》精神，区政府出台《江门市江海区“三旧”改造工作方案》，提出近期改造目标，即：用3年时间完善“三旧”改造中涉及的各类历史用地手续工作。重点推进外海街道连海北路、东宁村，礼乐街道文昌沙社区、新民村，江南街道华庆里，滘头街道永星、五星、红星和南雄兰花味精厂周边地块，滘北街道全辖区，广珠城际轻轨三个站场周边地块等“三旧”改造项目；中远期改造目标，即用5－8年完成“三旧”改造任务。成立江海区推进“三旧”改造工作领导小组，对全区“三旧”改造工作进行统一协调、指导、服务和监督。区政府主要领导任组长。年内，在做好调整摸底等前期工作的基础上，外海街道麻二工业区片区、礼乐街道船厂和新民轻轨站周边、江南街道华庆里、滘头街道五星村和江门市兰花食品有限公司、滘北街道茶山里等“三旧”改造项目完成项目认定工作，编制《项目改造方案》和《拆迁安置补偿方案》。同年，完成5个街道7个“三旧”改造项目的房屋测绘工作，测绘总面积53万平方米，其中工业园厂房14个、31万平方米，民房1423间、22万平方米。

附：　　2010年江海区房地产开发商一览表

序号	建设单位	开发小区名称	资质	负责人	填报人	地址
1	东华房地产开发有限公司	江海花园、天鹅湾	2级	杨树坪	谭加敏	江海花园会所三楼
2	外海房地产住宅发展公司	——	4级	黄金华	许润欢	外海中华大道74号
3	外海城市建设综合开发公司	海逸华庭	4级	——	周淑媛	——
4	金海置业有限公司	金海苑	4级	李跃楷	周秀芳	金海苑6幢104房
5	文昌房地产公司	文昌花园	4级	——	陈飞	礼乐桥头A座2号
6	礼乐建委房地产实业公司	——	4级	付会益	李顺好	礼乐解放路39号
7	滘头房地产开发总公司	雅南小区、兴南小区、君逸居、君悦居	4级	赵永祥	张群英	河南新中大道3-6号
8	滘北建设开发公司	富华花园	4级	张世耀	张仲焕	江海二路368号二楼
9	银泉房地产开发公司	银泉花园、翠湖湾	3级	李仁礼	罗祖洪	银泉花园吉泉街8号
10	柏嘉房地产开发有限公司	——	4级	黄子博	黄雪梅	东宁路11号101房
11	翠鸣苑房地产开发有限公司	翠鸣苑二期	4级	赵伟添	林秀彤	河南江翠路161号101房
12	华茵堡开发有限公司	华茵堡/华茵绿洲	暂定资质	张锦华	郑红霞	东华一路23号二楼
13	裕安置业有限公司	——	4级	谭孔耀	——	仁美新村35号101房
14	宝利华发展有限公司	——	4级	梁明开	邓小姐	礼乐乐祥东路88-106号
15	城市建设开发有限公司	——	4级	陈锦江	张卫红	礼乐乐中东路184号
16	良浩房地产有限公司	高新商住小区	4级	李社荣	——	高新区内
17	半岛华庭发展有限公司	天骄半岛华庭	3级	——	陈美娟	——
18	华丰房地产实业有限公司	银城花园	4级	——	张敏	——
19	江海玉圭园	玉圭园	——	——	——	——
20	江海碧桂园	江海碧桂园	——	——	伍芬	——
21	柏佳图房地产开发有限公司	柏佳图商品商住楼	暂定资质	——	刘辉	——
22	明泰房地产开发公司	——	暂定资质	——	——	——
23	豪仕房地产策划有限公司	浪琴湾	暂定资质	——	——	江南路22路
24	凡港凯旋房地产开发有限公司	——	暂定资质	冯炎开	简刚毅	江南路11号
25	濠江房地产开发有限公司	——	暂定资质	林楚辉	黄金嫦	跃进路6号105号
26	海逸名苑房地产开发有限公司	海逸名苑	暂定资质	梁明开	——	外海金溪金坎地

◆ 城市管理

【完成城市建设指标】 2009年，基础建设投入65763万元，其中项目公司（广珠城轨公司）41517万元、江门市公路部门（南环路）1200万元、区直1456万元、街道2435万元。新建道路3425米，新修建人行道4230平方米，新建桥梁2座，新建排污管道3760米，道路绿化面积21030平方米。

【配合全市重要活动城市管理】 2009年，做好江海区城市管理综合执法分局组建工作、江海区“数字城管”指挥中心建设工作。3月，江门市城市管理综合执法局成立，同时相应成立江门市城市管理综合执法局江海分局。配合江门市城管局逐步完成江海区城管执法分局的职能、人员的设置与调整；指导各街道完善城市管理的工作职能设置相关工作；配合数字城管系统建设，并会同区信息产业局筹建江海区数字城管指挥中心。做好迎接国家园林城市复检工作以及创建国家文明城市相关迎检工作。加大对无证照流动小贩整治的力度，加强车辆停放管理以及对违规停放车辆的整治和对城市乱张贴的清理工作。

【江南环卫社会化招标】 2009年，经过公开招投标，江门市江海区绿然环卫运输有限公司取得江南公共环卫8年社会化服务的经营权并于是年3月实施环卫服务。

【环境卫生指标】 2009年，道路清扫保洁面积240万平方米，其中机械化清扫保洁面积110万平方米。垃圾中转站10个，生活垃圾清运量8.12万吨。无害化处理能力8.12万吨，生活垃圾无害化处理能力每天225吨、处理率100%。现有公共厕所106座，其中水冲式公厕占98%、向公众开放的公厕63座、校内公厕43座。设置专用果皮箱210个，各类市容环卫专用车辆208辆，环卫从业人员650人。

2010年，道路清扫保洁面积380万平方米，其中机械化清扫面积176万平方米。生活垃圾清运量9.355万吨，生活垃圾无害化处理率100%。共有公众开放厕所63座，其中外海街道16座、礼乐街道30座、江南街道5座、滘头街道6座，滘北街道6座。9月起，实施全区公共厕所改造工作，外海、礼乐、滘北街道完成公厕改造任务。

【城建市政项目建设】 2009年，完成麻园路（东海路-金星路段）工程。分A段（东海路-永康路长700米、宽30米），B段（永康路-金星路长635米、宽40米），需要拆迁各类建筑物73间，总面积12319平方米。已经拆除民房33间，村集体用房4间。进入B段路面沥青施工收尾阶段，余下民房正在办理相关强制拆迁手续。东海路接南环路延伸工程长11.10公里、宽25.5米，江海区主要负责征地拆迁补偿工作。首期工程完成征地8.55公顷、青苗补偿1.26公顷，拆迁建筑物面积4316平方米；二期工程完成征地36.98公顷、青苗补偿46.52公顷，拆迁建筑物面积3300平方米。会乐大桥、新礼东大桥建成通车。珠三角城际轨道江海段征地面积22.47公顷（补偿金额4000万元）基本完成。签订拆迁协议的民房有外海街道前进村24户、七东村25户；礼乐街道新民村37户全部完成，累计完成拆迁补偿金额17500万元。礼睦路沿线桥涵改建及对全线破碎水泥板块进行维修。启动礼东（乐）大桥改建工程项目建设。开展旧礼东大桥拆除工作、胜利南路征地拆迁工作、江睦路（金瓯路－江海路段）征地拆迁调查工作以及道路设计等前期工作。配合江睦路连港路工程（江睦路高速路口－连港路）实施，全线征地工作完成，江睦路段土建基本完成。文昌沙水质净化厂二期工程的厂区建设完工，正在进行有截污管网工程和设备采购安装、供电安装。江海污水处理厂建设工程的厂区建设完成85%，正在实施配套截污管网工程。

2010年，广珠城际轨道江门江海段建设工程进行通车试行，沿线站场装修工程及广场配套设施工程基本完工。永康路道路工程完成路面及下水道工程，路灯和绿化工程进入政府采购。东宁路拓宽改造工程及排涝工程建设完成方涵700米的下水道工程任务。外海前进路改造工程基本完成。文昌沙污水处理厂二期工程截污管网工程基本完成，进行设备安装。白水带明渠改暗渠工程全长370米、宽2米，完成排水渠墙体施工。江海污水处理厂首期工程8月运行，处理能力每天1万吨；年底开展二期工程建设，扩大污水处理范围。胜利大桥、胜利南路新建工程的胜利南路红线范围内住宅、商铺及办公用房全部签订补偿协议，进入厂房拆迁补偿工作和民房、商住楼拆除工作。

【创建国家文明城市工作】 2009年，做好创建国家文明城市相关迎检工作，继续实施《江门市整治市区城市牛皮癣工作实施方案》和《江门市整治市区泥头车违规运输工作实施方案》，加大对无证照流动小贩整治的力度，加强车辆停放管理以及对违规停放车辆的整治和对乱张贴的清理工作。

2010年，为迎接8-9月中央文明委测评组对江门市“创文”工作第二次全面测评，会同江海城监大队，对金瓯路、连海路、江海路和东海路的乱摆卖、占道经营、无证经营行为及临建状况进行整治；动员基层环卫部门出动1000人次，清理卫生死角280处，整治环境面积32500平方米，清运余泥垃圾276吨；联合相关部门对区内营运的泥头车进行执法整治；整治农贸市场秩序；强化乱摆卖、乱张贴、乱拉挂和乱堆放等行为的查处；清洗主干道路、市场和公厕等地方的“牛皮癣”36000平方米，清理横幅370条、广告牌470个。在交警部门的支持下，在主干道路、主要公共场所，设置交通警示标志、人行道斑马线，车辆停放线和交通警示灯等设施，对乱停放车辆进行人性化管理。

【行政总汇窗口服务】 2010年，加强政府行政总汇窗口服务工作，印发办事指南、加快审批流程，主要负责部分广告招牌行政审批和城市道路占用审批2项行政审批业务，加强审核管理，全年共受理120件。

◆ 规划管理

【规划编制】 2009年，进一步完善上年度滘北地段、府东小区、府西小区和高新区2、3号地等地块控制性详细规划报批工作。开展江海中心区、滘头地段和高新区4、5、6、11、12和13号地等地段的控制性详细规划编制工作。

2010年，完成滘北地段和高新区2、3号地等控制性详细规划编制工作。开展区“三旧”改造专项规划编制并完成江海区“三旧”改造项目上报认定工作。完成绿道网规划。

【建设用地和建设工程规划管理】 2009年，完善广珠轻轨江门支线站场周边配套设施规划，参与江珠高速北延线规划方案比选，开展高新区二期规划发展与半导体光源研发基地开发建设研究工作。完成胜利南路、江睦路、金瓯路改造工程、江南路西段等市政道路的规划许可及协调工作。办理江海花园南区、海逸酒店、鹿茵酒店等重点开发项目的规划核准工作。完成凌志餐厨有限公司、得实计算机外部设备有限公司、安诺特餐厨有限公司等企业新建项目的规划许可。

2010年，完成江海碧桂园、广珠城际轻轨江门站配套设施、江海演艺中心、江门市洗衣机厂、体育公园二期、礼乐街道虾蛟滘电排站、海恒水产品交易服务中心、外海街道南山工业区、麻三工业区、帕佳图住宅小区、兴南小区F组团、凯旋堡、浪琴湾小区、银泉花园、海逸名苑、濠江花园小区等规划方案的审批，完成江海供电局、外海横沥电排站工程、滘头街道仁美里保障性住房建设用地、外海街道七东村办公楼、礼乐街道乌纱村办公楼等项目的选址工作。

配合市顺利完成区范围内的地下管网信息系统软件开发项目定标工作。完成建设工程的规划管理以及重大基础设施和市重点工程建设项目规划的相关工作。完成广珠城际轻轨江门支线、信义玻璃、江海碧桂园、江门海关私货仓库、南环加油站、礼东加油站、滘北排水房、金溪变电站和滘头变电站等建设工程的规划审批。参与江海污水处理厂一期及配套管网、礼东大桥、胜利大桥、东华大桥、江睦路、金瓯路和江南西路等市政基础设施项目的项目可行性研究和方案审查工作。

【城市规划监察管理】 2009－2010年，加强对区内主要城市干道和批后项目的规划执法检查和监督管理，共查处违法建设65项。

【业务处理】 2009年,办理各类规划业务800余件，其中工程业务类553项，民房类347项；共核发建设工程规划许可证91件，处理答复各级人大代表、政协委员建议提案共28件。

2010年，办理各类规划业务案件919件，其中规划用地业务类424件，工程业务类495件，村民住宅用地项目269项。处理答复各级人大代表、政协委员建议提案共12件，答复群众投诉25件。

◆ 环境保护

【第一次全国污染源普查工作】 2009年完成第一次全国污染源普查。开展全区2736家工业源、生活源、农业源和集中式污染治理设施的清查、入户普查、数据审核和录入、汇总、数据上报等各个阶段的工作任务，按时完成普查档案的整理、污染源普查技术报告和工作总结的编制并通过市验收组的验收，并作为市样板区接受和通过省验收组的验收。

【环境综合整治】 2009年，加强对农村生态环境与面源管理。结合珠江水环境综合整治行动，对主要河道及农用水道进行清淤、疏浚、护坡、美化绿化等工程，组织规模化养殖专项执法检查行动小组，对外海、礼乐街道11家养殖场进行专项执法检查。检查的养殖场基本在规模以下，除1家养殖场没按要求治理禽畜养殖废水以外，其余的养殖场的养殖废物全部用于生态养鱼或建有沼气池，并位于养殖区，检查未发现禁养区复养现象。对尚未治理的养殖场现场责令限期改正。

【环评和“三同时”制度】 2009年，加强项目落实“三同时”（同时设计、同时施工、同时投产）制度督办力度，明确监管责任，加强项目建设期全程监管，督促企业及时申请项目竣工环保验收，审批建设项目173项，完成“三同时”验收项目28项。

2010年，明确监管责任，强化建设期全程监管，督促企业认真落实环保“三同时”制度，及时申请项目竣工环保验收，审批建设项目210项，否决多个选址不当的工业、餐饮等项目，促进产业结构调整和经济增长方式的转变；严格验收项目污染防治设施和运行处理效果，共完成工业“三同时”验收项目39项。

【主要污染物减排】 2009年，制订《江门市江海区2009年主要污染物总量减排工作计划》、《江门市江海区2009年主要污染物减排项目任务分解表》以及《江门市江海区2009年重点企业主要污染物减排任务表》，对各重点减排项目进行任务分解，把责任落实到各相关部门，将COD、SO_2排放总量控制指标下达到排污单位，并与重点排污企业签订年度环境目标责任书，将减排计划落实到具体企业和减排项目。完善减排核算体系。安装在线监测装置和完善总量减排档案，确保主要污染物减排项目和减排量的有效性。安排工业减排项目20项，其中COD减排项目12项，SO_2减排项目8项。

2010年，加大结构减排、工程减排和监管减排力度，围绕全区污染减排中心工作，加强对污染减排项目监督检查，督促企业加强环境管理，确保污染设施运行正常，切实将污染减排任务落实到位。通过加快污水处理厂建设进度、督促燃煤电厂使用低硫煤、推进重点企业烟气脱硫、废水处理设施建设和加强现场督查、强化在线监控设施建设等有效措施。纳入区政府安排的“十一五”污染减排项目共24项，其中10项SO_2减排项目全部完成，COD减排项目完成13项。重点检查各减排项目的工程进展情况、企业减排台账和关停企业的相关证明材料收集情况，有效地促进主要污染物总量减排工作。

【环境监察工作】 2009年，出动651人次，对305家次企业进行日常环保监督检查。对群众反映强烈、环境污染问题突出的企业实施挂牌督办，提出整治意见和解决时限并跟踪落实。

2010年，出动执法人员300多人次，检查相关企业172家次；发出责令改正通知书13份；共对7家违法排污企业立案查处，其中对4家违法排放重金属企业实施强制性关闭，对3家超标排放企业立案查处。涉及重金属生产行经营企业基本能够保证稳定达标排放，重金属污泥交由有相应危险废物处理资质单位处置并制定有相应的环保事故应急预案。通过排查和督促整改，摸清辖区内产生、使用、排放重金属企业的底数、排放种类和数量，确定重点防治的地区、行业和企业，预防重金属污染事件。

【信访工作】 2009年，严格按照环保相关法律、法规，受理“12345”政府服务热线转来的群众投诉1110宗，办结率100%。按投诉的污染类型分，废水污染投诉77宗、废气污染投诉709宗、噪声污染投诉323宗、固体废物投诉1宗。其中领导带案下访60次，处理挂牌督办企业、群众反复投诉的企业的污染问题。没有因环境污染投诉转化为行政失当投诉案件的发生。

2010年，受理“12345”政府服务热线转来的群众投诉837宗，处理率100%。按投诉的污染类型分，废水污染投诉69宗、废气污染投诉477宗、噪声污染投诉290宗、固体废物投诉1宗。其中领导带案处理挂牌督办企业、群众反复投诉的企业的污染问题。

【水环境综合整治】 2009年，制订《江海区二〇〇九年度水环境综合整治责任分解表》，把整治工作分解到各街道、各职能部门和各重点企业。设立水环境综合整治工作例会制度，协调整治工作中的重大问题，把综合整治纳入政府任期环境保护目标责任制，各职能部门加强协调和监督管理，对落实情况定期进行检查，解决综合整治的重大问题。各街道每年均投入一定人力物力使用药物对河道水浮莲、杂草进行化解、清淤和保洁。环保部门加强对流域内企业的污染源监督管理，落实好治污保洁工程，有效杜绝沿线企业偷排废水行为。

2010年，外海街道投入12.5万元进行包括麻园河、中路河、龙溪河、石洲河等河涌整治保洁；下街冲、横沥冲、中路河冲水治污；桃江南、海沁沙涌、壳滘河及虹苟涌下游清理河道淤泥和垃圾等工程。礼乐街道投入83万元进行包括五四村内河全长450米砌石堤工程、威西村内河全长800米砌石堤工程和中心河日常整治维护保洁工程。滘头、滘北街道共投入27.2万元，分别对滘头小海河清理杂物工程，滘北富田排洪渠排洪工程进行整治。

【污普动态更新和环境统计】 2010年，在第一次全国污染源普查工作的基础上，对污普数据进行动态更新至2009年数据，完成调查数据的填报、录入、审核和上报工作。结合排污申报、日常监管等工作，完成2009年环境统计工作。通过加强环境基础数据库建设，基本摸清排污家底，有利于提高环境监管。

【落实亚运会空气质量保障措施】 2010年，为改善空气环境质量，保障2010年广州亚运会顺利召开，根据省、市有关要求，制订《江门市江海区保障2010年第16届广州亚运会空气质量方案》。在重点控制区域内原则上不安排可能对大气环境造成较大影响的项目。禁止新建、扩建、改建以燃煤、重油、渣油为燃料的锅炉、窑炉和导热油炉。对国控、省控及火电厂、平板玻璃、化工等大气污染企业加大巡查频次。对违法排污企业实行限期整治，对不能完成治理任务的依法采取限产、停产措施。加强对木材加工、胶合板制造、家具制造、喷涂、涂料、橡胶塑料制造、溶剂产品等挥发性有机物主要排放行业的治理和监管，引导商业及居民使用含低挥发性有机物产品，从源头控制挥发性有机物污染排放。加快淘汰或改造高污染锅炉和日常锅炉监管工作，对不符合环保要求的锅炉的企业发出限期淘汰或改造使用清洁能源的通知；对其他被列入整治名单的锅炉企业，逐一通知企业按要求报污染物排放监测数据，对监测结果不达标的企业将责令停止使用相应锅炉。新建饮食服务经营场所必须使用管道煤气、天然气、电等清洁能源，对不符合布局规划的饮食服务业建设项目不予批准。对已建产生油烟污染的饮食服务经营场所，限期安装油烟治理设施并改用清洁能源。

【建设项目专项整治】 2010年，结合2008年-2010年工程建设领域突出问题专项治理、国家审计署对江门高新技术产业园区的专项升级等工作，分期分批清查“十五”期间以来审批的建设项目，特别是“十一五”期间审批的产能过剩行业建设项目环评审批和“三同时”执行情况，集中整改突出问题。对2008年以来规模以上的投资项目，重点是政府投资和使用国有资金的工程项目特别是扩大内需项目的环境保护有关情况进行全面排查。2009年开展此项工作以来，共排查规模以上的投资项目27项，存在未批先建等违法行为4项，对项目建设单位全部下达责令整改通知书，已整改完成。对市高新区的建设项目进行排查和检查，重点检查的建设项目包括未批先建和未经建设项目竣工环境保护验收擅自投入生产的，对违法企业发出了责令改正通知书，要求在限期内补办环评文件报批手续及完成“三同时”治理并提请环保验收。

【环境安全和环境应急工作】 2010年，通过出动122人次对56家次企业进行了检查和跟踪落实，绝大部分企业在环境危险化学品贮存、建档、使用、监控预警机制的建设及措施落实情况做的比较完善，产生的危险废物交由相应危险废物资质单位处置并制定相应的环保事故应急预案。通过检查和跟踪落实，使企业的环境风险意识得到进一步的提高，增强了企业安全生产工作和确保环境安全的责任感和使命感，对预防和减少污染事故隐患起到积极作用。

◆ 工业 商贸 旅游

【贯彻减轻企业负担政策】 2009年，为应对全球金融海啸对企业造成的冲击，投入250万元作为中小企业发展资金，重点扶持优势企业；争取市相关部门适当减轻企业在社保缴费、行政事业性收费、堤围防护费等方面的负担，使符合条件的企业享受到可减征2009年度应缴的超过每平方米2.5元部分土地使用税等优惠政策；加强政银企合作和信息推介，支持和推介中小企业向银行申请小额贷款周转业务，解决企业融资难问题。协助区内中小企业申报省政银企合作专项扶持资金976万元、省中小企业贷款贴息资金536.08万元以及江门市财政奖励资金102.9万元，涉及银行贷款总额36257万元，获准各类扶持资金总额848万元。为中小企业融资担保和工程建设担保的信贷公司—江海区顺盈担保有限责任公司落户江海区。向省财政厅申报中小企业公共服务平台建设项目经费；向江门市申报中小企业服务中心专项资金综合服务机构建设项目及其资金人才培训项目的补助资金共计40万元。根据省财政厅发布的第二批省中小企业专项资金政银企合作项目名单，广东春燕纺织有限公司等7家民营企业申报项目贷款资金8793万元，共获得该项贷款信息资金218万元。根据省中小企业局和省财政厅联合公布的2009年第三批省中小企业专项资金政银企合作项目使用计划名单，6家民营企业和1家股份制企业获得该项目贷款贴息资金共计219万元；第四批使用计划名单的3家企业获得该项目贷款贴息共计53万元。2009年广东省中小企业贷款贴息专项资金使用计划中，4家企业获得该项目贷款贴息资金共计133万元，其中一般性贷款贴息项目3家、技术创新项目1家；第二批使用计划的5家企业获得该项目贷款贴息资金共计

118万元。

【“万亿工程”目标任务】 2009年，根据区内产业集群、重点企业的发展实际，重新细化目标任务。培育年产值超30亿元的企业集团，江门金羚集团有限公司实现产值19.03亿元，增长21.94%。培育年产值超200亿元的工业强街，外海街道实现工业总产值107.54亿元，增长16.02%。培育产业集群：打造工业产值400亿元目标的电子信息制造业实现产值69.12亿元，增长13.68%，摩托车及零配件制造业26.84亿元，增长8.68%；打造工业产值300亿元目标的电气机械器材制造业实现产值41.7亿元，增长27.32%；打造工业产值200亿元目标的化学原料及化学制品制造业实现产值43.6亿元，增长8.91%；打造工业产值100亿元目标的非金属矿物制品业实现产值5.03%，增长1.22%。

【技改工作】 2009年，协助16家企业编制并申报广东省建设现代产业体系技术改造技术创新滚动计划（2009-2011年）预计项目总投资3.17亿元，年新增销售收入可达28亿元。编制技术改造导向计划和重点产业振兴规划技改导向计划，年内列入市、区技改计划项目27项，计划投资总额3.8亿元。开展技术进步年活动，重点落实江门市江晟电机有限公司等27家企业的增资扩产项目，全区完成技改投资额超过1.8亿元。江门市科恒实业股份有限公司的液晶显示器背光冷阴极发光材料开发项目、江门天钇金属工业有限公司的TY系列摩托车发动机项目，列入2009年广东省建设现代产业体系技术创新滚动计划，共获得补助资金100万元。省经信委和省财政厅联合下达的2009年广东省财政挖潜改造资金切块和综合技术改造计划（第四批）名单中，4家企业获得该项目补助共计200万元。

【工业商贸经济】 2009年，实现工业总产值221.71亿元，增长13.31%，其中规模以上工业总产值208.89亿元，增长14.15%；规模以上工业增加值45.55亿元，增长14.63%。实现工业销售产值214.37亿元，增长11.88%；工业产品销售率96.69%，产销基本平衡。实现工业项目固定资产投资18.82亿元，增长51.83%。实现工业上缴税收4.63亿元，下降1.03%。实现社会消费品零售总额16.65%，增长21.16%，增速居江门市前列。

2010年，实现工业总产值224.5亿元，增长17.65%，其中规模以上工业产值211.45亿元，增长18.69%；规模以上工业增加值44.06亿元，增长16.97%。实现工业销售产值217.97亿元，增长17.68%；工业产品销售率97.09%，产销基本平衡。完成工业项目投资19.09亿元，增长15.4%。实现规模以上工业用电量8.58亿千瓦，增长20.09%。实现社会零售消费品总额17.76亿元，增长18.24%。

【家电与汽车摩托车下乡】 2009年，为拉动内需、落实支农惠农政策，重点抓好家电下乡的政策宣传、网点备案、健全销售网络和简化补贴程序等工作，全区共有“家电下乡”中标生产企业1家（金羚电器有限公司）、获得销售网点资格企业4家（外海街道和礼乐街道各2家）。家电下乡产品销售227台，销售金额40.78万元，补贴金额30.4万元；汽车、摩托车下乡销售2346台，销售金额1878.57万元，补贴金额192.34万元。

2010年，新增家电下乡中标企业销售网点1家（国美电器江门分公司中环店），全区家电下乡中标企业销售网点共5家。共兑付家电下乡财政补贴资金36万元。正名益电器经营部评为江门市家电下乡先进销售网点。

【品牌战略】 2009年，江门市科恒实业股份有限公司的“科恒”牌灯用稀土三基色荧光粉获得“广东省名牌产品”称号；江门市健威家具装饰有限公司获得“中国驰名商标”称号。全区共有15家企业拥有中国名牌产品2个、广东省名牌产品7个、国家免检产品4个、广东省著名商标1个、中国驰名商标1个。

2010年，新增省级以上品牌（商标）3个，其中江门市科恒实业股份有限公司的“科恒”牌灯用稀土三基色荧光粉和“KH”分别获得“广东省名牌产品”和“广东省著名商标”称号，江门量子高科生物股份有限公司的“量子高科”获得“广东省著名商标”称号。广东邦民制药厂有限公司的产品注射用头孢被认定为2009年广东省第二批自主创新产品。江门市得实计算机外部设备有限公司、江门吉华光电精密有限公司、量子高科、科恒实业5家公司的产品获得2010年江门市自主创新产品称号。江门市健威家具装饰有限公司等5家企业获得名牌奖励资金共220万元。全区共有18家企业分别获得中国名牌产品2个、广东省名牌产品8个、国家免检产品4个、广东省著名商标9个、中国驰名商标2个。

【工业载体建设】 2009年，推进高新区25号地开发建设，其中艾默生网络能源项目投产、世界500强企业的福宁电子落户凌志工业园；协助推进高新区5、6、7、14、24号地开发建设，包括征地、填土等工作；推进在建重点项目建设，其中华众玻璃项目生产设备安装、中环广场项目的引入公司进驻、谦信化工增资扩产、信义玻璃项目一期工程动工、长优化工二期工程项目投产和佳诚针织二期工程施工。

2010年，加快推进在建工业重点项目，包括建滔化工增资扩产项目完成土地的招、拍工作；华众玻璃一期项目进行试产；高新区44号地物流园区项目用地挂、拍方案上报审批；协助解决谦信化工增资扩产项目用地问题。

【节能降耗管理】 2009年，督促列入省、市监管的5家重点能耗企业按时做好能源利用状况报告和节能计划等工作，组织专家对列入市监管的江门市广悦电化有限公司、赫克力士化工(江门)有限公司2家重点能耗企业进行节能考核。江门荣信电路板有限公司等6家企业申报省节能技术改造项目，江门市长优实业有限公司申报广东省清洁生产项目并获准节能扶持（奖励）资金237万元。在区内重点中小学校推广应用绿色照明节能产品，外海、礼乐、江南等街道主要片区投入资金48万元，用于教育、办公室和实验室的绿色照明改造工程，其中外海街道和礼乐街道申报室内照明节能改造项目投入35.41万元，预计年节电量33万度。江门天诚溶剂制品有限公司的“热水回收节能工程”和江门富东电器科技有限公司的“绿色照明节能技改项目”，共获得江门市节能专项扶持资金16万元。江门益胜浮法玻璃有限公司和北街（联营）发电厂获得2007年度广东省节能先进单位称号；广悦电化有限公司获得2009年广东省节能专项财政奖励资金137万元。

2010年，广悦电化有限公司、赫克力士化工（江门）有限公司和江门荣信电路板有限公司3家江门市监管的重点耗能企业通过考核，完成年度节能目标任务，全区单位GDP能耗预计综合下降3.30%。江门天诚溶剂制品有限公司等5家企业申报广东省节能技术改造项目。以江南街道办事处机关、中小学校和区政府机关大院2个项目为试点，完成灯具投资超过70万元，项目实施以后可在原来基础上节约电能30%以上。在中环广场举办2010年江海区高效节能产品（佛山照明）现场推广活动。在居民中推广高效照明产品，引导公众绿色消费，并在《江门日报》主版和江海专版推出“江海区节能工作成就展”栏目。组织举办2010年度江海区清洁生产工作专题培训讲座，联合香港环保署、香港生产力促进局举办2010年江海－香港清洁生产研讨会，120多家企业参加。江门市广悦电化有限公司通过广东省清洁生产企业审核，在省经信委和省科技厅联合公布的第九批广东省清洁生产企业名单中，被认定为省清洁生产企业，成为区内第一家获得清洁生产审核的企业。

【培育专业市场】 2009年，引进佛山市顺德区时立物流有限公司投资兴建高新区44号地规划面积66.67公顷的物流园区、四川省九峰集团投资兴建占地面积66.67公顷的江门国际摩托车交易中心、澳门客商意向投资的占地面23.18公顷的绿色光源专业市场。协助中外运仓码和中岸公共保税仓分别申报2009年广东省现代服务业发展引导专项资金和2009年度广东省现代流通业发展专项资金；协助利生车城包括南凌汽贸、东风丰田怡诚店、广州本田骏兴店、利生旧机动车交易市场申报2009年度广东省商贸流通品牌发展资金和一站式便民服务点。重庆天宇物流等7家物流企业加入10月成立的江门市物流行业协会，其中中岸公共保税仓等4家被推举为副会长单位。

2010年，在利生汽车文化广场举办2010年江门汽车文化展，举行利生汽车文化广场揭牌仪式，旧机动车交易市场开业，3家二手车经营企业进场经营。占地面积3公顷的工业中专改造项目用地调整为商业用地。中岸公共保税仓项目二期工程面积1.1万平方米的2个仓库建成使用。协助成立江门市海盈拍卖行、江门市富通典当行，填补了区内典当、拍卖行业的空白。

【民营经济企业上市】 2009年，实现民营工业产值58.35亿元，增长19.06%，占全区工业总产值的26.32%。协助重点民营工程企业申报省级科技企业、市级以上科技计划项目和产品自主创新认定，其中产学研项目5个、产学研示范基地4个。全区共有4家企业15个产品（系列）申报自主创新产品认定和21个省级以上知名品牌（商标）。10月，科恒实业公司准备上市相关材料上报国家证监会、量子高科公司向广东省证监局上报上市辅导申请材料。

2010年，江门市科恒实业股份公司完成上市辅导并通过广东省证监局验收，向国家证监局递交申报IPO资料；江门量子高科生物股份有限公司完成上市辅导验收，通过国家证监会创业板发审委首发IPO审核，拟发行1700万股，成为区内第一家创业板上市企业。

【经贸合作与交流】 2009年，推荐金羚洗衣机在“广东商品西北行”参展；参加在合肥市举办的第四届中国中部博览会。组织3家企业参加在南宁市举办的第五届泛珠三角区域合作与发展论坛暨经贸洽谈会。组织7家企业参加在广州市举办的第六届中国国际中小企业博览会暨中西中小企业博览会。组织11家企业参加2009年中国（江门）摩托车工业博览会暨经贸洽谈会。参加在重庆市举办的粤渝经贸合作成果展开馆仪式暨合作项目签约仪式、粤渝经贸合作成果展和粤渝招商引资项目推介会等活动。

2010年，参加在西安市举办的第十四届中国东西部合作与投资贸易洽谈会；组织2家企业参加在深圳市举办的第十一届国际食品博览会；组团参加在扬州市举办的第六届泛珠三角区域经贸合作洽谈会；组织2家企业参加在福州市举办的第六届APEC技术交流展览会；组织5家企业参加在广州市举办的第七届中国国际中小企业博览会暨中澳中小企业博览会；组织8家企业参加2010年中国（江门）摩托车工业博览会暨经贸洽谈会，并在江海区分场的礼乐利生汽车文化广场举办江门汽车文化展活动；组团参加在汕头市举办的第六届珠江三角洲地区与山区及东西两翼经济技术合作洽谈会。

【做优做特做强旅游产业】 2009年，举办“2009江海区田园美食旅游节”，22家餐饮企业及食品企业参展；结合“2009中国（江门）侨乡旅游节”系列活动，组织餐饮企业参加江门市旅游行业服务技能大赛，其中山海天酒家、礼乐第一城渔村和外海又一村分别获得金奖和银奖；参选“江门十佳农土特产品”，其中上等仁黄金饼、鹏中皇腊味制品入选；组织角逐“古兜温泉杯”2009年江门旅游文艺大赛，获得银奖1个、铜奖2个。在“全国百城（广东江门）旅游宣传周”中，协助香港亚洲电视台《食出新滋味》栏目组对江海区特色饮食企业进行专题报道，组织省、市媒体对区餐饮协会和“八大名店”作专辑报道；4家旅游企业参与活动周的宣传推广活动。在建的重点旅游项目海逸酒店•海逸华庭完成主体工程建设，鹿茵酒店进行桩基础施工，江海演艺中心进行土地挂牌出让。

2010年，在外海五大祠文化广场举办以“传承优秀民俗文化，推动江海和谐发展”为主题的“2010江海区五大祠旅游文化节”，并开展文艺汇演、书画艺术作品展览、摄影艺术作品展览、中国象棋比赛和特色美食展等系列活动。在市旅游局和江门日报社联合举办的2010年江门市旅游百佳评选活动中，江海区获得相关荣誉，包括十大杰出人物：江门市同乐酒家董事长李维科；十佳旅游风景区：白水带风景名胜区；十佳水产品：江门市丰正食品有限公司的丰正牌盐渍海蜇、江门市江海区港海食品厂的海吉膳海螺罐头；十佳农土特产品：江海区外海黎记米面制品厂的黎记外海面、江门市鹏中皇食品有限公司的鹏中皇腊味；十佳特色餐厅：江门市同乐酒家特色铁板烧专门店；十佳名厨：江门市礼乐第一城渔村。

【“十二五”规划修编】 2010年，完成《江海区先进制造业“十二五”发展规划》、《江海区物流发展“十二五”规划》和《江海区旅游业发展“十二五”规划》的修编工作，基本确定“十二五”期间制造业、物流业和旅游业的发展方向、战略目标、产业布局及应对措施。

【培育战略性产业】 2010年，加快推进广东（江门）绿色光源（LED）产业基地开发建设，宝源工业园、直冲工业园内进驻多家LED封装和应用企业；在连海北路片区规划31.87公顷土地建设绿色光源博览交易中心，列为全区“一号工程”。组织企业申报2010年广东省建设现代产业体系技术改造、技术创新滚动计划，其中

6家企业申报技术改造滚动计划、3家企业申报技术创新滚动计划；组织企业11家12个项目申报广东省现代产业500强项目，组织西铁城精电科技（江门）有限公司等企业的8个项目申报广东省战略性新兴产业100强。

【LED博览交易中心项目建设】 中国（江门）国际绿色光源博览交易中心（以下简称LED博览交易中心）和连海北路建设项目是市委、市政府确定的全市重点工作和重点项目之一，位于外海街道连海北路片区，项目建设覆盖南至江海五路、西至中路河、北至连海三路、东至沙津大道，占地43.47公顷。LED博览交易中心项目规划用地面积24.93公顷，规划建设有展示中心，研发中心、配套高档住宅公寓、酒店等，打造一个集电子商务、网络平台、产品展示、市场交易、检测认证、仓储物流、金融服务、信息交流、媒体、宣传等功能于一体的、高端的国际绿色光源博览交易中心，建成国内档次最高、产品最多、规模最大的专业交易市场。连海北路项目是为配合LED博览交易中心的建设而同步推进的一项市政道路工程。连海北路全长1210米、宽60米，实行一次性征地拆迁、分期实施道路建设，近期实施双向6车道。项目涉及43.47公顷的土地征收、257户民房拆迁及44间厂房搬迁工作；完成占地2.67公顷的安置区建设、横沥河整治、变电站异地搬迁以及直冲村、沙津横和四大社区共3.67公顷商业自留用地安排等工作。

2010年10月，为加强对LED博览交易中心项目建设的组织领导和统筹协调，推进LED博览交易中心和连海北路建设，成立LED博览交易中心建设指挥部及其工作机构，由区长任总指挥，下设办公室、征地拆迁组、特别审批组、政策宣传维稳组、资金筹备管理组、安置房建设组和资料组，抽调相关人员开展工作。同年12月28日，举办中国（江门）国际绿色光源博览交易中心及连海北路项目建设启动仪式。进入调查摸底等征地拆迁前期准备工作。

【民营经济中小企业发展】 2010年，民营工业实现总产值53.41亿元，增长18.07%；民营工业增加值11.57亿元，增长17.32%。为26家企业申报的政银企合作专项扶持资金和中小企业贷款贴息专项资金共741万元。推荐江门益胜浮法玻璃有限公司等5家企业申报2010年加工制造业奖励金共121.55万元；协助三菱重工、金羚空调器有限公司获得高效节能空调推广财政补助资金1000多万元；协助江门市江山建材实业公司申报广东省淘汰落后水泥产能整改复查合格企业省财政补助资金和中央财政关闭小企业补助资金，组织江门市科恒实业股份有限公司申报广东省2010年中小企业发展专项资金示范基地项目、江门市时尚五金实业有限公司等4家企业申报2010年广东省中小企业发展专项资金自主创新和转型升级项目。

◆ 对外经济贸易

【外经招商】 2009年，实际利用外资1.3亿美元，增长10.99%，完成市、区计划的100.9%。实际利用民资13.95亿元，提前2个月完成区计划的119.12%。外贸出口8.8亿美元，下降9.66%,完成与上年持平计划的90.34%。引进大型外资项目，其中引进1000万美元以上规模项目3个，分别为中环商业广场增资1100万美元，华联盛工程有限公司投资2564万美元和炜利机电有限公司投资1100万美元；引进3000万美元以上规模项目1个，福宁电子项目。

2010年，实际利用外资1.34亿美元，增长3%，完成市计划的100%。实际利用民资15亿元，增长10%。完成区计划的100%。外贸进出口15.82亿美元，增长30.46%，完成市计划的111.28%，引进超千万美元外资项目5个，投资额2.63亿美元，其中新批项目3个，分别为广东银雨芯片半导体投资规模9000万美元、健威凯利实业投资规模6000万美元、高弘实业投资规模2196万美元；增资项目2个，分别为香港建设（江门）物业投资规模7470万美元、建滔电子投资规模1599万美元。

【重点项目】 2009年，高新区15号地工业园内全部项目动工；上富电子项目的地块完成填土交付客商使用；福宁电子项目完成厂房装修及其配套建设并试产；艾默生二期“钣金”项目2008年动土兴建；信义玻璃项目动工兴建；中岸物流二期建成、三期动工；江利磁材项目投产；海琪电子项目厂房建成并投产。

2010年，完成五菱汽车4S店、朝日控股贵金属回收、德龙国际（航空）物流、艾默生网络能源二期、江星电子等项目；奕聪花园一期项目全面动工。

【以商引商】 2009年，开展“留商、招商、惠商”活动，宣传江门市“以商引资”奖励政策。组织清华大学珠江三角洲校友会、艾默生网络能源（江门）有限公司开业庆典活动；引入福宁电子、演艺中心、华联盛工程、健威凯利和艾默生二期“钣金”等一批大型项目，其中福宁电子属于世界500强企业项目。跟踪洽谈一批如顺德物流、九峰汽车配件和朝日贵金属回收等项目。引进一批第三产业项目有汇通小额贷款公司、江海碧桂园、演艺中心、中岸物流和德龙国际物流等。

2010年，“以商引商”：开展“亲商、安商、惠商”活动，加强“布点放线”，通过宣传“以商引商”奖励政策，成功引进健威凯利实业、建滔电子增资和艾默生二期等项目。“招商选资”：对项目严格筛选，年内引入广东银雨芯片半导体、崇达线路板、易克金属工具、LED电视背光板、润富实业等投资规模大、拉动性强、科技含量高和产业大、效益好的项目。“第三产业招商”：成功引入江海碧桂园、香港建设（江门）物业、德龙国际（航空）物流等一批有代表性的三产项目。“产业招商”：巩固现有的支柱产业，引进上下游配套企业，延长行业的产业结构链，如建滔电子、长优化工通过引进上下游配套企业，有计划扩大生产规模；LED产业招商签订投资协议3项，投资额30亿元。签订投资意向3项，投资额129亿元。其中真明丽集团20亿元（芯片）、深圳市利路通科技实业1亿元（封装）、深圳市奥伦德光电有限公司9亿元（芯片、封装）。“零地招商”：共审批企业增资23宗，合同利用外资7976万美元，有效扩大区内外资存量；有效盘活沉积资源，如解套原熊谷组地块，引进香港建设房地产项目，投资额7470万美元。

【招商服务】 2009年，健全重大项目跟踪责任制度和招商工作联席会议制度；深化市、区招商信息共享协助机制，建立项目信息库；召开街道招商交流会，促进区、街、村招商引资工作的三级联动。发动和组织区内企业参加第105届和106届广交会、各类型的进出口产品展示会、产品博览会和产品交流会；搭建经贸平台，加强与口岸部门的沟通联系；协助企业相应出台各项扶持措施，兑现国家、省、市各项扶持资金1000万元。共审批企业增资16宗，合同外资6098万美元；办理外经审批事项101宗，审批新外资项目21个，办理项目牌照36个，为企业代办各类证照90多宗。

2010年，健全工作目标分解责任制度、招商引资联席会议制度、联系基层工作挂钩制度、招商联席会议制度和重大项目跟踪落实制度，深化招商引资工作责任制和市、区招商信息共享协作机制，推进与高新区的“区区互动”；组织企业参加“中小企业品牌创建专题讲座”、“外贸转内销品牌建设专场培训班”、“外贸企业应用电子商务专题讲座”等各类型培训学习，组织区内企业参加每年的广交会，港澳和欧美等地的各类型产品展示会、产品博览会、产品交流会，组织企业参加非洲、南美、中东、东南亚等地区经贸交流活动；发动艾默生网络能源（江门）有限公司申报国家级高新技术企业。年内共协助企业申请各类扶持资金1000多万元。

◆ 农业

【农业信息化建设】 2009年，建成农村信息直通车网络平台，对区中心机房设备进行扩容，加强村级信息直通车服务点（站）硬件建设，配备计算机、打印机、相机和网络摄像头等装备，建立村级信息宣传栏，制订工作制度，并组织村级信息员进行培训。

【农民专业合作经济组织】 2009年，成立江门市首家以生猪养殖为主的农民专业合作经济组织——江海区富农畜牧发展专业合作社。

【农业生产】 2009年，农村经济总收入5.445亿元，农业增加值2.985亿元，增长3.74%，其中种植业1.698亿元、林业0.0112亿元、牧业1.387亿元、渔业2.173亿元、农林牧渔服务业0.175亿元。村居民人均纯收入8912元，增长11.2%。农作物总播种面积4109.4公顷，粮食作物225.73公顷，经济作物837.6公顷，其他作物3046.01公顷，水果86.01公顷。农作物产值中稻谷1057吨、甘蔗58068吨，水产品总产量11756吨、猪肉产量7207吨、家禽肉产量160吨、禽蛋产量80吨，水果1742吨。

2010年，农村经济总收入5.939亿元，增长9%农业增加值3.2691亿元，增长2.5%，其中种植业1.872亿元、林业0.0121亿元、牧业1.303亿元、渔业2.567亿元、农林牧渔服务业0.184亿元。村居民人均纯收入10322元，增长15.8%。农作物总播种面积3814.4公顷，粮食作物234.93公顷，经济作物580.73公顷，其他作物2998.73公顷，水果88.13公顷。农作物产值中稻谷997吨、甘蔗49908吨，水产品总产量12120吨、猪肉产量6361吨、家禽肉产量530吨、禽蛋产量411吨，水果1918吨。

【农业科技】 2009年，推进农田测土配方施肥技术，在礼乐布点采集并分析土壤样品，建立数据库，完成农户施肥情况调查表，发放施肥建议卡。承担省动物防疫监督所《广东省高致病性蓝耳病活疫苗试验》和市疫控中心《猪流感定点跟踪监测的试验》课题。完成国家第三批扩大内需中央投资动物防疫体系建设项目，总投资78万元。

2010年，建成覆盖全区34条行政村的信息直通车服务网络，实现网上发布农产品和农业人才供求信息、每日国内农产品价格行情发布、网上农业技术学习、专家在线交流等一系列便民惠民功能。推广水肥一体肥技术。在礼乐街道丰盛村、东仁村，选取连片的蔬菜、水果（葡萄）2公顷，安装水肥一体化喷淋系统，展示推广该项技术，有效节省农业灌溉用水和人工。与广东省农科院兽医研究所合作，建立广东省农科院兽医研究所动物疾病远程诊疗中心江门分中心，进一步提高全区农业科技服务水平。在全市率先开展《兽药经营质量管理规范》（简称兽药GSP）试点工作。

【社会主义新农村建设】 2009年，重点围绕村庄环境整治、村内基础设施建设为重点，深入推进社会主义新农村建设。完成5个村的综合环境整治、村内道路改造3739米、下水道改造2488米。农村卫生户厕普及率98.89%。农村卫生站覆盖率100%，农村低保标准提高到每月210元，享有农村最低生活保障人数1932人。新型农村合作医疗8.37万人，覆盖率100%。

2010年，推进村庄规划编制和村庄整治工作，完成5个村庄规划编制，完成4个村的综合环境整治。累计完成村庄规划编制17个，完成村庄整治14个。完成村内道路改造1921米、下水道改造2847米。农村卫生户厕普及率99.06%。农村卫生站覆盖率100%，农村低保标准提高到每月210元，享有农村最低生活保障人数2057人。新型农村合作医疗8.22万人，覆盖率100%。

【农村土地流转承包】 2009年，农业用地流转面积2066.67公顷 ，占农用地面积的56%，主要用于水产养殖、蔬菜、花卉。流转形式以通过委托集体统一流转、农户入股为主。

2010年，由于随着工业化和城镇化的发展，农业用地日益减少，全区农业用地流转面积1800公顷 ，占农用地面积的56%，主要用于水产养殖、蔬菜、花卉。流转形式以通过委托集体统一流转、农户入股为主。

【农村安居工程】 2009年，继续推进农村“安居工程”，组织开展农村贫困户危房改造，完成贫困户危房改造21间，各级财政补助资金27.3万元，群众自筹资金投入49.8万元。

2010年，继续开展农村“安居工程”，组织开展农村贫困户危房改造，完成贫困户危房改造7间，各级财政补助资金9.1万元，群众自筹资金投入25万元。

【农业产业化经营】 2009年，农业生产结构得到优化调整。水产、蔬菜、花卉、水果等高值产品占农业用面积的85%。

2010年7月7日，经过引导和培育发展，由刘兆威牵头的江门市江海区养猪协会在民政部门登记成立。农民专业合作组织增加至5个，其中专业合作社1个，专业协会4个，会员350人。带动农户2500户，户均年增收6800元。

【水产品种养殖】 2009年，渔业养殖面积1180公顷，产量1.22万吨，总产值2.44万元。完成《江海区锦鲤养殖规划》。大力推广笋壳鱼、东方暗纹豚等新品种养殖，调整水产养殖品种结构。

2010年，渔业养殖面积1080公顷，产量1.21万吨，总产值2.57亿元。在举办的侨乡锦鲤大赛中，海瀛锦鲤场的红白锦鲤夺得大赛的A类冠军。区水产协会被评为“2010年全国科普惠农兴村先进单位”。

【城市防洪工程】 2009年，区城市防洪工程建设完成总工程量的75%，34.14公里堤围加固工程建设全面实施，5座重建水闸投入试运行，其余9座水闸开始旧闸拆除和围堰填筑工作。滘头电排站重建工程完成单位工程验收。江新联围外海堤段穿堤涵闸及电排站达标加固工程通过竣工验收。内河涌整治工程启动，在建项目1项，开展前期工作项目7项。

2010年，区城市防洪工程堤围加固（堤围除八标厂区段约两公里防浪墙及路面因涉及三旧改造暂停实施外）和14座水闸重建已全部完成并通过单位工程验收。滘头电排站重建工程通过竣工验收。内河涌整治工作扎实推进，虾蛟滘电排站工程完成立项，横沥电排站工程报市发改委立项，麻园人工河工程、龙溪围西堤加固工程完成可研设计工作。

【“三防”工作】 2009年，生成台风19个。有效抵御“5•23强降水”、“天鹅”、“浪卡”、“巨爵” 台风等自然灾害。建立一支45人的应急分队，组织1400人非专业防汛队伍并进行防汛知识学习和训练；新建街道防汛仓库1座，补充购买一批应急抢险照明灯具，完成视频会商系统和水利监控系统（一期）建设。

2010年，生成10个热带气旋，造成较大影响的有7月22日第3号台风“灿都”、9月1日第6号热带风暴“狮子山”，建立一支45人的应急分队，一支由党员、机关干部、民兵、村民等共1102人组成的三防抢险队，并按省标准完成物料储备仓库1个、在建防汛物料储备仓库1个。

【农博会参与】 2010年12月10日，参加江门市第二届农博会，组织17家农产品加工企业参与现场展销，以腊味、黄金玉米饼、外海面、海蜇等特色产品为主。三天展销期间，销售收入45.2万元。

【对口帮扶韶关乐昌】 扶贫开发“规划到户责任到人”工作目标任务。根据省、市扶贫开发工作要求，结合区的实际，按照“政府主导、社会参与、自力更生、开发扶贫”的方针和“区负总责、街道牵头、部门配合、工作到村、扶贫到户”的工作措施，从2009年12月起至2011年12月31日，市下达给江海区帮扶韶关乐昌市秀水镇大罗岭、芳塘、何家冲、西河、田心、秀水6个贫困村以及1198户农户、5940个贫困人口。通过实施“规划到户、责任到人”的扶贫开发工作责任制，实行“一村一策、一户一法”等综合扶贫措施，确保被帮扶的贫困户基本实现稳定脱贫，被帮扶的贫困人口80%以上达到年人均纯收入2500元以上，被帮扶的贫困村基本改变落后面貌。

工作成效。至2010年，实际帮扶的贫困村6个、户数2442户、人口12798人，其中贫困户938户、4440人。集体经济收入来源主要是扶贫电站股份分红、黄烟税收返还。区直单位和街道共45个帮扶责任单位，责任到户到人。同年1月5日起，13名驻村队员进驻乐昌市秀水镇6个被帮扶村。落实扶贫开发资金373万元，通过帮扶工作，6个贫困村集体经济收入20.8万元，增收13.6万元，增长188.9%，全部达到3万元以上的脱贫目标，646户贫困户人均收入2500元以上的脱贫目标，占贫困户总数的68.9%。

扶持贫困户脱贫措施。区农业局与乐昌市农业局、畜牧局等部门联合举办养殖技术、果蔬栽培技术等12期的培训班，参加培训人员980人次，提高农户的农业实用技术水平；区劳动保障局组织江门荣信电路板有限公司、江门建滔积层板有限公司等企业参加市人力资源和社会保障局在韶关乐昌市举办的劳动力对接招聘会暨劳动力帮扶签约仪式，招聘会上达成就业意向70人。与秀水镇联合举办“2010年江海区●乐昌市秀水镇企业用工现场招聘会”，30多家企业为秀水镇农村富余劳动力提供就业机会，现场达成务工意向371人；推进黄烟、马铃薯、香芋、辣椒、香瓜、青菜等项目的产业扶贫，以“公司+基地+农户”的产业化模式，规划建设农业扶贫基地85.33公顷，566户贫困户（占60.3%）与果菜流通合作社等企业建立合作关系，对贫困户生产的农产品实行保价收购。区内女企业家参与扶贫捐款捐物10多万元，区工商联全体执委募捐15万元，工商联企业捐赠的计算机、文体用品、书籍等价值9.8万元的物资送到秀水镇帮扶8所小学；团区委联系香港狮子山扶轮社结对帮扶困难学生155名，发放助学金7.75万元。组织实施投入资金项目包括入股扶贫水电站项目134万元，秀水镇中心小学教学楼建设工程70万元，秀水村饮用水安全工程10万元，西河村2730米长的机耕路建设工程17万元，大罗岭村10间300平方米烤烟房工程10万元，田心村黄石危桥改造工程14.5万元，芳塘村小学运动场改造工程10万元，何家冲村灌溉排洪渠工程14万元，秀水镇农村富余劳动力培训中心5万元和示范村综合推进工程18万元。贫困户危房改造工程待完成后结算。新增安全饮水户数485户。新增硬底化道路2440米，新增建设机耕路2730米，各村到秀水镇的公路和300人以上的自然村实现道路硬底化。各自然村实现通电、通邮、通信、通电视广播。组织建设农田水利建设项目5个，受益农田面积93.33公顷。建设占地面积260平方米、建筑面积893平方米的秀水镇中心小学，为400名学生提供学位。在各村增建垃圾池10个。

◆财政 税务

□ 财政

【概况】 2009年，坚持统筹兼顾、增收节支的方针，应对国际金融危机对财政的影响，强化收入征管，优化财政支出结构，推进财政改革，依法理财，完成区人大八届四次会议审议通过的预算任务，财政收支实现平稳较快增长。地方财政一般预算收入完成32155万元，为预算的102.87%，超收897万元，增长12.06%。一般预算支出完成45009万元，为预算的116.63%，为调整预算的108.22%，增长18.08%。一般预算收入加上税收返还、上级补助、中央代发地方政府债券收入和上年结余，当年地方财政总收入50636万元。一般预算支出加上各项上解支出，财政总支出47353万元，总收入和总支出相抵后结余3283万元(含中央代理发行2009年地方政府债券结余2985万元)，净结余298万元，实现财政收支平衡并略有结余。

2010年，落实积极的财政政策推动产业结构调整和经济发展方式转变，增收节支，优化支出结构，保障和改善民生，深化财政改革。一般预算收入完成41108万元，为预算的114.66%，超收5255万元，增长27.84%。一般预算支出完成58286万元，为预算的140.09%，为调整后预算的136.8%，增支13277万元，增长29.50%。一般预算收入加上税收返还、上级补助和上年结余，当年地方财政总收入63859万元。一般预算支出加上各项上解支出，财政总支出63596万元，总收入和总支出相抵后结余263万元。实现财政收支平衡并略有结余。

【财政主要工作】 2009年，贯彻落实增收节支方针，保障“三农”、社会保障、教育、科技、灾区灾后重建等重点支出，及时兑付种粮农民补贴资金，落实“家电下乡”和“汽车摩托车下乡”政策；城镇低保标准提高到每人310元、农村低保标准提高到每人210元。实行新型农村合作医疗标准档与提高档相结合，实现人均筹资标准110元以上。统筹安排资金，落实义务教育学校绩效工资制度，按照年人均8000元的标准调增补贴，实现中小学教师收入相当于公务员收入的80%目标。支持地震灾区灾后重建，按照2008年地方财政一般预算收入的1%安排对口支援资金282万元。组织开展2007年、2008年省级农村劳动力转移培训就业资金专项监督检查及“小金库”专项治理。重点扶持自主创新能力强和以高新技术改造提升传统产业的企业，共申报项目48个，申报资金5038万元。促成江海区首家小额贷款公司——江海区汇通小额贷款股份有限公司设立，配合做好江门市科恒实业股份有限公司和江门量子高科生物股份有限公司上市的相关工作。对全区133个行政事业单位进行资产登记年审；盘活府东小区土地，实现土地出让收入4.5亿元；加强公有资产营运管理，实现资产收益180万元，追收债权256万元，租金收入135万元；参与处理城信社的债权债务清算工作；争取上级和金融机构支持，落实礼东大桥、胜利南路、连海北路旧城改造、礼乐机电产业基地和44号地物流项目的融资工作。

2010年，做好支农资金预算和防洪防汛工程资金安排，落实农村政策性住房补贴，及时兑现种粮农民农资综合直补、家电下乡和汽车摩托车下乡等强农惠农政策；落实资金支持建立被征地农民养老保险制度；落实卫生院经费保障机制和村卫生站医生财政补贴政策；执行教师与公务员收入“两相当”的政策，提高教师待遇。融资筹措资金，调整和优化中小学校布局，支持学校建设；划付对口援建资金 114万元，支持地震灾区灾后重建；上划对口扶贫资金165.82万元。落实财政资金，积极筹、融资支持企业发展和重点项目建设。实现区人大财经委与国库集中支付中心联网；落实公务用车定点维修、定点加油和一般办公用品（20万元内）定点采购工作，公务车定点加油在全区范围内铺开；联合区建设局草拟《关于加强使用财政性资金工程建设项目管理的意见》报区政府同意从2011年1月起执行，《意见》规定财政性投资工程项目发包、招投标和工程变更的操作程序，要求40万元以下工程应按审定预算下浮5%～8%后进行发包，其中40万元以上100万元以下工程项目进入市工程交易中心江海窗口集中招标。成立金信、银信、同信三家资产管理公司，接管城信社退市后的资产和债权债务。

【完善财政管理体制】 2009-2010年，执行2007年调整后的区街财政体制，加强基层财政管理。提高基层培植财源的积极性，促进财政收入稳定增长。但仍存在一般预算收入和可用财力的计算方法不够简明、转移支付制度未够科学、个别工业小区未完全属地化，导致街道之间存在着社会管理与经济管理不相统一等问题。按照“三保（即保运作、保民生和保增长）——激励——转移支付”的原则，重新制定新一轮区街财政管理体制，调动街道发展经济、培育财税源的积极性。

【落实重大财政政策】 2009年，根据市财政局《转发关于开展地方财政资金安全检查工作的通知》精神，对财政资金管理情况进行全面自查。开展城镇居民基本医疗保险试点工作，探索建立被征地农民养老保险制度，进一步扩大社会保险覆盖面。按照《关于印发〈江门市家电下乡工作实施方案〉的通知》要求，兑付“家电下乡”补贴产品1130件、资金30.81万元。根据市财政局《转发关于印发广东省汽车摩托车下乡工作实施方案的通知》要求，兑付“摩托车下乡”补贴产品2235辆、资金132.54万元；“汽车下乡”补贴产品141辆、资金59.88万元。农资综合直补补贴面积2513.9亩，补贴标准每亩49元，补贴金额12.32万元；种粮直补补贴面积2930.4亩，补贴标准每亩8元，补贴金额2.34万元；落实能繁母猪保贴资金60万元，其中市负担12万元，区负担12万元，街道负担24万元。根据市政府《关于加快推进农村改革发展的实施意见》，会同区农业局、区民政局、礼乐街道、外海街道及有关村委会，解决江海区农村“一保五难”问题以及推进农村“五改”工程为整体工作目标，核定农村泥砖房危房改造贫困户21户，落实市、区、街道三级财政专项资金27.3万元。

2010年，根据省财政厅《进一步完善省以下财政体制方案（征求意见稿）》，结合实际测算并报区政府。根据省政府《印发广东省调整完善分税制财政管理体制实施方案的通知》精神，区财政在安排2011年预算时预留省以下财政体制改革区级财力减少资金292万元。共兑付“家电下乡”补贴产品804件，资金21.98万元。“摩托车下乡”补贴产品3592辆，资金212.01万元，“汽车下乡”补贴产品442辆，资金188.8万元。农资综合直补补贴面积2930.4亩，补贴标准每亩49元，补贴金额14.36万元；种粮直补补贴面积2930.4亩，补贴标准每亩8元，补贴金额2.34万元。制订《江门市江海区政策性农村住房保险实施方案》和相关配套政策，原则上以承保农村农户自有住房为标的，以农户自愿参保为原则，按市场化要求运作，政府对参保农户实行保费财政补贴，承保标的因“自然灾害或意外事故”损坏获得合理赔偿的政策性保险业务，农户不参保，政府不补贴。江海区政策性农村住房保险施行期为三年。

【税费改革】 2009-2010年，市下达的2009年农村税费改革专项补助，经报区政府同意，分别每年分配给外海街道15万元，礼乐街道30万元，以减少税费改革后对基层的影响。

【重点项目支出管理】 2009年，落实资金支持区城市防洪工程、外海中心小学新校区、内河涌整治、农田基本建设工程和礼东大桥工程等重点工程项目建设，共划付工程款6106.14万元。制订《江门市江海区礼东大桥工程资金审批拨付程序》，加强礼东大桥工程资金管理。筹集府东小区的土地开发启动资金3100万元；挂牌公告出让府东小区23.2公顷土地的使用权。支持胜利南路、连海北路，礼乐机电工业园三个区重点项目建设，分别设立相应项目公司，并根据项目资金要求，分别与金融机构进行磋商，计划融资10亿元人民币。各项城乡水利防灾减灾工程建设、防洪物料采购及堤围加固等水利项目支出1925万元。礼乐基本农田保护区基础设施改造、外海石洲和横海南排灌渠清淤工程建设等农业土地开发项目支出823万元。

2010年，胜利南路、连海北路、礼乐机电工业园和现代物流产业园四个区重点项目，分别设立相应项目公司，发放胜利南路建设的拆迁补偿款。区重点项目取得贷款额度64700万元，已提款28050万元，其中胜利南路建设投资有限公司13350万元，连海北路公司3500万元，礼乐机电公司2000万元，胜利投资有限公司4400万元，礼乐桥等4800万元。小型农田水利建设、内河整治、堤围防护、防洪应急物料采购等水利农田支出658万元。礼乐基本农田保护区基础设施改造实施方案第四标段工程、礼乐农田保护区基本建设、外海石洲及横海南排灌渠清淤工程等土地出让金项目支出515万元。

【政府债务监管】 2009年12月，地方政府性债务余额57049万元，其中区本级39630万元，占总债务的69.47%；街道17419万元，占总债务的30.53%。

2010年12月，地方政府性债务余额67843万元，增长10799万元。其中区本级51180万元，占总债务的75.44%；街道16663万元，占总债务的24.56%。

【行政事业资产管理】 2009年，根据行政事业单位资产管理的要求，组织开展全区133个在册登记的行政事业单位进行资产年审工作。审定全区行政事业单位资产总额账面值5.11亿元、净资产总额账面值3.23亿元。

2010年，组织开展全区139个在册登记的行政事业单位进行资产年审工作，审定2009年全区行政事业单位资产总额63439万元、负债总额19743万元、净资产43696万元、固定资产38324万元。

【预算编制】 2009年，编制2010年地方财政一般预算35853万元，比2009年完成数增加3698万元，增长11.5‰。地方财政一般预算收入加上税收返还、出口退税基数返还、专项补助和上年结余，减除上解后，预算可支配财力为41607万元，全部用于安排支出。

2010年，2011年的财政预算编制围绕发展与和谐为工作重心，坚持厉行节约的原则，控制一般性支出，保障重点支出，扩大公共财政覆盖面，把更多的财政资金投向“三农”、公共教育、文化、劳动就业和社会保障、医疗卫生、基础设施建设、防疫减灾等公共服务领域。确保重点建设项目的投入。编制2011年地方财政一般预算47274万元，比2010年完成数41108万元增加6166万元，增长15%。根据一般预算收入的安排，加上税收返还、上级补助和上年结余，减除各项上解后，预算可支配财力51979万元，全部用于安排支出。

【国库管理】 2009年，区直部门纳入国库集中支付改革范围，全面实行上线运作。制订《江海区区直预算单位财政国库集中支付制度改革试点资金银行支付清算办法》、《江海区财政国库集中支付改革试点单位年终结余账务处理的有关规定》和《江海区国库集中支付业务信息系统数据修改操作规程（试行）》等制度，建立国库集中支付管理制度体系。

2010年，区人大财经委与国库集中支付中心联网，通过国库集中支付信息系统能查看到区本级财政预算总体执行情况与区直所有行政事业单位的预算和用款计划执行情况，包括公用经费支出和项目建设支出。整合预算内、外资金账户和专项资金专户的管理，把区级预算内、外资金和专户资金拨款、记账、对账归集到预算国库股进行集中管理。建立预算执行动态监控机制，制订动态监控管理制度。

【基金管理】 2009年，全区基金收入1180万元，其中城市公用事业附加（电费附加）1019万元、福利彩票公益金161万元。基金收入加上上级补助828万元和上年结余109万元，基金总收入2117万元。基金支出1652万元，总收入和总支出相抵后结余465万元。基金专款按照区委、区政府的工作部署和急重轻缓的原则作相应安排，主要用于城市公用事业、民政有关方面的支出。

2010年，全区基金收入1389万元，其中残疾人就业保障金127万元、城市公用事业附加（电费附加）1086万元、福利彩票公益金176万元。基金收入加上上级补助1208万元和上年结余465万元，基金总收入2749万元。基金支出2071万元，上解支出94万元，总收入和总支出相抵后结余897万元。基金专款按照区委、区政府的工作部署和急重轻缓的原则作相应安排，主要用于残疾人事业、城市公用事业、民政有关方面的支出。

【财政监督检查】 2009年，开展2007年、2008年省级财政安排江海区的农村劳动力转移培训就业资金和2009年省级财政安排江海区的第一批家电下乡财政补贴资金自查。开展“小金库”专项治理工作，检查单位7个，并结合“小金库”专项治理重点检查对礼乐街道礼贤小学开展会计信息质量监督检查，规范有关单位的财务管理。

2010年，开展2010年省级财政专项资金检查，配合市财政局抽查企业2家和自行检查行政事业单位1个，督促单位作账务调整合计123.63万元；在“小金库”专项治理“回头看”阶段，对礼乐街道水利所开展重点检查工作，查处“小金库”1个、金额75.57万元，追缴个人退还违规所得金额9万元；开展社会团体“小金库”专项治理重点检查工作，检查社会团体5个，对检查中发现的会计核算不规范、现金管理不规范等问题，进行督促整改；结合会计信息质量检查开展强农惠农资金专项检查工作，联合区审计局、区监察局对区农业局和4个涉农街道等单位进行2007年至2009年的强农惠农资金专项抽查，针对部分项目未能实施、未能充分发挥专项资金的使用效益等问题，督促项目单位加快工程进度，提高资金的使用效率和效益。

【政府采购管理】 2009年，100万元以下的基建类政府采购项目全部进入江门市建设工程交易中心江海窗口集中采购。部分调整《江海区政府集中采购目录及采购限额标准》。政府采购监督员队伍增加至12人。并在全区范围内全面推行网上询价采购。政府采购进口产品审核权限下放给各市、区，重新制定政府采购进口产品审批流程。采购的节能产品主要有计算机、打印机及空调机。政府采购实行 “五个规范”，分别是规范信息化项目采购方案制作、规范采购文件和合同范本的制作、规范招标文件论证、规范采用竞争性谈判或询价方式采购的评审方法和规范采购人确认采购结果。2009-2010年度一般办公用品（10万元内）继续实行定点供应。共实施集中采购61次，采购预算金额4762.98万元，减少9.6%；实际采购金额4408.23万元，减少10.92%；节约资金354.75万元，资金节约率7.45%，增长22.54%。

2010年，实行公务用车定点加油。调整《江门市江海区政府集中采购目录及采购限额标准》。开展公务用车维修考核工作，制订公务用车维修考核工作方案，对江海区公务用车维修中标供应商进行考核。采购的节能产品主要有计算机、空调机、打印机及电视机。节能采购金额130.52万元，同类产品采购总金额167.41万元，节能产品采购比重是77.96%。2010-2012年度一般办公用品（10万元内）继续实行定点供应，公务用车实行定点维修和定点承保。共实施集中采购105次，采购预算金额4702.91万元，减少1.26%；实际采购金额4493.56万元，增长1.94%；节约资金 209.35万元，资金节约率4.45%，减少40.23%。

【财政投资评审】 2009年，审核工程预、结算142项，预算送审价5895.11万元，编审价5607.45万元，核减287.66万元，核减率4.88%。结算送审价3469.96万元，编审价3410.53万元，核减59.43万元，核减率1.71%。

2010年，审定工程预算9952.6万元，核减427万元，核减率4.29%。审定工程结算1019.7万元，核减94.4万元，核减率9.26%。制订《委托中介机构评审江海区本级财政投资项目业务管理制度（试行）》。

【会计管理】 2009年，办理会计从业资格证281个，办理会计人员有关资料调转44人，会计从业资格证书遗失补办手续5人，信息变更16人，注册登记34人，后续教育学习登记备案1232人次。参加全国会计资格考试报名人数244人，其中中级考试报名82人，初级考试报名162人。中级资格考试合格9人，初级资格考试合格24人。举办第一期财政支农政策培训班，200人参加。

2010年6月，市行政服务中心设立江海区财政局窗口，集中办理会计从业资格证申请和会计代理记账机构执业资格申请两项业务。办理会计从业资格证263个，办理会计人员有关资料调转35人，会计从业资格证书遗失补办手续1人，注册登记23人。参加全国会计专业技术资格考试报名人数361人，其中中级资格考试报名142人，初级资格考试报名有219人。中级资格考试合格9人，初级资格考试合格17人。举办第二期财政支农政策培训班，179人参加。

【财政核算中心】 2009年底，区会计核算中心财务统管账86套，其中接管教育局属下事业单位江门市第十一中的会计账1套。核算中心会计电算化财务软件完成升级并增设远程查询功能，纳入集中核算单位及各监管财政资金部门通过政府网络可以凭预设权限进入查询系统进行相关账务查询。区会计核算中心内部档案室保管2001-2009年会计资料11028册，其中凭证8755本，账簿1583册，报表645册，移交资料18册，其他28本。

2010年底，区会计核算中心财务统管账90套，新增水利局基建账6套，移交江南财政所核算会计账（华兴小学、江南小学）2套。区会计核算中心内部档案室保管2001-2010年会计资料12871册，其中凭证10276本，账簿1811册，报表738册，移交资料18册，其他28本。

□ 国税

【简况】 2009年，工商税收收入48635万元，增长1.66%，增收796万元。其中增值税收入42612万元，增长3.46%，增收1，425万元，企业所得税收入5765万元，下降4.14%，减收249万元；直接税收收入40835万元，增长1.23%，增收496万元。区级一般预算收入6135万元，增长2.54%，增收152万元。

2010年，工商税收收入63177万元，增长29.90%，增收14542万元。其中增值税收入50987万元，增长19.65%，增收8375万元；企业所得税收入12051万元，增长109.04%，增收6286万元；实现直接接收收入54177万元，增长32.67%，增收13342万元。区级一般预算收入7970万元，增长29.90%，增收1835万元。

【税收管理】 2009年，抓好低税负、零税负、海关完税凭证抵扣异常、农产品加工企业及长期亏损、享受税收优惠等企业的纳税评估，查补增值税114.01万元，企业所得税127.77万元，滞纳金8.39万元。加强小规模纳税人、商贸企业增值税管理，清理超标小规模纳税人50户。推进企业所得税电子申报，严格执行各项税前扣除审批管理办法和减免税管理办法。抓好“两税合并”后涉外税收优惠过渡期的后续管理，规范审批程序。

2010年，组织实施税收专项检查、企业所得税专项检查、工业企业废料申报管理、灯饰和医药行业检查、发票专项检查以及申报异常企业纳税评估等。重点加强货物和劳务税管理，落实新增值税一般纳税人资格认定管理。加强企业所得税管理，设定行业所得税应税所得率预警值。抓好核定征收方式鉴定，对特定纳税人以外的小规模纳税人和以营业税为主的纳税人，做好鉴定跟踪管理。开展以亏损企业和关联交易转让定价为重点的评估核查，采取调查取证和约谈评估等办法，提高工缴费比例及交易价格。全年涉外企业实现企业所得税7320万元，增长122.76%。

【税收执法和宣传】 2009年，狠抓税收执法管理信息系统应用，加强系统预警监控。落实税收政策反馈报告制度，建立反馈工作双向互动机制，减少执法的随意性及风险。全面落实增值税转型改革等税收优惠政策。打击涉税违法行为，开展税收、出口供货企业、出口退税、企业存根联滞留和固定资产抵扣增值税清理等专项检查。与区教育局联合在中小学开展“税收与我们”诗歌朗诵比赛，培养学生从小树立诚信纳税意识。

2010年，开展税收执法督察、征管与财务检查，对执法细节进行逐条逐项自查，进一步规范税收执法行为，预防和减少税收执法风险。围绕“税收•发展•民生”的税法宣传主题，举办“税法创文进百企、入千户”、“税法知识进社区”等宣传以及调研活动，建立税法宣传长效机制。

【出口退税管理】 2009年，执行出口退税政策及管理制度，实现应退税12829万元，办理出口退税13389万元；实现应免抵税6800万元，办理免抵税额7800万元。

2010年，采取出口退税分类管理与网上预审服务办法，推广应用出口退税评估监控系统，提高出口退税审核效率。强化对外支付税务证明和非居民企业享受税收协定待遇审批与备案，完善非居民税收管理信息库及非居民企业所得税汇算清缴工作。实现应退免税额16682万元，办理出口退税13446万元；实现应免抵税13616万元，办理免抵税额9000万元。

【税务信息】 2009年，推广财税库银横向联网上线工作，税务机关和金融机构以及5000多户纳税人签署协议验证，并于9月18日上线，实现税款征收无纸化、税款解缴一体化和收入对账电子化。自主开发“纳税人信息交互平台”，实时提供信息发布、采集、数据交换等功能。在办税服务大厅开辟“网报区”及增设叫号功能，使纳税人享受快速办理和网上办税的便利。4300多户纳税人开通网上（电话）办税服务，网上认证发票量由年初的16%提高至年底的47%。开展CTAIS（中国税收征管信息系统）应急演练，完成全省CTAIS应急大练兵。

2010年，依托信息化管理手段，推行税源专业化征管新模式。以“税码共享”系统推广为契机，强化登记信息对比。抓好税收征管辅助系统二期推广，6月1日上线应用。建立CTAIS系统维护机制，对“CTAIS江海国税查询系统”进行升级改造，提高征管监控水平。9月1日，开通网上抄税业务。

【发票管理】 2010年，多举措做好发票票种简并和换版工作，确保新旧版发票印制和供应顺利过渡。开展发票专项检查、“税眼”系统清理检查。与公安、地税部门联合行动，查出各类假发票18份，票面金额超过180万元。建立税收征管资料补充信息卡采集巡查制度，防范虚开发票的发生。

【纳税服务】 2010年，落实新增值税一般纳税人资格认定，增设达标小规模纳税人监控预警，清理超标小规模纳税人38户。建立税收征管资料信息卡采集巡查制度，防范虚开发票的发生。开展工业企业废料销售情况核查，制订《江海区工业企业销售废料增值税征收试行办法》和电子来料加工企业电子台账。加强日常稽核，完善工业企业减免税管理。

□ 地税

【简况】 2009年，地方税费收入43094万元，增长12.87%，完成年度任务的102.56%。地方税收收入中，属中央级收入7572万元，增长0.99%，完成年度任务的93.48%；属省级收入8841万元，增长12.35%，完成年度任务的103.16%；属市区级收入26323万元，增长15.38%，完成年度任务的103.84%；征收社保费33415万元，增长0.04%，收缴率99.08%；征收堤围防护费2390万元，下降19.77%；征收教育费附加1246万元，增长8.73%。

2010年，地方税费收入54357万元，增长27.19%，完成年度任务的117.45%。地方税收收入中，属中央级收入9845万元，增长30.02%，完成年度任务的120.8%；属省级收入11479万元，增长29.84%，完成年度任务的121.09%；属市区级收入33033万元，增长25.49%，完成年度任务的115.3%；征收社保费39610万元，增长18.54%，收缴率99.78%；征收堤围防护费3493万元，增长46.15%；征收教育费附加1568万元，增长25.84%。

【税收管理】 2009年，实施新税源管理，建立以分类管理与专业化管理相结合的模式，设置相应的纳税评估、纳税辅导和税源管理，开创税收征管工作。加大企业车辆税源监控，对企业营运车辆进行核实营运性质检查，规范企业营运车辆的征收管理。加大对房地产开发企业的征收管理，抓好房地产开发企业土地增值税的汇算清缴、日常发票使用控管、闲置土地涉税清理、土建项目跟踪管理及企业所得税征管。加大属地重点工程项目的跟踪管理，确保主体税种营业税入库。加大对企业所得税汇算清缴，对重点企业、利润变化异常企业和“长亏不倒”企业加强检查。加大个人所得税完税凭证数据的核对和年收入12万元以上个税的自行申报、宣传工作。加大日常户、零申报户和欠税户的清理整顿，打击发票违法犯罪，开展发票专项整治行动。

2010年，深化税源管理，设立一级纳税辅导组，与纳税评估组独立办公，发挥纳税辅导和纳税评估作用。组织开展房地产、建安“两业”监控系统，推动行业管理向精细化方向发展，完成160个项目。坚持“同征、同管、同查、同服务”的社保费催报催缴工作，提高征缴率。加强办税服务大厅规范化建设和管理，落实“首问责任制”。加强重点工程项目税收的控管，做好轻轨工程、江海碧桂园、东华大桥和信义玻璃等大项目的跟踪管理，保证重点税源的及时入库。加强对辖区内房地产业的销售、登记、放贷等各环节数据的监控，与金融单位、房产部门、国土部门建立情报交流机制，及时掌握重大税源信息，房地产业成为重要税收收入。全年销售不动产业营业税收入6236万元，占营业税收入总额的32.7%，增长27.84%。开展对高新区厂区土地使用税清理以及对14、24号地的闲置土地使用税清理，清理土地使用税250万元。

【依法治税】 2009年，坚持依法征税，做到征收按政策，管理按权限，减免按程序。落实税收和社保费催报催缴制度，杜绝税收漏洞。加强管理员台账和月报表管理，及时掌握纳税户申报变动情况，深化数据分析与纳税评估、催报催缴、清理欠税等征管工作。认真对待群众来信和投诉举报案件，加大对群众举报案件的查处力度，增强税法的震慑力，不断优化税收法治环境。

2010年，坚持规范执法，要求工作人员按规定办事，把“疏于管理、淡化责任”变为“实时监控、责任明确”。帮助企业用足用好各项政策，做到征收按政策、管理按权限、减免按程序，全年落实各项税收减免总额692万元。通过开展个人所得税专项检查、企业所得税评估和税收专项检查，加大对群众举报案件的查处，堵塞税收漏洞。

【税收宣传】 2009年，举办大型户外税法宣传，实现税法与企业零距离交流互动。与区工商联组织200多户企业举办大型税收优惠政策培训讲座，定期通过政府网页发布最新政策法规及税局征管工作动态，宣传税收及社保费知识。举办第一期100户重点企业纳税服务平台上线培训，拍摄制作办税服务大厅宣传短片。

2010年，开展全国第19个以“税收•发展•民生”为主题的税收宣传月活动。举办首个“地税开放日”，邀请区人大、政协和各行业代表参加。与区国税局等单位联系开展“税法创文进百企、入千户”活动，由77名工作人员组成8个宣传服务队走访区电子、化工、金属制造、家具、机电及餐饮服务行业等20多家重点税源大户，并派发资料。

【税收信息化】 2010年，启用自助办税柜员机，缓解服务大厅工作压力，方便纳税人。推广纳税服务平台应用，畅通纳税人对税收和社保问题的咨询渠道，提高纳税人的廉政监督作用。

科教文卫体

JIANG HAI YEARBOOK

◆ 科学技术

【2009年获省、市级称号企业】 第一批广东省高新技术企业：江门量子高科生物股份公司；江门谦信化工发展有限公司；江门荣信电路板有限公司；江门市科恒实业股份有限公司；江门天诚溶剂制品有限公司。

第一、二批广东省民营科技企业：江门市亚泰自动抛光科技有限公司；广东银帆化学。

第二批江门市民营科技企业：江门市君盛五金塑料有限公司；江门市创源水处理科技有限公司；江门市爱信电气科技有限公司；江门市骏达光电科技有限公司。

【2009年获市科技成果登记】 江门市恒健药业有限公司的头孢克肟颗粒的研究开发；江门市江海区外海人民医院的改良毕罗式手术治疗难以切除的十二指肠球部溃疡；江门金羚集团有限公司的二相变频交流调速技术研发及在家电产品上的应用；江门市富美尔环保电子科技有限公司的超声波臭氧雾化妇科治疗技术的研发和应用；江门凯泰生物科技有限公司的新型葡萄糖异构酶的研发及工业生产；江门市科恒实业股份有限公司、复旦大学的液晶显示器背光源冷阴极发光材料；江门新时代胶粘科技有限公司的无卤阻燃醋酸纤维布胶带开发；江门量子高科生物股份有限公司的固定化酶法生产高纯度粉状低聚果糖的研究与开发；江门市亚泰机电科技有限公司的卫浴配件专用数控抛光机；江门市辉隆塑料机械有限公司的能量动态平衡节能塑料挤出机；江门天风墙体材料有限公司的一种混凝土预制砌块生产工艺；江门市强建新型建材研发中心有限公司、江门市蓬江区强力建材有限公司、江门市新三联管桩有限公司的聚羧酸减水剂在水泥混凝土中的推广应用；江门市誉洋特种蓄电池厂有限公司的环保硅机电解原液的研制；江门市誉洋特种蓄电池厂有限公司的硅能蓄电池。

【2009年度市科学技术奖项目】

一等奖

轻～2～02　液晶显示器背光源冷阴极发光材料

完成单位：江门市科恒实业股份有限公司、复旦大学

完成人：闫世润、万国江、胡学芳、卢杰山、黄瑞甜、陈饶

轻～2～05　固定化酶法生产高纯度粉状低聚果糖的研究和开发

完成单位：江门量子高科生物股份有限公司

完成人：陈子健、陈振鹏、宋景添、曾昭政、郑海源、张海花、彭辉跃

轻～2～06　新型葡萄糖异构酶的研发及工业生产

完成单位：江门凯泰生物科技有限公司

完成人：王骏、尹建云、张邦悦、邓学智、邝翠薇、张仲良、谢夏阳

电～2～01　具有动态诱导功能的车载终端产品技术研究

完成单位：五邑大学、江门金羚集团有限公司、江门市中信电脑科技有限公司

完成人：廖惜春、骆达荣、肖健华、潘皓

炫、邹勇扬、经顺林、彭敏晶

电～3～03　二相变频交流调速技术研发及在家电产品上的应用

完成单位：江门金羚集团有限公司

完成人：区长钊、潘皓炫、黄险峰、徐天麒、朱键昭

机～3～02　能量动态平衡节能塑料挤出机

完成单位：江门市辉隆塑料机械有限公司

完成人：许锦才、黄伟伦、李锦棠

机～3～08　卫浴配件专用数控抛光机

完成单位：江门市亚泰机电科技有限公司

完成人：郑建平、郑建勇

建～3～01　聚羧酸减水剂在水泥混凝土中的推广应用

完成单位：江门市强建新型建材研发中心有限公司、江门市蓬江区强力建材有限公司、江门市新三联管桩有限公司

完成人：徐奇威、黄红建、吴夔铭、王庆军、陈锦光

医～3～05　改良毕罗式手术治疗难以切除的十二指肠球部溃疡

完成单位：江门市江海区外海人民医院

完成人：刘福松、刘丹、张英祥、陈新

【发展高新技术产业】　2009年，组织8家企业申报国家高新技术企业，通过认定7家；组织9家企业申报江门市高新技术企业，全部通过认定；组织2家企业申报国家火炬高新技术企业，通过认定1家。至此，共有国家级高新技术企业14家。组织4家企业共6个产品申报国家高新技术产品、组织8家企业共28个产品申报广东省高新技术产品、组织4家企业共15个产品（系列）申报自主创新产品认定。新增广东省高新技术产品22个。至此共有高新技术产品93个。预计高新技术产业增加值22.35亿元，占全区工业增加值的35%。

2010年，投入超过500万元的企业10多个，晶华轻工等企业获得江门市的奖励。共组织6家企业申报国家高新技术企业，通过认定3家；组织6家企业申报江门市高新技术企业；组织6家企业申报“江门市自主创新型企业20强”，长优实业等4家企业通过审批。至此，共有高新技术企业55家，其中国家级16家、省级20家、市级19家。组织14家企业申报省、市级民营科技企业，其中通过省级认定6家、市级认定6家；共有民营科技企业64家，其中省级37家、市级27家。组织申报省级自主创新产品7个、市级自主创新产品25个，组织13个产品申报广东省高新技术产品。共有高新技术产品106个，省、市级自主创新产品17个。预计高新技术产业增加值22.35亿元，占全区工业增加值的35%。

【实施科技计划项目】　2009年，为民营企业提供技术、工艺、培训、信息和技术认定等服务，促进民营企业由家庭生产型向成长型、创业型和科技型转变，如银帆化学、高科助剂等企业依靠技术创新得以快速发展。共组织申报广东省、江门市民营科技企业12家，其中省级4家、市级8家。通过省级认定2家、市级认定7家。至此，共有广东省民营科技企业33家。通过组织举办科技计划申报、高新技术企业申报和专利申报业务等培训、重点指导企业进行中

小企业创新基金项目、科研费用税前扣除、科技保险等学习和申报工作。组织申报国家重点新产品计划项目1项、广东省科技计划项目19项、江门市科技计划项目35项、区科技计划项目42项；申报江门市创新基金项目9项，获得立项的有省级22项、市级19项、区级22项，获得科技计划扶持资金430多万元。上报企业科技奖项目9个参加江门市科技奖评审。科恒实业有限公司项目“液晶显示器背光源冷阴极发光材料”通过广东省科技成果鉴定。

2010年，组织省级以上科技计划项目51项、市级科技计划项目40项、区科技计划项目40项；组织申报市级以上创新基金项目9项。获得立项的有国家级2项、省级3项、市级22项，获得科技计划扶持资金430多万元。长优实业公司获得广东省重点专项科技立项、亚泰机械科技公司2家企业获得国家中小型科技企业创新基金、誉洋电池公司2家企业获得广东省中小型科技企业创新基金。

【深化产学研合作】 2009年，利用省部产学研相关政策，采用走出去、引进来的方式，与国内大专院校、科研院所加强联系，为企业寻找技术依托牵线。年内，共协助企业引进科技成果25项。至此，共组织企业申报省级产学研项目5个、产学研示范基地4个、转化科技成果10项。鼓励企业和高校实施“科技特派员计划”，省科技厅派出科技特派员9名进驻区内企业，多所高校在区内企业设立研究生实习基地。列入“2009年第一批省部企业科技特派员行动计划”帮扶企业的有量子高科生物股份有限公司、中建科技开发有限公司、恒健药业有限公司和鹏飞畜牧业有限公司。共组织3家企业申报市级以上工程研究开发中心，其中省级1家、市级2家。长优实业有限公司通过省级评审，有望成为江海区自主培育的第二个省级研发中心。至此，共培育工程技术研究开发中心19家，其中省级3家、市级16家，50多家企业与20多所高校、科研院所建立科技合作关系。

2010年，引导和促进产学研合作由短期合作、松散合作和单项合作向长期合作、紧密合作和系统合作转变。根据本区重点发展LED绿色光源产业的政策，引导企业与五邑大学、教育部半导体照明应用工程技术中心等单位合作，建立以区内企业为核心的江门市LED产业联盟。鼓励有条件的企业与高等院校联合建立博士、硕士工作站。到厦门大学、重庆大学、河北科技学院等高校沟通交流，协助企业引进科技成果25项，组织企业申报省部产学研项目5个、产学研示范基地4个，转化科技成果102项。组织5家企业申报工程开发中心，其中省级1家、市级4家。亚泰机械科技有限公司通过市级认定。至此，共培育工程技术研究开发中心23家，其中省级4家、市级19家。

【知识产权管理】 指导和扶持企业开发拥有自主知识产权的核心技术和关键技术，建立健全知识产权制度，组织申报广东省优势企业1家、江门市知识产权示范企业3家。江门市中港宝田摩托车实业有限公司通过广东省知识产权优势企业认定，其产品“摩托车（洛奇BT49QT～12）”获得2009年广东省专利优势奖。全区专利申请量481件；专利授权数399件，同比增长37.11%。做好广东省知识产权试点区域评审验收工作；举办或者参加专利申报业务、涉外专利培训班和知识产权专题讲座等10多期；组织金羚电器公司等12家企业参加“4·26世界知识产权日”宣传活动，组织汉宇电器、中港宝田等公司参加广东省专利产品博览会；按照江门市新的专利资助办法办理国内专利申请费用资助申请296件，国内授权专利资助申请127件。

2010年，组织申报广东省知识产权优势企业1家，申报江门市知识产权示范企业3家、认定2家。专利申请量811件，同比增长10.19%；专利授权数722件，增长55.94%；发明专利申请量117件，发明专利授权量52件。组织金达玻璃等12家企业参加“4•26世界知识产权日”宣传活动，组织汉宇电器等2家企业的专利产品参加广东省专利奖评审；指导天风墙体等企业参与制定国家行业标准；按照江门市新的专利资助办法办理2010年国内专利申请费用资助申请和国内授权专利资助申请一批。

【科普活动和科技培训】 2009年，联合区应急办、区民政局和区委宣传部在江南文化广场、赫克力士公司等地方举办防灾减灾知识咨询活动和应急演练。区科协联合江南街道科协、区消防大队、区卫生局和区教育局等单位组织综合减灾消防安全培训演练。向街道派送科普宣传挂图600多套、更新科普宣传画廊20多期。在“科技进步活动月”中，联合江门市科协、江门市农业局有关部门在外海街道麻园三街开展以“节能减排、防灾减灾、保障安全、健康生活”为内容的科技、卫生、文化“三下乡”大型科普集市活动。协助街道举办各类培训班和技术讲座30期。组织银泉小学创建江门市科普示范学校通过认定。成立由区科技局全体人员、各街道防震减灾助理员和区内企业科技专家共12人组成的地震灾害专业应急队伍，完善相关的管理制度、暂定江海绿化广场为江海区地震应急避难场所，推荐礼乐街道新民村为江门市地震安全农居示范村。

2010年，联合区应急办、区民政局和区卫生局等部门在江南文化广场、礼乐科技活动中心、谦信化工发展有限公司等地方举办防灾减灾知识咨询活动和应急演练。组织开展“科技活动月”，“科普活动周”和“科技下乡”等活动，新建科普画廊2个，向街道和农村、社区赠送科普宣传挂图600多套，科技图书3000册；向各街道赠送科技惠农办公设备6套，协助街道科协举办各类培训班和技术讲座33期。大力支持韶关市乐昌市秀水镇西河村、礼乐街道东仁村的科普宣传阵地建设；指导区水产协会、花卉协会和葡萄协会等开展学术交流活动。区水产协会获得国家科普惠农先进单位称号，为江门市首个获此殊荣的集体。指导银泉小学创建江门市科普示范学校，指导该校开展系列青少年科普活动，组织开展区第五届青少年科技节活动，银泉小学学生汤臻婷小发明“简易压力器”代表江门市参加广东省第二十五届科技节比赛获得三等奖。

【科技成果转化】 开展区2010年度科技评审，评审出获奖项目10个，上报7个参加江门市科技奖评审；上报4个参加广东省科技奖评审，2个项目获得表彰。江门量子高科生物股份有限公司的“固定细胞生产低聚半乳糖的开发”通过省级科技成果鉴定、“双固定化酶”和“模拟酶生产高纯度低聚果糖的方法”通过市级会议鉴定；得实公司与五邑大学的“基于多种专用创新控制技术的针式打印机的研究及应用”通过省级科技成果鉴定。

【完善地震应急预警体系】 2010年，完善应急信息报送和预测预警机制建设，执行应急值守制度，以科普志愿者为核心建立一支由区科技局全体人员、各街道防震减灾助理员、村（居）委科技人员和区内企业科技专家等120多人组成的地震灾害应急队伍。联合区应急办、区委宣传部、区卫生局等部门在礼乐文化广场举办应急知识宣传月启动仪式暨“防灾减灾”宣传咨询活动，开展“地震防范与自救”等防灾减灾知识图片展览。加快礼乐街道新民村地震安全农居示范村建设，做好礼乐街道礼贤小学强震台子台的选址建设。利用江海区政务信息网和媒体宣传，开设地震知识专栏。在江门一中、银泉小学和新民小学进行学生避震逃生演练；培育新民小学为江门地震科普示范学校。

◆ 教育

【简述】 2009～2010年，成功创建成为广东省教育强区全区教育事业实现跨越式发展。以“推进均衡发展、巩固创强成果”为主题，以办人民满意教育为宗旨，推进教育改革，强化教育管理：教育投入逐年增加，办学条件不断改善；素质教育不断推进，教育质量不断提高；队伍建设不断加强，教师素质不断提升。教育工会被广东省总工会授予“广东省推动厂务公开民主管理先进单位”，区教育局被评为“全国艺术教育特色单位”。

【创建教育强区】 2009年，迎接省对江海区申报广东省教育强区的督导验收，通过省政府督导评估验收，同年9月份授牌，江海区成为江门市第3个广东省教育强区。

【实施学校对口帮扶】 2009年，从本区学校中选出6对“千校扶千校”和5对“百校扶百校”对口帮扶学校，占公办学校数量的100%。初步搭建对口帮扶平台，受帮扶学校在学校管理、队伍建设、教育教学、文化建设和学生互动等方面取得了不同程度的进步。

【初中质量工程建设】 2009年，根据《江门市初中教学水平评估方案》（试行）要求，指导学校做好江门市初中教学水平评估工作。江门市十一中、麻园中学两所初中均顺利通过了“江门市初中教学水平评估”的评估工作。

【扶贫助学】 2009年，全面实施区委区政府的民心工程，解决困难家庭子女“读书难”问题。共资助困难学生530多人次，资助金额28多万元。落实省下达的每学期对80个小学初中学生进行生活补助的制度。春秋季学期该80名学生中均有20%享受特困生待遇，补助提高到每学期小学250元、初中375元。

【教育经费】 2009年，免费义务教育的范围扩大到本省户籍学生，使本省的所有户籍学生均能享受到免收书杂费入学的待遇。春、秋季2个学期，分别有17683人和17201人受惠，免收书杂费金额1319.52万元，减免部分全额由财政给予补助并及时拨付到学生所在学校（含民办学校）。义务教育阶段的生均公用经费超过省市要求的标准。每学期按时足额拨付学校。投入139.90万元为中小学校配置电教设备。

2010年，义务阶段的生均公用经费超过省市要求的标准。在江海区义务教育阶段学校就读的本省所有户籍学生均享受到免收书杂费入学的待遇。春、秋季2个学期，分别有17241人和16811人受惠，免收书杂费金额1295.93万元。

【校安工程和基础设施建设】 2009年，会同区建设局等9个部门和各街道对全区25所中小学的90栋校舍进行排查，其中需进行安全鉴定的校舍共21栋。经过鉴定，需进行改造的校舍10栋（其中拆除5栋、加固5栋），安全校舍80栋。制订改造规划方案，至2011年，改造校舍10栋（其中拆除5栋、加固5栋），原址重建教学楼1栋，易地重建外海中心小学；计划投入资金4258.98万元。拆除礼乐中心小学A教学楼。外海中心小学东南小区教学楼改变用途。

2010年，投入480万元的礼乐中心小学教学楼和投入400万元的银泉小学体育馆建成，总投资3500万元的外海中心小学新校区基本建成，将于2011年9月投入使用。投入230万元完成全区第一批学校的心理咨询室建设。完成改造校舍4栋，共4437平方米；改造校舍2栋，共2570平方米。

【创建等级学校和优质学校】 2009年，经区政府研究，决定把华兴小学、江南小学划归江南街道办事处管理，9月1日起实施。7月，新联小学、武东小学、礼贤小学3所小学被评为江海区一级学校。新南幼儿园被评为区一级幼儿园。至此，共有省一级学校4所，市一级学校9所，区一级学校11所。全区公办学校的等级学校比例95.50%，优质学位比例98.50%。

2010年，礼乐中学被评为广东省体育特色学校，中路小学获得“广东省巾帼文明岗”称号，江门市第十一中学被评为“2010年江门市基础教育系统作风建设先进单位” 和“江门市园林式单位”，华兴小学被评为“江门市红领巾示范学校”，外海中学、江门市第十一中学创建“江门市心理健康教育示范学校”。

【教师工资福利】 2009年，义务教育学校实施绩效工资。

2010年，实现教师工资福利待遇“两相当”的90%，调整中小学教职工住房公积金缴存标准，缴存比例由原来的6%调整为15%。

【继续教育工作】 2009年，江海区教师参加英特尔培训37人，教育技术中级培训202人，普通高中教师培训164人，江门市骨干教师培训12人，校长培训22人。鼓励和支持教师通过函授、自考等渠道进修学历，通过各种渠道参加高一层次学历提高，小学达标率100%，大专率88%；初中达标率98.8%，本科率83.6%；高中达标率100%，研究生率4.40%。组织支教活动，43个教师分别进行支教，使薄弱学校得到帮助和提高。

2010年，参加英特尔培训教师125人，江门市中小学教育技术中级培训590人；高中教师职务培训190人，江海区“知行中国”小学班主任培训项目100人，心理健康教育C证培训156人，暑假心理咨询室使用培训100人。选拔礼乐中学校长参加省级骨干校长培训，麻园中学校长省级挂职锻炼，组织7名中小学校长参加市级校长提高班培训。

【公开招聘教师】 2009年，实行新教师公开招聘考试录用制度。共招聘中小学教师26名。

2010年，公开招聘教师8人，其中高中教师7人，小学教师1人，本次招聘实行竞争性选拔考试。

【教育教学研究】 2009年，组织中小学校教师120人次参加江门市教材培训。完善小学教学质量抽检制度。

2010年，开展教学质量提升年活动，对学校教学管理、教学保障、教学过程及教学效果等方面情况量化打分，量化教学常规工作水平。增强课堂教学效益，强化教学质量监控与评价。

【教育科研】 2009年，组织“十一五”期间教学科研论文评比和优质课比赛。礼乐中学地理学科参加全国课堂教学获二等奖，银泉小学合唱队获广东省“百歌颂中华”合唱比赛金奖，滘北小学获广东省小学语文美文诵读比赛一等奖。外海中心小学莫斯汝、礼乐中学卢美颜被被评为“2009年广东省教育局授予南粤优秀教师”。

2010年，3个省级课题、16个市级课题立项；3个省级课题顺利结题并申报参加成果评奖活动。组织江海区“十一五”规划课题结题和成果评奖工作。参与广东省教育研究“十一五”规划课题《江海区中小学教学衔接问题的研究》结题并获得省一等奖。《江海教育》杂志创刊发行。外海中学校长王朝廷被评为江门市名校长。

【系列教育活动】 2009年，结合江门市创建全国文明城市，组织“江海区中小学生文明乘车从我做起”专题活动和组织参加市教育局举办的各项创建活动。与区委宣传部、区老干局、团区委等部门联合开展“江海区中小学生庆祝新中国成立60周年爱国主义教育征文活动”；与区国税局等部门联合举办2009年“税收与我们”诗歌（散文）朗诵比赛、“江海区第四届科技创新大赛”，组织参加广东省书香校园和江门市第六届书香节系列活动。银泉小学被评为“2009广东省书香校园”。与区计生局联合开展“江海区中小学青春期健康教育活动”，组织学校领导参加在礼乐中学举办的青春期健康教育公开课。

2010年，开展“我为创文添砖瓦，做文明好公民”主题教育系列活动，组织“做文明有礼的中国人”网络签名寄语活动。与区政协联合举办第五届江海区青少年创建全国文明城市书法比赛和“安诺特”江海区青少年中小学生象棋比赛。与区委宣传部、区关工委、团区委等7个部门联合举办 “成长、成才、感恩”巡回讲座、“小手拉大手”励志活动、少先队队日竞赛以及庆祝新中国成立61周年爱国主义教育征文活动及江海一日游活动。

【安全管理】 2009年，中小学、幼儿园签订《2009年学校安全管理责任书》，落实安全管理责任制。健全完善教育系统各项应急预案。组织对中小学、幼儿园的校园安全检查工作，建立江海区教育系统安全隐患台账，并加强对学校安全隐患的监控、整治和消除工作。加强应急物资装备普查统计工作和应急救援队伍建设工作。加强灾害天气后对学校，特别是学校的重点安全隐患部位的检查工作，确保校园安全。开展校车排查整治工作。组织学校参加广东省、市安全文明学校评选，外海麻一佑启学校获得第二批广东省安全文明学校称号，银泉小学和新民小学获得第二批江门市安全文明学校称号。

2010年，与各中小学、幼儿园签订《2010年学校安全管理责任书》，落实安全管理责任制。加强校园安防建设工作，统一配备防暴工具，并进一步完善学校准入制度。组织对中小学、幼儿园的校园安全检查工作，建立江海区教育系统安全隐患台账。开展中小学幼儿园安全生产月活动。组织“平安亚运”消防安全检查工作。联合江海交警大队、区安监局排查本区学校、幼儿园的校车使用情况，对不符合要求的校车责令及时整改。全年未发生校舍及消防安全事故。

【民办教育】 2010年，阳光学校、博雅学校被评为区一级学校。至2010年底，全区各类民办机构55个，其中九年一贯制学校3所，幼儿园托儿所52所。

【教育事业“十二五”规划】 2010年，通过深入全区25所学校对本区教育现代化专题调研，并依据《广东省县域教育现代化指标体系及评估方案（试行）》的标准进行评估，编写《江海区区域教育现代化调研报告》，拟定《江海区教育事业“十二五”规划》。

◆ 文化 体育 新闻出版

【广播电视管理】 现有外海、礼乐两个广播电视站。近年来，投入1000多万元进行电视网络改造，铺设光缆60多公里，开通光节点60多个，与江门市广播电视台合作开发交互式数据传输、教育城域网、IP电话等多项业务，外海广播电视站发展成为规范化、标准化、现代化的有线电视网络。礼乐广播电视站从原来300MHZ带宽改为750MHZ带宽，并且实行双向传输，改造光纤线路60多公里，设光点100多个，部分用户光纤入户。

【文艺创作】 2009年，邱菁萍创作的舞蹈《思乡面》荣获第九届江门市“五个一工程”文艺精品奖。

2010年，司徒沛创作的小品《绝招》（剧本）获广东省群文作品评选三等奖；邓荣宗（江海区礼乐中学）创作的小品《酸酸的龙冈橘》（剧本）获广东省群众文艺作品评选三等奖；司徒沛创作的粤曲《梁启超守约却情缘》获2010年度广东省群众文艺作品评选三等奖；邱菁萍创作的舞蹈《开饭了》荣获广东省少儿音乐舞蹈花会银奖；何峰创作的音乐作品《西江水》荣获2010年度江门市群众文艺作品评选二等奖。

【文化市场管理】 2009年4月28日，江海区网吧工作站成立。同年8月7日，江门市文广新局、江门市关工委举行了江门市区网吧义务监督员聘任仪式，江门江海区13名网吧义务监督协管员参加仪式。配合江门市文化市场执法大队，重点清理音像制品、书报刊，收缴盗版音像制品21242张；淫秽音像制品9069张；盗版出版物17352本，取缔无证经营游艺娱乐场所5家。会同江海区消防大队，组织娱乐场所、网吧经营负责人在中环广场名豪卡拉ＯＫ举办联合消防演练。

2010年，配合区工商等部门对无证娱乐场所经营活动进行查处，取缔无证经营游艺娱乐场所3家，对从事违法经营活动的游艺娱乐场所。出动执法人员1525人次，检查网吧376家次，处以警告或罚款等行政处罚的违规接纳未成年人的网吧4家次；严格实行上网实名制，违规网吧每接纳1人罚款15000元。

【新闻出版、包装印刷业管理】 2009年，组织印刷行业16家会员单位参加广州琶洲国际会展中心举办的“2009年华南国际印刷展”；组织会员单位参加在丽宫国际酒店召开的“江门市印刷业商会理事座谈会”。

2010年，开拓“江海区人才网”的网内链接导航服务，组织行业会员参加广州“第十七届华南印刷工业展”和“江门市蓬江区印刷协会七周年兴典晚宴”。

【体育基础设施建设】 2009年，继续开展创建省、市城市体育先进社区和体育特色镇村，推进和落实全民健身场地的建设。推进第三批8个文体小广场的建设工作。至此建成28个；区文体活动面积20多万平方米，人均活动面积1.40平方米。

2010年，开展创建外海街道麻三村、沙津横社区，礼乐街道乌纱村、跨龙村、滘头街道仁美社区等文体小广场工作。其中礼乐街道新民村文体小广场改造成为全民健身广场建设，面积5000平方米，设有文艺舞台、2个标准篮球场，乒乓球桌、羽毛球场、健身路径等设施。

【群众性体育活动】 2009年，举办龙舟竞渡、五人赛艇、篮球和龙狮武术等一批传统特色群众体育活动。举办江海区机关单位男女子篮球赛、江海区三八妇女节拔河赛、“江海区政协杯中小学生象棋赛”。礼乐街道承办江门市第五届“中国移动村务通杯”农民运动会。组织160名企业人员参加江门市国民体质测定工作和培训全区三级体育指导员80名。

2010年，以“全民健身”为主题，结合“体育节”，推进群众体育活动。举办江海区龙狮贺新春民间体育艺术汇演；组织举办江海区万千农村篮球选拔赛；组织举办江海区首届“迎国庆机关单位乒乓球赛”；江海区政协杯中小学生象棋赛；联合区公安部门举办公安干部象棋、篮球赛；联合妇联联合举办三八妇女节拔河赛。组队参加江门市慈善公益万人行起步仪式；组织选手参加迎接亚运会江门市场区火炬传递工作；组队参加江门市第六届“中国移动农信通杯”农民运动会；组织300多名不同年龄的群众、企业人员参加国民体质监测及开展三级社会体育指导员的培训。开展江海区体育特色队伍和特色项目建设，包括建立江海区南北龙狮团、培养江海区礼乐中学象棋体育特色项目等。区南北龙狮团参加江门市“方圆杯”狮王争霸邀请赛第一名；礼乐街道“兄弟龙舟队”参加由南海区举办的2010珠三角休闲欢乐节国际标准龙舟、传统中型龙舟赛第二名；外海街道中东村参加由中山市举办五人赛艇比赛第一名；组织江海区威风锣鼓队等体育队伍参加2010年江门市华人嘉年华暨侨乡旅游节的开幕式大巡游。

【体育竞技与交流】 2009年，组队参加2009年江门市青少年锦标赛，参加的项目有田径、体操、跆拳道、太极、篮球和游泳等项目，取得第一名10个项目、第二名6个项目和第三名6个项目的成绩。

2010年，开展礼乐中学篮球、田径、象棋，外海中学田径、乒乓球、体操等特色项目，组队参加2010年江门市青少年锦标赛，参加的项目有田径、跆拳道、乒乓球等项目，取得第一名12个项目、第二名11个项目、第三名12个项目和团体总分324.5的成绩。

【体育先进社区】 2009年，外海街道办事处获得第六批全国城市体育先进社区称号，礼乐街道英南村获得全国体育先进标兵社区称号。

2010年，礼乐街道获得创建广东省体育先进社区称号。

【“百镇千村行”活动】 2009年，承办创建全国文明城市文艺下乡演出活动。分别到外海街道中东村、七东村，滘北街道北湾社区、礼乐街道的英南村、新华村和滘头街道文化广场演出。

2010年，组织江海区2010文艺下乡的“讲文明 树新风共创文明城市”活动，演出遍及各街村。

【出版刊物】 2010年，区委宣传部编印出版《江海区投资指南》，对区位优势、资源优势、产业优势、环境优势以及部分重点企业进行介绍。

【文化信息资源共享工程建设】 2010年，为实施全国文化信息资源共享工程战略，适应建设文化大省、文化名市的需要，投资10万元，设立有30台电脑的区文化信息资源共享工程中心，各街道相继设立文化信息资源共享基层点。

◆ 卫生

【人事制度和管理体制改革】 2009年，按照《关于加快我区卫生事业发展的意见》及其实施方案，制定人事制度改革总体方案，调整并充实卫生事业单位领导班子。江海区卫生局根据《江海区卫生事业单位领导班子工作实绩考核方案》，对各单位的资产、财务、业务、政治思想和党风廉政建设等进行综合考核，实行对医疗卫生事业单位职员公开招聘考试制度。

【疾病预防控制】 2009年，落实重点传染病防控工作，加强对发热门诊的管理，做好应急物资的储备，开展发热病人预检分诊、转诊等救治演练。落实甲流应急专项资金9.30万元，共为10035人接种甲型H1N1流感疫苗。儿童和孕产妇系统管理率均达到上级要求，适龄儿童参加计免保偿率97%以上，计划免疫常规接种率98.70%，全年确保没有甲类传染病发生。

【公立医院建设】 2009年11月12日，江海区人民医院挂牌，填补没有区级综合性医院的空白。江海区人民医院与江门市中心医院签订《医疗紧密合作框架协议书》，确定医疗、教学、科研等方面开展全方位、多层次、紧密型的合作交流。

2010年，制发《江海区人民医院创建二级甲等医院工作方案》，实施首期建设改造工程，与江门市中心医院签订《医疗紧密合作协议书》，同年10月8日，江门市中心医院合作医院（江海区人民医院）挂牌成立。

【新型农村合作医疗】 2009年，83652人参加农村合作医疗，覆盖率100%。筹资标准档140元，提高档160元，其中各级财政补助标准人均90元。人口覆盖率和筹资额全市最高。报销封顶线达到标准档5万元，提高档6万元。继续开展新型农村合作定点医疗机构住院即时补偿的便民措施，并在6月下旬试行开展市级定点医院即时报销制度。全区新农合工作以全市最高考评分被评为“江门市2008年度新型农村合作医疗工作先进单位”。区合作医疗管理办公室被省卫生厅授予“广东省新型农村合作医疗先进集体”。

2010年，新型农村合作医疗在册人数82194人，覆盖率连续两年保持100%。农村合作医疗标准档和提高档分别为250元和280元，其中财政补助200元，报销封顶线达到基本档60000元，提高档70000元。建立每年30万元的农村合作医疗救助基金。筹资额和报销封顶线全市最高。

【爱国卫生运动】 2009年，开展除“四害”消杀工作，投放鼠谷5183公斤，堵鼠洞1800处，收集并填埋死鼠2600只，喷杀药物1237公斤。开展创卫工作和创建市卫生镇（街）和省、市卫生村工作。外海、礼乐街道通过省卫生先进镇（街）的复查工作；礼乐街道五四村创省卫生村、滘北街道创建市卫生镇（街）、滘头街道正南、永明社区创市卫生村工作通过考核验收。举办防治甲型H1N1流感、艾滋病、狂犬病、预防食物中毒等知识培训班6期，参加1600多人次。发放宣传单张10.9万多份。

2010年，爱卫工作以卫生创建工作为主线，开展环境卫生综合整治、除四害、卫生城市管理、农村改厕和健康教育等工作。开展各项全区性爱国卫生活动9次、灭蚊、灭鼠13次。完成年度农村改水改厕任务。坚持全区每季度至少进行一次全区性的灭鼠灭蚊大行动。完成创省卫生镇（街）1个，省卫生村2条，创市卫生村3条。

【医疗机构管理】 2009年，落实医院管理年的要求，组织医技人员参加医学继续教育和到上级医院进修，强化质量管理，提高医疗技术水平和服务质量。全年没有重大医疗事故发生。开展专项整治行动2次，出动执法人员24人次，查处非法行医窝点7间，没收非法行医工具一批。落实每村1个卫生站、1名医生和年补贴1万元的要求，补贴资金列入财政预算。

2010年，实施技能提升工程，江海区人民医院引入了江海区首位医学博士，组织全区医务人员业务培训和参加市的培训共4次。处理影响较大的医患纠纷3宗，完成全区医疗机构中医执业情况调查。出动卫生执法人员47人次，执法车辆15车次，取缔无证诊所和药店13间，发出违规超范围经营整改通知书3份，处罚违规医疗机构1个。

【红十字会工作】 2009年，区红十字会联合区妇联开展“博爱送万家”活动，共募捐到12000元善款和总值18000元的羽棉服一批，慰问60户单亲特困母亲家庭和贫困家庭。组织开展“一元爱心日”活动，筹集到捐款224347.50元和价值6万元的物品一批，110名捐款者签订了长效定期认捐意向书。资助辖区6名先天性心脏病患儿成功开展修复手术。开展9期卫生救护知识培训，参加人数1502人，其中普及培训人员1434人，参加考核并取得初级急救员证的共68人。开通江海区红十字会网。

2010年，承办江门市“红十字博爱送万家”活动启动仪式，为全区305名70岁以上低保户发放总值5万多元的慰问品。开展募捐活动，其中西南抗旱11.90多万元，青海玉树震灾11.80多万元，舟曲泥石流募捐0.90万元、“凡比亚”风灾捐款0.45万元，“一元爱心日”活动共筹得善款235599元，有168人签订了定期捐款意向书。为3名先天性心脏病儿童成功施行手术。开展卫生救护知识宣传活动，2500人次参与，派发各种宣传资料5000多份。为辖区3间企业的50名员工开展3期卫生救护培训班。区红十字会成立江海区遗体器官组织捐献工作站，并通过外海、礼乐广播电视站、红十字会网站，开展宣传。

【无偿献血】 2009年，举办江海区“一村一阵地”无偿献血宣传员培训班，参加人员90多人。完成献血任务430550毫升，完成率111.91%，确保临床用血100%来自无偿献血。

2010年，开展无偿献血进学校、进厂企、进农村、进社区活动，落实每月的采血计划。完成献血任务530880毫升，完成率100.85%，确保临床用血100%来自无偿献血。

【食品安全监督】 2009年，组织开展食品安全专项整治行动7次，出动检查人员189人次、26车次，检查酒楼食肆、食品加工厂、超市、农贸市场、集体食堂等400多户，全年没有发生重大食品安全事故。举行“3•15国际消费者权益日大型咨询活动”、“食品安全进社区”等宣传活动4次，派发《广东省食品安全条例》和各类食品宣传小册子5300多份，张贴或悬挂标语80多条，电视宣传180多次，派送礼品总值6000多元。

2010年4月，区政府分别与各单位签订《食品安全工作责任书》、与各街道签订《江海区问题乳粉清缴工作责任状》，礼乐街道办事处与辖区腊味生产企业签订《礼乐街道食品安全承诺书》明确责任并加强督查。开展全区性食品安全专项整治行动10次，出动检查人员320多人次、64车次，检查酒楼食肆、腊味加工厂、超市、农贸市场等630多户。全年没有发生重大食品安全事故。

【医药卫生体制改革】 2010年，拟定《江海区国家基本药物制度实施方案(试行)》、《江海区乡镇卫生院管理体制改革实施方案》和《江海区乡镇卫生院财政补助资金管理方案》。根据省《关于乡镇卫生院管理体制改革与建设的意见》，乡镇卫生院按每万名户籍人口配置10名医务人员，每人每年1.20万元标准给予补助经费。是年，实施国家基本药物制度。

【信息化建设】 2010年，区卫生系统办公自动化OA平台建成并投入使用。区人民医院作为江门市农村卫生信息化建设试点单位，完成试点工作并通过市卫生局的考核验收，工作经验在全市推广。

【公共卫生应急体系建设】 2010年，与区安监局，在高新区开展医疗救护演练。多次举办传染病常规督查和传染病防控知识培训班。完成全区乙肝疫苗查漏补种7383人次，为辖区8月龄至4周岁儿童中的10607人次开展麻疹疫苗强化免疫接种。会同市疾病预防控制中心、区人民医院对外海街道麻一小学发生的流行性腮腺炎聚集性发病情况进行现场调查、疫情处理指引、现场消毒和疫苗补种工作。

【妇幼卫生保健】 2010年，联合区民政局和区计生局设立免费婚检服务中心，提供一站式的免费婚前检查和保健咨询业务。是年婚检率27.27%（包括免费婚、孕检）。开展打击非医学需要的胎儿性别鉴定和选择性别的终止妊娠的专项行动。对全区医疗单位B超设备和操作人员进行备案查验工作，并对终止妊娠药品的使用和管理进行专项督查，没有发现违规行为。落实国家住院分娩补助政策和农村孕产妇增补叶酸工作。通过多渠道对准备怀孕的农村妇女免费增补叶酸，降低先天性神经管畸形的发生。

【社区卫生服务】 2010年，按照《江海区社区卫生服务发展规划》先后成立各街道社区卫生服务中心。开展城乡居民健康档案建档工作，城市地区居民健康档案建档率63.04%，农村居民健康档案建档率31.20%。

【健康教育】 2010年，结合创省卫生村（社区）工作，在滘北街道富横村开展健康社区示范点建设。举办健康教育活动7期，组织开展“世界卫生日”和世界无烟日活动，举办多次托幼机构甲型H1N1流感及手足口病防控知识培训班，在滘北小学开展“爱牙日”宣传活动。举办各类座谈会、学习班，参加2100人次，发放健康教育宣传资料56100份。

◆ 档案 地方志

□ 档案

【档案馆业务建设】 2009年，接收婚姻档案746卷和文书档案242卷，接收和录入文件目录161960条。开展库房照片整理、刻录光盘归档备份和实物档案的重新拍照工作以及对2288册馆藏图书进行整理、编号入库。组织人员对库房档案进行检查与清点，核对档案数量、检查是否缺（漏）页（件），年份顺序编号是否连贯等。

2010年，增加位于区政府机关大院一号楼11楼170平方米的档案库房。购置计算机、打印机、空调、抽湿机、多功能消毒杀虫机、二氧化碳灭火器、扫描仪、密集架和档案目录柜等设备一批。档案库房铁质化率、抽湿机、空调配置率均达100%。加强各类档案的接收力度，其中对西区城市信用合作社、市区城市信用合作社和江南城市信用合作社三家退出市场运作的单位的档案进行清理、归档，共接收档案33355卷。接收公证档案5187卷、文书档案740卷、1240件。开展档案库房安全检查，加强“八防”管理，添置和更换过期的灭火器一批，窗帘加浸防火液。做好档案库房档案出入登记、温湿度记录和更换杀虫药。重点抢救20世纪50年代至80年代江门市法院公证霉变档案，并送阳江市档案馆进行裱糊处理。做好档案数据的备份。

【基层单位档案管理】 2009年，实现档案目标管理的单位3家，其中认定省特级的有区建设局1家，省一级的有区妇联、团区委2家。开展农业农村档案工作，以外海街道金溪社区居委会、东宁村委会为试点单位，进行实地察看库房环境、指导各门类档案的收集和归档工作。

2010年，2个部门晋升省特级和省一级综合管理单位，对3个单位开展档案目标管理工作复查。开展新农村建设档案、林权档案、社保档案、企业档案的业务指导、监督和协调工作。做好区重点项目滘头电排站重建工程档案验收工作。做好江海区城市防洪工程的档案指导工作，指导城信社退市的档案整理工作，为档案接收做好准备。

【档案执法宣传与专业教育】 2009年，做好机关文书档案保管期限表的审批工作，共审核通过7个单位。至此，全部完成全区45个单位的保密期限表的审批工作。对3个实现档案目标管理满5年的单位进行复查认证，确认其为原档案目标管理等级。重点检查婚姻登记和收养登记档案管理工作，15人参加由江门市联合省档案人员继续教育中心举办的档案人员岗位培训班并取得上岗证书。

2010年，做好机关文书档案保管期限表的审批工作，共审核通过18个单位。对2个实现档案目标管理满5年的单位进行复查认证，确认其为原档案目标管理等级。25人参加由江门市联合省档案人员继续教育中心举办档案人员岗位培训班并取得上岗证书。开展家庭建档活动，派发宣传单张600多份;派员参与江门市“第五届社科普及周暨社科学术年会”活动。

【现行文件】 2009年，现行文件利用中心接收6个单位的现行文件179件。江海档案方志信息网各栏目点击数累计219119次，当年点击数103900次，比上年增加24536次，增长30.92%。

2010年，现行文件利用中心接收10个单位的现行文件103件。江海档案方志信息网各栏目点击数累计1193177次，当年点击数974058次，比上年增加870158次，增长837.50%。

【档案信息化】 2009年，投入档案信息化经费7万元，完成档案馆馆藏审计档案、公证档案、婚姻档案等的拍照录入，并对档案图片有桶型、截图不完整等的档案进行重新拍照。接收区直14个部门（区委宣传部、区文体局、区妇联、区总工会、区审计局、区政协、区纪委、区人大、区发展和改革局、区物价局、区外经局、区人事局、团区委、区教育局）等未进馆的文书档案目录，并对其永久、长期、30年的档案进行数字化。共录入纸质文档41万页，数据库保存档案133万页。针对区档案管理系统容易误操作、界面枯燥、功能少等存在问题，区档案局（馆）与江海区艾森软件有限公司合作对该系统进行二次开发。新系统将采用C/S（Client/Server，即客户机和服务器）结构，完善数据库备份、文档拍照、图片处理、对外公开网站等子系统功能。接收录入档案目录161854条，馆藏机读目录405247条，其中案卷级目录40228条，文件级目录365019条。

2010年，投入档案信息化经费12.20万元，继续对档案图片有桶型、截图不完整等的档案进行重新拍照。接收区直9个部门（区经贸局、区委组织部、区机关工委、区卫生局、区政法委、区科技局、区民政局、区农业局、区财政局）等未进馆的文书档案目录，并对其永久、长期、30年的档案数字化。共录入66万页纸质文档，数据库保存档案160万页。开展录音带档案数字化转换工作，转换录音带60盒。接收录入档案目录42854条，馆藏机读目录448101条，其中案卷级目录73282条，文件级目录374819条。

□ 地方志

【地方志编纂】 2009年，《江门市江海区志》志稿的分纂部分通过省、市专家的专题评议，鉴于志稿中的城区、江海区两大板块存在争议，采纳省、市有关领导和专家的意见，把城区部分作为江海区部分（区志主体）的附录，单列为“城区简志”附于全书之后。是年重新调整全书篇章纲目及其记述体例、方法，在区志全稿上作大幅度的修改和完善。同年10月，《江门市江海区志》全书评议总纂稿依时完成；同年11月，按照《江门市第二轮志书编修进度计划表》的安排，区志办组织了《江门市江海区志》评议会，邀请省、市专家参与对全书进行评议。

2010年，《江门市江海区志》全稿先后通过江海区组织的初审和江门市地方志办公室的复审。是年底，全稿送江门市地方志编纂委员会终审。

【年鉴工作】 2009～2010年，拟定江海区年鉴编修启动工作方案，做好区编纂委员会的调整工作，建立区属各单位编修队伍网络，组织编修人员参加业务培训。先后派员参加开平市年鉴编写工作会议、省史志办组织的2010年广东省综合年鉴主编培训班，学习江门市和新会、鹤山、开平、恩平等市、区的年鉴编撰方式，起草《江门市江海区年鉴创刊号(2005～2010)》纲目，下发各单位广泛征询意见。

社会事务

JIANG HAI YEARBOOK

◆ 民政

【困难户住房】 2009年，加大农村特困户危房改造力度，共筹集困难家庭建房资金50.90万元，完成21间特困户房屋的修建工作。

【行政区划】 2009-2010年，江海区辖5个街道，34个村民委员会，23个社区居民委员会。

【地名工作】 2009年4月1日起，江门市民政局把江海区地名管理工作下移江海区管理，由江海区民政局负责。2009年，办理地名命名11个。

2010年，办理地名命名9个。

附：

江海区行政区划简表

街道	村（社区）委会名称	村委会数	社区居委会数
外海	村委会：麻一、麻二、麻三、南山、中东、东南、东升、七东、七西、直冲、东宁、前进 社区居委会：墟镇、金溪、清兰、四大、沙津横、石鹤利、银泉	12	7
礼乐	村委会：英北、英南、东红、跨龙、东仁、雄乡、敬和、雄光、威西、五四、威东、向前、武东、乌纱、新民、新创、向民、新丰、向荣、新兴、向东、新华 社区居委会：墟镇、文苑、文昌沙	22	3
江南	社区居委会：桥南、蓬苑、江翠、新中、竹苑、中沙		6
滘头	社区居委会：仁美、建联、银城、正南、永明		5
滘北	社区居委会：北湾、富横		2
合计	——	34	23

【社会福利企业】 2009年，按照属地管理原则，蓬江区把原来在江海辖区内管理的2家福利企业移交给江海区。全区福利企业共有2家，年销售收入17219.97万元，创税1202.67万元，职工总人数527人，安置残疾人250名，残疾职工月均收入1240元。

2010年，全区福利企业共有2家，年销售收入25847.77万元，创税2022.58万元，职工总人数535人，安置残疾人250名，残疾职工月均收入1474元。

【福利彩票公益金筹集及使用】 2009年，筹集资金166万元，支出63.62万元，其中投入社区基础设施建设21.50万元，帮助贫困大学生学费21.35万元、“六好”(自治好、管理好、服务好、治安好、环境好、风尚好)平安和谐社区建设10万元、老年大学改造7.50万元、“残疾孤儿手术康复明天计划”0.27万元。

2010年，筹集资金175.90万元，支出227.4万元，其中投入社区建设40万元、帮助贫困大学生学费17.80万元、减灾示范社区建设13万元、江南街道居家养老中心15万元、区本级残疾人事业专项资金32.20万元、慈善救助互动中心建设42.40万元、无障碍设施建设3.03万元。

【殡葬管理】 2009年，制订并实施《江海区殡葬改革宣传活动实施方案》、《江海区2009年清明节期间群众祭祀活动安全保障工作方案》和《江海区清明节期间祭祀活动突发事件应急预案》。2009年江海区户籍人口死亡数891人，应火化遗体891具，实际火化遗体891具，遗体火化率100%。

2010年，户籍人口死亡数884人，应火化遗体884具，实际火化遗体884具，遗体火化率100%。江门市对江海区“十一五”期间殡葬管理目标工作进行考核，考核结果档次为优秀。

【流浪乞讨人员救助】 2009年，区救助点接纳救助对象243人次，协助其返乡或解决衣、食、住、医和通信等困难。

2010年，区救助点接纳救助对象226人次。

【“双拥”工作】 2009年，全面落实《广东省拥军优属规定》，各项拥军优属政策全面落实，待遇百分百兑现。各级财政及部门安排慰问金及活动经费总支出68.30万元，慰问优抚对象450户。为部队解决实际困难4件。各级财政投入3.50万元，支持部队建设项目4个。规范完善未就业随军家属生活补助经费的申请和发放，共发放随军家属生活补助6人次，金额1.08万元。划拨经费22万元为219人解决“三难”（安置难、治病难、生活难）问题，投入经费2万元。为150多名重点优抚对象送医药，资助优抚对象子女读书48人，资助经费16.50万元。各类非公组织与部队共建项目5个；接收退役士兵就业24人，安排随军家属就业1人。为81名现役军人购买意外保险（最高保额每人10万元），支出8100元。

2010年，全面落实《广东省拥军优属规定》，各项拥军优属政策全面落实，待遇百分百兑现。各级财政及部门安排慰问金及活动经费总支出80多万元，慰问优抚对象456户。为部队解决实际困难2件。各级财政投入5.50万元，支持部队建设项目4个。全年发放随军家属生活补助2人次，金额7200元。划拨经费23万元为206人解决“三难”问题。投入经费1.50万元，为116多名重点优抚对象送医药。资助优抚对象子女读书47人，资助经费16万元；发放138名优抚对象参加社会保险补贴5.80万元。全区各类非公组织与部队共建项目4个。接收退役士兵就业22人，安排随军家属就业1人。为82名现役军人购买意外保险（最高保额每人10万元），支出8200元。

【退役士兵安置】 2009年，共接收退役士兵31人，其中城镇退役士兵6人，一级士官1人，农村退役士兵24人。应在城镇安置的7人100%安置完毕，其中自谋职业7人，自谋职业率100%，发放自谋职业补助金13.8万元；报名参加免费职业技能培训15人；农村应开发军地两用人才24人，实际开发24人，开发率100%。

2010年，共接收退役士兵29人，其中城镇退役士兵7人，农村退役士兵22人。应在城镇安置的7人100%安置完毕，其中自谋职业7人，自谋职业率100%，发放自谋职业补助金17.6万元；报名参加免费职业技能培训16人，其中中等职业学校15人，高等职业院校1人；发放农村退役士兵扶持生产补助金3万元；农村应开发军地两用人才22人，实际开发22人，开发率100%。

【抚恤优待】 2009年，享受抚恤补助的重点优抚对象451人，其中残疾军人23人，“三属”14人，在乡复员军人39人（含孤老复员军人7人），带病回乡退伍军人92人，部分参战涉核退役人员277人。抚恤补助总支出198万元（含伤残抚恤金），其中中央和省财政拨款89.70万元，地方财政配套资金约108.30万元。各类定恤定补标准提高，其中烈属抚恤金月标准城镇1039元，农村727元；因公牺牲军人遗属抚恤金月标准城镇898元，农村709元；病故军人遗属抚恤金月标准农村697元；在乡复员军人生活补助月标准510元（孤老复员军人月标准640元）；带病回乡退伍军人生活补助月平均标准388元；残疾军人生活补助月标准260元；从2009年10月起，部分参战涉核退役人员生活补助标准由原来每人每月200元调整为每人每月270元。兑现优待总户数94户，兑现金额52.90万元。城镇义务兵家属优待金标准由8000元提高至10000元，农村由5000-6000元提高至7000-8000元。

2010年，享受抚恤补助的重点优抚对象462人，其中残疾军人24人，“三属”13人，在乡复员军人38人（含孤老复员军人7人），带病回乡退伍军人90人，部分参战涉核退役人员296人。抚恤补助总支出180多万元（含伤残抚恤金）。各类定恤定补标准提高，其中烈属抚恤金月标准城镇1105元，农村767元；因公牺牲军人遗属抚恤金月标准城镇951元，农村747元；病故军人遗属抚恤金月标准农村734元；在乡复员军人生活补助月标准550元（孤老复员军人月标准680元）；带病回乡退伍军人生活补助月平均标准408元；残疾军人生活补助月标准260元；参战退役人员生活补助月标准290元。兑现优待金94户，优待金52.90万元。

【救灾救济】 2009年，在冬令、春荒期间，下拨春荒救济粮款10.50万元，采购口粮2.5万多公斤，发放春荒缺粮群众1150户、3880人；购买一批御寒衣被，开支救灾款5.50万元，向救助困难对象540户、1530人发放棉被、绒衣和棉衣等衣被500多件。与江海区应急办等，10多个部门单位，在江南文化广场开展“防灾减灾日”宣传活动。江南街道新中社区荣获“全国综合减灾示范社区”称号。

2010年，在冬令、春荒期间，下拨春荒救济粮款11.40万元，采购口粮3万多公斤，发放春荒缺粮群众1150户、3880人；购买一批御寒衣被，开支救灾款6.20万元，向救助困难对象540户、1530人发放棉被、绒衣和棉衣等衣被530多件。开展“防灾减灾日”宣传活动，普及推广全民防灾减灾知识和避灾自救技能。外海街道墟镇社区、滘头街道永明社区开展“全国综合减灾示范社区”创建活动，并顺利通过省减灾委的检查验收。

【慈善捐助】 2009年，通过慈善公益万人行等形式募集善款126.80万元。慈善会善款使用91万元，其中用于公益福利项目建设10万元；用于慈善救助81万元，其中助困15万元，助医1万元，助学15万元，赈灾50万元（江门市恒健药业有限公司定向捐款50万元，支援汶川雁门乡萝卜寨新村恢复重建），救助困难群众1.20万人。

2010年，通过慈善公益万人行、“扶贫济困日”等形式募集善款339.50万元，其中慈善公益万人行捐款85万元，援助海地地震灾害捐款0.80万元，西南抗旱救灾捐款13.30万元，玉树抗震救灾捐款61.60万元，“扶贫济困日”捐款178.80万元。当年使用慈善资金116.40万元，其中用于公益福利项目建设17万元；用于慈善救助99.40万元，其中助困9万元，助医2.50万元，助学12.20万元，赈灾75.70万元，救助困难群众1.50万人。

【城乡居民最低生活保障】 2009年，以推行低保分类施保为突破口，适当提高部分低保家庭的救助标准、增发低保生活补助、加强对特别困难低保家庭的临时救济等措施，全面提高了低保对象的总体救助水平。支出低保资金445.20万元，增长27.70%；享受最低生活保障的家庭共1393户、3652人，占全市户籍总人口的2%；城镇低保的救济标准为310元，农村的低保标准为210元；同年8月起，实施低保分类施保，城镇低保月人均补助201元，提高28元；农村低保月人均补助130元，提高30元，累计支出医疗救助金26万元，救助困难群众2370人次，其中列支基本医疗救助金11万元，救助困难群众2360人次；发放特定病种医疗救助金15万元，救助困难群众10人次。各级民政部门列支5.40万元，用于资助654名城镇低保对象参加城镇居民基本医疗保险，另列支9.80万元，专项用于资助2000多名农村低保、五保对象参加农村新型合作医疗。

2010年，支出低保资金545.20万元，增长22.50%；享受最低生活保障的家庭共1355户、3388人，占全市户籍总人口的2.30%；城镇低保的救济标准为310元，农村的低保标准为210元。累计支出医疗救助金25万元，救助困难群众2370人次，其中列支基本医疗救助金10万元，救助困难群众2360人次；发放特定病种医疗救助金15万元，救助困难群众10人次。各级民政部门列支6.20万元，专用于资助1550名城镇低保对象参加城镇居民基本医疗保险，另列支9.80万元，专项用于资助2000多名农村低保、五保对象参加农村新型合作医疗。

【“五保”供养】 2009年，安排五保供养资金16.60万元，共供养五保对象47人，其中分散供养标准每年3600元，集中供养标准每年4200元。投入资金42万元的外海敬老院改造扩建工程竣工使用。

2010年，农村五保供养标准提高，其中分散供养标准每年5400元，集中供养标准每年6000元，共供养五保对象51人，安排五保供养资金28.20万元。礼乐街道开展礼乐社会福利院建设工程。

【村（社区）建设】 2009年，争取落实市级福利资金投入24万元，区级福利资金投入49.50万元，用于改善社区各项基础设施，11个社区通过省检查验收组的验收，成为广东省第三批“六好”平安和谐社区，全区“六好”平全和谐社区创建率91%，超过省、市提出的80%的任务指标。江南街道江翠社区荣获江门市首届“十佳文明和谐社区”，外海街道金溪社区（平安社区）荣获江门市特色社区称号。

2010年，社区办公用房面积平均120平方米，有3个社区卫生服务中心、5个社区卫生服务站，17个计生服务室，17个残疾人活动场所，24个户外文体活动小广场，100个社区服务设施，78个便民利民网点。至此，全区共三批完成23个社区中21个社区的创建工作，创建率91%，超过省、市提出的“到2010年，80%的社区达到六好标准”的任务指标。

【村务公开】 2009年，被省定为村务公开民主管理工作示范区。制订《关于江海区进一步规范村务管理运作秩序的意见》，以开展“村务公开民主管理示范村”的评比表彰活动为载体，遵循“成熟一个，创建一个，巩固一个”的原则，发挥示范村的典型辐射作用，进一步推动村务公开民主管理工作的深入开展。

2010年，全区村务公开栏符合省民政厅和省村务公开工作领导小组设计统一的模板样式，全面公开村委会成员分工、村委会下设机构、民主理财小组和村务公开监督小组成员名单、村民自治章程、村规民约、村委会三年任期目标、工作总结及工作计划、群众关心的低保救济人员情况、工程项目情况、村委会工作人员工资收入情况等内容。

【老龄工作】 2009年，市、区财政投入30多万元，完成外海敬老院修缮工作。5个社区的老人协会参加市“五十佳”老年人协会活动的评选。组织参加市第三届老年人书画作品展和市第六届老年人运动会。各街道先后组织召开座谈会、茶话会、敬老文艺晚会，举办老人晚宴、旅游活动等。参加活动的老人5155人，活动开支292715元，发放慰问金和慰问品共470479元。开展“银龄迎亚运，庆国庆”老年人志愿活动。

2010年，组织参加市第四届老人文艺调演活动，市老年人门球赛、老年人柔力球赛等项目；组织区内25名“空巢老人”游东湖；开展老年人宣传咨询活动，组织义工为老年人提供义诊和健康咨询活动。区政府首次向全区350多名90周岁以上具有江海区户籍的长者发放重阳节慰问金， 是江门首个的市（区）为本地90周岁以上高龄长者全面发放节日津贴。各街道慰问困难老人250人次，发放慰问品及慰问金256500元；开展敬老聚餐32场次，参与聚餐活动老人9220人，开支536615元。重阳节时礼乐街道李永灼、区修远等人出资9万多元，在礼乐会堂门前摆设119桌宴请1000名老人，送上节日慰问；香港慈善家梁曼丽女士为全区300名特困老人每人发放100元节日慰问金。各街道和企事业单位召开座谈会、茶话会、敬老文艺晚会、老人晚宴、旅游活动等，社会捐资共31500元，参加活动的老人2106人，开支320154元，发放慰问金和慰问品245610元。

【社会组织登记管理】 2009年，登记的社会组织52家，其中社团23家，民办非企业单位29家。全年全区新登记社会组织4家，其中社会团体3家、民办非企业单位1家。

2010年，登记的社会组织61家，其中社团26家，民办非企业单位35家。全年全区新登记社会组织9家，其中社会团体3家、民办非企业单位6家。

【婚姻登记】 2009年，办理结婚登记1588对，其中国内结婚登记1546对，港澳台结婚登记26对，华侨、外国人、外籍华人结婚登记16对。办理离婚登记269对，其中国内部分254对，涉港澳台、华侨及外国人15对。

2010年，办理结婚登记1277对，其中国内结婚登记1245对，港澳台结婚登记21对，华侨、外国人、外籍华人结婚登记11对。办理离婚登记294对，其中国内部分291对，涉港澳台、华侨及外国人3对。

◆ 劳动保障

□ 劳动管理

【人力资源市场】 2009年，举办各类招聘会84场，包括在江南文化广场举办的“江海区2009年南粤春暖行动企业用工现场招聘会”，以“民营企业招聘周”和“高校毕业生招聘周”为主题的专场招聘会4场、小型劳务现场招聘会78场，吸引超过810家企业进场，提供岗位26950个，求职者29010人次，推荐17899人次，初步达成意向12160人。

【被征地农民基本养老保险】 2009年，根据《印发江门市江海区被征地农民养老保障暂行办法的通知》，按照“先试点再推开”的原则，确定滘头街道永星村、滘北街道富田村、外海街道麻三村等6条村为试点村并开展工作。全年工作目标任务3000人，通过宣传发动，共有3005名被征地农民参加养老保险。

【帮扶企业】 2009年，受2008年全球金融危机的影响，区内部分劳动密集型中小企业生产经营困难，歇业、破产、倒闭现象增加。根据市政府文件精神，为减轻企业负担，免收劳动合同鉴证费，劳动年审和流动人员调配费按照50%收取，减免这三项收费直接为江海区企业减负175万元；另外对企业的社会保险费也作出调整，分别调低企业职工生育保险缴费基数和医疗、失业、工伤保险的缴费率。调整后企业每名参保职工每月少缴社会保险费55.60元以上，江海区每月征收社会保险费减少236万元。

【特殊困难群体】 2009年，职业介绍服务中心和社区劳动保障工作平台开展就业援助周活动，深入就业困难群体家庭探望家访，制定一对一援助计划并加以实施；开展春风行动系列活动，为就业困难群体送温暖送岗位；开展高校毕业生就业服务系列活动。通过春风行动大型招聘会、民营企业招聘周、高校毕业生就业专场招聘周、“一对一”援助等活动，共帮扶就业困难群体实现就业379人。

2010年，职业介绍服务中心和社区劳动保障工作平台做好创建“充分就业社区”、“路径”跟踪援助服务、大中专技校毕业生就业援助服务、对越自卫还击退役人员安置情况、“千企扶千村”就业工程工作完成情况、跟踪“零就业”家庭就业情况和集体、国有下岗失业人员状况统计等工作。特别对那些家庭生活困难的应届大中专毕业生进行重点跟踪服务，帮助毕业生解决就业困难的问题，共援助就业困难人员414人。

【农村劳动力转移就业培训】 2009年，组织开展农村富余劳动力培训3088人，其中就业前培训1002人，企业岗位培训1844人，农村实用技术培训242人，培训后转移就业2662人，培训后转移就业率为86.20%，组织广东省农村劳动力技能培训1651人，农村劳动力转移就业1918人。开展企业岗位培训、就业前培训，在江门职业技术学院南校区举办初级电脑、初级电工、工业会计等农村劳动力技能培训班，在礼乐街道举办肉制品加工培训班。推进“千企扶千村”就业工程，34个村委会实现与1家以上的企业建立结对帮扶劳务合作关系。根据企业实际，加强与江门职业技术学院的沟通合作，有针对性地开设了不同工种的培训项目，与江门市荣信电路板有限公司、江门健威家具装饰有限公司、江门市红加蓝涂料贸易有限公司等外省农民工比较多的企业联合组织开展农民工技能提升培训，共191人参加。

2010年，农村富余劳动力转移就业培训1623人，完成2010年目标任务101.44%。组织广东省农村劳动力技能培训1202人，完成目标任务的100.17%；农村劳动力转移就业1574人，完成目标任务的154.31%。在江门职业技术学院南校区举办农村劳动力技能培训班，开设课程包括初级电脑、初级电工、工业会计、仓库管理员等，在外海街道开设初级家政服务员培训班。推进“千企扶千村”就业工程，完成辖区内34条村“视频招聘网络进村居”工程，建立同时处理、实时数据传递、统计分析的江海区农村劳动力就业信息网络管理系统，实现转移就业个人登记信息化。

【扩大和促进就业工程】 2009年，城镇新增就业人数6335人，完成目标任务的103.90%；城镇失业人员再就业5318人，完成目标任务的100.30%；就业困难人员再就业247人，完成目标任务的102.90%，城镇登记失业率为2.30%。共有 1630 家企业招工，发布信息10000多条，提供岗位65000多个，进行职业指导17000人次，职业介绍16386人次，其中就业困难人员2000多人次，举办现场招聘会1场，劳务集市 67 场，提供岗位24984个，入场人数27335人，达成意向 11386人，申请职业介绍补贴1151人，涉及资金23545元 ，举办专场招聘会7场。开展“千企扶千村”就业工程、实施“南粤春暖”活动、开展就业援助和春风行动系列活动、开展创建“充分就业社区”活动、开展促进高校毕业生就业工作。

2010年，城镇新增就业6122 人，完成目标任务的100.36%；城镇失业人员再就业5178人，完成目标任务的100.35%；就业困难人员再就业417人，完成目标任务的101.70%；农村劳动力转移就业1574人，完成目标任务的154.31%；城镇登记失业率为2.34%；应届高校毕业生就业率为94.80%。举办“江海区2010年南粤春暖企业用工大型招聘会”，310家企业参加，提供就业岗位9500个，进场人数8200人，初步达成意向 1326人。组织开展民营企业招聘周、高校毕业生就业专场招聘会共5场，劳务集市97 场，参加企业2084家次，提供就业岗位36254个，进场人数28050人次。推进“千企扶千村”就业工程，开展促进高校毕业生就业工作，实施“南粤春暖”活动，开展就业困难人员就业援助和创业带动就业工作。

【企业工资调控】 2009年，参照执行江门市2009年企业工资指导线上线（预警线）13%，基准线8%，下线零或负增长。在岗职工月平均工资每月2025元，增长219元。

2010年，执行市最低工资标准由每月670元上升到810元，非全日制小时最低工资标准每小时7.90元，在岗职工月平均工资2291元。

【劳动监察和仲裁】 2009年，开展整治职业中介机构专项检查，整治欠薪专项行动，建立工人维权须知公示制度。共处理接待群众来访、来电和来信842宗，涉及人数1897人，金额223.10万元，上级部门转办的案件98宗，其中处理集体案件11起，涉及人数778人。仲裁办立案157宗，涉及人数493人，金额695.30万元。

2010年，检查用工单位共350余家，涉及劳动用工累计人数共28000多人，处理集体案件14起。对7家用人单位发出指令整改书，遣返劳务派遣工25名，督促165家用人单位为2200余名劳动者购买社保，督促35家用人单位为60余名劳动者补办社保，发放教育宣传单600余份，发放问卷调查表500余份，联合各相关职能部门对农民工工资支付情况、进城务工人员宿舍居住条件、整治非法用工打击违法犯罪、“三法一例”执法情况开展专项检查。仲裁办立案183宗，涉及人数405人，金额937.70万元。

【农村劳动力资源普查】 2009年，开展全区农村劳动力资源普查工作，以村委会为单位，对辖区内27772名农村劳动力进行调查摸底，把农村劳动力的年龄、文化程度、就业动向等数据录入省管理系统。

2010年，各街道以村为单位，开展农村劳动力资源普查登记，把相关的数据录入到省管理系统，全区现有农村劳动力41316人。

【高校毕业生就业】 2009年，467名高校毕业生就业登记，其中428名就业，就业率91%；6名困难毕业生就业，其中1名享受2304元的临时生活补贴。

2010年，建立高校毕业生见习基地10个，吸纳25名高校毕业生进入基地参加见习，为6人申请见习补贴1.08万元。举办高校毕业生专场招聘会5场，进场企业162家，招聘岗位3960个，进场1546人，达成意向477人。高校毕业生自主创业5人，申请创业贷款1人，兑现企业吸纳高校毕业生社会补贴35人、5.40万元。

【劳动者权益保障】 2010年，劳动合同签订54746人，合同签订率98.10%。受理上级部门转办信访案件71件（市政府热线32件）。受理拖欠工资投诉338件，涉及人数663人，总金额101.4万元。

【职业技能鉴定】 2010年，出台《江门市江海区职业技能鉴定指导中心管理制度》，组织参加技能鉴定1496人，获得职业资格证书1298人，鉴定合格率86.76%。

【农民工积分制入户】 2010年，根据市劳动局《印发关于优秀农民工入户城镇实施办法的通知》精神，开展落实农民工积分制入户城镇工作，共有315名农民工成功申请积分制入户城镇。

□ 社会保险

【实施社会保险扩面征缴】 2009年，基本养老保险（含企业养老保险）、基本医疗保险、失业保险、工伤保险、生育保险参保人数分别完成省下达计划的102.04%（其中企业养老保险101.11%）、101.30%、101%、100.15%（其中农民工参加工伤保险完成100.12%）、103.96%。

2010年，基本养老保险（含企业养老保险）、基本医疗保险、失业保险、工伤保险、生育保险参保人数分别完成省计划的112.50%（其中企业养老保险117.93%）、124.17%、110.74%、116.34%（其中农民工参加工伤保险完成111.27%）、129.26%。

【养老保险】 2009年，养老保险缴费人数5.32万人，增长4.58%；在领养老金12251人，月人均养老金1086.15元，增加178.14元。养老保险基金征收收入17080万元，增长12.10%。全市完成企业退休人员基本养老金年度调整工作，企业退休人员月人均养老金1086.15元，增加178.14元，增长19.62%。对企业退休人员每人每月增发100元过渡性养老金。继续做好缴费年限核定工作。有单位管理的原固定工的档案基本送审完毕做好早期离开国有集体企业人员一次性补缴养老保险费工作，通过基层劳动保障事务所（站）办理参保人领取养老待遇资格认证。

2010年，城镇基本养老保险参保人数8.55万人，增长22.64%；在领养老金12765人，月人均养老金1220.99元，增加134.84元。城镇基本养老保险基金征收收入21648万元，增长22.59%。提高12610名企业退休人员的基本养老金，调整后企业退休人员月人均养老金由1086.15元提高到1220.99元，人均增加134.84元。

【失业保险】 2009年，职工失业保险参保人数4.60万人，增长2.56%；领取失业金11599人次，减少16.23%。职工失业保险基金征收收入1151万元。同年9月1日起，失业保险金标准由每人每月536元调整为每人每月616.40元，每人每月增加80.40元。提高农民合同制工人一次性生活补助标准，由按失业前月平均缴费工资的12%提高到20%，参加失业保险每多一个月加发月平均缴费工资的1%提高到2%。

2010年，江海区职工失业保险参保人数5.98万人，增长30.03%；领取失业金9147人次，减少21.14%。职工失业保险基金征收收入1347万元，增长17.03%。5月1日起，失业保险金标准由每月616.40元调整为每月648元，每人每月增加31.60元。

【基本医疗保险】 2009年，职工参加基本医疗保险6.20万人，增长4.02%。享受基本医疗保险住院待遇6869人次，支付基本医疗保险待遇6417万元。做好住院基本医疗保险的实施工作。做好家庭病床纳入基本医疗保险住院管理，将红十字会医院和江门市残联康复医院定为试点，把家庭病床纳入基本医疗保险住院管理。7月1日起，参保人可在恶性肿瘤（放疗、化疗）、肾透析、器官移植抗排异三个特定病种门诊医保范围内的费用，扣除年度门诊起付线标准后按基本医疗保险住院支付比例报销。

实现全市社保IC卡“一卡通”。7月1日起，市区实施将基本医疗保险住院费用零星报销金额统一划入社保IC卡金融账户的办法，参保人可持社保IC卡到广发行任一柜员机或网点查询和提取报销金额。

2010年，职工参加基本医疗保险8.54万人，增长37.68%。享受基本医疗保险住院待遇7578人次，支付基本医疗保险待遇7069万元。职工基本医疗保险基金征收收入15079万元。7月1日起，城乡医保缴费标准大幅度降低为每人每年40元，提高住院报销比例，降低住院起付标准，在社保年度内累计支付限额提高到8万元。

【工伤保险】 2009年，职工参加工伤保险4.53万人，增长5.78%；享受工伤待遇339人次，减少3.14%。发放工伤待遇243.48万元，增长17.72%。职工工伤保险基金征收收入396万元。

2010年，职工参加工伤保险5.85万人，增长29.07%；享受工伤待遇384人次，增长13.27%。发放工伤待遇164.76万元。职工工伤保险基金征收收入551万元，增长39.14%。

【生育保险】 2009年，职工参加生育保险4.43万人，增长4.64%；享受生育待遇620人，发放生育待遇156.90万元。职工基本生育保险基金征收收入282万元。

2010年，职工参加生育保险5.78万人，增长30.56%；享受生育待遇657人，发放生育待遇158.44万元。职工基本生育保险基金征收收入353万元，增长25.18%。1月1日起，生育保险实施市级统筹以后，生育保险待遇在原来的基础上增加女职工终止妊娠待遇400元，以及男职工看护假假期津贴600元。女职工产道分娩2000元，剖宫产3000元。

【社保减负】 2009年，执行市政府实施一系列社会保险减负措施，临时降低社会保险缴费标准。费率：全市工伤保险费率由原1%降低为0.70%，失业保险单位费率由原2%降低为1%，单位为职工缴纳基本医疗保险费的（含一次性缴纳过渡性医疗保险补偿费），单位费率由原6.50%降为4.50%。缴费基数：全市失业、工伤、生育保险缴费工资继续以2007年度全市社平工资1615元为基数，城镇职工基本医疗保险继续以2007年度蓬江、江海两区全部职工月均工资2087元为基数。临时调整缴费标准期间，各险种待遇标准不变；实施社会保险补贴措施。通过扩大失业保险基金支出范围，对符合《江门市区困难企业认定指南》规定的8项条件的困难企业，给予社会保险补贴、岗位补贴和在岗职工技能培训补贴的其中一项。其中对选择享受社会保险补贴的困难企业，实行先缴后补，补贴标准为企业为职工缴纳养老、失业、医疗、工伤和生育保险费之和，补助期限为2009年，最长不超过6个月。

◆ 计划生育

【简述】 2009年度（2008年10月1日至2009年9月30日），全区户籍人口总数159548人，其中已婚育龄妇女人数33177人，累计出生1583人，符合政策生育率96.02%，上升0.69个百分点，出生率9.96‰，自增率4.91‰；与市2009年下达的目标任务相比，出生率和自增率分别低2.54个千分点和2.59个千分点，超额完成市下达任务。全区实现无政策外多孩出生街道4个，占街道总数的80%。

2010年度（2009年10月1日至2010年9月30日），全区户籍总人口159882人，出生1534人，人口出生率9.60‰，下降0.48个千分点；人口自然增长率4.48‰，下降0.55个千分点；符合政策生育率96.94%，上升0.92个百分点；与市2010年下达的目标任务相比，出生率和自增率分别低2.72个千分点和2.84个千分点，超额完成市下达任务。全区实现无政策外多孩出生街道5个，占镇街总数100%。创建全国计划生育优质服务先进单位，江海区连续三年被评为“广东省人口与计划生育先进单位”。

【关爱贫困计生家庭】 2009年，开展救助贫困计生家庭先天性心脏病患儿的“一元爱心”活动，会同江门市辖各市、区红十字会为贫困计生家庭先天性心脏病患儿筹集医疗救助资金92758元，先后为6名患有先天性心脏病困难儿童免费施行手术。建立救助家庭档案，对符合救治和手术条件的患儿坚持不漏一人。

【宣传教育】 2009年，开展《广东省人口与计划生育条例》的宣传学习和培训；举办《广东省人口与计划生育条例》专题辅导会35次，咨询服务活动16场，6500人参与。推进“新家庭文化屋”建设工程，外海街道的中华大道和礼乐街道的礼乐大道计生灯柱一条街；礼乐街道新民村委会的人口计生文化公园；滘头街道人口工作信息化管理；外海街道的流管中心和高新区荣信公司的宣传教育、技术服务等“亮点”工作相继完成。

2010年，市、区政府和江南街道在江南文化广场联合举办纪念《公开信》发表30周年宣传活动暨城镇独生子女父母计划生育奖励首发仪式。江南街道以计生宣传融入社区文化建设、滘北街道建设人口文化园和开展0～3岁早期教育、滘头街道建立入户随访制度、礼乐街道开展人口计生宣教融入村民自治活动、外海街道推动计生宣传进厂企等方式，创新人口计生工作思路。投入22.75万元，更新村级宣传“三栏”（宣传栏、读报栏、公开栏）69个，建立新家庭文化屋29间，建成人口文化主题公园4个，人口计生主题广场2个，宣传长廊6个，在交通要道和主要街道设立美观、温馨的大中型计生宣传标语牌34块，投入26.70万元，印制特色宣传品7万份派发入户。

【计生目标管理】 2009年，经区人口考核办考评，并经区人民政府同意，外海街道麻二村、七东村、东南村、沙横社区、金溪社区，礼乐街道成西村、新丰村、五四村、墟镇社区、新民村，江南街道中沙社区、桥南社区，滘头街道永明社区、仁美社区、滘北街道北湾社区年度人口与计划生育目标管理责任制考核达标，成绩显著，授予“2009年度江门市江海区人口与计划生育先进单位”称号，予以通报表彰。礼乐街道向前村年度人口和计划生育目标管理责任制考核达标，流动人口计划生育服务管理好，流动人口和出租屋计划生育工作经验在全区推广，予以通报表扬。外海街道东升村、礼乐街道东仁村、江南街道竹苑社区年度人口与计划生育综合治理单位年度人口与计划生育综合治理目标管理责任制考核达标，成绩显著，授予“2009年度江门市江海区人口与计划生育工作综合治理先进单位”称号。外海街道墟镇社区，礼乐街道向民村、英北村年度人口与计划生育目标管理责任制考核达标，但人口与计划生育管理和服务中还存在比较明显的问题，给予“通报批评”，并进行重点帮扶。江海区人民医院（原外海人民医院）年度人口与计划生育综合治理目标管理责任制考核达标，但工作中还存在着比较明显问题，给予“通报批评”。礼乐街道英南村年度人口与计划生育目标管理责任制考核不达标，人口与计划生育管理和服务存在突出问题，给予“提醒注意”，列入区后进管理单位，并进行重点帮扶。

2010年，经区人口计生考核办考评，并经区人民政府同意，外海街道金溪社区、东升村、南山村、七西村、四大社区、直冲村，礼乐街道五四村、新华村、新丰村、成西村、新民村，江南街道中沙社区、新中社区，滘北街道富横社区年度人口与计划生育目标管理责任制考核达标，成绩显著，授予“2010年度江门市江海区人口与计划生育先进单位”称号，予以通报表彰。礼乐街道英南村年度人口与计划生育目标管理责任制考核达标，人口与计划生育帮扶转化工作成效明显，工作水平提高较大，予以通报表扬。外海街道中东村、礼乐街道武东村、江南街道竹苑社区、滘头街道建联社区4个村（社区）2010年度人口与计划生育目标管理责任制考核达标，但工作中仍存在比较明显的问题，给予“通报批评”，列入区人口与计划生育工作后进单位管理。礼乐街道向荣村年度人口与计划生育目标管理责任制考核不达标，人口与计划生育管理和服务存在突出问题，给予“提醒注意”，列入区人口与计划生育工作后进单位管理。

【完善计划生育利益导向机制】 2009年，继续实行农村部分计划生育家庭奖励、农村计划生育家庭实行节育奖励、农村独生子女户和纯生二女结扎户免费提供农村合作医疗、对农村独生子女户和纯生二女户在升中考试中给予奖励加分等优待奖励政策。根据市人口计生委通知，对独生子女死亡后未再生育或收养子女的夫妻，每人每月给予200元的扶助金；独生子女伤、病残后未再生育或收养子女的夫妻，每人每月给予150元的扶助金，分别比省规定的最低标准提高50元和30元，扶助金从2008年10月1日算起。作为省试点开展“计划生育家庭意外伤害保险”试点工作，由政府出资90840元共为符合条件的3028户计划生育家庭购买意外伤害保险，提高计划生育家庭应对意外伤害的能力，体现对计生家庭的关爱。滘北街道建立对独生子女大学生实行奖励机制。凡属于江海区户籍参加当年国家统考统招的高考生，被国家重点大学录取的新生一次性奖励5000元，本科生一次性奖励3000元。

2010年，577人享受农村部分计划生育家庭奖，308人享受“节育奖”，38人享受计生特别扶助；3661户计生家庭享受政府出资购买一份家庭意外伤害保险，10556人免费享受农村合作医疗，151名学生获得升中考试给予加10分奖励。与区红十字会募捐40多万元，为9名计生困难家庭的先天性心脏病患儿童施行心脏手术。是年1月1日起，城镇居民男性满60周岁、女性满55周岁的独生子女父母每人每月奖励80元。并对2009年以前符合条件未享受奖励的城镇独生子女父母按标准给予一次性补发奖励金，奖励金由各级财政承担。

【综合治理出生人口性别比】 2009年，开展打击“非医学需要的胎儿性别鉴定和非医学需要的选择性别的人工终止妊娠”百日专项行动。对全区个体门诊、医疗机构、药品经营机构进行突击检查，共检查医疗机构、个体门诊、药品经营企业39家；开展计划生育药械专项整治活动，对辖区内药品批发企业、药店、医院、诊所、成人性保健品店等计生药械经营、使用单位进行全面检查。是年出生性别比105.05，出生性别比正常。

2010年，持续推进综合治理出生人口性别比制度建设，进一步强化超声诊断仪器、染色体检测设备和操作人员的监督管理，规范医学需要的胎儿性别鉴定的定点医院鉴定制，建立查处和打击“非医学需要胎儿性别鉴定和选择性别人工终止妊娠行为”的长效工作机制。是年出生性别比为107.02，在正常比值范围内。

【流动人口计生管理与服务】 2009年，开展全员流动人口信息调查工作，全面收集流动人口相关数据，入库流动人口88875人，流出流动人口3023人，流入流动人口85852人。已婚育龄妇女建档37896人；流动人口在本区生育830人，符合政策生育率92.17%；在区内落实国家规定免费手术1105例，在本区查环查孕数36864人次。

2010年，开展全省统一的服务管理专项行动，对全区流动人口居住、务工地进行全面清查。通过国家和省信息平台，及时通报反馈信息，反馈率100%。投入流动人口服务管理经费106.06万元，确保为符合条件的流动人口提供与常住人口同等的优生优育、生殖保健服务，严格执行流动人口计划生育免费服务项目规定，免费率90.32%。

【优质服务】 2010年，国家人口计生委授予江海区“全国计划生育优质服务先进单位”荣誉称号。制订《江海区开展免费婚前孕前健康检查的宣传方案》，提高群众婚（孕）前检查，进一步有效减少病残儿出生概率。坚持对已婚育龄妇女每两年开展一次常见妇科病普查普治，全区已婚育龄妇女常见妇科病普查普治15609人，查出患病人数1769人并指导进行治疗。开展“五上门”服务活动，制订工作方案，开展人口计生工作宣传教育上门、信息采集上门、技术服务上门、奖励帮扶上门、需求调查上门的“五上门”情感式访视服务。产后术后和药具随访共9739人次，随访率100%，避孕节育措施及时率99.36%，出生人流比0.17，并收集了1572人需求意见。

【预防出生缺陷】 2010年，稳步推进出生缺陷一级预防工作，在市人口计生服务中心的指导支持下，对新婚夫妇免费进行地中海贫血和葡糖六磷酸脱氢酶缺乏的筛查，共筛查932人，查出患有地中海贫血53例，G6PD缺乏29例，并督促患病人员治疗和跟踪服务。

◆ 外事侨务

【接待外宾】 2009年，以非洲贝宁维达市市长为团长的一行6人到江海区参观考察，并与江门市中港宝田摩托车实业有限公司签订了摩托车在贝宁的销售以及建立装配厂意向书。

【侨联工作】 2009年，与市侨联负责人到外海街道探望印尼特困归侨陈月娥。举办归侨侨眷团拜会，40多名归侨侨眷欢聚一堂。礼乐街道300多位老人受邀参加香港礼乐同乡会区修远举办的新春老人团拜会。召开江海区第三届归侨侨眷代表大会，选举产生新一届领导班子，刘小明当选新一届区侨联主席，邓社义当选常务副主席，梁国鸣当选副主席兼秘书长。旅港乡亲张均华向区慈善会捐出善款20万元港币，用于扶贫助学，扶助来自贫困家庭的学生和对优秀生进行表彰奖励。举办“迎国庆、贺中秋”敬老活动，向200名老人送礼献爱心，旅港乡亲张均华捐款5万元用于敬老活动。

2010年，礼乐同乡会会长区修远在礼乐街道镇龙村举办晚宴，100多位60岁以上老人参加。发动机关干部、华侨、港澳台同胞向玉树地震灾区、江门市慈善公益万人行、广东“6•30”扶贫济困日等捐款共81.76万元。香港江门同乡会陈朗云理事长一行10人到江海区考察，参观江南幼儿园并进行捐款活动。“6•30”扶贫济困活动，组织香港同胞捐款15万元。外海中学举办第15届纪念陈达奖学金颁发大会，旅港乡亲陈亨代表奖学金会向104名品学兼优的学生发放22400元奖学金。

【涉台服务】 2009年，区内有台资企业45家。为使台资企业在金融海啸中求生存谋发展，组织人员赴各台资企业调研，了解各企业的基本情况，及时掌握其生产经营状况和金融海啸中企业所面临的困难和问题。江门市智尊科技电子有限公司产品全部外销欧美市场，因受金融海啸冲击，计划裁减员工50%，经过努力，找到新合作伙伴，成功转型，从原来的中低端产品转为现在的以生产高科技产品为主。取得ISO 9000:2000认证工厂的江门通懋五金制品有限公司，打开该企业在美国的新市场，通过更新升级，企业产品主要面向美国市场。协助引入一台资企业，在礼乐街道投资首期占地面积200多亩、金额1000多万元的高科技生态农业项目。

2010年，区外侨局和区劳动保障局组织部分台资、侨资企业赴河源招工，共招得100多人，解决江海区台资、侨资企业用工难问题。市外侨局有关领导到江海区侨资企业调研，并代表广东省侨务办公室为安诺特炊具制造有限公司挂上“广东省百家明星侨资企业”牌匾和贺信。与市人大华侨外事工委梁国昌到江海区大冶摩托车技术有限公司、安诺特炊具制造有限公司，就产业转型升级及政府出台相关政策扶助等问题进行调研。市、区有关领导到江门东骏电器有限公司和江门高迪食品有限公司等企业进行调研和现场办公，了解企业在生产中遇到的困难和问题。

【联络交流】 2009年，区外侨局到新会区菱东居委会参观和学习该社区的侨务进社区工作。江门侨界青年联合会首席会长陈杰恒率澳门江门青年会80多人参加江海区青年联合会在外海街道举办的“江海—澳门‘五四’植树”交流活动。

2010年，办理出国赴港澳证件281批424人次，其中出国22批47人次（含企业21批41人次）、港澳259批337人次，办理外国入境202批264人次。办理赴台探亲、公务活动行前教育45人次。协助市政府举办2010年粤台经济技术贸易交流会，邀请50多名台商参加会议。发动祖籍江海区的香港著名艺人陈宝珠、陈剑声、曾志伟等参加江门明星主题公园的活动。协助办好嘉年华活动，共邀请嘉宾8人，国外自费组团50多人回乡参加观摩活动；联系江门幼师30人组成异域风情表演队伍参加江门市嘉年华活动的大巡游。邀请嘉宾24人参加在澳门举办的江门第二届世青会活动。

【联谊活动】 2010年，省委统战部有关领导陪同祖籍外海街道直冲村的香港信善紫关玄观有限公司主席陈宗武，回到外海街道直冲村祖居并参观了陈少白故居、陈氏五大祠堂、外海中心小学新校区，陈宗武捐资6000元港币支持修葺外海陈氏五大祠堂。香港元朗区家长教师会联会会员50多人到访江海区，参观广东大冶摩托车技术有限公司。

◆ 民族宗教

【属地少数民族管理】 2009年，加强与当地阿訇和外来少数民族骨干的联系，关注主麻日和斋月以及穆斯林群众的动态，主动做好开斋节和古儿帮节有关工作。

2010年，按照上级要求开展少数民族情况专项调研，更新、完善少数民族状况数据库。全区少数民族24个，常住19个；人口4720人，其中常住903人。现有宗教活动场所6处，宗教教职人员20多人、教徒500多人、信教群众1万多人。

【宗教管理】 2009年，为解决外海茶庵寺钟声扰民事件，区民族宗教局召开听证会、座谈会，协调双方妥善处理定时敲钟和减少声响的问题。协调公安部门和外海街道派员做好外海清莲庵大雄宝殿和佛像开光典礼活动的安全工作。协助公安、司法部门，对外海街道麻园兰州拉面店经营者与3名河南籍青年发生斗殴，引发附近少数民族群众聚集的事件，签订和解协议，惩治肇事者。

2010年，开展创建和谐寺观教堂活动，基督教礼乐堂经广东省民族宗教事务委员会审核确定为广东省创建和谐寺观教堂活动第一批达标场所。继续落实外海茶庵寺安全整改验收工作，到广州光孝寺拜访中国佛教协会副会长、广东省佛教协会会长释明生大师，协调做好茶庵寺登记开放工作。征询江门市佛教协会理事对区政府准备开展江海区（外海）历史文化旅游项目综合开发启动仪式暨茶庵寺开光庆典活动的意见。

【参与慈善公益事业】 2010年，区内宗教界人士为“慈善万人行”活动捐款0.85万元，扶助玉树地震灾区捐款3.90万元，为区人民医院建设发展捐款5万元，为江门市第三届广东“休渔放生节”活动捐款1万元，为支持广东省连南高寒山区移民搬迁安居工程建设捐款2.30万元。

街道

JIANG HAI YEARBOOK

◆ 外海

【概况】 外海街道地处西江下游西岸，西江自东北环抱至南。位于江海区东北部，东与中山市古镇隔江（浔江）相望，南与新会区睦洲镇相邻，西接礼乐街道和滘头街道，北连滘北街道。陆路至江门市中心7千米。面积47.1平方公里，其中陆地占41.25平方千米，西江河占5.35平方千米。常住人口4.9万人，流动人口6.4万人，有华侨、港澳同胞4万人，辖麻一、麻二、麻三、南山、东南、东升、直冲、东宁、前进、七东、七西、中东12个村委会，金溪、石鹤利、清兰、沙津横、四大、墟镇、银泉7个社区，156个村民小组。外海陆路有江海路、连海路、五邑路、金瓯路以及江中高速公路。水运，南有完善的客货运码头设施，每天有高速豪华客轮频繁往返香港、澳门；北面外海货运港口是国家级的口岸，是广东省第二大内河港，枯水期3000吨货轮可直达香港等地。广珠轻轨江门支线江海站坐落在七东村。

【基础设施】 2009年，投入1631万元建设各项基础设施和改善环境卫生。计划从是年起连续3年设立专项补助资金每年150万元，鼓励各村（居）加大对群众公益事业的投入，列入是年补贴范围的共有39项工程，完成25项。完成深堂大街道路改造及路灯安装工程，大康路至前进路铺沥青工程，金溪工业园二、三路路灯安装工程，外睦路由金瓯路至中央粮库段路灯安装工程，麻一、麻二至五邑路交叉口改造工程，南山村前河改造工程，沿江二路的路灯和墟镇旧城路灯配套等民生工程。

2010年，投入基础设施建设及补助社会主义新农村建设资金2000万元。其中包括建成水泥道路5750米，建成沥青路面1020米，新修建人行道5500平方米，新建桥涵1座，新建排污管道6100米，河道清淤900米，新安装路灯83盏，新建园林绿化22000平方米，新建公园26000平方米。是年列入新农村补贴项目建设的工程48项，完成44项。推进8项民生工程建设。包括沿江食街绿化公园、麻一和麻二晚市路路面改造工程、外睦路二冲桥至横海南水利所段道路铺设水泥路面工程及路灯工程、化工路（江海路至法华庵段）改造铺设沥青路面及行人路工程、南山村（牛餐馆段）铺设水泥路面及花基工程、沿江二路至沙津横一岭河边道路改造工程、牛眠山体育公园工程、大康桥至前进桥铺设沥青路面工程竣工并投入使用。纳入市“三旧”改造专项规划46项，面积320.93公顷。其中麻二村工业区改造列入是年区三旧改造项目，完成改造项目规划用地红线图、专项规划图、土地权属图和改造范围示意图，进行土地及地上建筑物权属调查等工作，制定麻二工业区片区三旧改造项目《实施方案》和《征地拆迁安置补偿方案》并报区三旧办审批。

【经济发展】 2009年，抓好“三大重点”（园区建设带动、项目征地拉动、基础设施建设推动）工作。实现地方生产总值（GDP）38.39亿元，增长14%；实现地方财政一般预算收入1.02亿元，增长13.03%，首次突破1亿元大关；规模以上工业增加值24.87亿元，增长17.16%；固定资产投资18.2亿元，增长22.28%；社会消费品零售总额7.55亿元，增长22.5%；外商直接投资 2390万美元，增长16.02%；利用民资7.59亿元，增长35.76%；农村居民人均纯收入9288元，增长12 %；实现城镇居民人均可支配收入20463元，增长14.9%；村级集体总收入9617万元，增长17.23%。村级经济兑现“净收入”9617万元，增长17.23%。其中增幅超过20%有8个村，增幅超过30%有2个村，增幅超过50%有1个村，增幅翻一番的有1个村。32502人参与分红，现金分红5685万元，村级人均分红1749元，增长10.14%。通过招商引入项目消化辖区厂房7万平方米，包括直冲村新工业区引入4家大企业，出租空置厂房4万平方米；七东村出租闲置6.33公顷自留用地。引入民资项目42个，外资项目14个；引入艾默生和福宁电子2家世界500强企业。通过招商引资消化村级空置厂房约7万平方米。引进中岸保税物流、时立物流等物流企业，高新区44号地物流园区项目进行土地招拍挂前期工作。凌志工业园、得实工业园成为以商引商、产业招商示范园区。配合高新区完成征地200.8公顷，实际交地面积257.33公顷，完成填土面积233.33公顷。根据市的战略部署，在高新区范围内规划4平方公里园区作为LED产业基地，涉及麻一、麻二、东南、东升、前进五个村委会的土地已征面积278.2公顷、交地181.67公顷、填土84.07公顷。其中涉及麻一村96.2公顷的土地签订征地补偿协议。LED博览交易中心和连海北路项目列为江海区的“一号”工程，共签订征地面积4公顷，签订拆迁厂房16间，面积10799平方米。28个重点项目其中省重点项目广珠轻轨外海段征地拆迁工作全面完成；江海区污水处理厂进入主体工程施工阶段；江睦路、连港路完成征地；信义玻璃一期动工；中岸保税仓二期11000平方米仓库完工；福宁电子、海琪电子、江利磁材即将投产；艾默生一期投产；海逸酒店、海逸华庭项目销售中心启用，连海北路旧城改造项目稳步推进。

2010年，推进“两保持，三突破”（争取街道地方财政一般预算收入保持两位数增长，确保用4年时间翻一番，超2亿元，力争用3年时间实现跨越式发展，超2亿元；村级集体收入保持两位数增长，2010年突破1亿元；连海北路建设取得新突破；绿色光源LED产业基地建设取得新突破；基础设施建设取得新突破）。财政一般预算收入1.35亿元，增长30.13%，在全市80个镇（街）镇级地方财政一般预算收入中排名第4；村级集体“净收入”1.15亿元，增长20%，村级集体分红6558万元，人均1935元，增长11.31%。实现地区生产总值约50.61亿元，增长 19.04%；实现规模以上工业增加值32.37亿元，增长29.81%；实现外商直接投资2464.70万美元，增长3%；完成进出口总值7.15亿美元，增长25.17%；完成固定资产投资24.92亿元，增长34.4%；完成社会消费品零售总额9.01亿元，增长19.3%；实现城镇居民人均可支配收入23780.11元，增长16.21%；实现农村居民人均可支配收入10746元，增长15.70%。实现村级集体“净收入”首次突破1亿元大关，村级集体厂房面积接近80万平方米，集体“净收入”超1000万元的有麻一村、麻二村、麻三村、东南村、金溪社区。其中麻二村、金溪社区集体收入首次突破1000万元大关；直冲村新开发13号地共4.33公顷的土地，新建厂房4万平方米，集体经济收入超800万元，增长80%。2010年，LED灯饰企业80家，产值规模32亿元。重点工业项目的得实计算机二期、艾默生二期、信义玻璃、福宁电子等进展顺利；银泉房地产翠湖湾第一期和江海碧桂园首批别墅产品开盘销售；海逸酒店动工建设；香港建设项目完成交地、填土工作；LED博览交易中心建设征地拆迁工作顺利推进；广珠城际轻轨外海段开通运行；引入内资项目67个，实际利用内资3.29亿元，引入外资项目17个，实际利用外资2464万美元；12月22日，量子高科在深圳证券交易所上市，成为自2000年以来江门市首家登陆境内A股市场的企业。

【社会事务】 2009年，推进“千企扶千村”工程和农村富余劳动力转移就业培训，完成转移就业培训1223人；落实教师“两相当”工作，增加支出235万元，提高教师的工资待遇水平；深化医疗卫生工作，提高新型农村合作医疗覆盖率，合作医疗支出259万元，参合率100%；通过省卫生先进镇（街）的复查；外海医院升级为江海区人民医院，提高医疗服务水平；推进麻三村被征地农民基本养老保险试点工作，实施低保分类施保，提高优抚待遇；深入开展群众性精神文明创建活动，街道获得全国先进体育社区称号；举办新春游园会、第五届农民运动会以及陈少白诞辰140周年纪念活动，组队参加江海区红歌颂中华歌咏大赛获得金奖，“外海太虚拳”入选第二批市级非物质文化遗产名录；投入20多万元建设综治信访维稳中心；全面推进治安视频监控系统建设，投入30万元安装治安视频监控。抓好集资款的清退工作，共清还个人集资本金1172万元。共清还各种集资款7908万元，其中个人集资款本金5292万元通过5年时间全部清还。

2010年，出台发放60周岁以上村民2011年春节慰问金的惠民措施，对全征地的村（居）60岁以上并具有股份分红的村民发放每人300元的春节慰问金，对其他村（居）符合条件的村民发放每人200元的春节慰问金；进一步提高教师的收入，推进“两相当”工作；出台奖教奖学政策，凡是外海籍的学生就读外海中学考上大学的，重点线的每人奖励6000元，本科A线的每人奖励5000元，本科B线的每人奖励4000元；妥善解决原外海镇办企业职工700多人的首期养老保险费问题；城乡医保参合率100%，参加医保补助2200人次，医保财政支出708万元，人均补助3200元；推进“千企扶千村”工程和农村富余劳动力转移就业培训，完成转移就业培训688人；举办第十六届外海街道运动会，包括赛艇、篮球赛、乒乓球赛、象棋赛等体育活动，配合做好2010年江海区五大祠旅游节活动；与江门市区农村信用社达成协议，支付655万元赎回外海文化中心大楼；清还个人集资款利息500万元，清还单位历史欠债250万元。

◆ 礼乐

【概况】 礼乐街道位于江海区南面，东邻高新区和江海区行政中心，西接新会区，北跨江礼大桥通市区，南接新会区睦洲镇、三江镇。2009年，面积50.36平方公里，户籍人口64041人，其中农业人口49082人，辖22个村委会和3个社区居委会、村民小组149个，总户数17965户。

2010年，户籍人口64476人，其中农业人口52173人，辖英南、跨龙、雄乡、雄光、五四、东仁、东红、英北、敬和、威西、威东、乌纱、 武东、新创、新丰、新兴、新华、新民、向前、向民、向荣、向东22个村委会和墟镇、文苑、文昌沙3个社区居委会、村民小组134个，总户数17370户。

【基础设施】 2009年，南环路建成通车。城际轻轨工程拆迁工作完成，新民站进入施工阶段。礼东大桥重建工程调整规划红线图、用地规划许可、工程施工图设计和通行论证通过审批进入招投标程序。城市防洪工程完成第一期任务的81.50%、第二期任务的61.7%。筹集资金660万元，完成礼乐新民市场配套设施、礼乐张围桥重建、五邑路出口匝道、礼乐新民六冲队址新建、武东村粮仓路道路及下水道工程、礼睦路部分路面改造以及新兴村址办公楼新建等工程。投入资金1006万元，完成东边南北干道工程，倒流冲、第四洼、水深洲至观音冲以及水深洲至大板桥路面等工程。营信河疏浚工程完成清淤约8000立方米。

2010年，礼东大桥重建工作动工，完成大桥桩基46根、系梁12条、立柱20根，盖梁6根以及10号墩身。江门船厂和新民轻轨站周边改造形成改造方案，完成江门纸厂、帕佳图地块改造的测量和确权工作。文昌沙水质净化厂二期竣工并投入使用。完成胜利南路、礼西路道路相关前期工作。投入资金417万元，完成新民大道重建工程。投入资金130万元维修礼睦路。筹集资金125万元开展合箩冲桥接南环路工程。五邑路匝道工程江礼路至礼义路段完成工程可行性论证工作，各村、社区完成各类环境整治项目20项，新建道路（含下水道）1211.50米，新增道路面积4000平方米。营信河清淤疏浚工程及青年河西堤整治工程通过验收并恢复使用。

【经济发展】 2009年，工业总产值268831万元，增长12.27%；规模以上工业增加值54899万元，增长12.15%；固定资产投资6.77亿元，增长19%；利用民资1.67亿元；进出口总额8632万美元，外商直接投资1507万美元。长优实业二期工程等7个项目竣工投产。江礼塑料厂和江晟特种电机园项目在建中。礼乐机电产业基地投入资金1.80亿元，建设厂房9400多平方米。长优实业有限公司新厂落成使用。农业总产值32522万元，增长5.12%；农业增加值17532万元，增长4.9%；农民人均纯收入8570元。水稻播种面积194.13公顷，总产1057吨；甘种植面积663.67公顷，总产量68068吨；水果收获面积86.01公顷，总产1742吨。生猪饲养量60210头，上市量48069头；“三鸟”年末出栏数10.12万只；水产养殖面积696.47公顷，总产量6314吨。举办对虾越冬技术，养猪技术等科普培训和咨询多场，1300多人次参加。对1600多名农村富余劳动力人员进行就业培训，12条村开通信息直通车工程，加强农村农业信息的收集和发布。向1472户种植户发放农业补贴。有农贸市场5个，个体商户1986户。实现社会消费品零售总额50789万元，增长22.4%。第一城渔村二期开业。江礼大道为主线的商业走廊和礼东田园食街日趋成熟，承办江海区田园美食旅游节。举办第一届腊味节。一般预算收入4654万元，增长2%；国税收入2437万元，地税收入2957万元，分别增长-16.20%和24.24%。

2010年，工业总产值38.96亿元，增长29.29%；单位生产总值能源消耗下降5.58%；规模以上工业增加值7.11亿元，增长28.12%；进出口总额12296万美元，增长38.34%；实际利用外资1661万美元，增长6%；固定资产投资8.78亿元，增长29.76%。化工行业产值占工业总产值的30%；电产业产值占工业总产值的20%，年创税超千万元。长优实业新增投资3.50亿元，开展新型电池材料生产和再生项目，并获得国家技改扶持资金1000万元。江晟特种电机项目试产。腊味加工及相关企业78家，年产值5000万元。先进制造业和现代物流产业园区首期53.33公顷征地工作完成。腊味食品园区完成二期规划图设计。农业总产值36451万元，增长5.09%；农业增加值19650万元，增长5.2%；农村居民人均纯收入9930元，增长15.87%。水稻播种面积155.13公顷，亩产332公斤，总产773.5吨；果蔗种植面积558.6公顷，亩产7535公斤，总产值63143吨；蔬菜播种面积1924.334公顷，产量41070吨。生猪饲养量87566头；"三鸟"饲养量17.75万只；水产养殖面积1025.33公顷，总产量10307吨。推动锦鲤养殖、巨峰葡萄等特色农业和品牌农业。培训农村富余劳动力928人次。有农贸市场5个，个体商户2035户。社会消费品零售总额5.96亿元，增长18.95%。利生汽车文化广场开业，广本、东风本田等多家著名品牌的汽车专门店进驻并承办江门市摩博会分会场活动。新民亿万家购物广场、祥华商场等商业项目开张。一般预算收入6022万元，增长30.04%；国税收入3291万元，地税收入3266万元，分别增长35.04和27.03%。房地产投资14263万元，增长351.36%；商品房建筑面积70577平方米，销售面积22228平方米。其中帕佳图房地产项目完成投资1.2亿元。

【社会事务】 2009年，筹集资金390多万元，保障农村合作医疗参保率100%。参加政策性农村住房保险农户11653户。完成15户危房改造。有完全中学1所，初中2所，小学6所，幼儿园20间，在校学生 6078人，教师 318人。礼乐中学高考13人次入本科线，其中2人升读重点本科。中考共有23名学生达江门一中录取分数线。筹集资金30多万元，加强主要路段的治安监控。开展"安全生产隐患排查专项治理"和"百日督查"行动。检查企业3215个次，整顿不符合安全要求的企业16个。投入资金10多万元，按照一类标准建设综治维稳信访中心。挂牌的应急避险点有25个。街道顺利通过省卫生先进镇复查验收，五四村被评为省卫生村。承办江门市第五届农民运动会。成立礼乐龙舟协会、书画摄影协会。举办"国庆杯"龙舟竞渡。举办文艺汇演、曲艺演出、游园活动、篮球赛、象棋赛等多场次，街道被评为2006-2009年度全省群众体育先进单位。

2010年，新型农村合作医疗参与率100%。享受各类医疗补助3937人，支付医疗补助996.5万元。参加政策性农村住房保险农户11653户。完成4户危房改造。发放各类补助、慰问金近200万元，发放救济粮14010公斤、各类临时救济22万元。"家电下乡"、"汽车、摩托车下乡"补贴135万元。在校学生 5642人，教师 303 人。礼乐中学高考上本科线人数19人。中考有12人上江门一中录取分数线。投入100多万元，完成礼乐中心小学E楼下沉问题的修复。新建健身径13条、威西村健身公园和农家书屋3个。街道通过全省群众体育先进社区（街道）评审。建成3个基层应急管理示范点，设立避难场所23个，面积16万平方米。

◆ 江南

【概况】 地处江门市区蓬江河南岸，西靠江海区机关驻地，北靠滘头街道，南连外海街道，东连高新。面积2.3平方公里，常住人口3万多人，暂住人口9000人。辖区内有市、区机关、企事业单位175家，中学、小学和幼儿园10所，个体工商户769家。下辖桥南、蓬苑、江翠、新中、竹苑、中沙6个社区居委会。东临金瓯路直通江门市港澳客运码头。南北向有蓬江桥横贯江门市区，省主干道（1973线）和江珠高速公路贯穿全境，2010年修建通车的轻轨线辐射辖区，是通向粤西和中山、珠海市的重要通道。辖区毗邻白水带公园和釜山公园，拥有江海区最大的文化广场江南文化广场，有中沙市场、南苑商业街、江南农贸市场，长堤夜市成为集电子、农贸、日用百货、娱乐休闲为一体的综合性市场，塘鱼水产批发市场是江门市区第五大专业批发市场。投入资金15万元，江门在新中社区建成一个7000平方米的文化广场。推进华庆里“三旧”项目改造工程。

【基础设施】 2009-2010年，“三旧”改造项目共有华庆里、竹苑、中沙、红门楼、桥南桥东、新中改造项目、江南工业小区、棉纺厂、墙纸厂工业区和新力塑料厂，占地面积50.67公顷。其中华庆里改造项目被列为区重点改造项目，是江海区首个启动的“三旧”改造项目，也是区6个三旧改造项目之一。该项目改造面积2.13公顷，改造后建筑面积5万平方米；涉及居民区面积0.6公顷、65户，按照改造规划，将在华庆里原址建回迁楼，并实行高档小区管理。回迁住房是新建小区中一栋18层电梯楼，房屋建筑面积60平方米～110平方米不等。预计投资总额2亿元，2年完成投入使用。对华庆里26幢47户房屋及三间公司的地块权属问题进行调查摸底和造册登记工作。做好江门市棉纺厂污水处理系统的18间厂房、建筑物的拆迁工作和竹苑社区红门楼76号1幢28户房屋拆迁的调查摸底和造册登记工作。

【经济发展】 2009年，地区生产总值10.38亿元，增长10.43%。规模以上工业增加值6.61亿元，增长9.35%。外商直接投资422万美元，同比增长12.53%。社会消费品零售总额1.93亿元，增长31.19%。地方财政收入2078万元，增长2.61%。固定资产投资1.27亿元，增长19.81%。盘活蓬苑商城和红楼两大物业；盘活江翠路及江南路的闲置商铺物业，打造成特色商业街。有1家企业计划投资1300万元在红楼建一间高级酒店，计划明年开业。推动华庆里旧城改造项目。在新建、在建的5个房地产项目中，玉圭园房地产项目在销售，江门锁厂40亩地的汎港房地产开发项目、原粮食三仓14亩地块的豪仕房地产酒店项目办理报建手续。

2010年，地区生产总值10.27亿元，增长9.19%。规模以上工业增加值6.8亿元，增长10.28%。外商直接投资533万美元，增长6%。社会消费品零售总额2.39亿元，增长24.04%。地方财政收入2715万元，增长35.95%。固定资产投资1.16亿元，增长10.11%。发展个体私营企业86家；蓬苑红楼的精品酒楼项目投资额1300万元，主体工程改建完工，即将投入使用；盘活江南路、江翠路空置物业，将其定向为酒类批发特色街，推进江南路、江翠路酒类批发市场的开发利用。

【社会事务】 2009年，在桥南社区建成1个60平方米的图书服务点，办好社区星光老人活动中心，改造文化体育广场，完善江南公园体育设施。投入资金22万元在江翠路改建综治维稳中心，增设视频监控点2个，辖区视频监控点由12个增加到14个。发生刑事案件223宗，破案152宗，破案率68.2%；刑拘41人，逮捕26人。查处治安案件558宗，查处537人；调解民间纠纷15宗，成功调解15宗，调解率100%。

2010年，投入资金3万多元，建设江南文化站图书室“文化信息资源共享”工程项目、桥南社区五邑图书馆分馆和中沙社区图书室。启动江南市场、中沙市场和银沙市场的改造升级工程。发生刑事案件167宗，破案124宗，发案率下降18.5%，破案率上升13.3%；刑事拘留55人，逮捕30人；受理治安案件641起，查处546起，其中强制隔离戒毒20人，治安罚款27人，治安拘留167人，劳动教养1人，调解各类纠纷150余宗。

◆ 滘头

【概况】 位于蓬江河南岸，地处江海区中心腹地，面积6平方千米，下辖仁美、建联、银城、正南和永明社区5个社区，红星、新星、建星、南雄、正安、联星、五星、明星、银星和永星10个经济合作社，户籍人口1.50万人，常住人口3万人，旅居海外的华侨、港、澳、台同胞3000多人。

【基础设施】 2009-2010年，胜利南路规划红线范围内征地拆迁补偿和住宅、商铺拆卸工作基本完成，12月23日胜利大桥动工建设。配合完成广珠城际轨道滘头段、江门站场及配套设施项目建设。做好金瓯路、五邑路大修及扩宽工程和江南路西段、江珠北延线高速公路引桥征地拆迁的前期工作。派员学习佛山市东华里改造先进经验，制订滘头街道“三旧”改造工作计划，确定五星股份合作经济社、兰花食品公司“三旧”改造试点项目并报区“三旧”办审核。对违章抢建进行清理排查，对已建或在建违章建筑共46户业主发出停建和限期拆除通知书。筹集资金200万元，完成永明社区小区道路整治工程、东海路与五邑路交会处弯道修建工程、建联社区健身生活圈工程、银星小广场健身工程、渔山排洪渠清淤工程等6项民心工程。

【经济发展】 2009年，实现国民生产总值7.68亿元，增长11.79%；工业总产值26.01亿元，增长19.5%；规模以上工业增加值5.05亿元，增长11.47%；固定资产投资4.1亿元，增长23.86%；社会消费品零售总额8500万元，增长111.5%；实际利用外资886万美元；实际利用民资2.32亿元；单位生产总值能耗下降4.6%；地方财政一般预算收入3028万元，增长20.1%。中环商业广场、东华天鹅湾、鹿茵酒店等一批三产项目顺利推进。胜利南路建设取得突破性进展，加强与银城花园协调，争取安置房源。东华房地产天鹅湾项目新征用地8公顷。加快中环广场二期、鹿茵酒店项目和明泰房地产项目建设。成立街道商会，协助企业争取广东省科技创新滚动计划基金和江门市技改基金，其中江门市三连电子有限公司成功获得外资商业贷款贴息补助24万元；江门科恒实业股份有限公司获得技改贷款贴息资金35万元。江门科恒实业有限公司年内获得“国家级高新技术企业”荣誉称号，并申报广东省著名商标。引入及增资项目35个，外资项目10个。

2010年，实现国民生产总值12.37亿元，17.47%，完成年计划的100.4%；工业总产值42.4亿元，增长26.03%；规模以上工业增加值8.34亿元，增长25.87%；社会消费品零售总额2.11亿元，增长19%；固定资产投资5.64亿元，增长31.28%；地方财政一般预算收入4341万元，增长29.23%。外商直接投资921万美元；进出口总额16622万美元，增长61.47%。东华天鹅湾2010年销售面积46659平方米，销售额2.5亿元。明泰房地产首期16.67公顷土地。完成收地工作并进入设计阶段。府西小区收地工作基本完成，实施填土工程。鹿茵酒店项目累计到位资金1.3亿元，完成桩基础工程。完成江海供电大楼征用地块权属单位调查。中环广场引进大昌超市和国美电器进驻营业。五菱汽车4S店项目完成桩基础工程。

【社会事务】 2009年，开展社会矛盾纠纷的排查和集中调处，调解各类民间纠纷26宗，成功26宗，化解群体性上访事件2起250多人。刑释解教人员21人，安置帮教21人，安置帮教率100%。投入15万元建设综治信访维稳工作中心并在各个社区建立综治工作站。

2010年，调处矛盾纠纷13宗，调处率100%；接待群众来访6批100多人次，无发生越级到省进京上访事件。开展“平安社区”、“平安家庭”、“平安学校”、“平安厂企”、“平安工业园”等活动，投入近30万元进一步完善辖区及明星、兴南小区治安视频监控系统建设。共发生刑事案件175宗，下降3.85%。出台并实施《关于进一步加强滘头股份合作经济联合社和股份合作经济社及其两委干部管理的意见》，进一步规范基层经济组织管理。以社区为基础开展普查工作。经普查，辖区户籍人口17799人，常住人口35217人，流动人口5924人。

◆ 滘北

【概况】 位于江海区北面，东邻外海街道，南靠白水带风景区，与江门市蓬江区一河之隔。面积3.70平方千米，下辖北湾、富横两个社区，户籍人口5000人，常住人口1万人。农村集体经济组织保留滘北经济联社及4个村级经济社。

【基础设施】 2009年，筹集资金1516万元，完成西江堤围滘北段4.70千米的整治、富田羊咩山和龙舟山整治复绿及其防火林带建设、油湾里边坡支护工程、完善全民健身广场建设并投入使用、修建滘北小学校前道路和谦信化工厂前道路、完成北湾社区路灯改造；协调交管部门在主要交通路段路口增设交通信号灯、摄像头并规范交通标志；增设垃圾中转站2个，改造社区公厕4座；完成油湾、富田封闭小区建设并实行“一人一卡”管理。

2010年，投入资金515万元，完成龙舟山整治复绿排涝工程、富田山塘排洪渠加固工程、富田排水渠改造工程、北街农贸市场再次改造升级、富田路灯安装、2个社区垃圾中转站和公厕改造工程和全面完成辖区明渠改暗渠以及楼道粉刷等工程。首期推进泛油湾片(即江门河以南，江门大桥、南山路以东，白水带北麓围合部分)121公顷和茶山里0.69公顷的“三旧”改造项目并报市、区三旧办审批，完成房屋测绘、土地控制性规划修编、安置小区选址、成本收益匡算等基础性工作。

【经济发展】 2009年，实现地区生产总值13.80亿元，增长12%；工业总产值43.06亿元；增长9.36%；规模以上工业增加值10.05亿元；增长9.03%；地方财政一般预算收入2383万元，增长4%；利用民资1.45亿元，增长29.42%；利用外资920万美元，增长19.17%；固定资产投资2.82亿元；增长21.41%；社会消费品零售总额2.14亿元，增长25.46%；城镇职工人均可支配收入19727.92元，增长12.11%。组织属地企业参加海内外各种类型展销活动，引导一些出口受到影响的企业开拓国内市场，如时尚五金公司在国内的销售网点由原来的8个增至21个；帮助企业在“增产”、“挖潜”和“提质”方面增资扩产，如加快安诺特企业向西扩展10公顷的研发中心和第2期工程的建设；如邀请市农信社负责人向企业代表讲授融资政策和办理手续，组织政协委员和企业代表参观中岸保税仓了解物流业务，解决资金周转问题，帮助谦信化工厂整治厂前的运输道路，解除运输安全隐患；为全合电子、思巧皮艺厂解决缓增租金、缓交租金和劳资纠纷等。

2010年，实现地区生产总值12.9亿元，增长11.02%；人均生产总值92064元，增长9.42%；规模以上工业增加值9.2亿元，增长10.42%；地方财政一般预算收入3029万元，增长36.13%；固定资产投资总额3.2亿元，增长22.36%；社会消费品零售总额2.5亿元，增长18.83%。外商直接投资956.8万美元；利用民资19.3亿元；外贸进出口3.8亿美元。市、区重点项目东华大桥，于1月动工建设。市、区重点文化产业项目江门演艺中心于6月22日动工。江门市儿童福利院动工建设。华茵绿洲项目建成销售；半岛华庭二期建设顺利；茶山小区地块成功拍卖。

【社会事务】 2009年，30户申请区最低生活保障救济，14户申请市最低生活保障救济；为41户特困家庭办理了“江门市区低收入家庭证”，发放最低生活保障金约3万元；为4名患有特种病的居民申请3.1万元的特定病种医疗救助。扶助和奖励7名应届入学大学生；举办街道第二届社区运动会。抓住银信部门出台有关政策的时机，用1400多万元资产成功对冲化解集体经济组织10多年来形成的6000万元本息的历史债务。着力解决水泥厂停产搬迁、西江堤围滘北段4.7千米整治和龙舟山地质隐患整治等问题。完成滘北经济联合社换届工作。

2010年，向20名困难家庭学生和优秀学生发放各类助学金4.7万元；对55户低保对象、困难户、五保户、残疾人进行慰问；为3名患有特种病的居民申请3万元的特定病种医疗救助；为6名居民申请廉租房、经济适用房；投入资金10多万元，建设社区文化资源信息共享中心。

荣誉·名录

JIANG HAI YEARBOOK

◆ 全国、省、市表彰的单位和个人

2009年

江海区获“全国计划生育优质服务先进单位”称号

外海街道获“全国城市体育先进社区”称号

江海区经济普查办公室被评为“第二次全国经济普查国家级先进集体”

江海区统计局被评为“投入产出调查省级先进集体”

江海区统计局获“全省《中华人民共和国统计法》知识竞赛优秀组织奖”

江门市长优实业有限公司原料车间获广东省“工人先锋号”集体称号

江海区委书记梁美贤获“全国三八红旗手”称号

江门市恒健药业有限公司执业药师、高级工程师冯淡开获“广东省劳动模范”称号

江海区妇联主席冯少萍获“广东省三八红旗手”称号

吴国宪、彭红娟被评为“第二次全国经济普查国家级先进个人”

何智钧、蔡锦斌被评为“广东省第二次全国经济普查先进个人”

区铮森被评为“全省‘五五’普法先进工作者”

邓社义被评为“广东省侨联系统先进个人”

陈戈、沈伟强、梁军颖被评为“江门市第二次全国经济普查先进个人”

蔡锦斌被评为“投入产出调查市级先进个人”

吴国宪、陈戈、林国忠、彭红娟参加“2008-2009年江门市优秀统计分析报告评选”被评为一等奖

陆秋盛《从2007年地区生产总值构成看我区第三产业的发展》获“2007-2008年江门市优秀统计分析报告评选”一等奖

沈伟强、林淑芳参加“2008-2009年江门市优秀统计分析报告评选”获二等奖

2010年

广东恒健制药有限公司科研开发部获广东省“工人先锋号”集体称号

江海区统计局参加“2009-2010年江门市优秀统计分析报告评选”获二等奖

江海区统计局参加“2009-2010年江门市优秀统计分析报告评选”获三等奖

广东恒健制药有限公司执业药师、高级工程师冯淡开获“全国劳动模范”称号

江门市辉隆塑料机械有限公司工会主席朱林杨获广东省“五一劳动奖章”

江门市安诺特炊具制造有限公司获江门市“五一劳动奖状”

滘头街道办事处林永豪获江门市“五一劳动奖章”

陈金文被评为“全国安全生产监管监察先进个人”

方畅威由广东省高级人民法院记个人二等功

蔡锦斌被评为“江门市统计‘五五’普法先进个人”

◆ 全国和省政的名牌、名优产品

江门市科恒实业股份有限公司“KH”商标获广东省著名商标

江门市量子高科生物股份有限公司“量子高科”商标获广东省著名商标

社会经济统计资料

JIANG HAI YEARBOOK

指　　标	单位	2009年	增长%	2010年	增长%
江海区国民经济和社会发展主要指标					
江海区生产总值	万元	855287	13.00	1012522	14.80
江海区工业总产值	万元	2342274	12.97	2886618	25.69
江海区农业总产值	万元	54452	3.74	59393	2.50
江海区国民经济主要指标人均占有量					
人均生产总值	元	38234	9.89	41702	6.29
江海区人口、土地面积和人口密度					
土地面积	平方公里	110.53	——	110.53	——
年末常住人口	万人	22.87	4.57	25.45	11.28
江海区年末从业人员数	人	111023	5.36	115618	4.14
江海区主要农作物播种面积、亩产和总产量					
粮食总产量	吨	1220	-0.16	1106	-9.34
江海区工业企业单位个数	个	1380	10.93	1434	3.91
江海区规模以上工业企业主要产品产量					
摩托车	万辆	49.61	6.09	54.66	10.17
洗衣机	万台	90.19	-1.30	94.54	4.82
家具	万件	18.99	-8.15	21	10.58
江海区全社会固定资产投资及其增长速度	万元	332866	22.06	437169	31.33
外商直接投资	万美元	13000	10.99	13866	6.66
社会消费品零售总额	万元	185035	25.20	220475	19.15
江海区居民消费价格指数					
财政一般预算收入	万元	32155	14.19	41108	27.84
财政一般预算支出	万元	45009	35.38	58286	29.50
江海区房地产开发投资情况	万元	48889	-2.62	126935	159.64
江海区卫生机构、床位及人员数					
卫生技术人员数	人	410	-5.31	465	13.41
医院床位数	张	128	-7.25	227	77.34
江海区各类学校情况					
普通中学在校学生数	人	14156	3.06	14237	0.57
小学在校学生数	人	15937	-3.41	15660	-1.74
财政支出中教育支出	万元	8219	27.70	10885	32.44

重要文献与规章

JIANG HAI YEARBOOK

关于批准并公布江门市江海区第一批区级非物质文化遗产名录的通知

江海府〔2009〕2号

各街道办事处、区直各单位：

根据国务院《关于加强非物质文化遗产保护的通知》（国发〔2005〕42号）和国务院办公厅《关于加强我国非物质文化遗产保护工作的意见》（国办发〔2005〕18号）的有关规定，在对我区非物质文化遗产进行全面普查的基础上，通过区非物质文化遗产保护中心和区非物质文化遗产专家评审委员会评定并向社会公示，现批准礼乐龙舟竞赛等5个项目列入我区第一批区级非物质文化遗产名录，并予以公布。

各街道、各有关部门要进一步提高对做好非物质文化遗产保护工作重要性和紧迫性的认识，认真贯彻“保护为主，抢救第一，合理利用，传承发展”的工作指导方针，建立健全保护机制，明确责任目标，落实保护措施，深入做好我区非物质文化遗产的发掘和保护工作。

附件：江门市江海区第一批区级非物质文化遗产名录

江门市江海区人民政府

二〇〇九年一月十九日

附件： **江门市江海区第一批区级非物质文化遗产名录**

序 号	类 别	名 称	申报单位
1	民间手工技艺	外海面	外海街道办事处
2	民间文学	龙溪诗词	外海街道办事处
3	民间艺术	外海太虚拳	外海街道办事处
4	传统体育竞技	礼乐龙舟竞渡	礼乐街道办事处
5	岁时节令	礼乐民谚	礼乐街道办事处

中共江门市江海区委 江门市江海区人民政府关于推进集体林权制度改革的实施意见

（2010年2月25日）

江海委〔2010〕3号

各街道党工委、办事处，区直各单位：

集体林权制度改革是继家庭联产承包责任制后,我国农村经营制度的又一次重大变革，是深化农村改革的又一重大战略举措。为贯彻落实党的十七大精神，加快我区林业的改革与发展，根据《中共中央、国务院关于全面推进集体林权制度改革的意见》（中发〔2008〕10号）、《中共广东省委、广东省人民政府关于推进集体林权制度改革的意见》（粤发〔2008〕14号）和《中共江门市委、江门市人民政府关于推进集体林权制度改革的实施意见》（江发〔2009〕17号）精神，结合我区实际情况，特提出如下实施意见：

一、我区林地基本现状

我区全部林地均为集体林，面1075.49公顷，其中，权属礼乐街道办事处495公顷，外海街道办事处75.7公顷，滘北街道办事处89公顷，滘头街道办事处14公顷（含永星村1.1公顷）；村级集体林面积401.79公顷，分属10个行政村。目前，我区所属林地均为生态公益林和水源涵养林，其中白水带生态公益林已被划作江门市森林公园发展。

二、集体林权制度改革的指导思想、总体目标和基本原则

（一）指导思想

全面贯彻党的十七大精神，高举中国特色社会主义伟大旗帜，以邓小平理论和“三个代表”重要思想为指导，深入落实科学发展观，进一步明晰集体林地使用权和林木所有权，落实处置权，确保收益权。加快推进林业管理体制改革，充分发挥林业对经济建设主战场的支持作用。

（二）总体目标

我区集体林权制度改革工作，力争用2年左右时间基本完成改革工作任务。逐步建立起产权归属明晰、经营主体落实、责权划分明确、利益分配合理、监管服务有效、配套机制完善的现代林业产权制度，逐步形成集体林业的良性发展机制，实现资源增长、生态良好、农村和谐的目标。

（三）基本原则

1.依法改革。严格按照《森林法》、《农村土地承包法》、《村民委员会组织法》、《物权法》等法律法规的规定，确保我区集体林权制度改革规范、有序推进。

2.尊重历史、维护稳定。保持政策的稳定性和连续性，对历史遗留的问题和林权纠纷要依法妥善处理。严禁乱砍滥伐林木、乱征滥占林地。既要坚定不移地推进改革，又要确保农村社会稳定。

3.均股均利不分山。我区全部林地均为生态公益林和水源涵养林，其中白水带林区已划入市政建设规划。除了权属街道办事处一级的673.7公顷林地外，需林改的村集体林地面积仅401.79公顷。因此我区林权制度改革，在遵从依法改革、尊重历史、维护稳定的基础上，应

牢牢把握均股均利不分山这一原则。

三、集体林权制度改革的工作步骤和方法

集体林权制度改革是一项复杂的系统工程。要按照“先试点后推开、先易后难、循序渐进”的步骤积极稳步推进。

（一）第一阶段：宣传动员，加强培训。要充分利用电视、广播、报纸、标语、横幅、简报等宣传工具，广泛宣传集体林权制度改革的重要意义、基本原则、主要内容、经验做法，使社会各界了解和支持改革。要召开动员会，引导和发动群众自觉参与到改革中来。要配备改革专职工作人员并进行培训，使其能正确熟练掌握政策法规、方法步骤、质量要求，确保按时顺利完成工作任务。

（二）第二阶段：调查摸底，制订方案。做好辖区内林情、林况和农村人口的调查摸底工作，广泛听取基层和农民对林改工作的意见。在调查研究和科学论证的基础上，探索出符合本地实际的集体林权改革模式，并制定本辖区的改革方案。各街道制订的改革方案，要报区集体林权制度改革领导小组办公室备案。

（三）第三阶段：精心组织，稳步实施。按照“区统一领导，街道组织实施，村具体操作”的工作机制，精心组织，上下联动，部门协作，积极完成集体林权制度改革主体工作任务。要组织人员核实山林权属、面积和四至界线，分别权利人进行林木和林地权属登记，按林权证发放的法定程序核发或换发林权证。做到“确权一户不漏，确地一宗不少”，确保图表册一致，人地证相符。

（四）第四阶段：检查验收，总结完善。要加强对集体林权制度改革工作的检查督促，发现问题要及时解决，确保改革成果经得起历史考验。改革完成后，要及时组织检查验收，验收不及格的要进行补充完善。加强对街道、村改革工作的督促指导，建立改革工作联络员、信息员及定期汇报制度，确保解决改革工作中碰到的各种技术难题，不断巩固改革成果。

四、集体林权制度改革的工作要求和措施

（一）加强领导，提高认识。各级各部门要统一思想，加强领导，充分认识深化集体林权制度改革的重要性、艰巨性和复杂性，将其作为一项重要职责，作为解决“三农”问题和建设社会主义新农村的一件大事来抓。主要领导要亲自抓，分管领导要具体抓。为指导全区改革工作的开展，区政府成立了江海区集体林权制度改革领导小组。各街道、村要相应成立领导小组，由街道党工委书记、村支部书记分别任组长，形成街道、村两级书记抓改革、高位推动的工作格局。

（二）紧密配合，各司其职。区发改、公安、民政、财政、司法、劳动保障、国土资源、农业、编制、地税、金融、新闻宣传等部门和单位要各司其职，通力协作，形成合力。林业主管部门要精心组织，搞好服务，抽调精干人员组成专门工作小组，统筹开展林权改革工作；财政部门要为改革安排必要的工作经费，并纳入年度财政预算；新闻宣传部门要为改革营造良好的舆论氛围；公安、司法、民政等部门要积极维护社会治安稳定，确保集体林权制度改革积极稳妥地推进。

（三）保护资源，维护稳定。要认真汲取过去一些地方因分山到户、放松管理而出现乱砍滥伐的教训，防止乱砍滥伐、纠纷械斗、突击流转，要把维护农村社会稳定和保护森林资源安全贯穿于改革的全过程。要针对工作中出现的问题，深入调查研究，制定对策，妥善处

理。严厉打击乱砍滥伐林木、乱征滥占林地等破坏森林资源的违法犯罪行为，切实加强森林资源管理，维护农村社会稳定。

（四）认真总结，完善政策。集体林权制度改革涉及面广，政策性强工作量大。在实施过程中遇到重大问题，要及时逐级报告。要不断总结经验，完善政策，推动改革工作顺利进行，促进我区现代林业科学发展。

江门市江海区扶贫开发“规划到户责任到人”工作实施意见

江海委办〔2009〕21号

各街道党工委、办事处，区直各单位：

为深入贯彻落实《中共广东省委办公厅广东省人民政府办公厅关于我省扶贫开发“规划到户责任到人”工作的实施意见》（粤办发〔2009〕20号）、《中共江门市委办公室江门市人民政府办公室关于我市扶贫开发“规划到户责任到人”工作的实施意见》（江办发〔2009〕19号）精神，切实做好我区对口帮扶乐昌市秀水镇“规划到户责任到人”工作，确保完成市委、市政府下达给我区的扶贫开发任务，经区委、区政府同意，制定如下实施意见。

一、指导思想

高举中国特色社会主义伟大旗帜，以邓小平理论和“三个代表”重要思想为指导，深入贯彻落实科学发展观。按照省、市扶贫开发工作要求，结合我区实际，根据“政府主导、社会参与、自力更生、开发扶贫”的方针，坚持“区负总责、街道牵头、部门配合、工作到村、扶贫到户”的工作格局，进一步解放思想，转变观念，创新扶贫开发思路，以促进区域协调发展、实现共同富裕和构建和谐社会为目标，以推进社会主义新农村建设、全面建设小康社会为主线，以贫困村和贫困户为工作对象，以增加贫困农户收入和改善贫困村发展环境为目的，调动社会各界力量，实施扶贫开发“规划到户责任到人”工作责任制，着力改善贫困村的生产生活条件，提高贫困人口的自我发展能力，增强村集体经济实力，改善贫困地区的发展环境，加快脱贫致富奔小康步伐。

二、目标任务

从2009年起，到2011年12月31日，对市下达给我区帮扶的韶关乐昌市秀水镇大罗岭、芳塘、何家冲、西河、田心、秀水6个贫困村以及1198户农户、5940个贫困人口，通过实施“规划到户、责任到人”的扶贫开发工作责任制，实行“一村一策、一户一法”等综合扶贫措施，确保被帮扶的贫困户基本实现稳定脱贫，被帮扶的贫困人口80%以上达到年人均纯收入2500元以上，被帮扶的贫困村基本改变落后面貌。

三、加强领导

（一）提高认识，加强领导

对口扶贫工作是一项政治任务。省、市已将对口扶贫工作纳入领导干部落实科学发展观指标评价体系及考核范围。各级各单位要高度重视，把“规划到户责任到人”工作摆上重要议事日程。为加强对口扶贫工作的领导，区成立扶贫开发“规划到户责任到人”工作领导小组，由区委书记任组长，区长和区分管领导任副组长，成员单位包括区直有关单位和各街道办事处。领导小组负责制定对口帮扶的政策措施和工作方案，加强对各单位推进“规划到户责任到人”工作的指导和督促。领导小组下设办公室（设在区农业局），负责日常工作，主要职能是做好扶贫开发工作的综合协调、组织实施、督促检查、考核验收等。各相关部门单位要相应成立由党政一把手负总责的机构，配备专职工作人员，确保完成工作任务。

区委、区政府将扶贫开发“规划到户责任到人”工作完成情况列入各街道、区直部门的年度考核和领导干部落实科学发展观指标评价体系及考核范围。

（二）明确责任，加强协调

各帮扶部门、单位和个人，负有对帮扶村和帮扶农户脱贫的直接责任，对口各村的帮扶牵头单位及责任人负有总领导责任。各部门、单位和责任人要认真履行职责，积极做好帮扶工作，加强与当地党委、政府及有关部门沟通、协调和配合，及时研究和解决工作中出现的新情况、新问题。

领导小组办公室要加强调查研究、综合协调、指导监督，对工作中出现的重大问题，应及时向区委、区政府报告，确保扶贫开发“规划到户责任到人”工作的顺利开展。我区向乐昌市秀水镇派驻扶贫开发“规划到户责任到人”工作联络组，帮扶单位向受帮扶地区派驻工作小组，每村工作小组不少于1人。工作小组成员负责联系当地政府及其相关部门，落实帮扶的具体工作。各工作小组成员要深入帮扶村开展调查研究，摸清村的基本情况，收集核实登记贫困村、贫困户的基本资料，与贫困村、贫困户一起制定切实可行的帮扶脱贫计划，协助做好帮扶资金的管理使用监督工作。为确保帮扶工作具有连续性和稳定性，工作小组每期驻村时间为一年，到期可轮换另一组人员进驻。由帮扶单位的牵头部门指定1人作为长期联络员，联络员要求股级以上干部。联络员要及时做好与驻村干部的信息联系工作，定期向本单位领导和领导小组办公室汇报帮扶工作进展情况，上报帮扶有关统计报表。

四、工作要求

（一）定点帮扶，动态管理

将市下达我区帮扶乐昌市秀水镇6个贫困村和村内贫困户的帮扶任务，具体分解落实到各街道办事处和区直有关部门，实行分组、定点、定人、定责帮扶，对每个被帮扶村和贫困户明确责任部门和责任人。

建立动态档案。帮扶单位要协助受帮扶地区的做好贫困村、贫困户的真实情况逐村逐户登记造册，建立动态档案管理，并实行电脑档案网络系统管理。做到户有卡、村有册，及时掌握帮扶动态，实行实时联网监测。各定点帮扶单位要按照省统一制发的“帮扶记录卡”的要求，根据帮扶情况，如实填写“帮扶记录卡”，由村负责人、贫困户主、帮扶单位负责人共同签名，并作为评议考核的重要依据。帮扶单位要协助被帮扶市、镇有关部门及时将记录卡内容录入电脑、存档、更新，建立帮扶动态档案。

（二）明确任务，责任到人

区扶贫办负责协同贫困村所在的各级党委、政府组织制定开展扶贫开发“规划到户责任到人”的规划措施和年度实施计划，把定点帮扶的贫困村和贫困户的任务具体分解到区直有关部门和各街道办事处。帮扶单位负责落实挂村挂户责任人、联络人和驻村干部，细化扶村扶户发展措施，明确工作目标和工作标准，做到定单位、定人、定点、定责包干扶持，保证每一户贫困户都有责任人挂钩联系，保证每一贫困村每一贫困户都有具体的发展规划和脱贫措施。责任人可以是个人，也可以是单位的工作小组，主要职责是帮助制订发展规划，协调、跟踪有关部门落实相关扶持措施，向上级有关部门反映需要解决的问题以及联系社会力量参与扶贫开发工作等。各定点帮扶单位要制定扶贫工作责任制，完善有效的奖惩激励机制和评议制度，定期检查评议，促进“规划到户责任到人”工作有效开展，保证如期实现目标任务。定点帮扶的区直部门和各街道要充分发挥职能优势，从人才、技术、项目、信息、招商、资金等方面进行扶持，确保帮扶任务的完成。

贫困村、贫困户的脱贫规划报区扶贫开发“规划到户责任到人”工作领导小组办公室备案。帮扶规划将作为评议考核的主要依据。

（三）筹集资金、严格管理

我区扶贫开发“规划到户责任到人”工作，坚持“政府主导、社会参与、自力更生、开发扶贫”的方针，以政府投入为引导，动员企业、农民及其他社会力量千方百计增加扶贫资金的投入。对于财政扶贫专项资金，区财政局要按计划及时做好足额的预算编制，并按照江门市财政局、扶贫办《关于印发〈调整市扶贫基金收缴比例和清理历年积欠的工作方案〉的通知》(江财农〔2009〕68号)的要求做好扶贫基金的上缴工作，确保对口帮扶资金及时到位，保障扶贫工作顺利开展。

严格管理扶贫资金，完善扶贫资金运行和项目管理机制，严格监督扶贫资金投向和使用范围，实行扶贫资金专账管理，确保资金专款专用。加强对扶贫资金管理使用的监督和审计，推行扶贫资金管理使用公示和项目绩效评价制度，接受群众监督。财政、审计部门对区直部门和各街道用于扶贫的资金，要给予确认和支持。财政专项安排的扶贫资金、行业扶贫资金和社会各界募集用于扶贫的资金，必须全部到村到户，用于解决贫困村贫困户的生产生活条件改善和生产发展。用于贫困村、贫困户的扶持资金，必须有受扶持贫困村负责人和贫困户的签名，并作为审计的依据。

（四）做好规划，落实措施

各定点帮扶单位制定的帮扶规划，应以《实施意见》提出的目标任务为出发点和立足点，广泛听取帮扶对象的意见，要做到科学客观并具可持续性和可操作性，利于帮扶对象的稳定脱贫和自身发展。在组织实施帮扶规划过程中，既要发挥定点帮扶单位的作用，更要发挥帮扶对象的积极作用，形成合力。通过帮扶规划的实施，确保被帮扶的贫困户有自我发展和稳定收入的主业，并实现稳定脱贫。对缺乏自我发展能力的贫困农户，应当全部纳入农村最低生活保障和农村合作医疗等当地已经实施的社会保障制度体系。

积极开展智力扶贫。在受帮扶地区积极实施智力扶贫，解决贫困家庭子女读书难、就业难、脱贫难问题，推动受帮扶地区贫困家庭的初中、高中毕业生接受中等职业教育和短期技能培训。加强对贫困农民的实用技术培训，让贫困户学会一至两门实用技术。加快农村富余劳动力的培训转移就业步伐，实现培训一人、转移一人、脱贫一户。通过就地转移和输出转移的形式，帮助贫困劳动力转移就业，努力实现每个有劳动能力和就业愿望的贫困家庭至少转移就业1人的目标。

推进农业科技扶贫。帮助贫困村调整农业生产结构，促进贫困户发展生产。对于农业生产户，协同当地农业技术推广部门，大力推广农业良种良法，引进农业龙头企业，带动农户进一步调整优化农业生产结构，推广种植黄烟、养羊等相对高值高效农业产品，确保农业户贫困家庭有稳定的脱贫项目。

引导村级集体经济发展。设立村级集体经济发展专项帮扶资金，强化村级“造血”功能建设，增强村级自我发展能力，促进集体经济发展。村级集体经济发展项目要充分结合当地资源和有利条件，重点以入股小水电、黄烟种植等低风险、稳收益项目为主。引导有条件的村通过引进工业项目、发展物业出租、招商引资出租土地等多渠道，逐步培育村级集体长期稳定的收入来源。对于村级发展项目，要根据村的经济实力和承受能力实施，切实做好项目的可行性分析报告，征求多方意见后方可实施，确保开展一个、建设一个、成功一个、脱贫一个。

（五）宣传发动，群众参与

贫困村、贫困群众是扶贫开发“规划到户责任到人”工作的主体，也是建设者、管理者和受益者。要充分调动贫困村干部群众的积极性和创造性，引导和发动群众发扬自力更生、艰苦奋斗精神，克服等、靠、要的依赖思想。要周密部署，精心组织，采取多种形式宣传扶贫开发“规划到户责任到人”工作的重要性、必要性和紧迫性，使各项政策措施家喻户晓，深入人心，争取广大干部群众对此项工作的理解和支持，激发群众自觉参与建设的热情。要通过新闻媒体加大宣传力度，开辟专题专栏及时报道工作中的好经验、好典型。广泛动员各社会团体、民间组织、企业家、个体户、港澳台同胞、海外华人华侨、国际慈善机构及非政府组织，在自愿的基础上，通过多种形式，积极参与扶贫开发建设。

附件：江海区扶贫开发“规划到户、责任到人”工作任务分解表

中共江门市江海区委办公室

江门市江海区人民政府办公室

二〇〇九年十二月三十日

附件　　江海区扶贫开发“规划到户、责任到人”工作任务分解表

序号	被帮扶贫困村	贫困户数	贫困人数	责任单位
1	乐昌市秀水镇大罗岭村	146	703	江南街道办事处、区委区政府办公室、区建设局、区城管局、区安监局、区国土资源分局、区规划分局
2	乐昌市秀水镇芳塘村	175	831	滘北街道办事处、区人大办、区法院、区检察院、区委宣传部、区总工会、区审计局
3	乐昌市秀水镇何家冲村	154	750	滘头街道办事处、区政协办、区委统战部、团区委、区妇联、区外侨局、区公安分局
4	乐昌市秀水镇田心村	230	1188	区农业局、区委政法委、区经贸局、区司法局、区民政局、区财政局、区信息产业局、区工商分局、区国税局、区地税局
5	乐昌市秀水镇西河村	231	1183	外海街道办事处、区委组织部、区残联、区发改局、区科技局、区卫生局

6	乐昌市秀水镇秀水村	263	1285	礼乐街道办事处、区纪委、区人武部、区外经贸局、区教育局、区人事局、区劳动保障局、区人口计生局
合计	6条村	1198	5940	45个单位

说明：
1.表中排名在第一位的为牵头单位。
2.各单位分解任务时应包含下属单位和归口管理部门，不在表中逐一列明。

关于印发江门市江海区三旧改造工作方案的通知

江海府〔2010〕7号

各街道办事处，区直各单位：

《江门市江海区“三旧“改造工作方案》业经区政府八届四十次常务会议审议通过，现印发给你们，请认真贯彻执行。执行过程中遇到的问题，请及时向区“三旧”办反映。

江门市江海区人民政府
二〇一〇年六月三日

江门市江海区“三旧”改造工作方案

为深入贯彻落实科学发展观和《珠江三角洲地区改革发展规划纲要（2008－2020年）》，切实推进我区旧城镇、旧厂房、旧村庄（以下简称“三旧”）改造工作，进一步提升我区经济社会发展承载力和综合竞争力，节约集约利用有限土地资源，加快打造宜业宜居南新区，根据省政府《关于推进“三旧”改造促进节约集约用地的若干意见》（粤府〔2009〕78号）、市政府《关于印发江门市推进旧城镇旧厂房旧村庄改造的指导意见的通知》（江府〔2010〕1号）和市政府《关于印发江门市区“三旧”改造实施意见（试行）的通知》（江府〔2010〕3号）精神，结合我区实际，制定本方案：

一、指导思想

以邓小平理论和“三个代表”重要思想为指导，以科学发展观统领全局，以推动经济社会可持续发展、节约集约利用有限的土地资源为出发点，以完善历史用地手续、规划控制为手段，以建设宜业宜居南新区、提高居民生活质量为目标，大力推进“三旧”改造工作，提升区域综合竞争力和城市品位。

二、工作原则

（一）政府引导、市场运作。按照“政府引导、市场运作、政策推动、实施”的工作思路，充分调动街道、村（居）集体、土地原使用权人及相关权利人的积极性，吸引社会各界广泛参与。

（二）统筹规划、因地制宜。坚持规划先行原则，实行严格的规划控制。在符合土地利用总体规划和城市总体规划的原则下，对列入“三旧”改造范围的建设用地，实行统一、科学、全方位的规划，编制控制性详细规划和改造方案。通过实施“三旧”改造，加强产业集聚发展，加强历史文化保护 ，提升城市品位，改善居民生活环境质量。“三旧”改造要从各街道实际出发，根据区政府的发展规划和思路，充分调研，制定有区域特色的改造方案。

（三）尊重历史、明晰产权。既要做好与国家法律政策的衔接，防止发生新的违法违规用地行为，又要兼顾各地发展历史和土地管理政策的延续性，妥善解决历史遗留问题。改造利用与完善手续相挂钩，属于“三旧”改造的房屋和土地，未经确权、登记，不得改造。

（四）互利互惠、让利于民。坚持以人为

本，以群众是否满意作为“三旧”改造成功与否的重要标准，努力实现多方共赢、民赢优先。要统筹兼顾各方利益，以利益为导向，既要督促完善征地补偿机制，又要督促“三旧”改造的用地者依照法律法规，按照尊重历史、有利于改造的原则，对被拆迁人给予合理补偿安置，让广大群众从改造中分享经济发展成果，保护各方参与改造的积极性和主动性。

三、目标任务

（一）近期改造目标

2010年正式启动“三旧”改造工作。用3年时间完善“三旧”改造中涉及的各类历史用地手续工作。到2012年基本完成区域内群众投诉多、环境卫生差、交通等基础设施不完备和影响城市景观的“三旧”改造项目。重点推进外海街道连海北路、东宁村，礼乐街道文昌沙社区、新民村、江南街道华庆里，滘头街道永星、五星、红星和南雄兰花味精厂周边地块，滘北街道全辖区，广珠城际轻轨三个站场周边地块等“三旧”改造项目。

（二）中远期改造目标

用5至8年左右时间完成辖区“三旧”改造任务。到2018年，我区城镇的道路交通和城市景观有明显改变，第三产业发展有更大空间，市民居住条件和生活环境有明显改善，改造区域无危房；全面完成旧厂房改造，使其成为功能配套完善的现代化工业、商贸新城，成为产业优化升级的重要载体和城市延伸发展的重要组成部分；把旧村庄改造成为功能配套齐全、祥和安康的生活公寓，成为承接城市延伸、构建宜业宜居南新区的重要组成部分，成为资源集聚、产业发展的重要平台，成为环境优美、绿色环保的生态家园。

四、健全机构，落实责任

（一）组织机构

成立江海区推进“三旧”改造工作领导小组，对全区“三旧”改造工作进行统一协调、指导、服务和监督。区政府主要领导任组长，分管副区长任副组长，各街道办事处和区直有关部门主要领导为成员。领导小组下设办公室，主任由区政府办公室跟线副主任兼任，副主任由各街道办事处分管领导、区建设局、区城管局、区国土资源分局、区规划分局和区财政局分管领导担任。领导小组办公室设在区政府办公室，人员由区委组织部发文从各相关单位抽调，负责日常具体工作。办公地点：区政府大院1号楼709室。要制定区“三旧”办工作规章制度；篆刻区“三旧”办印章和文件头。办公室工作经费由区财政统筹安排，列入“三旧”改造成本。

（二）工作职责

1.“三旧”改造工作领导小组主要职责：领导、统筹、部署和组织实施全区“三旧”改造工作，审核各街道办事处“三旧”改造实施方案和年度计划并报市“三旧”改造工作领导小组审批，协调解决“三旧”改造工作中遇到的问题，监督检查“三旧”改造的实施。落实工作经费，保障“三旧”改造工作的顺利开展。

2.“三旧”改造工作领导小组办公室主要职责：制定区“三旧”改造年度工作计划并组织实施“三旧”改造，指导、协调各街道办事处、区直相关单位按职能分工开展“三旧”改造工作，协调解决工作中遇到的问题，定期向区“三旧”改造工作领导小组和市“三旧”办报告我区“三旧”改造工作进展情况。

3.“三旧”改造工作领导小组成员单位主要职责：

国土资源部门负责组织项目用地评估，负责土地确权、登记，组织国有建设用地使用权公开招标、拍卖、挂牌交易等工作，办理“三旧”改造有关农用地转建设用地、土地征收等用地手续。

规划部门负责指导、组织编制和审查“三旧”改造专项规划和控制性详细规划，界定“三旧”改造片区范围，提供项目规划设计条件，控制“三旧”改造项目容积率，做好改造片区的交通、市政等基础设施规划，及时办理项目有关手续，做好规划实施的监督管理工作。

建设部门负责“三旧”改造具体项目的房屋拆迁管理，施工报建等“三旧”改造工程建设监管。

财政部门负责协调市财政局落实“三旧”改造项目土地出让金的划拨工作。设立“三旧”改造专账，统筹安排“三旧”改造专项经费，垫支“三旧”改造项目前期拆迁补偿安置费及其他相关费用。

其他各有关部门按照职能分工全力配合做好“三旧”改造工作。

（三）实施主体

各街道办事处为推进“三旧”改造的第一责任主体，相应成立“三旧”改造工作领导小组，统筹本街道的“三旧”改造工作，落实工作经费。区直有关职能部门要全力配合，组织对辖区内的“三旧”改造用地进行全面调查摸底，将每宗“三旧”改造用地在土地利用现状图和土地利用总体规划图上标注，并列表造册。编制辖区“三旧”改造工作实施方案和工作计划。组织实施辖区“三旧”改造工作，协调解决辖区内“三旧”改造工作中遇到的问题。

五、工作安排

（一）加强宣传，营造氛围

在制定“三旧”改造年度实施计划的基础上，利用广播、电视、宣传栏等多种形式、多种渠道广泛宣传“三旧”改造的重要意义、相关法律法规和政策，让广大群众深入了解“三旧”改造为经济社会发展和市民生产生活等各方面带来的好处，吸引原土地使用者及投资商积极参与“三旧”改造。

（二）加强培训，提高战斗力

进一步加强培训，统一思想，提高认识，凝心聚力，充分发挥各级各部门的积极性和主动性。组织区直部门副科以上领导上课学习“三旧”改造的重要意义、相关法律法规和政策。组织各街道分管领导、城建办工作人员、村（居）委书记、主任，深入学习“三旧”改造政策和相关法律法规，全面了解“三旧”改造给企业、群众带来的经济利益，熟练掌握“三旧”改造实施方案编制程序和工作流程。

（三）组织论证

各街道办事处要加紧制定“三旧”改造年度计划报区“三旧”改造工作领导小组审核。区“三旧”改造工作领导小组组织区直职能部门及相关街道办事处对各街道办事处的“三旧”改造计划的可行性进行论证。